CW01648794

Mallarmé

Mallarmé

1842-1898

Un destin d'écriture

N° 75
p. 205

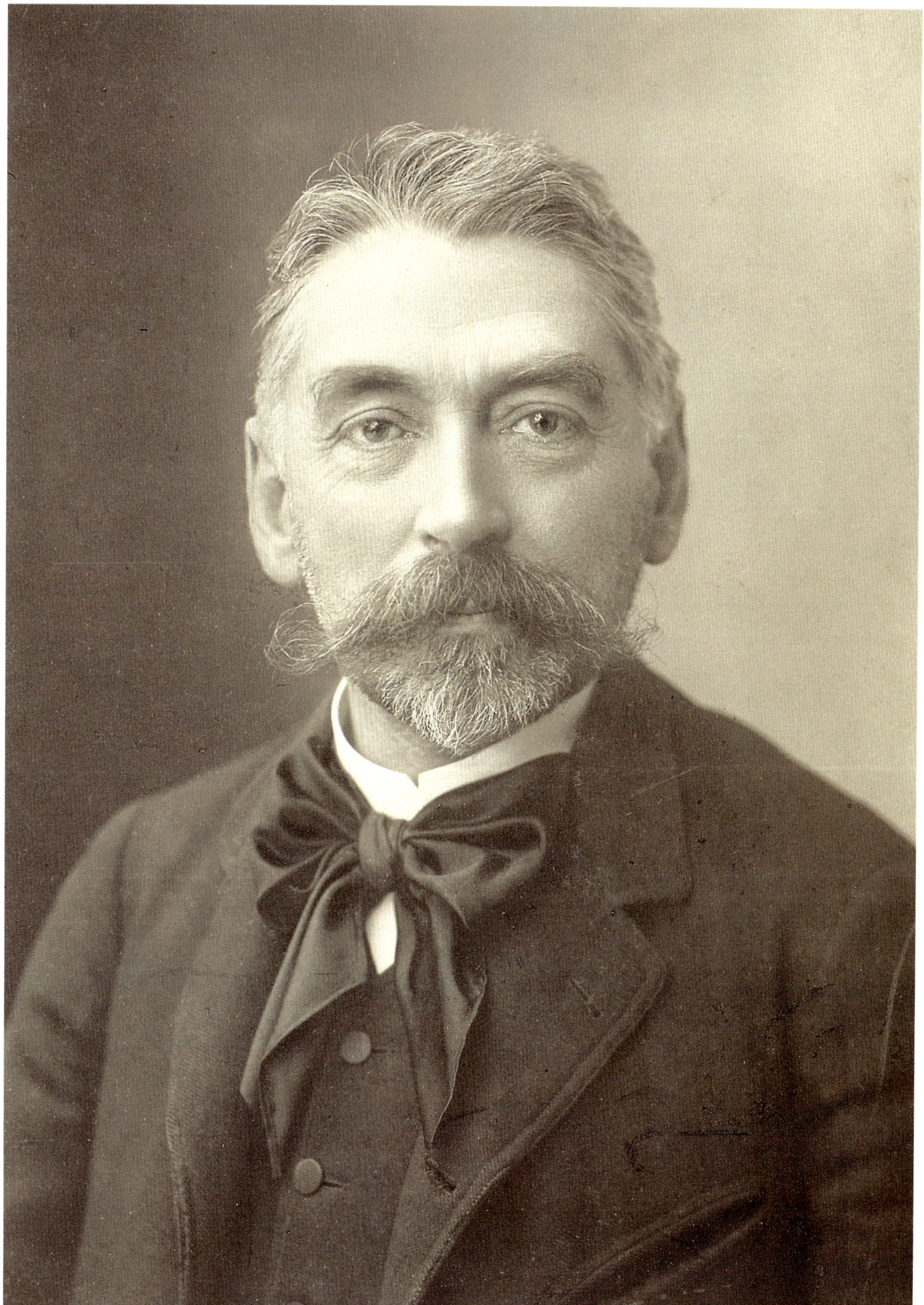

Mallarmé
1842-1898
Un destin d'écriture

SOUS LA DIRECTION
D'YVES PEYRÉ

GALLIMARD / RÉUNION DES MUSÉES NATIONAUX

**Cet ouvrage est publié à l'occasion de l'exposition *Stéphane Mallarmé 1842-1898*
organisée par le musée d'Orsay en partenariat avec la Bibliothèque littéraire Jacques Doucet,
du 29 septembre 1998 au 3 janvier 1999, au musée d'Orsay.**

Comité scientifique
Yves Bonnefoy
Professeur au Collège de France
Henri Loyrette
Directeur du musée d'Orsay
Bertrand Marchal
Professeur à l'Université Reims-Champagne-Ardennes
Yves Peyré
Directeur de la Bibliothèque littéraire Jacques Doucet

Commissaires de l'exposition
Luce Abélès
Chargée de la littérature au musée d'Orsay
Yves Peyré
Directeur de la Bibliothèque littéraire Jacques Doucet

La muséographie de l'exposition a été conçue par Véronique Dollfus, Ouïdire.

Pages de garde
Signature de Stéphane Mallarmé

Frontispice
1. Paul Nadar, *Stéphane Mallarmé,*
collection particulière, **cat. 293.**

© Éditions Gallimard / Réunion des musées nationaux, 1998.

SOMMAIRE

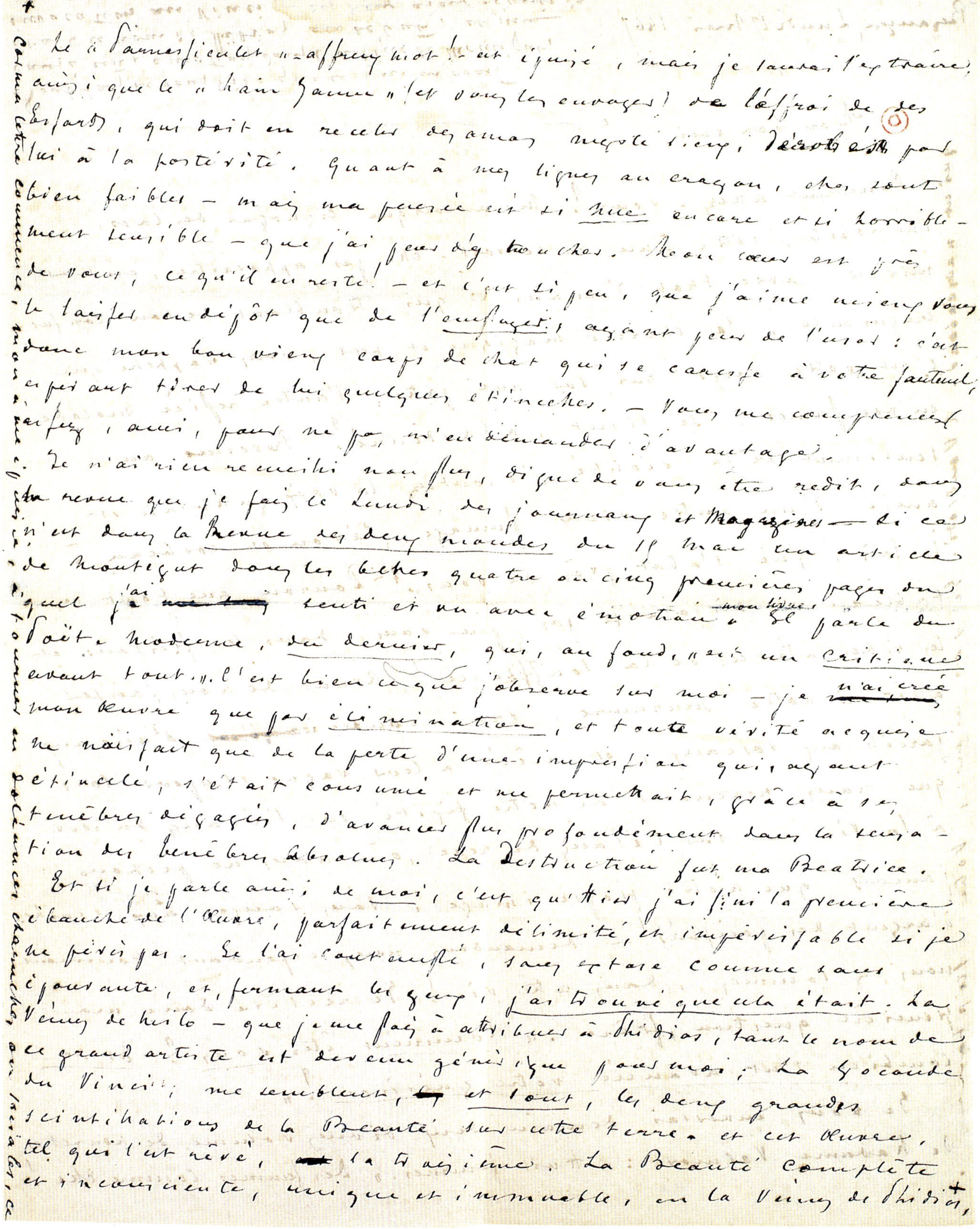

Le « Sannosficulet » — affreux mot ! — est exquis, mais je saurai l'extraire, ainsi que le « Nain Jaune » (est dans les envoyés) de l'effroi de ses enfants, qui doit en receler des amas négligés, dérobés par lui à la postérité. Quant à mes lignes au crayon, elles sont bien faibles — mais ma pensée est si nue encore et si horriblement sensible — que j'ai peur des touches. Mon cœur est près de vous, ce qu'il en reste ! — et c'est si peu, que j'aime mieux vous le laisser en dépôt que de l'envoyer, ayant peur de l'user : c'est dans mon bon vieux corps de chat qui se caresse à votre fauteuil, espérant tirer de lui quelques étincelles. — Vous me comprenez assez, ami, pour ne pas m'en demander davantage.

Je n'ai rien remarqué non plus, digne de vous être redit, dans la revue que je fais le Lundi des journaux et Magazines — si ce n'est dans la Revue des deux Mondes du 15 mai un article de Montégut dans les belles quatre ou cinq premières pages duquel j'ai ~~[illegible]~~ senti et vu avec émotion mon histoire. Il parle du Poète moderne, du dernier, qui, au fond, « est un Critique avant tout. » C'est bien ce que j'observe sur moi — je n'ai créé mon œuvre que par élimination, et toute vérité acquise ne naissait que de la perte d'une impression qui, ayant étincelé, s'était consumée et me permettait, grâce à ses ténèbres dégagées, d'avancer profondément dans la sensation des Ténèbres Absolues. La Destruction fut ma Béatrice.

Et si je parle ainsi de moi, c'est qu'hier j'ai fini la première ébauche de l'Œuvre, parfaitement délimitée, et impérissable si je ne péris pas. Je l'ai contemplée, sans extase comme sans épouvante, et, fermant les yeux, j'ai trouvé que cela était. La Vénus de Milo — que je me plais à attribuer à Phidias, tant le nom de ce grand artiste est devenu générique pour moi ; la Joconde du Vinci, me semblent, ~~[illegible]~~ et sont, les deux grandes scintillations de la Beauté sur cette terre — et cet Œuvre, tel qu'il est rêvé, la troisième. La Beauté complète et inconsciente, unique et immuable, ou la Vénus de Phidias,

2. Stéphane Mallarmé, *Lettre à Eugène Lefébure,* 27 mai 1867,
Paris, Doucet, **cat. 29.**

YVES PEYRÉ

L'inscription du plus haut rêve

Mallarmé s'avança à l'heure dite, dans un moment difficile de ressaisissement. Il voulut beaucoup, et d'abord étreindre le monde, l'entendre monter puis chanter dans un timbre qui fût adéquat aux choses et à leurs ombres, qui fût infiniment respectueux aussi de l'élan intérieur qui grondait en lui. Il venait à l'époque de bâtir, et ce qui était à ériger, c'était ni plus ni moins que la plausibilité d'une poésie dans la langue, il s'agissait d'excéder les limites tout en ayant la claire conscience que « rien ne transgresse les figures » qui sont données à l'horizon du regard. De là ce combat sourd, permanent et décisif du réel et de l'idéal qui fut en lui, qui fut lui en somme. Il prenait à sa charge le souci d'outrepasser la langue pour le chant, une musique au sens métaphorique le traversait. Il avait à se battre pour soi, pour simplement être, pour passer à son rythme, il tâtonnait dans l'absolu, aveuglé par sa propre vision, il doutait et ne doutait pas que ses bonds et ses plages de surplace avaient sens bien au-delà de lui pour tous les futurs de langue qui se profilaient. Mais, avant tout, il lui incombait de poursuivre la quête, impeccable comme le meilleur chevalier d'un Graal improbable : ce qu'il aimait, c'était la clarté de minuit et les battements assourdissants de ce simple murmure, le jour. Mallarmé au plus profond n'échappait pas à sa pente native, écrire, il en redoubla assez vite l'effet par un vœu. Et c'est ce vœu même (promis à soi dans le peu de plausibilité de le tenir) qui fait le prix de son apport résumé sous la forme d'un outre-bond dans l'absolu.

Mallarmé eut très tôt, à n'en pas douter, un grand rêve, il se plut à sa part chimérique, ses méandres infinis, ses volutes l'enivraient comme la fumée énigmatique d'un cigare se perdant en contours. Il était à ce rêve qui le piégeait un peu, totalement même, il le refusa dans le même temps au profit d'une inscription sur la page, toute empreinte des limites du réel, de la langue même et de ses butées. À la grande chorégraphie un rien sismique devait se substituer le choix, la décision du mot, la pesée du rythme qui exclut. Je ne dis pas qu'une alchimie ne vint pas frapper son esprit mais il crut imparfaitement à ses chances d'aboutir. Le Grand Œuvre voulu, appelé, coïncidait-il avec le vaste rêve entrevu et poursuivi ? Oui et non. Mallarmé calmait sa nature, il la fit exquise dans le propos, dans l'échange, dans la confidence, il fut un sourire et une appréciation généreuse pour les autres, un voile d'ironie parfois le nimbait, il fut gai aussi et tout à l'humour, au brillant, aux scintillations de la libre parole qui tombe négligemment des lèvres pour un esprit probe et convaincu. Plus haut, se tenaient le rêve, la grande enjambée à tenter pour rejoindre, il esquissa des réponses à sa propre question : rien que des essais, des pages, des notations furtives, des versions transitoires. Malgré l'acharnement, il ne sembla donner que de vagues indices, promettre des débuts de directions. Toutes ses forces — jour et nuit — furent requises pour ces quelques traces, fragments divers d'une symphonie impossible, d'un choral inachevé. Et pourtant il s'arc-bouta et lui-même vit dans l'épars qu'il déplorait mieux qu'un bout à bout de bribes d'absolu. Fut-il aussi sensible que nous le sommes au fil d'or qui relie et recoud sans taire les sauts au-dessus des abîmes ? Oui et non, encore. Il fit tout pour être et que la langue fût. Il y réussit, et heurter sans cesse sa vie à la paroi floconneuse du rêve le conduisit immanquablement au réel de la langue refondée, comme à l'origine elle fut pour les dieux ou les premiers hommes à parler. Mallarmé tendit son effort dans la tristesse de ne pas faire plus encore, mais dans la supposition que ses essais s'approchaient du grand rêve à inscrire autant qu'il lui était permis (à lui, l'homme qui, n'étant que cela, s'était aventuré le plus près possible de la réalité comme de l'irréalité). Dans la langue. Au prix de simples traces arrachées au vertige. Dans l'intensité à jamais atteinte de toute parole.

L'illustration d'un songe, le combat intérieur, la crise qui s'accentue, le tutoiement du néant, voilà ce à quoi, par sa vie même et sa première grande tentative poétique, Mallarmé est confronté. Il cherche désespérément à repousser l'ombre. Ce ne fut pas à Paris que se déroula cette « longue agonie » au prix de laquelle sa « Pensée s'est pensée ». Car le destin, comme pour une garantie de « vierge » et de « vivace », a fait du retour de Mallarmé au lieu de sa naissance une venue retardée, différée, dans cette capitale qui plus tard le reçut. Comme s'il lui fallait vérifier la force des faits, la teneur des idées et surtout la puissance des vocables au large déjà, dans le chaos bruissant de la grande nature. Et Mallarmé se composa à Sens en un élan inaugural, dans le mystère d'être et d'être avec les mots. Il prit pied alors sur le sol de la syntaxe qui tremblait. Ce fut les premiers entretiens, superbes, d'une ampleur rare dans l'amitié, aveux qui devaient se poursuivre en un art poétique épistolaire, déjouant peut-être les pièges, mais ne masquant pas les apories grandioses de l'empêchement. Oui, Lefébure plus que tous, et Cazalis et Regnault, étaient là comme des ombres accentuées par le miroir réfléchissant l'intensité de la passion stellaire. À Sens l'envol de quelque chose et très vite à Tournon un autre ploiement à l'unisson des fleurs, des corps et du mouvement d'un fleuve. Au pire de l'épreuve, Mallarmé habita un pays de senteur, de soif, de regard, l'appel de la sensation supposait le paroxysme de l'idée. Car Tournon, dans cette chute d'Ardèche glissant vers les eaux tumultueuses, fut (quoi que Mallarmé en pensât) le lieu du premier accomplissement. Avec Avignon aussi qui se dessine plus bas et même Cannes qui est là tout près et où, lors d'un séjour près de l'ami proche entre tous, Lefébure, a lieu la plus forte brusquerie de la conscience.

Mallarmé veille dès lors autant qu'il rêve. Il donne au poème plus qu'il n'est demandé. Sur un ton faussement baudelairien (il est déjà lui, il a cassé le rythme, il est clair qu'à ses yeux l'accueil est chaleureux à l'impensé comme à la plus prompte sensation), il se livre à l'ébauche d'un premier portrait. La langue qui tressaute le porte très haut. Quelques compositions anticipent et contiennent tout (ainsi *Les Fleurs*, *Angoisse*, « *Las de l'amer repos...* », *Tristesse d'été*, *L'Azur*, *Brise marine*, *Soupir*, à quoi j'ajouterai *Don du poème*) : le voyage entier est là, distance est prise (y compris par rapport au modèle), le futur bruit dans ces vers qui bouleversent d'autant plus qu'ils mêlent le drame métaphysique d'être, le recours ambigu à l'écriture et la simple notation montée du réel qui épaule. Ainsi les mots sur la page essorent ce qu'ils sont : défi, honneur, aveu, blasphème, courage et désarroi. Cette poésie héroïque transfigure la forme simple (uniment disloquée et reconstruite) du poème. Mais, en ce temps, il y a plus, pour Mallarmé, que cet accès de houle intérieure calmement porté au cœur de la lyrique. Il y a, ce que disent éminemment pourtant ces poèmes, l'impossible, et qui doit être approché autrement. C'est à la scénique que recourt Mallarmé pour dégager la chance de l'étreinte qui ne sera que le fruit de la surprise : ce que miment *Hérodiade* et le *Faune*. Nul hasard ici si ce qui s'impose est, par-delà le thème, la haute incandescence méditerranéenne : la divulgation d'un corps trop pur (malgré le « Et je déteste, moi, le bel azur ! »), celui d'une lampe, celui d'une fleur et, tout à l'envers ou en réciproque, dans la joie et la désolation, un rêve, une apparition, le *Faune* et les nymphes qu'il veut ravir et brusquer, terrible sentence de l'exil, la réalité au-delà qui toujours l'emporte (« Chaque grenade éclate et d'abeilles murmure »), mais la fin, ardent couperet. De telles tentatives (sans cesse à reprendre et pourtant d'emblée abouties) sont la parole proférée à son plus haut, sommet de la crise (pendant des simples poèmes), et encore il convient de dire plus, c'est-à-dire le tout du trouble, éloignant là les bouffées des herbes et des vents, c'est le théâtre clos d'*Igitur* qui tire la leçon d'un oubli et d'une vérité et délivre les chances de demain. Exorcisme savant et simple, catharsis d'un conte, d'un devoir ou d'un autre théâtre. Il suffit de prononcer « Minuit » et de jeter les dés. Paris peut venir et Mallarmé s'y rendre, il n'a rien à craindre de plus que de se confronter à soi. Et toutefois cette comédie à laquelle Mallarmé prendra toute sa part (et non sans plaisir), il lui faut un contrepoids, un retour de différence, et ce sera Valvins où le marin, l'habile manieur de yole, s'offrira la sensation même de *Brise marine* « d'être parmi l'écume inconnue » en même temps que celle de caresser « les vieux jardins ». Rédemption et délassement. Dépassement provisoire des contradictions.

Très tôt, au milieu des lectures fiévreuses (on l'imagine feuilletant tel livre, s'y risquant, ainsi des poèmes de Villon par exemple ou de Vigny encore), Mallarmé a excepté deux hommes qu'il considéra à tout jamais à part, ils furent pour lui des paradigmes, des saints, des élus, des proches tout autant, des frères même, bien qu'ils fussent des devanciers, aussi immédiats que possible cependant. À ses yeux, ils incarnèrent l'absolu de la poésie. Il s'agit de Baudelaire et de Poe, par plusieurs côtés indissociables. Non seulement Mallarmé puisa des forces à leur lecture (on ne contemple pas sans émotion son exemplaire des *Fleurs du mal* dans lequel il a recopié les poèmes proscrits), mais il en fit usage. La passion alors n'oublie pas le vœu personnel (cette instance qui pousse dans le dos et à laquelle nul ne peut se soustraire). Poe comme Baudelaire ont moins marqué Mallarmé à la lettre (ce fut vrai aussi mais très vite cela devint anecdotique) qu'ils ne l'ont aidé à se forger une image précise du destin de poète : défi et posture. Ils furent des maîtres ou des dieux comme l'on voudra, ils furent plus encore (malgré la modestie de Mallarmé, mais il a aussi son orgueil, l'un et l'autre le constituant) des doubles dans l'idéal, des frères en un mot, à peine plus âgés et qui avaient généreusement tracé la voie. Dans leur drame il vit le sien, il ne fut pas dupe des différences exorbitantes que la vie lui infligeait. Ils furent toutefois les compagnons des pires moments, de ceux qui veillent à minuit et grâce auxquels apposer délibérément le mot fin à sa vie n'est plus de mise.

Mallarmé fut toujours seul et ne le fut jamais. Dès sa jeunesse, il rencontra des natures gémellaires qui partageaient avec lui ses engouements pour les régions plus pures : ce furent Lefébure, Regnault et Cazalis, pour ne rien dire du cas à peine ultérieur et bien particulier — unique même — de Villiers (l'estime, l'admiration, l'affection, le dévouement). Pas davantage à Paris Mallarmé ne fut seul. Lui qui se défiait du monde des lettres fut même encombré de sollicitations toujours plus nombreuses, ce qui ne manque pas de piquant. Il fut entouré mais en cela le malentendu avait sa part, on redoutait sa pureté, on en méconnaissait aussi la portée. Il devient difficile alors de démêler les simples relations des sentiments généreux, les attendrissements des saluts obligés, et, au milieu, les élans irrépressibles vers des œuvres faisant écho à sa propre recherche. Pour s'en tenir à la sphère strictement poétique, on ne peut parmi ses contemporains nommer comme égaux que Verlaine et Rimbaud, le reste se situant pour le moins sur une autre onde. À cela il n'y a pas de surprise. Ils furent trois dans l'époque à l'outrepasser et à assurer à la poésie l'audacieux mouvement de

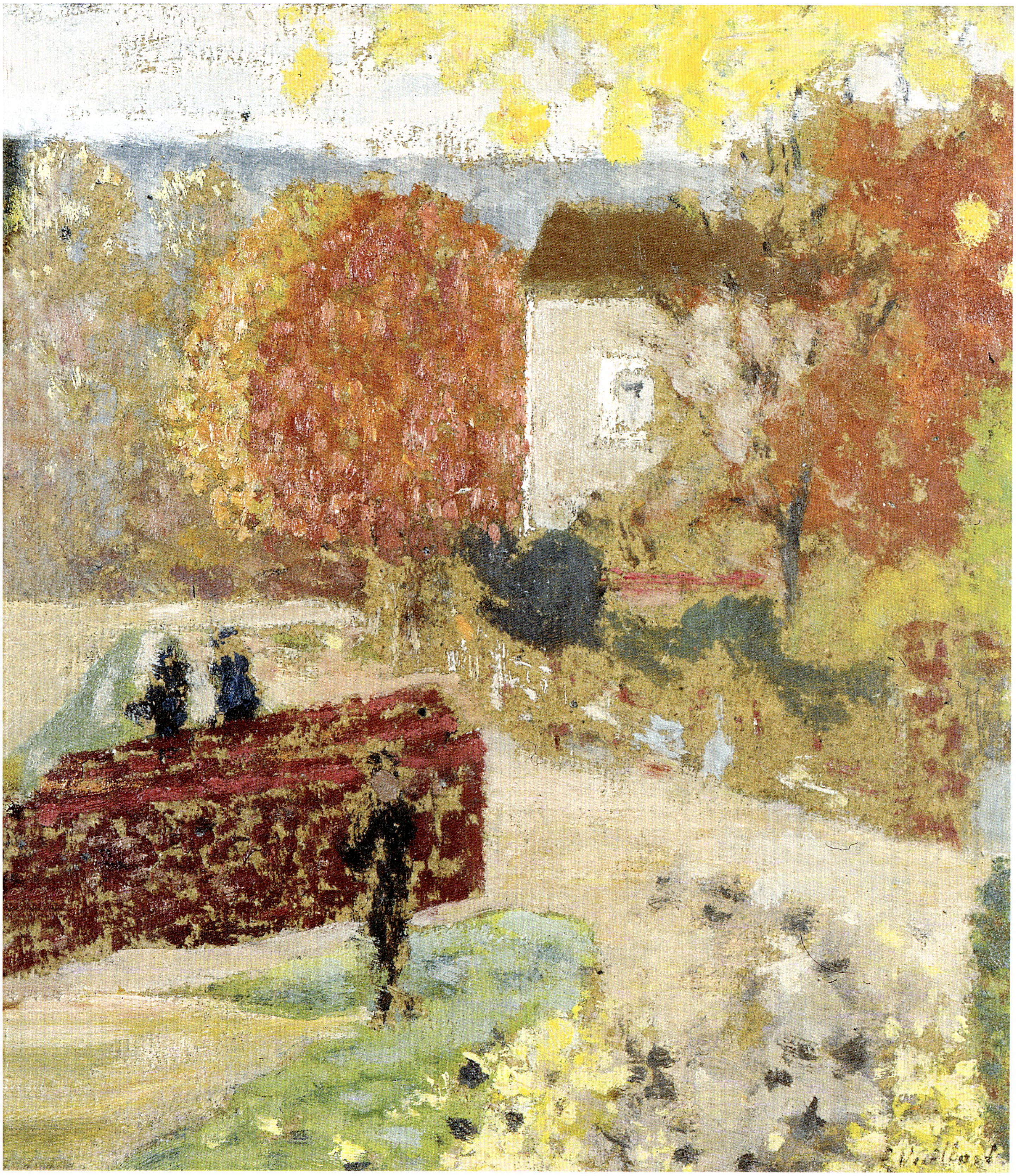

3. Édouard Vuillard, *La Maison de Mallarmé à Valvins,* 1896,
Paris, musée d'Orsay, **cat. 282.**

bascule d'un siècle à l'autre, et, mieux encore, le simple fait de poursuivre comme l'éclat de renaître. Mallarmé et Verlaine furent amis, profondément, une réciprocité d'écoute naquit immédiatement, chacun entendit chez l'autre la nouveauté, l'arrière-timbre et la différence. Ce fut un dialogue continu (avec ses nécessaires moments de silence) où l'affection relayait l'admiration mutuelle. Verlaine a écrit de Mallarmé et Mallarmé de Verlaine, touchant et profond jeu de répliques. Ils étaient les héritiers de Baudelaire et se tenaient à égalité avec lui. Quant à Rimbaud, Mallarmé ne le vit qu'une fois, à l'un des dîners des « Vilains Bonshommes » où le meilleur voisinait avec le piètre, mais il observa et, plus tard, il lut. Ici, nulle attention mutuelle, une pure reconnaissance par Mallarmé du troisième homme qui s'inscrit dans un texte merveilleux — récit et rêve confondus — paru dans l'étonnant *Chap Book*. Le propos en est singulier (c'est le plus haut témoignage sur Rimbaud qui soit), il invite, par-delà la complaisance et la connivence évidentes, à songer à une possible réversibilité des destins (jusqu'à un certain point suggérée par Mallarmé malgré la mise en avant répétée de l'unicité dans l'histoire des lettres du cas Rimbaud), la priorité étant donnée au *passant* sur l'*assis*, et Mallarmé fut un passant et se rêva tel. Cet horizon légendaire accepté dans la perspective d'un trialogue idéal, Mallarmé revint vers l'époque où il eut la joie certaine de voir parmi les jeunes gens perspicaces qui se pressaient au-devant de lui, quelques-uns de ceux (Gide, Claudel, Valéry et encore Jarry) par qui la littérature poursuivrait son cours chaotique et splendide. Jamais Mallarmé ne fut seul et néanmoins il était étrangement solitaire. Il lui appartenait jusqu'au bout d'osciller entre ces deux pôles.

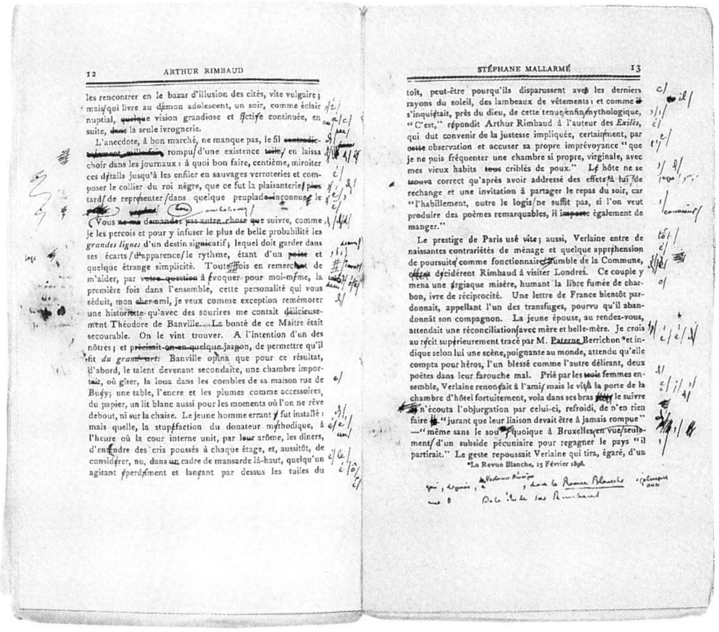

12 ARTHUR RIMBAUD

les rencontrer en le bazar d'illusion des cités, vite vulgaire; mais qui livre au démon adolescent, un soir, comme éclair nuptial, quelque vision grandiose et fictive continuée, en suite, dans la seule ivrognerie.

L'anecdote, à bon marché, ne manque pas, le fil contradictoirement mille fois rompu d'une existence telle, en laissa choir dans les journaux : à quoi bon faire, centième, miroiter ces détails jusqu'à les enfiler en sauvages verroteries et composer le collier du roi nègre, que ce fut la plaisanterie plus tard de représenter dans quelque peuplade inconnue le

Vous ne me demandez pas autre chose que suivre, comme je les perçois et pour y infuser le plus de belle probabilité les *grandes lignes* d'un destin significatif; lequel doit garder dans ses écarts d'apparence le rythme, étant d'un poète et quelque étrange simplicité. Toutefois en remerciant de m'aider, par votre question à évoquer pour moi-même, la première fois dans l'ensemble, cette personalité qui vous séduit, mon cher ami, je veux comme exception remémorer une historiette qu'avec des sourires me contait délicieusement Théodore de Banville.... La bonté de ce Maître était secourable. On le vint trouver. A l'intention d'un des nôtres; et précisait-on en quelque jargon, de permettre qu'il fît *du grand art.* Banville opina que pour ce résultat, d'abord, le talent devenant secondaire, une chambre importait, où gîter, la loua dans les combles de sa maison rue de Buçy; une table, l'encre et les plumes comme accessoires, du papier, un lit blanc aussi pour les moments où l'on ne rêve debout, ni sur la chaise. Le jeune homme errant fut installé : mais quelle, la stupéfaction du donateur méthodique, à l'heure où la cour interne unit, par leur arôme, les dîners, d'entendre des cris poussés à chaque étage, et, aussitôt, de considérer, nu, dans un cadre de mansarde là-haut, quelqu'un agitant éperdûment et lançant par dessus les tuiles du

STÉPHANE MALLARMÉ 13

toit, peut-être pourqu'ils disparussent avec les derniers rayons du soleil, des lambeaux de vêtements : et comme il s'inquiétait, près du dieu, de cette tenue enfin mythologique, "C'est," répondit Arthur Rimbaud à l'auteur des *Exilés*, qui dut convenir de la justesse impliquée, certainement, par cette observation et accuser sa propre imprévoyance "que je ne puis fréquenter une chambre si propre, virginale, avec mes vieux habits tous criblés de poux." Le hôte ne se trouva correct qu'après avoir addressé des effets à lui de rechange et une invitation à partager le repas du soir, car "l'habillement, outre le logis ne suffit pas, si l'on veut produire des poèmes remarquables, il importe également de manger."

Le prestige de Paris usé vite; aussi, Verlaine entre de naissantes contrariétés de ménage et quelque appréhension de poursuite comme fonctionnaire humble de la Commune, ceux-ci décidèrent Rimbaud à visiter Londres. Ce couple y mena une orgiaque misère, humant la libre fumée de charbon, ivre de réciprocité. Une lettre de France bientôt pardonnait, appellant l'un des transfuges, pourvu qu'il abandonnât son compagnon. La jeune épouse, au rendez-vous, attendait une réconciliation avec mère et belle-mère. Je crois au récit supérieurement tracé par M. Paterne Berrichon *et indique selon lui une scène, poignante au monde, attendu qu'elle compta pour héros, l'un blessé comme l'autre délirant, deux poètes dans leur farouche mal. Prié par les trois femmes ensemble, Verlaine renonçait à l'ami mais le vit à la porte de la chambre d'hôtel fortuitement, vola dans ses bras pour le suivre n'écouta l'objurgation par celui-ci, refroidi, de n'en rien faire "jurant que leur liaison devait être à jamais rompue" —"même sans le sou quoique à Bruxelles en vue seulement d'un subside pécuniaire pour regagner le pays "il partirait." Le geste repoussait Verlaine qui tira, égaré, d'un

*La Revue Blanche, 15 Février 1896.

4. Stéphane Mallarmé,
Arthur Rimbaud,
exemplaire corrigé du *Chap Book*,
coll. part., **cat. 144.**

L'effort de Mallarmé pour exprimer la puissance et la nouveauté de sa vision est dans la genèse de son écriture comme dans son résultat à plus d'un titre surprenant. Il y a une temporalité qui lui est propre. Considérant les mouvements de sa langue, l'émergence de sa voix, on peut à son propos parler de chantiers qu'il ouvre. Il semble assez vite élaborer la version décisive (non sans avoir erré), mais aussitôt il revient, il détruit, il secoue, le chantier ne cesse d'être en cours : « j'ai toujours rêvé et tenté autre chose ». Seuls surnagent des possibles, des versions, des variantes, le provisoire est l'unique certitude, la cime exigible reste à découvrir. Insatisfaction certes, refus encore, trouble plus profondément devant ce qui sans fin se dérobe. Toujours ou peu s'en faut, Mallarmé se reprend, se corrige, jugeant la traduction imparfaite ou approximative. Mais rien n'est à traduire, tout se construit à mesure sur le vide : c'est cela la beauté de la fleur, la fragilité de l'éventail. On songera aux *Poèmes d'Edgar Poe*, entreprise durable d'une vingtaine d'années, plus radicalement encore à *Hérodiade*, annonce qui ne s'achève pas, qui ne peut aboutir, ou alors successivement, passagèrement, une pierrerie ou l'autre, mais toujours une nouvelle formulation se bousculera pour ressusciter la soif du poème. À tout instant le travail de refondation est à recommencer, c'est dire la part mouvante du sens. Au moment de reconsidérer, de reconfigurer, l'insatisfaction (et même l'inquiétude, seule forme d'apaisement) est un moteur farouche. Mallarmé n'en finit pas, il ne place de terme à rien. La conséquence inévitable de ce besoin de reprise est la simultanéité chez lui des recherches diverses. De la sorte *Igitur* est-il mêlé aux *Poèmes d'Edgar Poe* dans un jeu d'écho, de rebond, de prolongement ou de revers. Ce qui rend manifeste cette évidence : la chronologie de Mallarmé se fixe mal. Il y a certes les instants tranchants, poétiquement probants, parfaits même, comme le sont les deux grands moments poétiques où le rien mime le tout à gagner, celui de Tournon, celui, parisien, commencé quelque vingt ans plus tard et courant du superbe condensé de la crise et de la volte-face salvatrice (« *Quand l'ombre menaça de la fatale loi* ») jusqu'au poème conclusif d'une vie, dernière attestation de l'impossible à saisir et ultime révolte ou effort en vue d'étreindre le bien (« *Au seul souci de voyager...* », reprise superbe de *Salut* bien sûr mais aussi de *Brise marine*).

D'une crise à l'autre, la première, terrible dans sa nouveauté d'éboulement, la seconde, mieux assumée, effleurée par la sagesse (mais jamais par la résignation), se place un saut en soi-même et dans l'ampleur de la langue qui, de plus en plus, palpite à l'unisson du vertige d'écrire. Mais il serait trop simple de distinguer si nettement deux époques, au demeurant en miroir. Quelques poèmes se placent dans l'entre-deux, subtils pivots du temps tourné vers le futur, soit qu'ils le fassent par la date précise de leur composition (c'est le cas de *Toast funèbre* et du *Tombeau d'Edgar Poe*, la circonstance formidable obligeant Mallarmé à allonger démesurément la foulée), soit qu'ils jouent à nos yeux ce rôle dans l'incertitude où nous sommes de leur date exacte d'écriture (c'est évident pour le sonnet en *–yx* — « *Ses purs ongles très haut...* » —, dit en un premier temps « allégorique de lui-même », véritable art poétique et métaphysique, moins une apologie de la forme évidée que le triomphe d'un acte, l'abolition, et son prolongement ambigu — surenchère et annulation tour à tour — dans la réflexion qui boucle et ne boucle pas, c'est vrai également de la *Prose*, autre sommet où Mallarmé est soi absolument — un souffle de Rimbaud, pure coïncidence, passe sur le poème — et jette l'ampleur de son rêve au gré des contradictions les plus brûlantes et les mieux assumées, si ce n'est encore de « *Quelle soie aux baumes de temps...* », « *Le vierge, le vivace et le bel aujourd'hui...* », comme aussi du *Triptyque*, tous des élans foudroyés et conquérants de résurrection). C'est que, pour finir, les dates se brouillent et les périodes se touchent dans des bonds d'histoire. En contrepoint, peu de séparation entre poèmes, proses et tentatives extrêmes (*Hérodiade,* le *Coup de dés*), ils avancent parallèlement et Mallarmé y songe d'un même élan. Il n'y a pas de progrès dans son œuvre, un approfondissement certes, une acceptation sans doute (encore que), donc à peine une progression et le plus souvent est-elle illusoire. Tout est donné dès la grande crise de rupture (l'éclair est au-dedans), il reste à mettre en place et à décaler sans cesse.

Rêvant de l'azur, hanté par le néant, tour à tour acquiesçant à sa sensibilité (voire à sa sensualité) et s'en détournant, Mallarmé entend fonder un drame, il veut élaborer une œuvre totale, *le* Livre, qui rende compte tout à la fois de sa quête et de son objet, quitte à ce que lui s'efface pour finir devant cet objet enfin dévoilé (l'aboutissement n'est-il pas « anonyme », selon lui, « le Texte... parlant de lui-même et sans voix d'auteur »). L'objet est celui des rêves, du désir le plus haut qui monte jusqu'à l'absence, il est celui très simple que le regard familier embrasse et palpe, il est à l'égal celui que le mot extirpe à la langue et place sur l'échelle du frisson, il est un défi au réel et un déni à la mort. Mallarmé imagine un salut, il croit obstinément que l'on peut s'évader de la honte : en somme nommer les choses, voilà qui suffirait, encore faut-il forger la syntaxe. Les obsessions d'images (les jeux de réitération) confirment et incarnent l'espoir, peut-être éloignent-elles aussi la rage de voir tout s'échapper au gré du temps stupide qui ne serait pas le fleuve sans remords auquel il s'abandonne si facilement à Valvins. Fréquentation du tout qu'il entrevoit, atteintes du néant qui

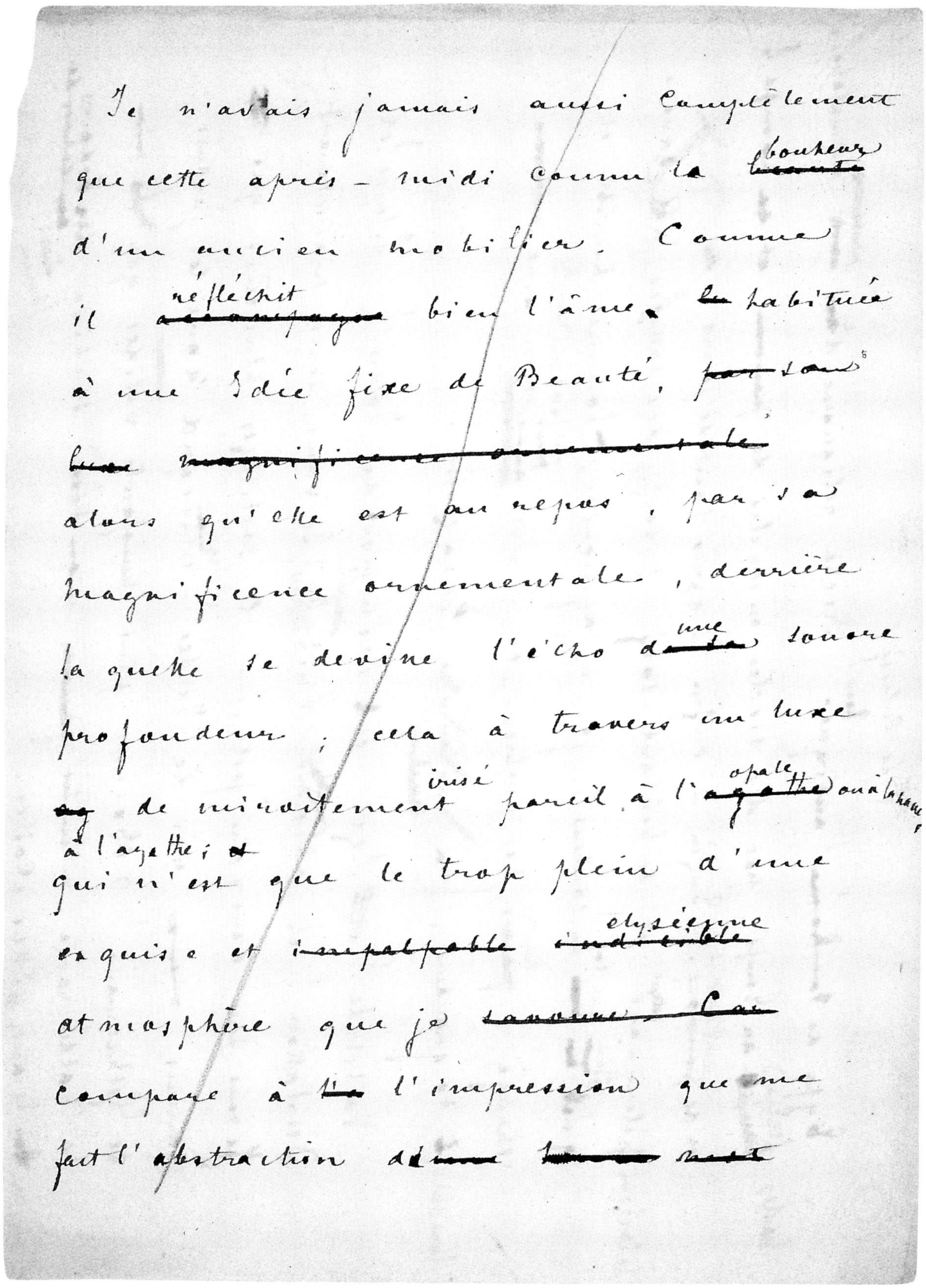

Je n'avais jamais aussi complètement
que cette après-midi connu la ~~beauté~~ bonheur
d'un ancien mobilier. Comme
il ~~accompagne~~ réfléchit bien l'âme. ~~le~~ habituée
à une Idée fixe de Beauté, ~~par~~ sans
~~bien~~ ~~magnificence ornementale~~
alors qu'elle est au repos, par sa
magnificence ornementale, derrière
laquelle se devine l'écho d~~sa~~ une sonore
profondeur ; cela à travers un luxe
~~ag~~ de miroitement irisé pareil à l'~~agathe~~ opale ou à la nacre,
à l'agathe ; ~~et~~
qui n'est que le trop plein d'une
exquise et ~~impalpable~~ ~~indicible~~ elyséenne
atmosphère que je ~~savoure. Car~~
compare à ~~la~~ l'impression que me
fait l'abstraction d~~une~~ ~~haute~~ ~~nuit~~

5. Stéphane Mallarmé, *Poèmes d'Edgar Poe* et *Notes sur le langage*,
dossier manuscrit, coll. part., **cat. 35.**

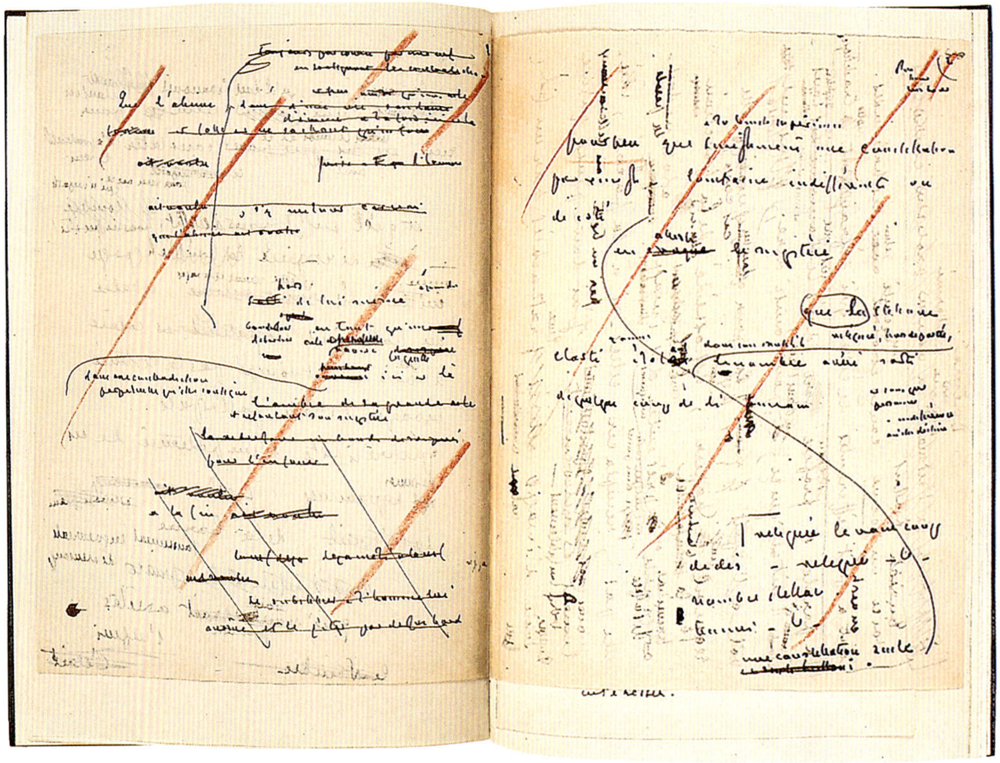

6. *Un Coup de Dés,*
brouillon pour *Cosmopolis,* mai 1897,
coll. part., **cat. 336.**

le courbe, Mallarmé n'a en main sur les pages qu'il a noircies que des fragments de l'essentiel, à peine de quoi bâtir un « album », mot qu'il s'inflige durement et qui résonne en lui comme la sourde épellation des lettres rouges d'une allégorie de l'échec. Mais c'est en rien que Mallarmé échoue, il reste un intrépide, il est un voyageur, un marin. Son trouble, il le doit à la force de l'évidence qui le fait voir, le doue d'une vision à ce point authentique et totale qu'elle l'amène à n'énoncer l'enchaînement des images que sous la forme de la concession, merveilleux spinozisme que le sien. Au déroulement il préfère la fureur de l'éblouissement. Toutefois il sait que cela ne peut se communiquer qu'à grand-peine, l'évidence devenant vite un aveuglement. Alors, pour rejoindre l'instant et sa brisure d'éclair, il fait le détour par la durée, il disloque la langue, il donne de petits coups qui abolissent l'usuel par degrés, et soudain tout fulgure (la chute de « *Victorieusement fui...* », « Dont pour te figurer il tomberait des roses », en est une sorte de paradigme qui paraît comme une indication intempestive, une précision voluptueuse, une confidence proche de l'anecdote, lâchée par une lèvre résolument elliptique qui se souvient néanmoins d'être si souple dans la « causerie »).

La cassure essentielle au sens qu'il accomplira de manière totalement visible (elle sera explicite alors) dans le *Coup de dés* est déjà le propre des poèmes, y compris des plus bouclés d'entre eux, les sonnets. Mallarmé s'attaque à la dimension sonore du poème, il s'acharne à faire retentir en eux la fêlure très pure d'un timbre. Les ruptures et relances infinies qu'il travaille sont comme la dictée de son rêve, les à-coups de sa pensée, l'impression d'une fuite et d'une stabilité. Le théâtre (le *Faune*, *Hérodiade*), les proses qui alarment la disposition ordinaire pour une compréhension plus nette encore (c'est toujours là l'évidence, et le souci de ne pas la trahir pousse à cet extrême : « tels rythmes immédiats de pensée ordonnant une prosodie »), elles qui sont, de par leur éclat spatial et l'effet de soulignement qui l'accompagne, de la presque poésie (on songe à *Crise de vers*, *Le Mystère dans les Lettres*, *Offices* et *Grands faits divers*, bref, à la part la plus spécifiée sur ce point des *Divagations*), avec, en rappel discret, les poèmes, tout cela concourt à manifester au grand jour de la page une secrète part opéradique, à surenchérir sur les potentialités occultées du visible et du sonore. Le *Coup de dés* ne sera jamais que la coïncidence jetée sur la feuille de ces deux dimensions poursuivies — l'espace et le temps tout à coup confondus. Ce que veut Mallarmé, c'est le sens, ce qu'il veut aussi, c'est le timbre, ce qu'il veut encore, c'est, quel mot, la figure ou la volute. Mais, sens, timbre ou volute, il les exige dans leur flamboiement originel comme si le poète s'était reporté dans un temps d'avant le temps, comme s'il était le premier homme (en cela Mallarmé démontre exemplairement ce qu'il en est du langage et de l'être pour tout homme qui entretient avec l'écriture un rapport de rectitude). Cette fiction réellement éprouvée de l'annulation du temps accentue un peu plus la transe par laquelle elle se donne. Tout Mallarmé est là : il s'agit pour lui de tenir la totalité des approches (le sens, le timbre, la volute), il est la pointe même de l'instant (il voit frémir la plénitude au moment précis où il est traversé par le souffle du vide, c'est alors qu'il dépose sur la page le divers de son intimité, objets, fleurs, qui, même lorsqu'ils se donnent sous la forme privative de l'évanescence ou de l'absence, sont encore présence). À cette fin, il hausse à l'extrême le fait langagier, il lui octroie des pouvoirs outranciers (il ne perd cependant jamais de vue le réel : le salon à Paris, le jardin à Valvins ne sont rien d'autre que le lieu qui permet la conversion), le verbal prend la forme d'une quête (la phrase est en marche) et d'une architecture (la phrase se construit), il se fait musique, le travail de sape nécessaire à l'avancée oblige de tout reprendre à la prochaine phrase, d'ébranler le fragile équilibre, voire de le faire dès celle-là même qui est en cours pour obtenir ce peu, ce rien, ce tout, la vibration juste des mots, c'est-à-dire l'incantation la moins contestable de l'être.

Dès l'origine on a réputé Mallarmé incompréhensible là où il n'était qu'en rupture. En 1866 déjà, Barbey d'Aurevilly, abaissant Baudelaire à plaisir, s'acharnait tant et plus sur Verlaine et Mallarmé, disant de ce dernier : « l'effréné Baudelaire n'est qu'une perruque d'académicien, correcte, peignée, ratissée, en comparaison de ce poulain sauvage, à tous crins, échevelé, emmêlé ». Le ton était donné. Il est vrai que les poèmes déconcertaient fortement, que ceux en prose tout d'aveu (*Le Phénomène futur*, superbe synthèse du drame, *Le Démon de l'analogie*, l'ancienne fameuse *Pénultième*, dévoilant clairement l'enjeu tout en tempérant le sacré par l'ironie) paraissaient, bien malgré eux, n'avoir comme atout que l'obscur, que les proses mêmes dans leur condensé, leur abrupte cassure, heurtaient. Il faut convenir que nul n'avait le recul visionnaire de Claudel voyant dans l'intensité d'*Igitur* la prémonition de tout l'œuvre, le décor, l'action et les accessoires. La prose même arrêtait les mieux décidés (mis à part quelques-uns qui forçaient le visible des mots, c'est-à-dire entendaient en silence). Dans ce contexte, la lecture par Mallarmé chez Berthe Morisot le 27 février 1890 de sa conférence sur Villiers fut un acte décisif : le détour par l'oralité rendit limpide ce qui semblait ténébreux. Une lumière entoura quelques têtes, mais il avait fallu ce parti pris d'extériorité, le spectacle et le naturel alliés, pour que cesse la cécité. Jusque-là et même après pour un cercle plus large, on préférait quasiment sa conversation à son œuvre. Celle-ci, étant étrange, devenait étrangère, étant mystérieuse, paraissait hostile. Mallarmé fait écho à la caricature, à l'adversité tenace et mesquine lorsqu'il évoque avec le sourire qui convient, dans *La Musique et les Lettres*, « la fréquence des termes d'idiot et de fou rarement tempérés en imbécile ou dément » jetés de-ci de-là à son endroit. Mallarmé est brûlé et il brûle, torche de clarté qui rend aux choses et aux mots le feu de l'indétermination primitive, tache et innocence.

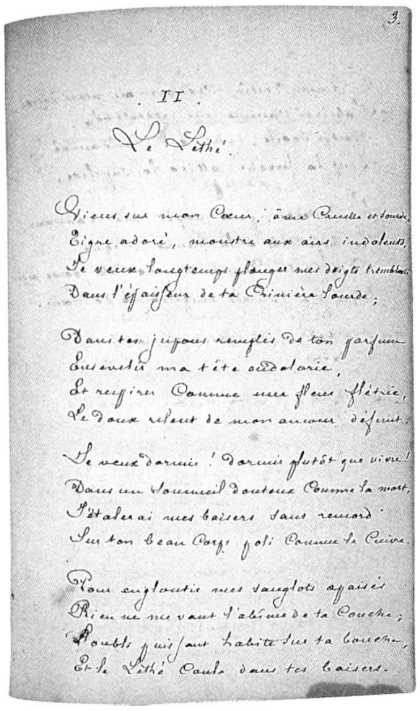
3.

II.

Le Léthé.

Viens sur mon cœur, âme cruelle et sourde,
Tigre adoré, monstre aux airs indolents;
Je veux longtemps plonger mes doigts tremblants
Dans l'épaisseur de ta crinière lourde;

Dans tes jupons remplis de ton parfum
Ensevelir ma tête endolorie,
Et respirer, comme une fleur flétrie,
Le doux relent de mon amour défunt.

Je veux dormir! dormir plutôt que vivre!
Dans un sommeil douteux comme la mort,
J'étalerai mes baisers sans remord
Sur ton beau corps poli comme le cuivre.

Pour engloutir mes sanglots apaisés
Rien ne me vaut l'abîme de ta couche;
L'oubli puissant habite sur ta bouche,
Et le Léthé coule dans tes baisers.

7. Charles Baudelaire,
pièces condamnées des *Fleurs du Mal*,
copie manuscrite de Mallarmé,
coll. part., **cat. 118.**

L'adéquation, l'évidence autrement dit (et presque la tautologie) fut sa hantise. Il suffisait de retrouver sous le voile des apparences (langagières y compris) la seule réalité d'avant le leurre et l'éloignement. Ses poèmes, ses autres mouvements en faveur de la coïncidence, échappèrent à beaucoup comme c'est toujours le cas lorsque les ruptures sont trop vives. Mallarmé n'en devint pas moins par l'enseignement qu'il prodigua à très peu (dans l'aisance de la camaraderie) une sorte de modèle pour plusieurs générations. N'empêche que, entre-temps, rien sur lui ne parut en France de vraiment significatif en dehors de ces deux perfections dans l'hommage, *Les Poètes maudits* de Verlaine et *À rebours* de Huysmans. Un tel retard dans l'écoute s'explique d'autant mieux que Mallarmé s'était porté en avant, non qu'il l'ait voulu, mais son allure intérieure lui imposait un certain pas, ainsi, à trop devancer, il ratifiait pour les autres le décalage. Rejoint certes par quelques-uns et de plus en plus, jamais seul assurément, Mallarmé se rêva et il eut en partie une société où les pages échangées (lui-même se prêta assez à ce jeu de la copie distribuée aux meilleurs des proches) tomberaient entre les mains des égaux, de ceux qui, ayant le privilège de la vision, en viendraient avec la promptitude d'une pluie de lumière au déchiffrement immédiat. Pour cela il eût fallu se rencontrer avec Baudelaire et Poe, Verlaine et Rimbaud, c'était l'idéal. D'autres, bien sûr, d'une façon différente, façonnèrent une sorte de dévotion qui l'attendrit en l'amusant gentiment. Il avait des fils lorsqu'il voulait des frères (Verlaine fut l'exception). Que pensait-il de tout cela, seul sur sa yole, ou bien dans son fauteuil, absorbé à saisir la suite de transitions imperceptibles qui vont de l'éclat au fané pour une fleur ? Bien des choses ou peut-être rien, trop requis qu'il était alors par la participation active.

On ne comprit pas, on n'admet aujourd'hui encore que partiellement la cohabitation dans l'œuvre de Mallarmé des grands poèmes et des vers de circonstance. Comment la farouche, la guerrière, la solaire érotique de « *Quelle soie aux baumes de temps...* » (où le fait patriotique même le cède au triomphe intime, à la puissance cosmogonique) ou de « *M'introduire dans ton histoire...* » (avec la savante équivalence sonore du tremblé de feu) peut-elle se convertir en un quatrain délicatement tracé sur le papier plié d'un éventail ? La vie avançant, ces récréations, dans leur prolifération, constituèrent le revers de la médaille Mallarmé, les vers de circonstance en vérité ne sont pas moins lui que les fastueuses tentatives de l'avers. Le jour et la ténèbre y figurent aussi, repris à une autre quotidienneté. Alors Mallarmé expérimente toute la palette du jeu (adresses rimées, envois de bonbons, éventails, galets et jusqu'au *Mirliton*) et redéploie le réel. Par la grâce d'une frivolité ou d'une tendre raillerie le beau théâtre social se voit prolongé (un parallèle est à risquer avec l'épistolier, le causeur) dans l'illusion probable d'une facilité, avec ce double effet, déposer de la noblesse à même le banal et contaminer la langue trop oublieuse du rien absolu par les mille riens journaliers.

Surplombé par l'idée de la mort, transi devant la beauté, Mallarmé entend ne rien laisser sur l'échelle de l'être hors de l'atteinte de la parole, il n'est pas mécontent, sous couvert d'amusements, de refouler l'avancée du reportage (au fond ce serait : à petite réalité pas de bas langage). Il y a en outre le simple plaisir de ciseler une phrase, l'abandon à la trouvaille avec, pour support, des appels de galanterie, de tendresse, de camaraderie et de politesse (ces constantes des grands poèmes : la femme, l'enfant, la solitude et le sourire) et dans ciseler se trouve évidemment l'effort, la confrontation sur un mode mineur à l'impossible. S'il est injuste de réduire ces exercices de relâche à de la futilité sans fin (dans une adresse rimée vient loger l'intériorité d'un homme), la pire insulte que l'on puisse adresser à Mallarmé est de le considérer comme un poète for-

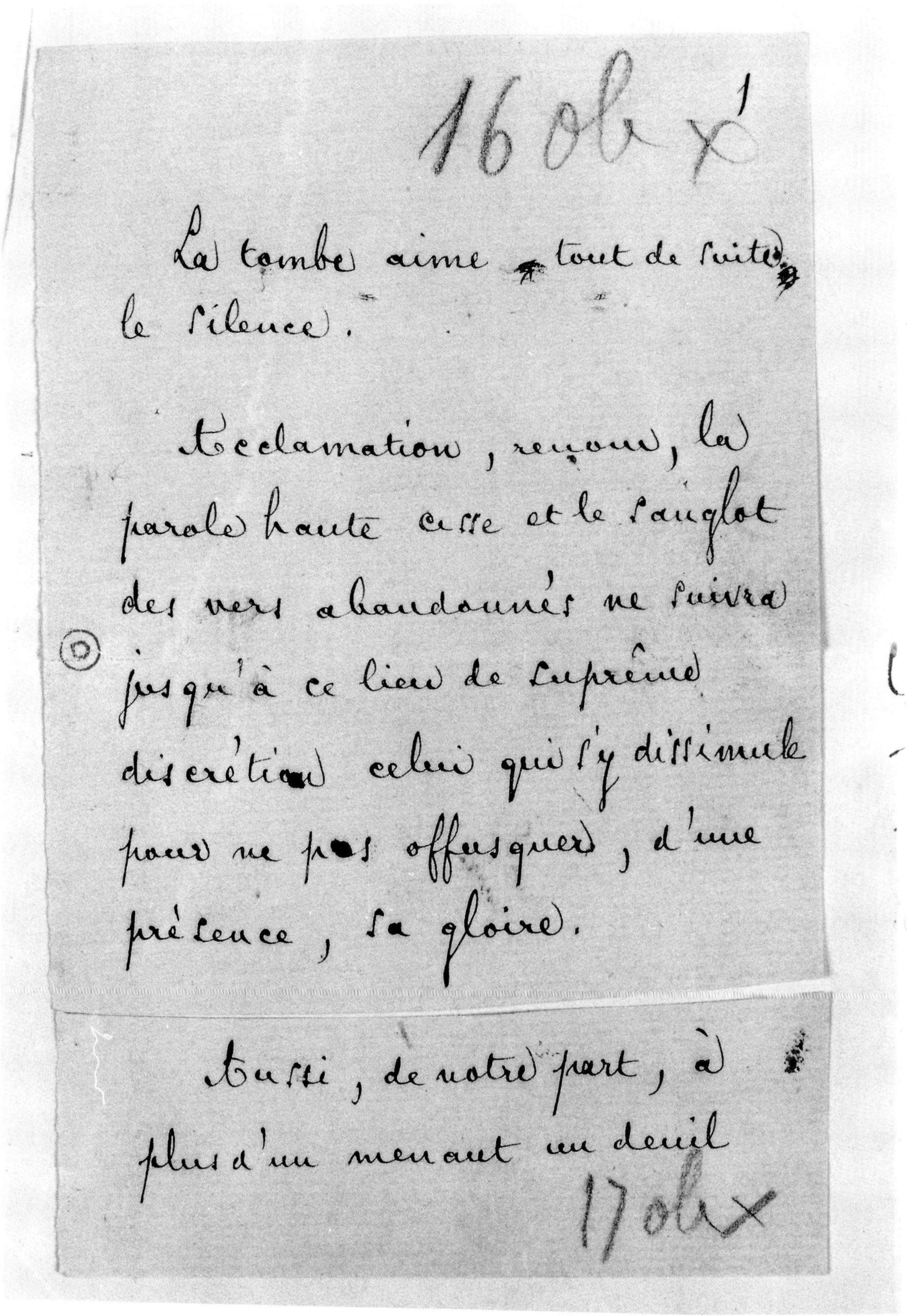

16 ob x 1

La tombe aime tout de suite le silence.

Acclamation, renom, la parole haute cesse et le sanglot des vers abandonnés ne suivra jusqu'à ce lieu de suprême discrétion celui qui s'y dissimule pour ne pas offusquer, d'une présence, sa gloire.

Aussi, de notre part, à plus d'un menant un deuil

17 ob x

8. Stéphane Mallarmé, « *La tombe aime tout de suite le silence...* », 1896,
Paris, Doucet, **cat. 142.**

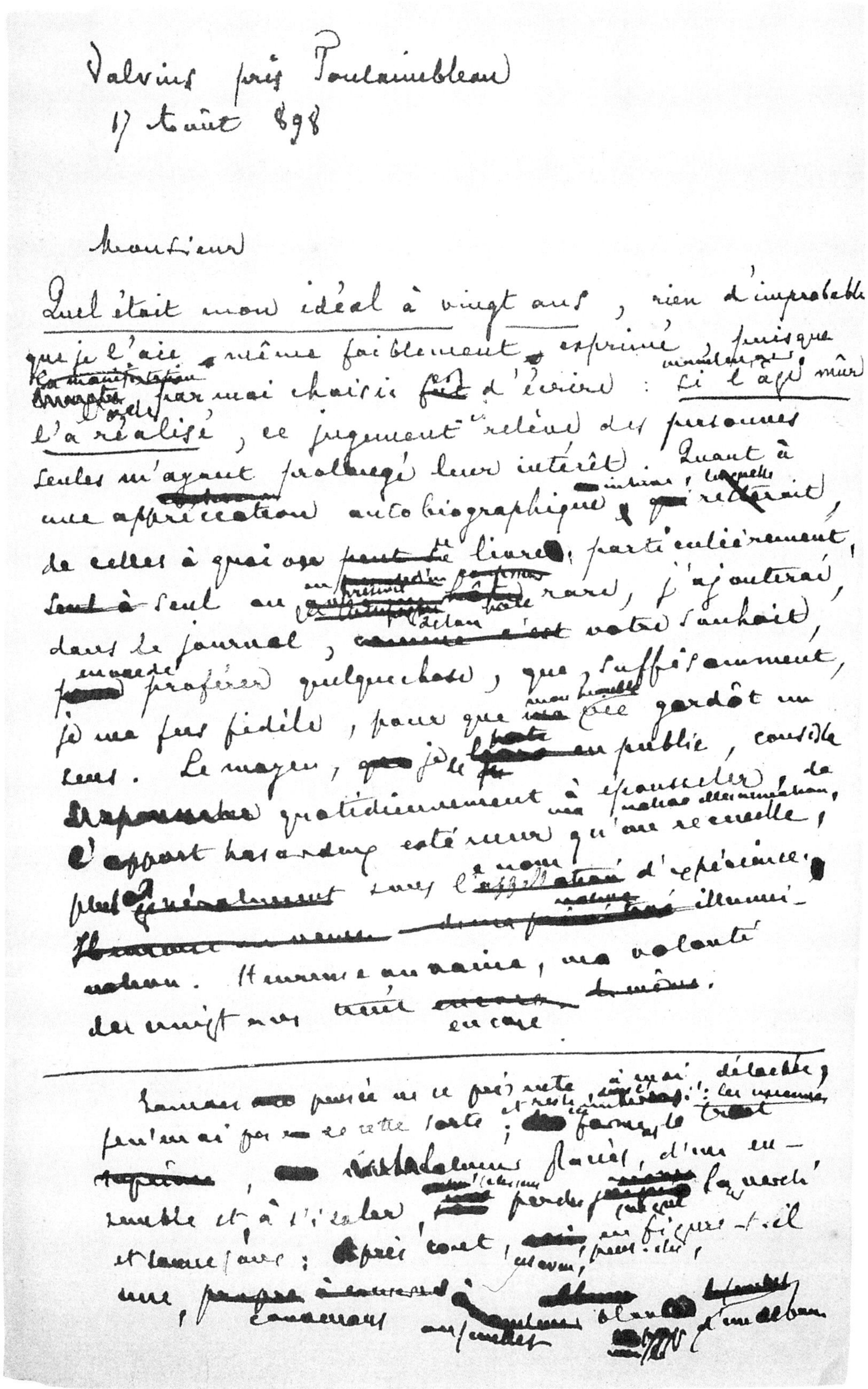

Valvins près Fontainebleau
17 Août 898

Monsieur

Quel était mon idéal à vingt ans, rien d'improbable
que je l'aie, même faiblement, exprimé, puisque
par moi choisir fût d'écrire : si l'âge mûr
l'a réalisé, ce jugement relève des personnes
seules m'ayant prolongé leur intérêt. Quant à
une appréciation autobiographique [illegible]
de celles à quoi on peut être livré, particulièrement,
seul à seul ou [illegible] rare, j'ajouterai,
dans le journal, [illegible] votre souhait,
[illegible] proférer quelque chose, que, suffisamment,
je me fus fidèle, pour que [illegible] gardât un
sens. Le moyen, [illegible] en public, consista
[illegible] quotidiennement à épousseter, de
l'apport hasardeux extérieur qu'on recueille,
[illegible] sous l'[illegible] d'expérience,
[illegible] illumi-
[illegible] Heureuse aubaine, ma volonté
des vingt ans [illegible] encore [illegible]

9. Stéphane Mallarmé, *Sur l'Idéal à vingt ans,* 17 août 1898,
coll. part., **cat. 345.**

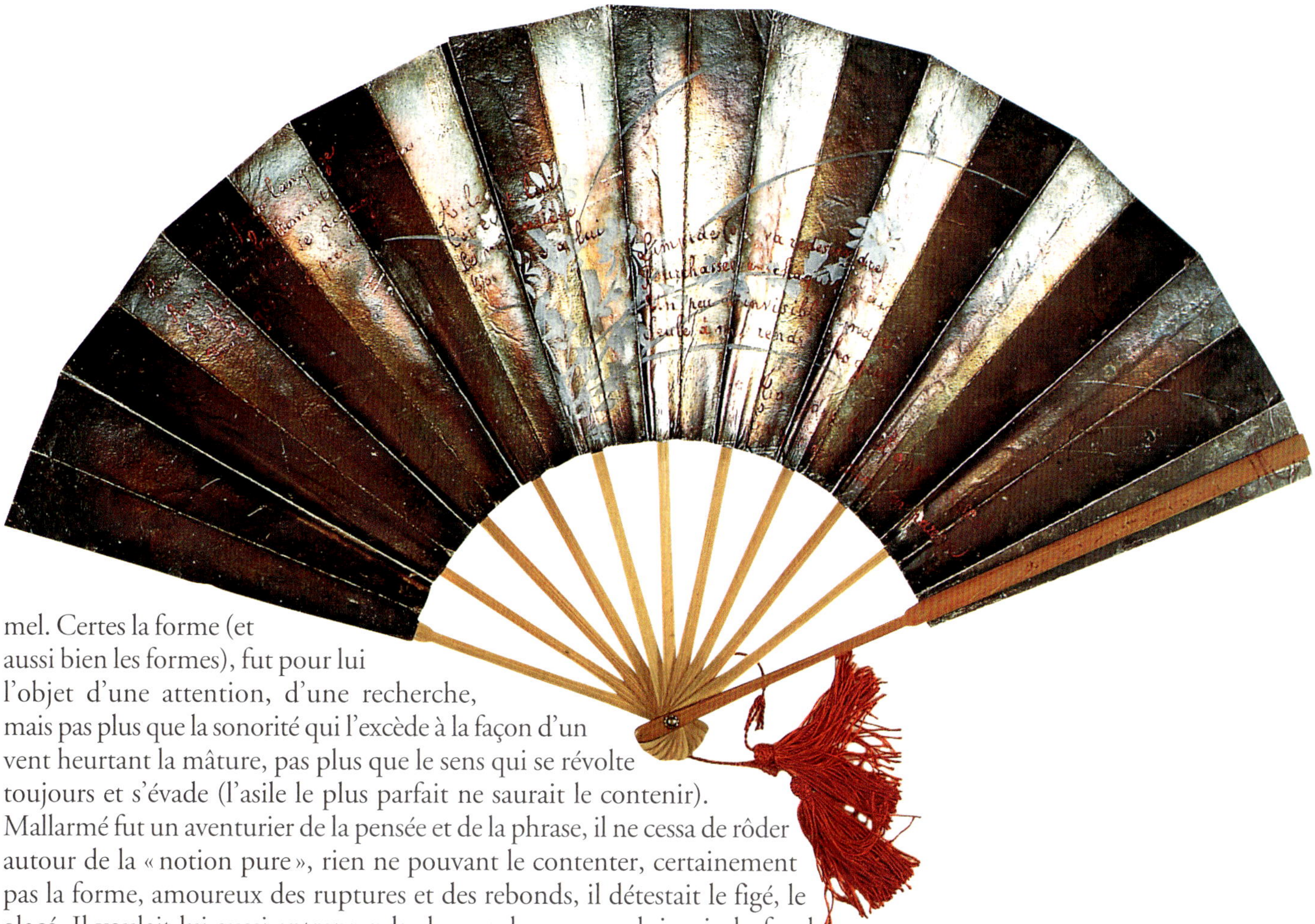

mel. Certes la forme (et aussi bien les formes), fut pour lui l'objet d'une attention, d'une recherche, mais pas plus que la sonorité qui l'excède à la façon d'un vent heurtant la mâture, pas plus que le sens qui se révolte toujours et s'évade (l'asile le plus parfait ne saurait le contenir). Mallarmé fut un aventurier de la pensée et de la phrase, il ne cessa de rôder autour de la « notion pure », rien ne pouvant le contenter, certainement pas la forme, amoureux des ruptures et des rebonds, il détestait le figé, le glacé. Il voulait lui aussi entreprendre le grand voyage, celui qui, du fond de lui-même, le ramènerait à la lumière, à cette lumière vérifiée et stupéfiante à laquelle il adviendrait d'être un chant, comme une fleur s'impose ou une vierge. Il remontait des tréfonds de soi à l'aide d'une modeste bougie dont la flamme magique outrepassait la fonction et devenait un élément majeur du drame, éclairant avec la frénésie d'un nuage de clarté électrique les anciens murmures reformulés.

10. Stéphane Mallarmé,
Éventail de Madame Mallarmé,
Paris, Doucet, **cat. 178.**

Mallarmé fut cet homme d'absolu qui sut plus que tous brandir en douceur (son parti étant d'effleurer, pas de montrer) mais non sans vertige les incandescences nées de sa propre fièvre. Il est admirable que son destin ait voulu pour dernier texte une récapitulation stricte de sa vie, de ses ambitions et du sens profond de son travail (c'est ainsi que se propose *L'Idéal à vingt ans*, réponse à une enquête). Il y souligne les effets de la permanence, la survenue du dehors, il suggère la tension très haute qui lie les fragments de son œuvre. En un mot, Mallarmé rêve une fois encore, il le note comme pour soi à l'instant de conclure ce qui fut son passage. Aux autres de s'y attarder, de le méditer, d'en déployer les leçons, et de le juger *considérable*, c'est-à-dire lourd déjà de tant d'innovations du siècle à venir. Mallarmé fut cet homme que la fumée d'un cigare partiellement effaçait et il reste pour nous le roc du verbe affrontant la furie du langage, il s'est élevé à lui-même, se révélant en fouillant en soi au prix d'un altruisme supérieur qui supposait une suite. La suggestion et la modulation furent pour lui le faîte de l'expression dans la mesure où l'étreinte totale et vive était hors de la portée humaine. Il fut, avec Verlaine et Rimbaud, le point de passage obligé de la poésie, il en incarna tout comme eux le présent le plus intrépide et, dans un sourire d'abîme, il offrit à toute parole la chance fermement éprouvée d'un futur.

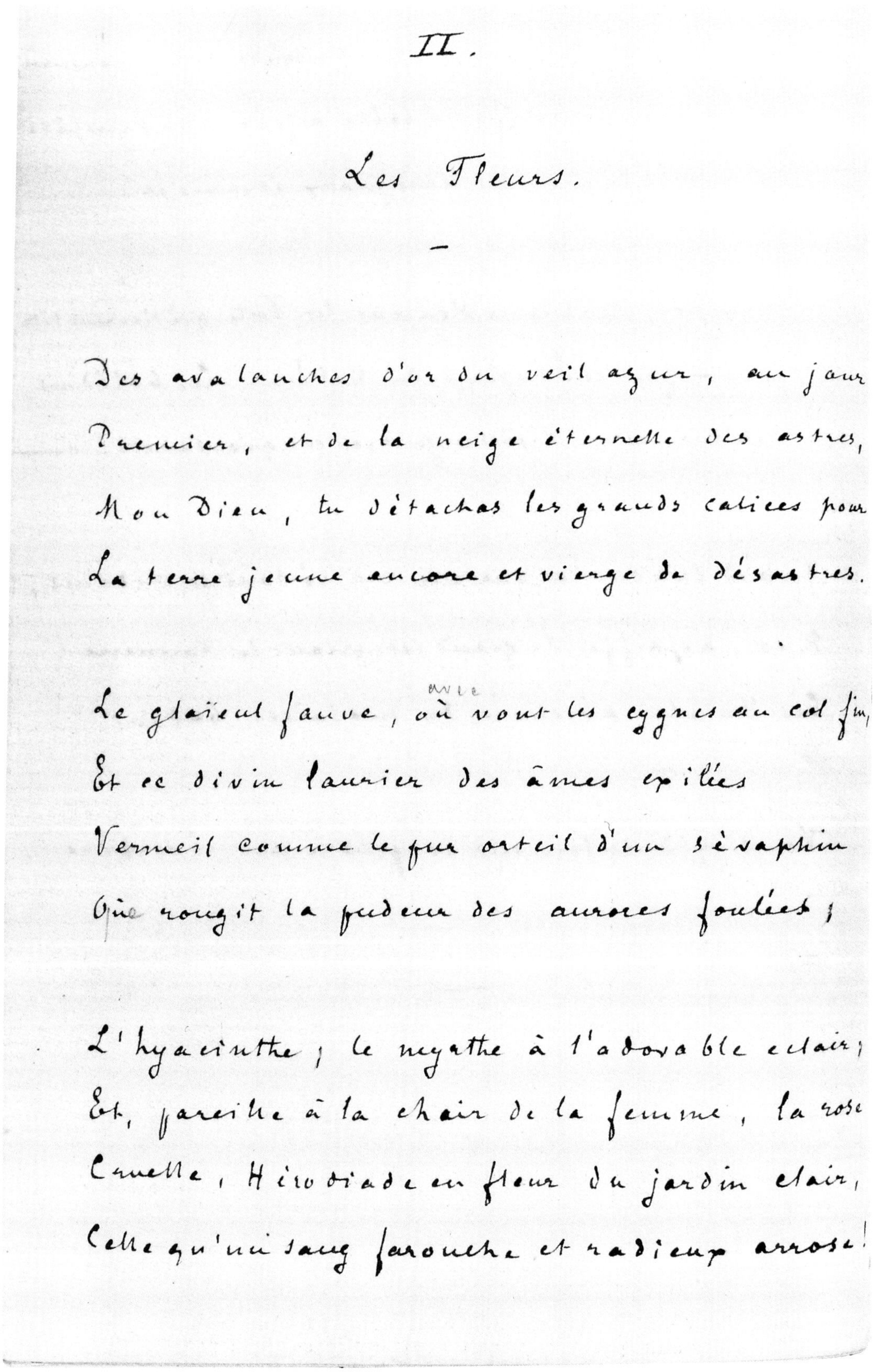
II.

Les Fleurs.

—

Des avalanches d'or du vieil azur, au jour
Premier, et de la neige éternelle des astres,
Mon Dieu, tu détachas les grands calices pour
La terre jeune encore et vierge de désastres.

avec
Le glaïeul fauve, où vont les cygnes au col fin,
Et ce divin laurier des âmes exilées
Vermeil comme le pur orteil d'un séraphin
Que rougit la pudeur des aurores foulées ;

L'hyacinthe ; le myrte à l'adorable éclair ;
Et, pareille à la chair de la femme, la rose
Cruelle, Hérodiade en fleur du jardin clair,
Celle qu'un sang farouche et radieux arrose !

11. Stéphane Mallarmé, *Les Fleurs,* 1864,
Paris, Doucet, **cat. 22.**

JEAN STAROBINSKI

Sur quelques apparitions de fleurs

Largesse florale

À travers toute l'œuvre de Mallarmé court une image du don, à commencer par les images de l'or des aumônes, ou des « blancs bouquets d'étoiles parfumées », pour s'achever au geste qui lance le fatidique coup de dés. Sitôt éveillée l'attention sur ce mouvement de générosité, l'on pense aux *Fleurs*, qui font partie des treize poèmes publiés par *Le Parnasse contemporain* en 1866. L'on y entend pour la première fois le nom d'Hérodiade, et c'est donc un poème annonciateur. Mais ce poème reprend aussi d'anciennes imaginations, qui semblent avoir tenté de compenser les pertes et les deuils qui ont marqué l'adolescence de Mallarmé. Les figures de largesse florale s'inscrivent tout au long du récit fantastique *Ce que disaient les trois cigognes*, écrit autour de 1859-1860. Mallarmé lycéen n'avait sans doute pas oublié l'image virgilienne de la *sparsio* funèbre : *Manibus date lilia plenis*, ni les images angéliques et les prières du latin d'Église. Il fait chanter une jeune morte couronnée de roses, Déborah, réapparaissant dans la pauvre cabane de son père :

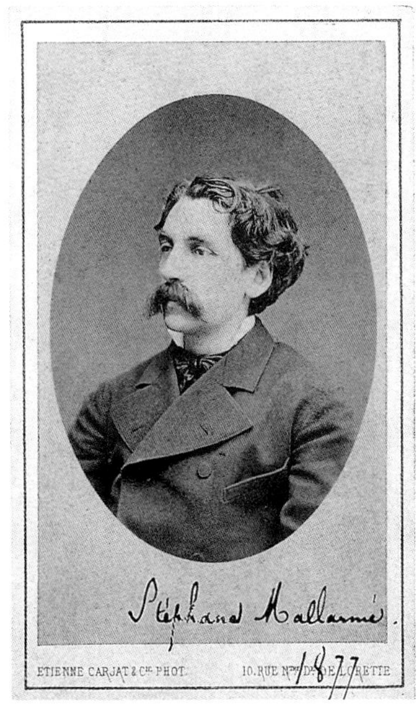

12. Étienne Carjat et Cie, *Stéphane Mallarmé,* 1877, coll. part., **cat. 98.**

> Des lys ! des lilas ! des verveines !
> Des fleurs ! que j'en jette à mains pleines ! [...]
> Roses berçant des chants rêveurs,
> Nids noyés dans les senteurs molles,
> Je veux danser mes danses folles
> Dans un enchantement de fleurs !
> En odorantes avalanches
> De mes mains pleuvent les pervenches
> [...]

Et le conteur ajoute :

> Et quand elle commença sa danse enivrée, elle cueillit quelques roses de cette couronne, les effeuilla et y mêlant les pistils de la royale rose rouge [...], les jeta en l'air, et, décrochant son tambour de basque pieusement conservé, y reçut cette neige embaumée et les jeta de nouveau.
> Cette fois, son sourire était si céleste que les fleurs, ravies, restèrent à voltiger dans la chambre. Alors, au sein de cet enchantement, elle s'élança dans un tournoiement vertigineux, et ses cheveux flottaient dans les parfums des roses !

Mallarmé s'était-il déjà laissé séduire par l'art de Banville ? Peu d'années plus tard, c'est par la profusion des fleurs (et surtout des roses) qu'il traduira le bonheur qu'il éprouve à lire ce poète : « Cet homme [...] marche en roi à travers l'enchantement édenéen de l'âge d'or, célébrant à jamais la noblesse des rayons et la rougeur des roses, les cygnes et les colombes, et l'éclatante blancheur du lis enfant — la terre heureuse ! »

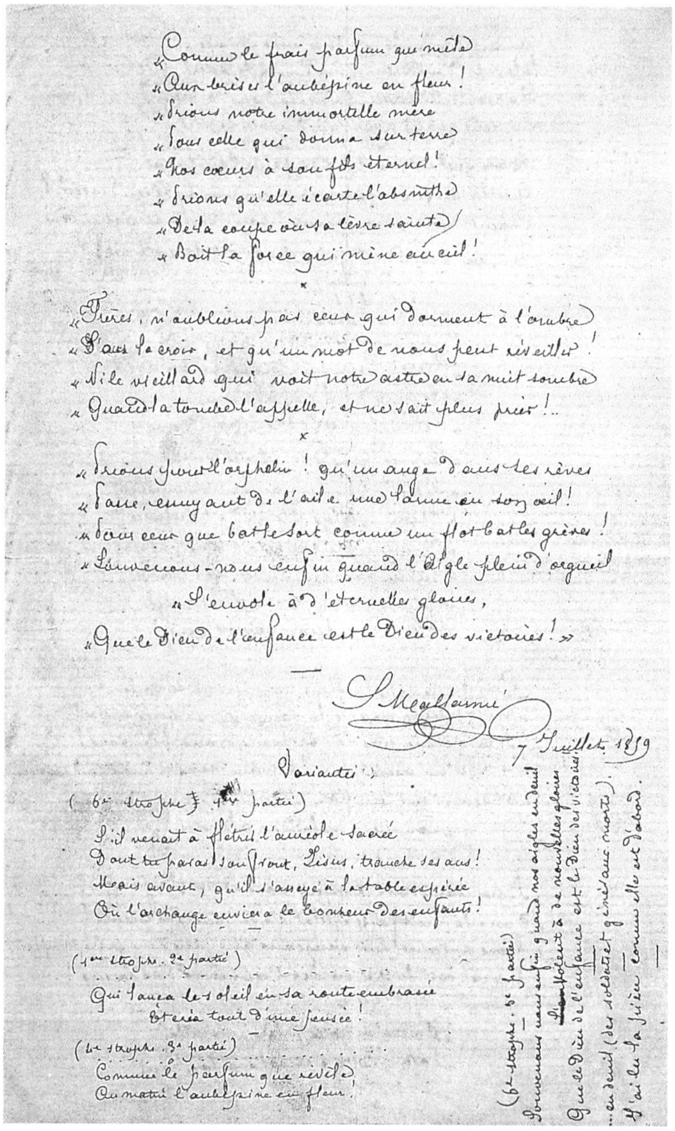

« Comme le frais parfum que mêle
« Aux brises l'aubépine en fleur !
« Prions notre immortelle mère
« Pour celle qui donna sur terre
« Nos cœurs à son fils éternel !
« Prions qu'elle écarte l'absinthe
« De la coupe où sa lèvre sainte
« Boit la force qui mène au ciel !

×

« Frères, n'oublions pas ceux qui dorment à l'ombre
« Dans la croix, et qu'un mot de nous peut réveiller !
« Ni le vieillard qui voit notre astre en sa nuit sombre
« Quand la tombe l'appelle, et ne sait plus prier !..

×

« Prions pour l'orphelin ! qu'un ange dans ses rêves
« Passe, essuyant de l'aile une larme en son œil !
« Pour ceux que bat le sort comme un flot bat les grèves !
« Souvenons-nous enfin quand l'Aigle plein d'orgueil
« S'envole à d'éternelles gloires,
« Que le Dieu de l'enfance est le Dieu des victoires ! »

S. Mallarmé
7 Juillet 1859

Variantes :

(6e strophe 1re partie)
S'il venait à flétrir l'auréole sacrée
Dont tu paras son front, Jésus, tranche ses ans !
Mais avant, qu'il s'asseye à la table espérée
Où l'archange enviera le bonheur des enfants !

(1re strophe. 2e partie)
Qui lança le soleil en sa route embrasée
Et créa tout d'une pensée !

(1re strophe. 3e partie)
Comme le parfum que révèle
Au matin l'aubépine en fleur !

(6e strophe. 3e partie)
Souvenons-nous enfin quand nos aigles en deuil
Remportent de nouvelles gloires
Que le Dieu de l'enfance est le Dieu des victoires
...en deuil (des soldats et généraux morts).
J'ai lu la prière comme elle est d'abord.

13. Stéphane Mallarmé,
La Prière d'une mère, 1859,
coll. part., **cat. 6.**

Les « odorantes avalanches » lancées par Déborah deviennent dans *Les Fleurs* les « avalanches d'or du vieil azur ». Cette fois, la source du don est une puissance créatrice souveraine, qui comble la terre entière, pour que le poète s'en fasse l'ultime destinataire : son chant (conforme encore à la tradition du lyrisme personnel) reconnaît le don, remercie, élève la louange :

Des avalanches d'or du vieil azur, au jour
Premier et de la neige éternelle des astres
Jadis tu détachas les grands calices pour
La terre jeune encore et vierge de désastres,

Le glaïeul fauve, avec les cygnes au col fin,
Et ce divin laurier des âmes exilées
Vermeil comme le pur orteil du séraphin,
Que rougit la pudeur des aurores foulées,

L'hyacinthe, le myrte à l'adorable éclair
Et, pareille à la chair de la femme, la rose
Cruelle, Hérodiade en fleur du jardin clair,
Celle qu'un sang farouche et radieux arrose !

Et tu fis la blancheur sanglotante des lys
Qui roulant sur des mers de soupirs qu'elle effleure
À travers l'encens bleu des horizons pâlis
Monte rêveusement vers la lune qui pleure !

Hosannah sur le cistre et dans les encensoirs,
Notre Dame, hosannah du jardin de nos limbes !
Et finisse l'écho par les célestes soirs,
Extase des regards, scintillement des nimbes !

Le mouvement est de grande ampleur. L'azur, d'abord, s'est écroulé en avalanches. Puis la volonté donatrice s'en est emparée, pour transmettre un trésor « détaché ». Une première version interpellait cette puissance comme « notre Père » : le texte définitif (infléchissant l'interpellation religieuse) en fera une mystérieuse « Notre Dame » et « Mère ». Rarement a été évoquée avec autant d'ampleur l'image d'un jardin premier, réunissant les caractères de l'immémorial (le « vieil » azur) et de la jeunesse de la terre. Un grand acte de largesse est figuré par la série des compléments de *tu détachas*, dans une liberté syntaxique qui fait surgir sur la page un foisonnement somptueux. L'ampleur du don est développée par tant d'échos attributifs, à chaque apparition florale, que l'énumération n'a pas à nommer plus de six essences : c'est tout un univers qui a surgi. Or Mallarmé a voulu que le don fastueux soit aussi représenté comme un don de mort. Dans *Les Fleurs*, l'accent n'est plus vraiment « édenéen ». La terre ne reste pas « vierge de désastres ». Le lieu d'où parle le poète, ce sont « nos limbes ». Et le don lui-même est chargé d'ambiguïté. Si la rose, « pareille à la chair de la femme », est dite aussi « cruelle », c'est parce que, avec la complicité du mot « arrose » à la rime, elle est baignée de sang. La rose rouge a appelé Hérodiade dans le « jardin clair », comme par la vertu de la syllabe « rod » au centre du nom de la princesse. Mallarmé ne cherchait-il, dans la strophe suivante, qu'un effet de musique plaintive, un peu douceâtre, en faisant sangloter les lis et pleurer la lune ? Il souhaitait surtout, par le pâlissement nocturne d'un paysage, opposer une aggravation de l'exil aux ors et aux aurores du début du poème. L'hosannah de louange, l'« extase des regards », la liturgie psalmodiée s'adressent à la puissance qui, tout en faisant éclore le merveilleux jardin, y a insinué des sucs de mort, à l'intention expresse du poète qui souhaite le dernier repos :

> Ô Mère, qui créas en ton sein juste et fort,
> Calices balançant la future fiole,
> De grandes fleurs avec la balsamique Mort
> Pour le poète las que la vie étiole.

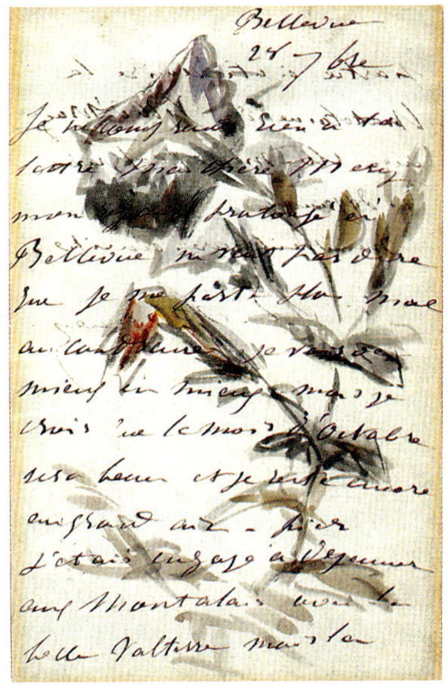

14. Édouard Manet, *Liseron,*
lettre aquarellée à Méry Laurent,
28 septembre 1880,
Paris, Doucet, **cat. 199.**

Ce dernier quatrain, qui commence par rappeler le moment créateur, résume toute une durée, depuis une aube immémoriale jusqu'à l'étiolement du poète que la mort apaisera. La « balsamique Mort », face négative du don, apparaît dans l'« extase des regards » comme si elle apportait le comble des bienfaits. C'est la pointe paradoxale du poème, puisqu'il met en opposition l'universalité d'une grande origine, rattachée au cosmos, et le sort particulier du poète. Poser ainsi la lassitude et la mort au terme du poème dénote une amertume — un désespoir confessé — que Mallarmé ne laissera pas subsister dans sa production ultérieure. Le sens du néant persistera chez Mallarmé, mais nulle part avec l'accent suicidaire qui le marque ici (si ce n'est pour reparaître fictivement, dans les mots de la négativité : abdiquer, abolir, manque, nul, aucun, etc.).

La fleur intérieure

Dans presque chacun des treize poèmes envoyés au *Parnasse contemporain*, il est question du poète, de son travail, de son échec, que Mallarmé nomme « impuissance » ou « stérilité ». C'est l'accomplissement de la tâche poétique qui est en cause et en péril, à l'intérieur même du discours poétique. Et dans le poème final de ce premier ensemble, « *Las de l'amer repos...* » (d'abord intitulé *Épilogue*, une toute première version manuscrite portant le titre *Lassitude* datant de 1864), Mallarmé marque à nouveau d'une série d'emblèmes floraux le rapport au monde et le rapport à soi du poète.

Épilogue est un regard en arrière, en même temps que la profession d'un nouveau projet artistique. Le ton y est encore celui de la confession lyrique — où domine l'aveu de lassitude — que Mallarmé abandonnera délibérément par la suite. Mais c'est l'un des premiers arts poétiques qu'il ait proposés, et le projet annoncé, une véritable conversion, est celui qui précisément conduit au détachement, à l'anonymat, que Mallarmé tiendra désormais pour la condition indispensable de la poésie. Que découvre le regard sur le plus lointain passé ? Un premier temps de bonheur, une insouciance, antérieurs au souci de la « gloire ». Un moment de la vie que fut celui de l'« enfance / adorable des bois de roses sous l'azur / naturel ». Les « bois de roses » semblent ici désigner ce qui fut spontanément accordé au désir premier, avant la soumission aux exigences de « l'art cruel ». Le souvenir de ces roses antérieures n'aura pas quitté le poète, lors des nuits de travail stérile. Maintenant, au terme de l'agonie laborieuse qui n'a creusé qu'« un vaste cimetière », une ironique aurore fait luire ses « roses livides ». Le poète se décrit saisi de mutisme : « Que dire ? » (Dans un autre poème, *L'Azur*, c'est l'azur lui-même qui se charge d'une intolérable « ironie », « belle indolemment comme les fleurs ».) Le constat et l'acceptation désolée de la mort ne sont pas le moment final du poème, comme ce fut le cas dans *Les Fleurs*, mais le signal d'un recommencement selon le geste plus simple d'un autre langage, celui du pinceau. Ce qui meurt, c'est un art de « fossoyeur » à la recherche de trésors enfouis. L'ambition glorieuse est abdiquée, et le poète ne souhaite plus que suivre un modèle pratiqué dans l'extrême Asie (« délaisser l'Art vorace d'un pays / cruel », [...] « imiter le Chinois au cœur limpide et fin »). Le rêve d'une civilisation moins anxieuse remplace la première chimère idéaliste. Si Mallarmé évoque un nouveau travail de l'art, quasiment posthume, c'est en le déléguant, en l'accomplissant comme à distance. Le poète aspire à ressembler à un anonyme peintre sur porcelaine. C'est là une dépersonnalisation et presque une aliénation consenties, préfigurant celle, plus radicale, qui fera suite à la « crise » traversée entre 1866 et 1869, et qui consistera à ne plus voir en soi qu'« une aptitude qu'a l'Univers spirituel à se voir et à se développer à travers ce qui fut moi ».

« La mort telle avec le seul rêve du sage, / serein, je vais choisir un jeune paysage » : le projet d'une sagesse est en contiguïté avec la mort. Or la sérénité nouvelle que souhaite conquérir le poète, dans « *Las de l'amer repos...* », se définit par des apparitions végétales, à la fois dans la dimension intérieure et dans un espace extérieur. Pour le « Chinois au cœur limpide et fin », l'art parachève une présence intime datant de l'enfance ; il n'a souci que de

peindre la fin
Sur ses tasses de neige à la lune ravie
D'une bizarre fleur qui parfume sa vie
Transparente, la fleur qu'il a sentie, enfant,
Au filigrane bleu de l'âme se greffant.

Que désire le poète qui veut lui ressembler ? « Choisir un jeune paysage. » Et le regard se porte sur le dehors,

Que je peindrais encor sur les tasses, distrait.
Une ligne d'azur mince et pâle serait
Un lac, parmi le ciel de porcelaine nue,
Un clair croissant perdu par une blanche nue
Trempe sa corne calme en la glace des eaux,
Non loin de trois grands cils d'émeraude, roseaux.

La « ligne d'azur mince », qui représente un lac sur la surface peinte, est en continuité avec le « filigrane bleu de l'âme », qui est un signe et presque une écriture intime. En regard de ce merveilleux poème, on peut avoir la curiosité de lire le poème floral « chinois » *La Marguerite*, combien dénué d'harmoniques, que Gautier donne au même volume du *Parnasse contemporain* :

Les poètes chinois, épris des anciens rites,
Ainsi que Li-Tai-Pé quand il faisait des vers,
Placent sur leur pupitre un pot de marguerites

Dans leurs disques montrant l'or de leurs cœurs
ouverts.

L'écart est saisissant. La marguerite de Gautier est si objectivement plantée dans son pot ! La « bizarre fleur » de Mallarmé, elle, est greffée dans un tout autre espace — dans une profondeur psychique et dans une dimension temporelle.

Fleurir pour soi

L'image de la fleur intérieure n'est pas une découverte de Mallarmé, on lui trouverait quantité d'antécédents, et d'abord dans la grande tradition mystique occidentale. (« Ton cœur recevra Dieu avec tout son trésor, s'il s'ouvre à sa rencontre comme une rose », Angelus Silesius, *Le Pèlerin chérubinique*, III, 87.) Cette image a pris toutefois, dans l'*Hérodiade* de Mallarmé, une importance qui n'a jamais été dépassée. Hérodiade est « la Beauté », et elle est fleur, elle se sent fleur : elle en est consciente parce qu'elle se mire. Le motif de la fleur solitaire, dans *Hérodiade*, est constamment conjugué avec celui du reflet.

Je m'arrête, rêvant aux exils, et j'effeuille,
Comme près d'un bassin dont le jet d'eau m'accueille,
Les *pâles lys qui sont en moi* [...]

Effeuiller des lys peut sembler une variante du geste qui lance le don (et qui fut celui de Déborah dans l'œuvre juvénile) : mais ici le destinataire de ce don n'est autre que le moi lui-même, dans son double reflété. Hérodiade, s'adressant à son miroir, parle de ses souvenirs, qui sont « comme des feuilles sous ta glace au trou profond » : or c'est dans cette même glace que « bien des fois », elle s'est apparu « comme une ombre lointaine ». Derechef, quand la Nourrice demande « pour qui » sont gardés « la splendeur ignorée et le mystère vain » de son être, Hérodiade répond : « Pour moi. » La réflexivité, c'est la solitude. Les images successivement appelées se rattachent à la longue tradition poétique de la fleur solitaire. La Nourrice déplore :

Triste fleur qui croît seule et n'a pas d'autre émoi
Que son *ombre dans l'eau* vue avec atonie.

À nouveau, dans l'admirable réplique où Hérodiade réitère sa volonté de n'exister que pour elle-même, la floraison intérieure sera étroitement associée à des surfaces réfléchissantes, cette fois pétrifiées, invoquées par-delà l'épaisseur qui les cache :

Oui, c'est pour moi, pour moi, que je fleuris, déserte !
Vous le savez, jardins d'améthyste, enfouis
Sans fin dans de savants abîmes éblouis,
Ors ignorés, gardant votre antique lumière
Sous le sombre sommeil d'une terre première,
Vous, pierres où mes yeux comme de purs bijoux
Empruntent leur clarté mélodieuse, et vous
Métaux qui donnez à ma jeune chevelure
Une splendeur fatale et sa massive allure ! [...]

Et quand, à la fin de la *Scène*, pour marquer son pouvoir essentiellement négateur, Hérodiade désavoue ses propres paroles, elle métaphorise en *fleur* sa propre bouche :

Vous mentez, ô fleur nue
De mes lèvres !

Hérodiade investit en elle-même l'objet de son désir. La fleur, depuis les plus anciens chants d'amour, avait toujours été une métaphore ennoblissante (ou euphémisante) de l'objet du désir amoureux, et la singularité, l'isolement d'une seule fleur parmi les autres fleurs, signifiait une beauté supérieure — une perfection : ce qui assure à l'objet d'amour son caractère unique. Qu'est-ce alors que fleurir en soi, fleurir pour soi ? C'est ramener à soi l'objet du désir. C'est diriger toute la puissance d'amour sur la perfection de l'être propre. C'est fétichiser l'insaisissable intériorité, en lui attribuant la pureté de la nature végétale. L'extraordinaire intuition de Mallarmé associe la mort à ce repli sur soi (« Un baiser me tûrait / Si la beauté n'était la mort »). Quand, parmi les proches de Mallarmé, le jeune Paul Valéry reprendra à *Hérodiade* quelques-unes des figures de la réflexivité, il les assignera à la figure mythique de la contemplation de soi, Narcisse (1891), bien avant que celui-ci ne fasse son entrée dans la langue psychologique (Havelock Ellis, 1898 ; Freud, 1910).

L'Hérodiade de Mallarmé emblématise la beauté séparée du monde, qui ne resplendit que pour soi. Mais elle n'est pas une abstraction. Elle veut, elle ordonne, elle écarte, elle déteste. Elle parle comme une personne de chair qui refuse d'être chair, et qui refuse surtout d'être pour un autre. La seule fois où Hérodiade repousse l'analogie florale, c'est pour dire que rien, en elle, ne destine à quiconque un apaisement : ses cheveux « ne sont pas des fleurs / À répandre l'oubli des humaines douleurs » ; ils « observent la froideur stérile du métal ». Dans la mesure où l'on se hasarderait à lire l'orgueil d'Hérodiade dans le registre psychologique contemporain, on décèlerait en elle un aspect extrême de la pulsion de mort qui, selon le freudisme hétérodoxe de Pierre Jean Jouve, est toujours la partenaire d'Éros dans la poursuite de la forme.

Des roses aux roseaux

Le faune, à l'opposé, rêve de forcer le « courroux des vierges ». Mais justement ce n'est qu'un rêve : la solitude est également réservée au faune. Non la solitude première, nocturne, qu'Hérodiade souhaite préserver de tout contact, mais celle qui, en plein midi, résulte de l'illusion dissipée. Et Mallarmé le dit avec des roses :

bien seul je m'offrais
Pour triomphe la faute idéale de roses

Le faune a entraîné ses proies dans un « massif [...] de roses tarissant tout parfum au soleil ». Mais le rapt n'a eu lieu que dans l'illusion chantée par les faux souvenirs. Le massif de roses a peut-être existé, et la morsure du désir, non les deux nymphes, qui sont les créations des « deux tuyaux » de la flûte. La scène amoureuse n'a été que l'exhalaison du désir par « le jonc vaste et jumeau dont sous l'azur on joue »,

Qui, détournant à soi le trouble de la joue,
Rêve, dans un solo long, que nous amusions

La beauté d'alentour par des confusions
Fausses entre elle-même et notre chant crédule ;
Et de faire aussi haut que l'amour se module
Évanouir du songe ordinaire de dos
Ou de flanc pur suivis avec mes regards clos
Une sonore, vaine et monotone ligne.

Ce qui fut double, ce ne furent pas les proies possédées, mais l'instrument. Et double aussi, du fait de leur contraste, la réalité du chant et la possession refusée. Ainsi se dédouble sous le regard du lecteur la typographie, entre les suites de vers qui s'inscrivent en romain et ceux qui rêvent le passé ou le possible en italique. L'antique fable affleure : Syrinx devenue roseaux, roseaux traversés par « le souffle artificiel de l'inspiration ». L'investissement amoureux, sans quitter le songe des nymphes, s'est reporté sur l'instrument au contact des lèvres, sur le tracé de la mélodie, sur l'élocution du poème. Le chant de la flûte a fait sa substance de la possession charnelle non advenue. Yves Bonnefoy parle à ce propos du « refleurissement dans la phrase musicale de ce qui dans le lieu réel ne peut que s'évanouir ».

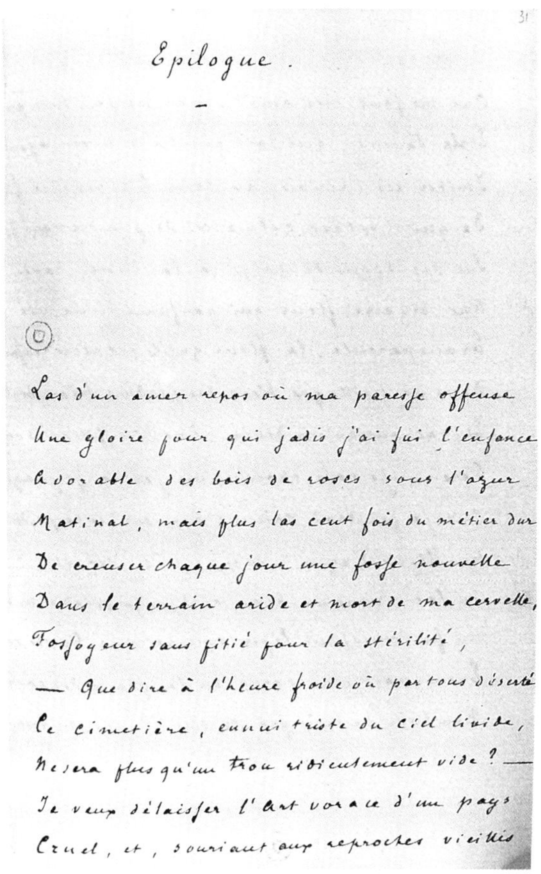
Épilogue.

—

Las d'un amer repos où ma paresse offense
Une gloire pour qui jadis j'ai fui l'enfance
Adorable des bois de roses sous l'azur
Matinal, mais plus las cent fois du métier dur
De creuser chaque jour une fosse nouvelle
Dans le terrain aride et mort de ma cervelle,
Fossoyeur sans pitié pour la stérilité,
— Que dire à l'heure froide où par tous déserté
Ce cimetière, ennui triste du ciel livide,
Ne sera plus qu'un trou ridiculement vide ? —
Je veux délaisser l'Art vorace d'un pays
Cruel, et, souriant aux reproches vieillis

15. Stéphane Mallarmé, *Épilogue,* Paris, Doucet, **cat. 22.**

Souvenons-nous qu'à la fin d'*Épilogue* (« *Las de l'amer repos...* »), le pinceau traçait « trois cils, roseaux ». Les cils, qui tracent une lettre ou un élément de lettre, semblent encore faire partie du pinceau, et les roseaux se dressent comme la « notion pure » du végétal. Le même pinceau, par une « ligne », créait aussi un lac. Par une autre flexion de sa pointe apparaissait un « clair croissant », qui est aussi la lettre C. L'image évoquée, en ce texte déjà, était consubstantielle à l'instrument qui la créait ; elle était en continuité avec l'outil par lequel elle était déposée sur la porcelaine de la tasse. Et j'observe aussi, ne fût-ce qu'en passant, que dans la fameuse photographie de Paul Nadar (au plaid), Mallarmé tient sa plume comme on tiendrait un pinceau. Écrire semble entre ses doigts comme une façon de peindre. Pourquoi ne pas se risquer à rapprocher la « *ligne* d'azur », qui « serait un lac », de la « sonore, vaine et monotone *ligne* », c'est-à-dire de la mélodie produite par la flûte du faune ? Il faut remarquer, avec Jean-Pierre Richard, que « la *ligne* constitue l'ultime garantie sensible, la dernière frontière de l'être et du non-être ». De surcroît, il convient de rappeler que Mallarmé, pour désigner le vers, le dénomme quelquefois « la Ligne » ; elle est « espacée de tout point à tout autre pour instituer l'idée », selon la belle expression de *La Musique et les Lettres.*

Preuves par la fleur

Instituer l'idée : c'est la tâche essentielle de la poésie. Sur ce point *décisif* (ce terme est approprié, car il s'agit d'une séparation), Mallarmé est arrivé, après sa rencontre avec « le néant », à une conviction qu'il n'a plus jamais démentie. Le langage poétique (le poète reculant dans l'anonymat) a la charge de sauver, par « transposition », par négation et ressaisissement, ce qui du réel est à la fois périssable et inaccessible selon les voies ordinaires de la connaissance. L'idée (ou « notion pure ») sera mise sous la garde de la langue et de ses signes. Au contraire de l'idée platonicienne, elle n'est elle-même qu'une survie mortelle, refusant l'espoir que Mallarmé désigne sous le nom de Chimère. Or dans la poésie et la prose de Mallarmé, les enjeux de la parole poétique sont incarnés dans le règne des fleurs, grâce auxquelles s'exprime symboliquement toute la relation au réel. L'esthétique de Mallarmé se rend sensible sur l'exemple privilégié des fleurs qui doivent s'agrandir jusqu'à rejoindre l'« idée », recevoir un contour qui soit comme une nouvelle nomination de ce qui restait en attente et en sommeil dans le nom habituel : rose ou lys. Il faut, ici, dans le seul but de mettre en évidence les concordances, et les variations sur le thème, disposer successivement, sans commentaire pour une fois, les textes célèbres de l'hommage à Gautier (*Toast funèbre*), de la *Prose pour des Esseintes*, et de *Crise de vers* :

> Le Maître, par un œil profond, a, sur ses pas,
> Apaisé de l'éden l'inquiète merveille
> Dont le frisson final, dans sa voix seule, éveille
> Pour la Rose et le Lys le mystère d'un nom. [...]

Mallarmé poursuit en déclarant sa propre foi. Il veut qu'après la mort de Gautier, poète fidèle au « devoir idéal » que lui font « les jardins de cet astre », l'on puisse voir

> Survivre pour l'honneur du tranquille désastre
> Une agitation solennelle par l'air
> De paroles, pourpre ivre et grand calice clair,
> Que, pluie et diamant, le regard diaphane

Resté là sur ces fleurs dont nulle ne se fane,
Isole parmi l'heure et le rayon du jour!

À travers ellipses, allusions, mètres octosyllabiques, humour, rimes richissimes, cela devient dans la *Prose* :

Oui, dans une île que l'air charge
De vue et non de visions
Toute fleur s'étalait plus large
Sans que nous en devisions.

Telles, immenses, que chacune
Ordinairement se para
D'un lucide contour, lacune
Qui des jardins la sépara.

Gloire du long désir, Idées
Tout en moi s'exaltait de voir
La famille des iridées
Surgir à ce nouveau devoir [...]

Et dans *Crise de vers* :

> Je dis : une fleur! et, hors de l'oubli où ma voix relègue aucun contour, en tant que quelque chose d'autre que les calices sus, musicalement se lève, idée même et suave, l'absente de tous bouquets.

Le vers, poursuit Mallarmé, « achève cet isolement de la parole », mais l'isolement, la séparation qui sont la condition de l'œuvre de poésie restent chargés de mémoire, ramènent au réel dont la voix poétique aura dû s'écarter : « la réminiscence de l'objet nommé baigne dans une neuve atmosphère ». Le passage par le négatif est la condition d'une restitution du positif, dans l'ordre cette fois de la non-possession. L'objet est rendu dans la respiration d'une « atmosphère ». Celui qui accomplit cette tâche — le poète, le « lettré » — porte une responsabilité. Il est singulier que pour en désigner l'honneur quasi nobiliaire, Mallarmé recoure à l'antique image de la fleur, cette fois dans son acception sociale : « Une élégance, la dernière, elle se renforce de la seule
bravoure encore, ou devant le numéraire, persiste, ainsi que la fleur d'à-présent humaine : qui porte quelques privilèges, anonymement, de royauté » (*Confrontation*).

Le trop grand glaïeul

Les deux dernières strophes de la *Prose pour des Esseintes* appellent ici de plus précises remarques. Celles-ci ne remettront pas en cause les commentaires antérieurs, déjà surabondants, à la mesure de l'énigme qu'a voulue Mallarmé. En faisant rimer « Anastase » avec « extase », Mallarmé ne perdait pas de vue le lien fort entre le nom d'Anastase et l'idée de résurrection. De surcroît, la commune source étymologique d'extase et d'Anastase (*stasis, ecstasis, anastasis, Anastasios*) a pu lui être sensible. Il eût pu trouver aussi dans le *Dictionnaire universel d'histoire et de géographie* de M. N. Bouillet,

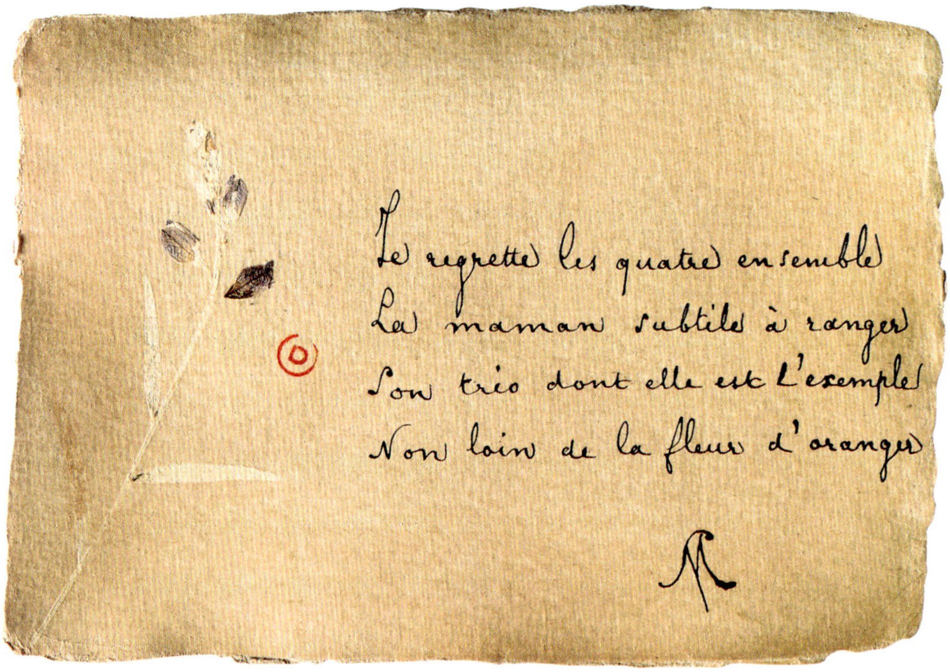

16. Stéphane Mallarmé, *Nouvel an 1896,* Paris, Doucet, **cat. 175.**

si répandu à l'époque, une série d'Anastases, parmi lesquels Anastase Ier *le Silentiaire* (empereur d'Orient, 430-518) et un Anastase *le Bibliothécaire* (« né pour d'éternels parchemins »), abbé et bibliothécaire du Vatican au IXe siècle, tous deux dignes d'être révérés par des Esseintes.

Quant à la dernière strophe, elle s'achève par « le trop grand glaïeul », fleur unique qui cache le sépulcre (ou le nom) de Pulchérie. Le glaïeul est une espèce que les botanistes incluent dans la « famille des iridées ». Il s'apparente évidemment aux fleurs qui sur « l'île » s'étalaient plus larges et dont « la tige grandissait trop ». Qu'une fleur agrandie jusqu'à la dimension de la « notion » cache le sépulcre, n'est-ce pas le grand espoir de l'art poétique mallarméen ? Il ne faut pas craindre d'admettre que le « sépulcre » caché par le glaïeul soit le même que « le sépulcre solide » (dans *Toast funèbre*), « où gît tout ce qui nuit », et que le glaïeul soit précisément « l'une de ces fleurs » de l'hommage à Gautier, « dont nulle ne se fane ». Albert Thibaudet, dans son livre de 1913, voyait dans le dernier mot du poème une allusion au poème tout entier. Thibaudet n'avait aucune peine à supposer à la fois une « autoréférentialité » et un sous-entendu amoureux : « La *Prose* », écrit-il, « le poème des stances frêles qui s'allonge sur la page nue, n'est-il pas ce *trop grand glaïeul* resté vivant, du songe des cent iris, et dont l'aspect d'Art poétique cache le nom de l'aimée sur lequel il est éclos ? » Oui, même si nous n'avons pas la curiosité d'y chercher le nom d'une aimée, pourquoi ne pas accueillir — du moins pour un instant — l'hypothèse que, dans la succession de ses quatrains, la *Prose* soit l'idéogramme de la série de fleurs échelonnées sur la hampe du glaïeul ? La *Prose* serait alors l'anticipation — florale — du grand idéogramme marin et stellaire du *Coup de dés.*

Et ne devrions-nous pas interroger davantage encore le nom de Pulchérie ? Nom désuet, certes, ayant pris un ton de familiarité sans façon, et qui prête à faire rire même un sépulcre, il est apparu néanmoins motivé, à plus d'un lecteur, parce qu'il autorise à déchiffrer d'après le latin une claire référence à la Beauté. Le rire, que le jeu de la rime accentue, pallie par son arbitraire l'excès de gravité qu'entraîne l'absolutisation de l'art.

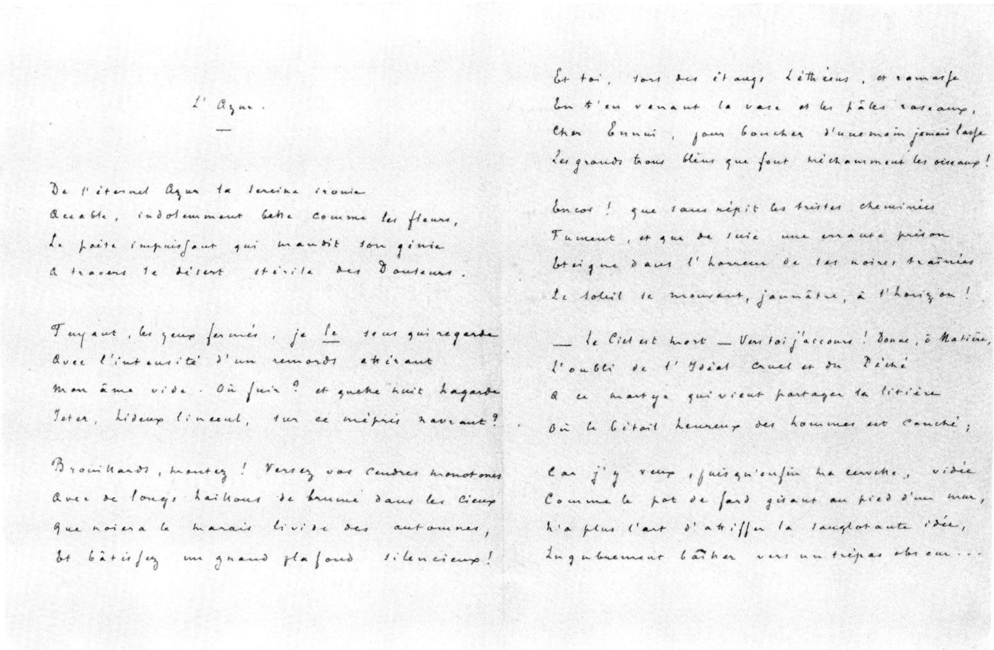

L'Azur.

De l'éternel Azur la sereine ironie
Accable, indolemment belle comme les fleurs,
Le poète impuissant qui maudit son génie
A travers le désert stérile des Douleurs.

Fuyant, les yeux fermés, je le sens qui regarde
Avec l'intensité d'un remords atterrant
Mon âme vide. Où fuir? et quelle nuit hagarde
Jeter, hideux linceul, sur ce mépris navrant?

Brouillards, montez! Versez vos cendres monotones
Avec de longs haillons de brume dans les cieux
Que noiera le marais livide des automnes,
Et bâtissez un grand plafond silencieux!

Et toi, sors des étangs léthéens, et ramasse
En t'en venant la vase et les pâles roseaux,
Cher Ennui, pour boucher d'une main jamais lasse
Les grands trous bleus que font méchamment les oiseaux!

Encor! que sans répit les tristes cheminées
Fument, et que de suie une errante prison
Éteigne dans l'horreur de ses noires traînées
Le soleil se mourant, jaunâtre, à l'horizon!

— Le Ciel est mort — Vers toi j'accours! Donne, ô Matière,
L'oubli de l'Idéal cruel et du Péché
A ce martyr qui vient partager la litière
Où le bétail heureux des hommes est couché;

Car j'y veux, puisqu'enfin ma cervelle, vidée
Comme le pot de fard gisant au pied d'un mur,
N'a plus l'art d'attifer la sanglotante idée,
Lugubrement bâiller vers un trépas obscur...

17. Stéphane Mallarmé, *L'Azur*, 1864, Paris, Doucet, **cat. 18.**

Le *Dictionnaire universel d'histoire et de géographie* a pu apprendre à Mallarmé que sainte Pulchérie (399-453), impératrice d'Orient, avait épousé le général Marcien tout en demeurant fidèle à un vœu de virginité. Or Pulchérie est l'héroïne de l'avant-dernière œuvre théâtrale de Corneille. Les yeux de Mallarmé ont-ils jamais rencontré ces vers?

Je ne veux plus d'époux mais il m'en faut une ombre
[...]

Éblouissons le peuple, et vivons entre nous
Comme s'il n'était point d'épouse ni d'époux.

Sachez [...]
Que sous l'illusion de ce faux hyménée
Je fais vœu de mourir telle que je suis née.
(*Pulchérie*, V, sc. *III* et *VI*)

Vaut-il la peine de s'en aviser? Je suis prêt à croire que la Pulchérie de Corneille et celle de Mallarmé n'ont en commun que leur seul nom. La coïncidence toutefois ne doit pas passer inaperçue, d'autant que le motif de la virginité et de « l'hymen » est fortement présent dans la dramaturgie de Mallarmé. Hérodiade, a-t-il dit, est la Beauté. Dans la « Scène », elle déclare : « J'aime l'horreur d'être vierge [...] ». Ce n'est pas là seulement un trait « névrotique » de cette héroïne qui redoute tout contact, même celui des mains de la Nourrice. La virginité fait partie de l'ambition même de la poésie selon Mallarmé : « [...] renfermer, simplement la vie, vierge, en sa synthèse et loin illuminant tout » (à Charles Morice, 27 octobre 1892). Ou encore, comme nous le verrons dans *Le Nénuphar blanc*, le poète, au moment où il renonce à guetter « l'amie d'une amie », s'enfuit sur sa yole avec le souci de « résumer d'un regard la vierge absence »...

La fleur absente

« Une rose dans les ténèbres » : ce vers à la fin d'un sonnet (« *Surgi de la croupe et du bond...* ») installe sur la page une fleur solitaire. Sur la page seulement. Ces mots sont écrits à la suite d'une série de négations qui font comprendre que la fleur manque au vase auquel le poème fait allusion :

> Le pur vase d'aucun breuvage
> Que l'inexhaustible veuvage
> Agonise mais ne consent,
>
> Naïf baiser des plus funèbres !
> À rien expirer annonçant
> Une rose dans les ténèbres.

Le poème ne prononce le nom de la rose que pour parler d'une absence de rose : d'une non-floraison dans « la veillée amère ». Nom et absence sont toutefois suffisamment noués pour inspirer un autre poète, Jorge Guillén, qui placera le vers de Mallarmé en épigraphe et le nom de la rose au vers final d'un sonnet qui est une réplique sur le mode affirmatif. Le poète espagnol (dans *Cantico,* traduit ici par Claude Esteban) en appelle à une « chance » qui saurait « tirer de l'abîme les plus beaux soleils hostiles à la mort » ; les tercets déclarent :

> Je ferme les yeux. Perdure un monde
> Immense qui m'aveugle, délié
> De son pouvoir profond tumultueux.
>
> Je fonde sur l'obscur ma certitude.
> Plus noir l'éclair est davantage mien
> Et se dresse une rose dans les ténèbres.

« *En lo negro se yergue hasta una rosa.* » Sur l'image reprise à Mallarmé, Jorge Guillén fonde une possession certaine. C'est là un retournement de sens, que Mallarmé n'eût probablement pas désavoué, mais qui lui semblait interdit à lui-même. Si la réminiscence s'éveille ou se préserve, un « veuvage » n'est plus possible ; le manque se redresse en présence.

Chez Mallarmé, en de certains moments, surtout dans la dernière période de sa vie, l'acceptation de l'absence a pu se convertir en bonheur, équivalant à la meilleure possession possible. Quel est le statut de la fleur dans *Le Nénuphar blanc,* qui parut en 1885 ? Elle est, d'abord, objet du désir. Le narrateur est parti, « tôt », dans sa yole, ramant « d'un grand geste net assoupi », « en quête des floraisons d'eau ». Il a en même temps pour but d'improviser un « bonjour » à « l'amie d'une amie », après avoir reconnu l'emplacement occupé par sa propriété. La yole brusquement s'échoue dans une « touffe de roseaux ». (Encore les roseaux !) Le lieu est assez significatif pour qu'il soit déclaré le « terme mystérieux de ma course ». En effet, le rameur n'outrepassera pas ce massif de roseaux, où il s'aperçoit qu'il se trouve juste à l'extérieur (sur le « furtif seuil », « humidement impénétrable ») de la propriété de la dame à saluer. Ces roseaux (« ces joncs à ne dépasser ») masquent « l'arche unique d'un pont prolongé, à terre, d'ici et de là, par une haie clôturant des pelouses ». Ce qui, dans le texte, est donné comme

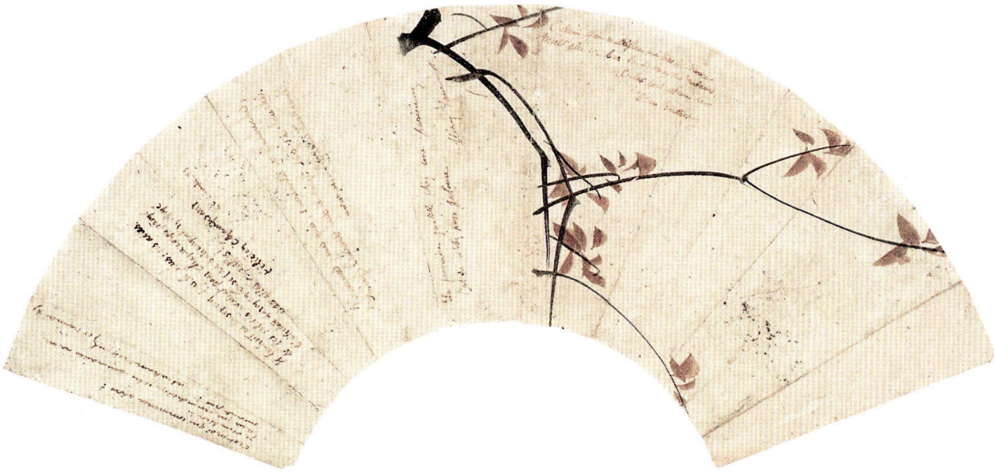

18. Stéphane Mallarmé, *Éventail de Méry Laurent,* 1889, Paris, Doucet, **cat. 211.**

effectivement perçu est l'obstacle, rien que l'obstacle, puis, à la limite du sensible, un « imperceptible bruit » : un pas, qui cesse, qui fait place au silence.

Tout ce qui suit sera l'œuvre de l'imagination du visiteur échoué. Évocation mentale de la « dame » possible : de son vêtement, de son corps deviné (« chère ombre en de la batiste »), de son visage indéterminé. « Si vague concept se suffit. » Le visiteur entravé renoncera à connaître les traits du vrai visage. Il préfère « déramer », en emportant son « rêve ». Non sans avoir hésité, il décide : « Résumer d'un regard la vierge absence éparse en cette solitude et, comme on cueille, en mémoire d'un site, l'un de ces magiques nénuphars clos qui y surgissent tout à coup, enveloppant de leur creuse blancheur un rien, fait de songes intacts, du bonheur qui n'aura pas lieu et de mon souffle ici retenu dans la peur d'une apparition, partir avec. »

Le nénuphar, objet concret de désir au début du texte, est devenu un merveilleux *comparant.* Mallarmé l'appelle une « idéale fleur ». Nous croyons voir un nénuphar. Il est bien sur la page, mais il n'est pas au même niveau de réalité que la touffe de roseaux où la barque est dite captive. La cueillette du nénuphar n'est que l'*analogue* de l'immatériel contenu que le narrateur emporte dans son rapt. Que contient le nénuphar imaginé, en effet, dans le « rien » de sa petite sphère ? Un peu de la pensée du visiteur, et un peu de la femme inconnue, ce qui permet d'écrire : « Séparés, on est ensemble. » Dans le creux de la fleur d'eau seraient ainsi enfermées et réunies, on vient de le voir, la songerie du rameur, et d'autre part « la vacance exquise de soi qu'aime, l'été, à poursuivre, dans les allées de son parc, toute dame ». L'amie demeurée inconnue s'est universalisée en « toute dame ». L'allégorique nénuphar est bien « magique », puisqu'il a contribué à cette universalisation. Pour la conscience du rameur solitaire, la non-communication s'est mystérieusement convertie en quasi-communion.

Or le nénuphar n'est que le premier d'une chaîne d'autres comparants, tous marqués par la négation. En s'éloignant, le navigateur a pris toutes les précautions pour que son coup de rame n'élève aucune « bulle visible d'écume », afin que celle-ci ne « jette aux pieds survenus de personne la *ressemblance* transparente du rapt de [son] idéale fleur ». Interviendra plus loin une dernière comparaison, avec un « noble œuf de cygne, tel que n'en jaillira le vol ». Fleur comparante, bulle qui ne s'est pas formée, œuf d'un cygne qui ne s'envolera pas n'ont en commun que d'être les réceptacles imaginaires, empruntés au domaine des réalités naturelles, d'une intimité nullement dénuée d'attrait érotique, mais demeurée virtuelle. Tout un grand paysage d'été rayonne alentour, dans *Le Nénuphar blanc.* Et quelque chose de cet été persiste, mais cette fois comme si la visite avait été consommée, dans le sonnet adressé à Méry Laurent l'année suivante :

Ô si chère de loin et proche et blanche, si
Délicieusement toi, Méry, que je songe
À quelque baume rare émané par mensonge
Sur aucun bouquetier de cristal obscurci

Le sais-tu, oui ! pour moi voici des ans, voici
Toujours que ton sourire éblouissant prolonge
La même rose avec son bel été qui plonge
Dans autrefois et puis dans le futur aussi.

C'est l'envers heureux de « *Surgi de la croupe et du bond...* », qui paraîtra un an plus tard, où du « col ignoré » du vase ne s'élève ni parfum ni fleur. Dans le sonnet à Méry, la rose, assurément, est encore une fleur absente, mais elle n'est absente que parce qu'elle est *représentée* (« prolongée ») par le sourire présent de Méry, qui la propage dans toutes les dimensions du temps. Dans un autre sonnet pour la même destinataire, après l'évocation de la chevelure (« casque guerrier d'impératrice enfant »), les roses apparaîtront pour donner à voir un visage et un corps (« dont pour te figurer il tomberait des roses »). On retrouve l'« avalanche » de fleurs des poèmes anciens, en même temps que se ranime une très vieille métaphore, mille fois employée dans la tradition poétique pour célébrer la carnation des belles. Mallarmé parvient à nous faire percevoir ces porteurs de similitudes — le casque et les roses — comme des irréels rendus quasi présents par la louange, qui chez lui ressemble à la touche du peintre.

Derniers dons

La « vacance de soi » féminine, que souhaite capturer le visiteur qui s'esquive, Mallarmé l'avait déjà évoquée dans une page de *La Dernière Mode* (en 1874), à propos d'un recueil de poèmes intitulé *Le Harem* (par d'Hervilly) : « Le Poëte (dont l'autorité en matière de vision n'est pas moindre que celle d'un prince absolu) dispose avec la pensée seule de toutes les dames terrestres. [...] Secret, ô mes aimables lectrices, maintenant divulgué, de ces heures vides tout à coup et sans cause, et de ces quasi-absences de vous-mêmes, auxquelles vous succombez quelquefois pendant l'après-midi ; un rimeur quelque part songe à vous ou à votre genre de beauté. » Le ton est celui du compliment amoureux, qui joue du « quasi ». Il annonce les *Vers de circonstance* et tout ce qu'Yves Bonnefoy nomme très justement la « poétique mineure » de Mallarmé. Nous y trouverons les dernières apparitions de fleurs : le nom de celles-ci, sur le papier, remplit la même fonction d'*objet donné* que les bouquets, les fruits glacés, les œufs de Pâques, les mouchoirs, les livres que ces billets accompagnent... Car les distiques ou les quatrains constituent un don complémentaire, qui fait couple avec l'objet offert. Et nous retrouvons les jeux doubles :

Cette fleur comme toi la même chaque année
Est mon remercîment, Méry, que tu sois née.

Cas particulier : les éventails sont à la fois les objets donnés et les poèmes qui les escortent. Souvenons-nous des premiers textes de Mallarmé, qui nous ont montré ce qu'était son goût des images de largesse profuse. Nous avons maintenant la preuve qu'il a pu se *restreindre* à la gentillesse du cadeau symbolique. Le don prend la qualité de don *choisi*, l'étymologie nous engageant même à parler de don *exquis*. La restriction opère un rétrécissement momentané du champ de la donation, vers une intimité. Elle établit une série de microcosmes. Car elle fait prévaloir des instantanés ou des *eccéités* menues : de chacun des couples cadeau-poème l'on peut dire que ce don-ci est un unique envoi, à une seule personne, en raison d'une circonstance élue pour qu'elle soit une fête à une heure particulière. C'est comme si, en respectant une exacte proportion, ce monde réduit existait pour aboutir au distique ou au quatrain. Tandis qu'à plus vaste échelle « tout, au monde, existe pour aboutir à un livre ».

Il y a là, comme le dit Yves Bonnefoy, un allégement et une « minorisation ». Or cet exercice, souvent éblouissant, d'un art de haute rhétorique, ne fleurit pas pour le seul poète. La fleur ou tout autre objet envoyés, le nom des destinataires sont alors les garants de ce que nous nommons aujourd'hui la référentialité et la fonction d'allocution de la parole. Ce type de poésie renouvelle celui de l'épigramme votive, où le poème et le don (certes souvent fictif) s'entre-cautionnent. Le poème est d'abord une chaîne sonore, mais les sons n'y renvoient pas à eux-mêmes ; ils ne sont pas dissociables d'un signifié, qui à nouveau ne renvoie pas à lui-même. La présence du bouquet, du miroir, des fruits, etc., est leur référent. Soyons sûrs qu'accompagnée par le distique où Mallarmé la nomme démonstrativement « Cette fleur », une fleur réelle était offerte à Méry, et non le seul billet. Cette fleur était certes périssable, mais sa désignation n'était pas un leurre. L'objet-prétexte — la fleur en l'occurrence — est un gage concret, non seulement de l'amitié du poète, mais de la légitimité du jeu poétique. Sans doute Mallarmé éprouvait-il une secrète joie à prouver que sa poésie la plus gratuite et futile en apparence était escortée, en chaque occasion, par un *garant* sensible. Réciproquement, il pouvait trouver réconfort à se dire que chaque circonstance — où il y allait de l'attention que sa pensée généreuse souhaitait témoigner à autrui — pouvait donner lieu à une invention de langage régie par le mètre et la rime. Cela laisse entendre que l'œuvre majeure demeurée inachevée, et qui eût dû s'accomplir en cédant « l'initiative aux mots », ne voulait pas non plus s'arrêter aux mots : elle réclamait, elle aussi, un *garant* extérieur — fleur, chambre ou constellation — puisque le poète assignait pour but à son art d'établir « des relations entre tout ». C'était là, peut-être, un obstacle de plus. Il n'est pas vain de croire toutefois que la poésie de Mallarmé, qui souhaitait assurément s'écarter d'un réel d'illusion, persista à attendre sa vérification et son authentification d'un autre réel, irréfutablement donné.

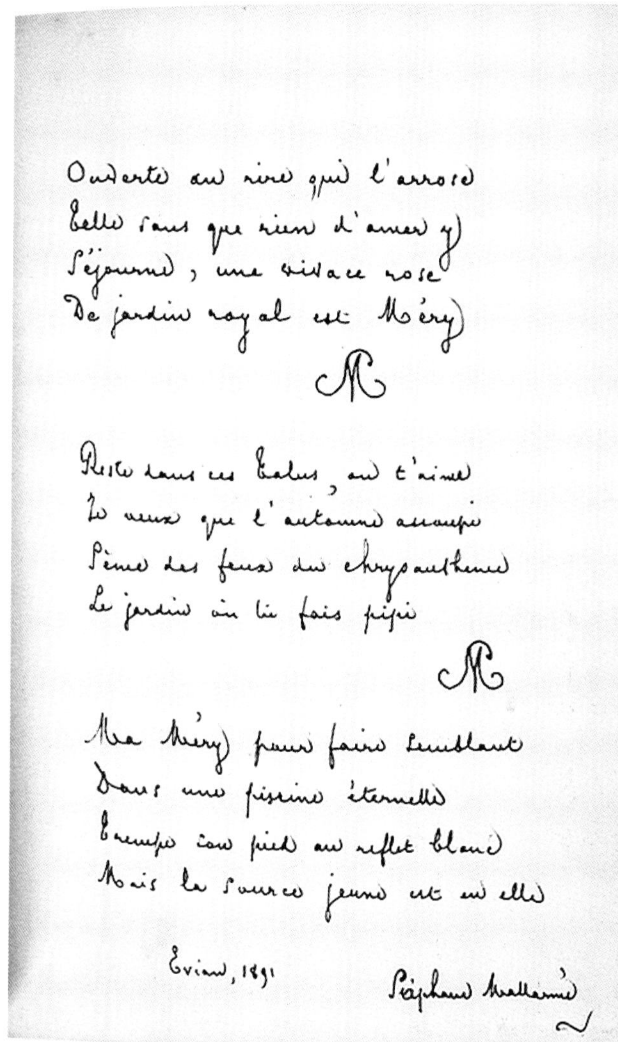
Ouverte au rire qui l'arrose
Belle sans que rien d'amer y
Séjourne, une vivace rose
De jardin royal est Méry

M

Reste dans ces talus, où t'aime
Le vieux que l'automne assoupi
Pâme des feux du chrysanthème
Le jardin où tu fais pipi

M

Ma Méry pour faire semblant
Dans une piscine éternelle
Trempe son pied au reflet blanc
Mais la source jeune est en elle

Évian, 1891

Stéphane Mallarmé

19. *Album de Méry Laurent*, coll. part., **cat. 212.**

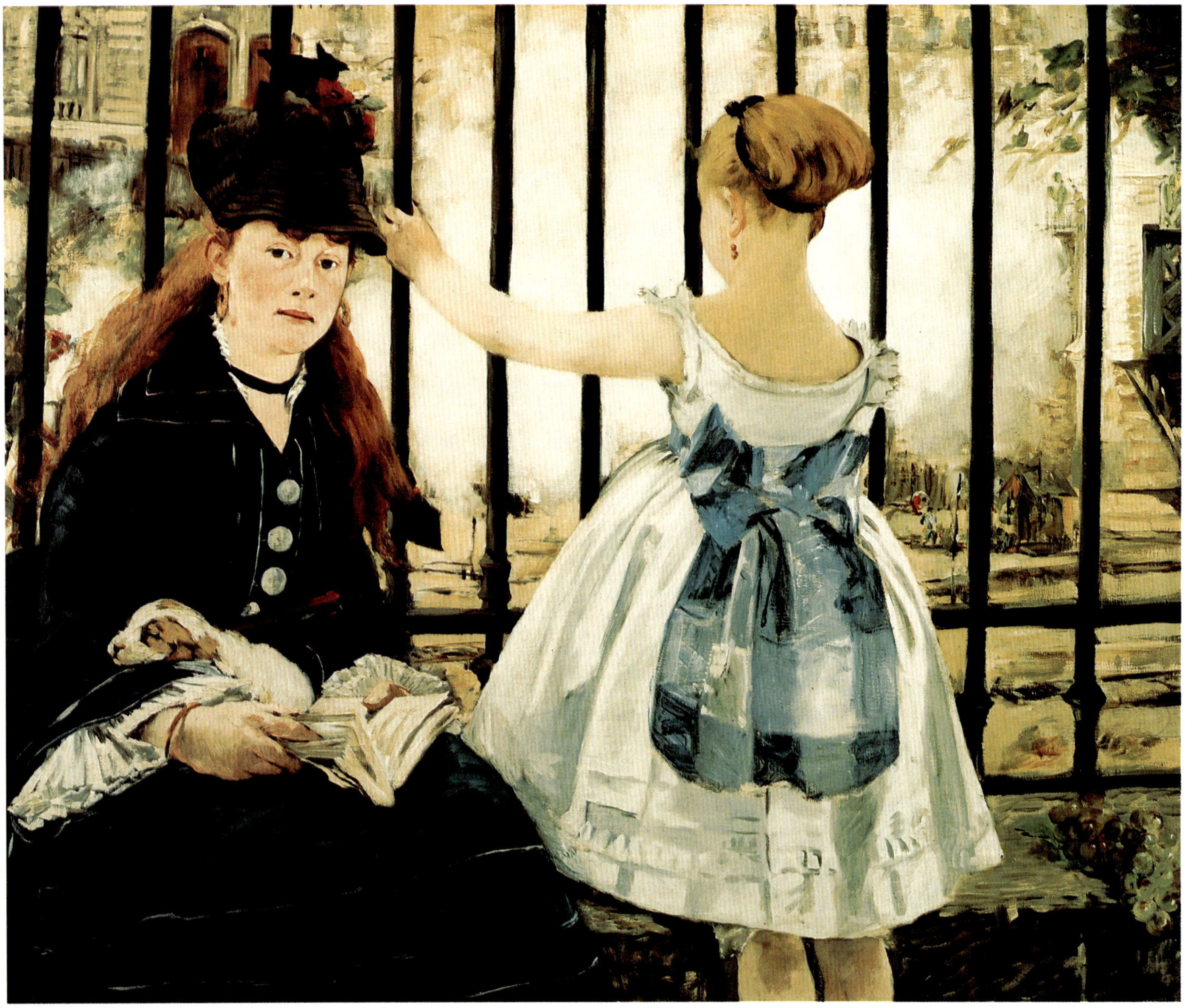

20. Édouard Manet, *Le Chemin de fer,* 1873,
Washington, National Gallery of Art.

BERTRAND MARCHAL

Poésie et droit de cité

À la fin d'un siècle romantique qui a fait de la littérature une religion, le rêveur impénitent du Livre s'est tôt identifié pour la postérité à une forme d'absolu littéraire, ou de poésie pure, un absolu qui se décline dans son œuvre en figures d'absence, d'abstraction, d'abstention, de disparition (élocutoire) ou de retranchement : « Sait-on ce que c'est qu'écrire ? » demandait Mallarmé dans l'exorde de son oraison funèbre de Villiers, son frère en absolu. « Sait-on ce que c'est qu'écrire ? Une ancienne et très vague mais jalouse pratique, dont gît le sens au mystère du cœur. Qui l'accomplit, intégralement, se retranche. » Il y a là, sans doute, pour l'historien ou le sociologue, quelque chose d'une posture d'époque : après deux décennies de romantisme humanitaire ont fleuri, dans les déserts imaginaires de la seconde moitié du siècle, d'étranges vocations littéraires, celles d'un monachisme esthétique voué au culte exclusif de l'art avec toute l'ardeur de ses convictions ou de sa mauvaise foi. Devant la société, la position de celui qui se considère à peine comme un vivant, et qui sait, comme il l'avoue à Verlaine dans sa lettre autobiographique de novembre 1885, que la « solitude accompagne nécessairement cette espèce d'attitude », est d'écart ou de retrait ; elle est, en ces temps de suffrage universel, une abstention délibérée.

De fait, le monde contemporain est absent de l'œuvre poétique de Mallarmé. On ne trouverait pas dans les *Poésies* l'équivalent des *Tableaux parisiens* des *Fleurs du mal* ou des *Paysages belges* de *Romances sans paroles.* À la différence d'un Baudelaire ou même d'un Verlaine, il n'a pas fait du décor urbain, ni des paysages industriels, le sceau de la modernité poétique. Il est vrai qu'il n'y a pas de tableaux du tout, pas même impressionnistes, dans cette poésie apparemment aussi étrangère à l'histoire qu'au monde contemporain. Toujours est-il que l'auteur d'*Hérodiade* et du *Faune*, qui débuta, comme toute sa génération, à « l'enseigne un peu rouillée maintenant[1] » mais jamais reniée du *Parnasse contemporain*, est resté fidèle à l'univers traditionnel de la poésie, celui de la mythologie ou de la légende. Qui plus est, les mythes de celui qui tenait à faire de son héroïne biblique « un être purement rêvé et absolument indépendant de l'histoire[2] » ne sont même pas apparemment remotivés, comme chez Hugo ou Leconte de Lisle, par une philosophie de l'histoire ou une allégorie politique. Le seul décor contemporain de cette poésie, si tant est que son abstraction, loin de tout effet de pittoresque, permette de le dater, est un décor domestique, chambre ou salon réduits à quelques figures élémentaires : fenêtres et miroirs, lits, crédences ou consoles, lampes, tentures et rideaux, où l'on aura tôt fait de reconnaître, plutôt qu'un ameublement de petit-bourgeois du Second Empire ou de la Troisième République, le mobilier d'une tour d'ivoire idéale.

Enfermé dans cette tour d'ivoire de la poésie comme Hérodiade dans sa « tour cinéraire et sacrificatrice », Mallarmé aurait ainsi sacrifié l'histoire, le monde, la société, sa vie même, « comme on brûlait jadis son mobilier et les poutres de son toit, pour alimenter le fourneau du Grand Œuvre[3] », pour la chimère d'un Livre en quoi tout, au monde, devait aboutir, ou s'annuler. Par une espèce d'anarchisme suprême, ou prudent, ce mys-

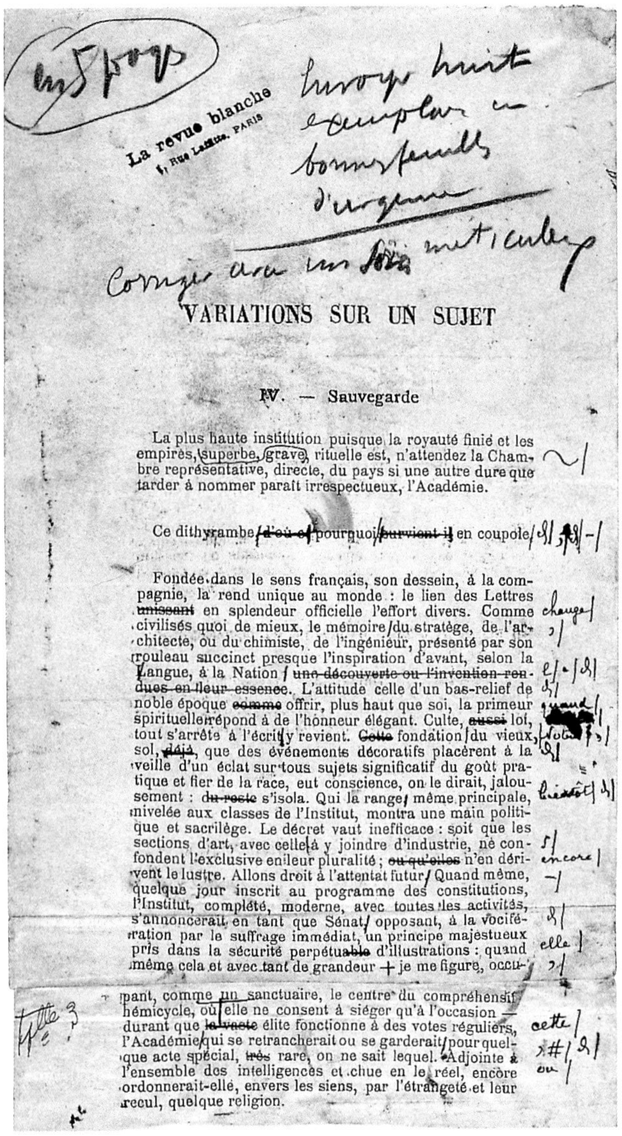

La revue blanche
1, Rue Laffitte, PARIS

VARIATIONS SUR UN SUJET

IV. — Sauvegarde

La plus haute institution puisque la royauté finie et les empires, superbe, grave, rituelle est, n'attendez la Chambre représentative, directe, du pays si une autre dure que tarder à nommer paraît irrespectueux, l'Académie.

Ce dithyrambe ~~d'où et~~ pourquoi ~~survient-il~~ en coupole

Fondée dans le sens français, son dessein, à la compagnie, la rend unique au monde : le lien des Lettres ~~unissant~~ en splendeur officielle l'effort divers. Comme civilisés quoi de mieux, le mémoire du stratège, de l'architecte, ou du chimiste, de l'ingénieur, présenté par son rouleau succinct presque l'inspiration d'avant, selon la Langue, à la Nation ~~une découverte ou l'invention rendues en leur essence~~. L'attitude celle d'un bas-relief de noble époque ~~comme~~ offrir, plus haut que soi, la primeur spirituelle répond à de l'honneur élégant. Culte, ~~aussi~~ loi, tout s'arrête à l'écrit y revient. ~~Cette~~ fondation du vieux sol, ~~déjà~~, que des événements décoratifs placèrent à la veille d'un éclat sur tous sujets significatif du goût pratique et fier de la race, eut conscience, on le dirait, jalousement : ~~du reste~~ s'isola. Qui la range même principale, nivelée aux classes de l'Institut, montra une main politique et sacrilège. Le décret vaut inefficace : soit que les sections d'art, avec celle à y joindre d'industrie, ne confondent l'exclusive en leur pluralité ; ~~ou qu'elles~~ n'en dérivent le lustre. Allons droit à l'attentat futur Quand même, quelque jour inscrit au programme des constitutions, l'Institut, complété, moderne, avec toutes les activités, s'annoncerait en tant que Sénat opposant, à la vocifération par le suffrage immédiat, un principe majestueux pris dans la sécurité perpétu~~able~~ d'illustrations : quand même cela et avec tant de grandeur je me figure, occupant, comme un sanctuaire, le centre du compréhensif hémicycle, où elle ne consent à siéger qu'à l'occasion — durant que ~~la vaste~~ élite fonctionne à des votes réguliers, l'Académie qui se retrancherait ou se garderait pour quelque acte spécial, ~~très~~ rare, on ne sait lequel. Adjointe à l'ensemble des intelligences et chue en le réel, encore ordonnerait-elle, envers les siens, par l'étrangeté et leur recul, quelque religion.

21. Stéphane Mallarmé, *Variations sur un sujet,* épreuves corrigées, 1895, Paris, Doucet, **cat. 276.**

tique négatif, ce dévot d'un Livre qui eût été, mieux que le livre flaubertien, un livre sur rien aurait mis le monde entre parenthèses. Sartre appelait cela « le terrorisme de la politesse[4] ».

Et pourtant, celui qui affirme, dans sa réponse à l'enquête sur l'évolution littéraire de Jules Huret, que « le cas d'un poète, en cette société qui ne lui permet pas de vivre, c'est le cas d'un homme qui s'isole pour sculpter son propre tombeau » peut, dans la même enquête, à quelques lignes de distance, formuler cet improbable acte de foi : « je crois que la poésie est faite pour le faste et les pompes suprêmes d'une société constituée où aurait sa place la gloire dont les gens semblent avoir perdu la notion. L'attitude du poète dans une époque comme celle-ci, où il est en grève devant la société, est de mettre de côté tous les moyens viciés qui peuvent s'offrir à lui ». Retranchement ne signifie donc pas refus de ce qu'on nomme la réalité, ni même indifférence. Dans un temps qui est pour lui un temps d'interrègne, ou de vacance sociale, Mallarmé n'a pas été un intellectuel engagé à la manière du Zola de l'Affaire Dreyfus — dont il salua pourtant privément le geste ; mais il n'a pas été non plus un poète dégagé ; il a choisi la marge ou le retrait, sans doute, non pour actualiser le *contemptus mundi* des anachorètes, mais pour se donner vis-à-vis du monde la distance mentale qui permet de le penser. S'il y eut un temps où le poète choisit de se cloîtrer en lui ou s'aventura dans des altitudes idéales, « dans les plus purs glaciers de l'esthétique[5] », au risque d'y perdre la raison et la capacité même d'écrire, celui qui, dans les vingt dernières années de sa vie, se partagea entre le prêtre ironique des Mardis de la rue de Rome et le sylvain débonnaire de Valvins développa l'arabesque subtile de ses *Divagations* — sans compter les réponses à des enquêtes sur les sujets les plus divers, des relations franco-allemandes au chapeau haut de forme —, non seulement dans des revues confidentielles tout acquises à la cause poétique (*La Revue indépendante* ou *La Revue blanche*), mais dans une revue anglaise comme le *National Observer*, et même dans la grande presse (du *Journal* de Fernand Xau au *Figaro* de Francis Magnard), et ce journaliste d'occasion, soucieux de déchiffrer ce qu'il appelait les « Grands Faits divers » de l'époque, fut sans doute, plus que les publicistes de métier, plus que les penseurs patentés du siècle — historiens, philosophes, sociologues ou psychologues des profondeurs —, l'analyste lucide de la société de son temps, de tous ses aspects politiques, sociaux, économiques ou religieux. Mieux que cela, il fut peut-être le seul, en une fin de siècle qui n'en finissait pas de penser, entre bonne et mauvaise conscience, avec bonne ou mauvaise foi, une révolution centenaire, à percevoir les enjeux peu visibles ou trop vite refoulés de ce qui fut bien autre chose qu'un changement de régime ou un accident de l'histoire. Encore faut-il bien voir que la réflexion ou les divagations sociales de Mallarmé ne sont pas simplement à côté de l'œuvre poétique, elles en sont l'autre versant, critique ou politique, parce que le poétique et le politique sont les deux faces d'une même réflexion proprement anthropologique qui s'est développée à partir de ce qui fut moins une science au sens étroit et positif du mot qu'une conscience du langage.

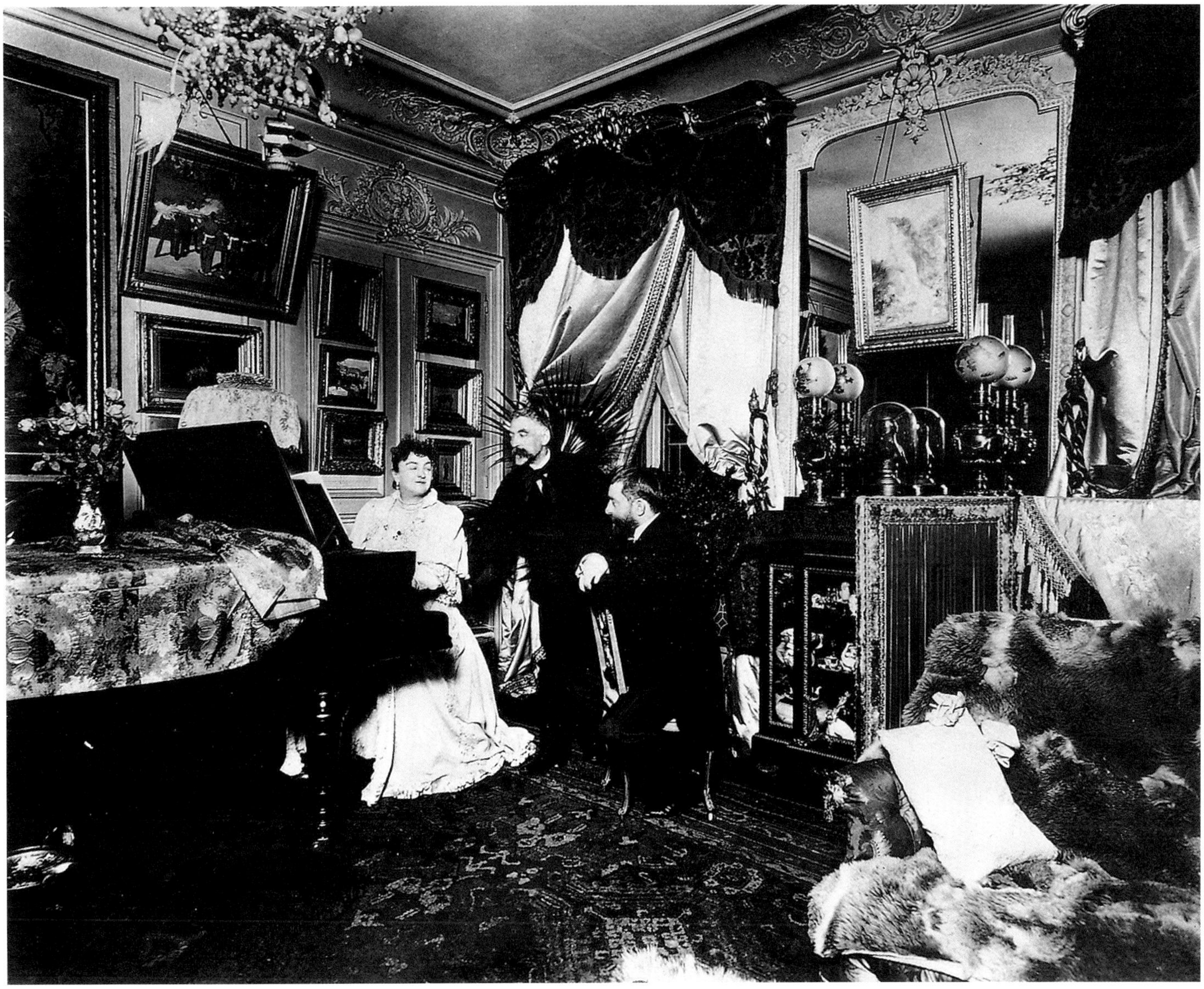

22. Dornac, *Mallarmé, Gervex et Méry Laurent chez Méry Laurent,*
Paris, BnF, Estampes.

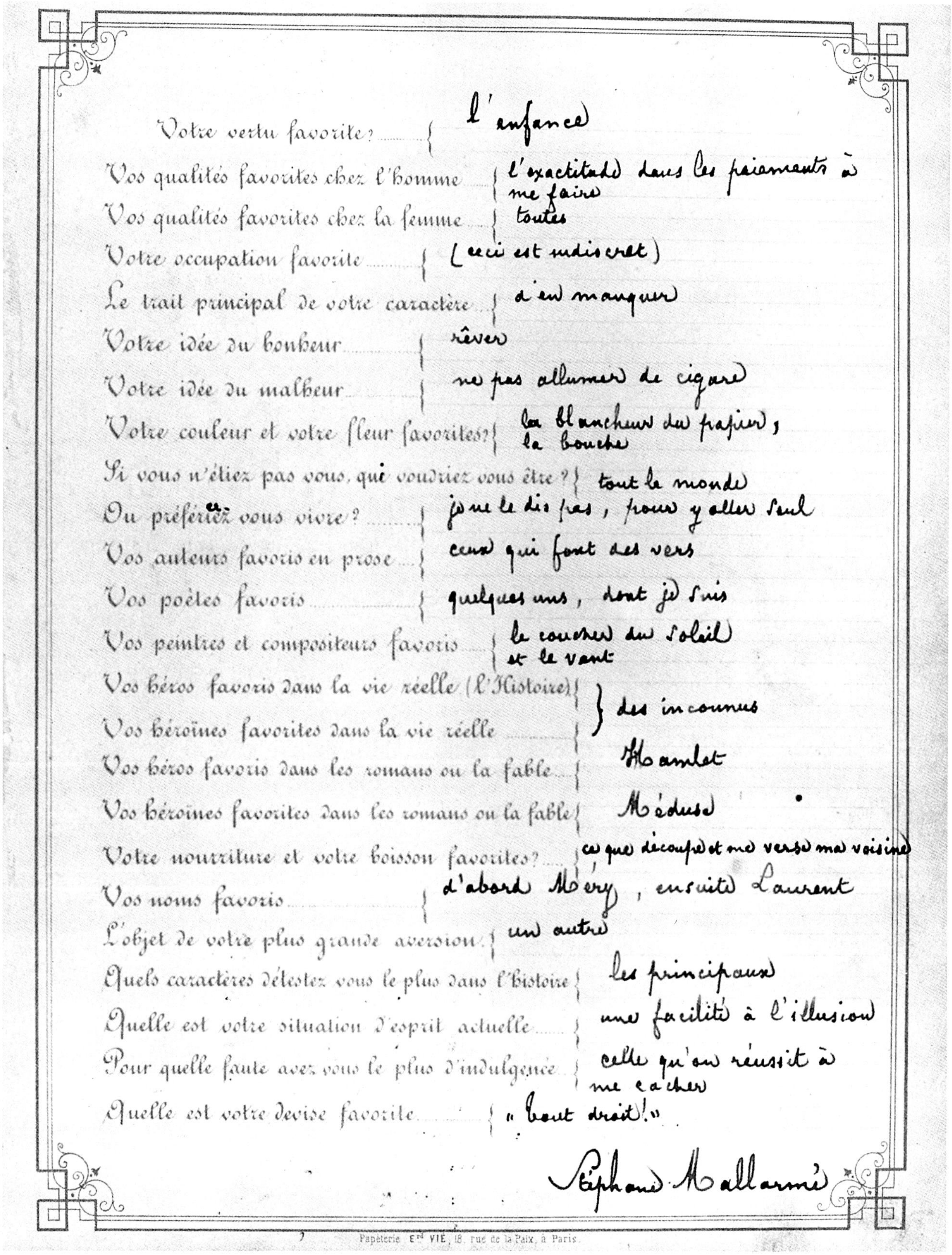

Votre vertu favorite?	l'enfance
Vos qualités favorites chez l'homme	l'exactitude dans les paiements à me faire
Vos qualités favorites chez la femme	toutes
Votre occupation favorite	(ceci est indiscret)
Le trait principal de votre caractère	d'en manquer
Votre idée du bonheur	rêver
Votre idée du malheur	ne pas allumer de cigare
Votre couleur et votre fleur favorites?	la blancheur du papier, la bouche
Si vous n'étiez pas vous, qui voudriez vous être?	tout le monde
Où préférez vous vivre?	je ne le dis pas, pour y aller seul
Vos auteurs favoris en prose	ceux qui font des vers
Vos poètes favoris	quelques uns, dont je suis
Vos peintres et compositeurs favoris	le coucher du soleil et le vent
Vos héros favoris dans la vie réelle (l'Histoire)	des inconnus
Vos héroïnes favorites dans la vie réelle	
Vos héros favoris dans les romans ou la fable	Hamlet
Vos héroïnes favorites dans les romans ou la fable	Méduse
Votre nourriture et votre boisson favorites?	ce que découpe et me verse ma voisine
Vos noms favoris	d'abord Méry, ensuite Laurent
L'objet de votre plus grande aversion	un autre
Quels caractères détestez vous le plus dans l'histoire	les principaux
Quelle est votre situation d'esprit actuelle	une facilité à l'illusion
Pour quelle faute avez vous le plus d'indulgence	celle qu'on réussit à me cacher
Quelle est votre devise favorite	« tout droit! »

Stéphane Mallarmé

Papeterie E^d VIE, 18, rue de la Paix, à Paris

23. Stéphane Mallarmé, *Confessions,* 15 août 1888,
Paris, Doucet, **cat. 213.**

Pour celui à qui le langage, comme il l'écrit dans ses notes d'inspiration cartésienne de la fin des années soixante, « est apparu l'instrument de la fiction » ; pour celui qui a appris de la linguistique contemporaine — celle de Max Müller, lu à la même époque — que les dieux antiques ne sont que des mots, que les mythes peuvent être déconstruits par la science étymologique, que toute mythologie est la dérive obligée d'un langage inconscient de lui-même, et que le langage est par conséquent saturé de mythologie, il y a naturellement des leçons poétiques à tirer puisque la poésie est sœur de la mythologie ; comme cette dernière, elle a son origine dans la dimension métaphorique ou symbolique du langage. Mais il y a aussi des leçons politiques à tirer. Car l'espace politique, ce qu'on appelle la Cité, est bien moins un espace réel qu'un monde de mots ; cet espace qui est, depuis l'Antiquité, le lieu commun d'une culture rhétorique, est l'univers par excellence du discours, un discours qui retrouve inconsciemment les voies immémoriales de l'affabulation mythique avec ses divinités de substitution qui ne sont, à l'égal des dieux antiques, que des mots réifiés ou personnifiés, comme en témoigne la multiplication des allégories d'une république sulpicienne qui a remplacé les saints des églises par les Vertus civiques ou les Grâces laïques : Liberté, Égalité, Fraternité, Justice, Vérité — *nomen, numen* —, et qui perpétue ainsi, malgré qu'elle en ait, un modèle théologique ou dogmatique d'autant plus pernicieux qu'il ne se reconnaît pas comme tel pour en imposer aux masses toujours vouées à la crédulité : « Une prétention, qui se targue de laïcité sans que ce mot invite un sens, lié au refus d'inspirations supérieures, soit, tirons-les de notre fonds, imite, à présent, dans l'habitude, ce qu'intellectuellement la discipline de la science omettait, au risque de choir ou de les prouver, dogmes et philosophie » (*Catholicisme*).

Qu'en est-il, alors, de ce qu'on appelle, avec la majuscule obligée, la Société dans cette Troisième République idolâtre qui a fait de la laïcité une religion nouvelle ? Mallarmé a fourni, dans *Sauvegarde*, une réponse dépourvue d'ambiguïté : « La Société, terme le plus creux, héritage des philosophes, a ceci, du moins, de propice et d'aisé que rien n'existant, à peu près, dans les faits, pareil à l'injonction qu'éveille son concept auguste, en discourir égale ne traiter aucun sujet ou se taire par délassement. Quelque chose, manquant, affronte la violence des contradictions et, dans aucun sens, on ne risque de donner trop à fond, sur une entité. Néant ou éclat dans le vide, avec peur chez la masse accourue au faux abri, tout agencement vulgaire usurpant cette invocation profitable. » Loin d'être une entité, la société est d'abord quelque chose qui manque, un rien sous le masque d'un mot, en somme une fiction destinée à voiler l'asservissement social. Il en résulte que dans un monde qui n'est pas un monde réel — au sens où est réel ce que Mallarmé appelle la nature, celle qui se définit par le fait qu'elle « a lieu », et qu'« on n'y ajoutera pas ; que des cités, les voies ferrées et plusieurs dimensions formant notre matériel » (*La Musique et les Lettres*) — mais un monde de mots, le politique et le social sont justiciables d'une analyse littéraire, c'est-à-dire d'une analyse des mécanismes de la fonction mythopoétique ou symbolique du langage, celle qui ne cesse de produire des représentations ou des fictions. Dans sa conférence d'Oxford et de Cambridge sur « La Musique et les Lettres » où, traitant de la crise littéraire, il regrettait de ne traiter que la moitié de son sujet — l'autre moitié étant, bien entendu, la crise de la société —, Mallarmé s'appliquait en fait à « opérer, en public, le démontage impie de la fiction et conséquemment du mécanisme littéraire pour étaler la pièce principale ou rien ». S'il est vrai, comme le dit encore une note de la même conférence, que le mot de fiction est le « parfait terme compréhensif », celui qui manifeste l'homologie cachée du littéraire et du social, l'ensemble des divagations mallarméennes sur la société ne fait rien d'autre qu'opérer,

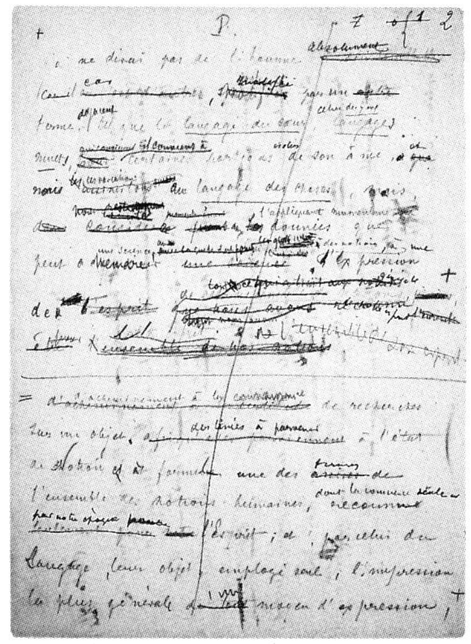

24. Stéphane Mallarmé, *Poèmes d'Edgar Poe* et *Notes sur le langage*, dossier manuscrit, coll. part., **cat. 35.**

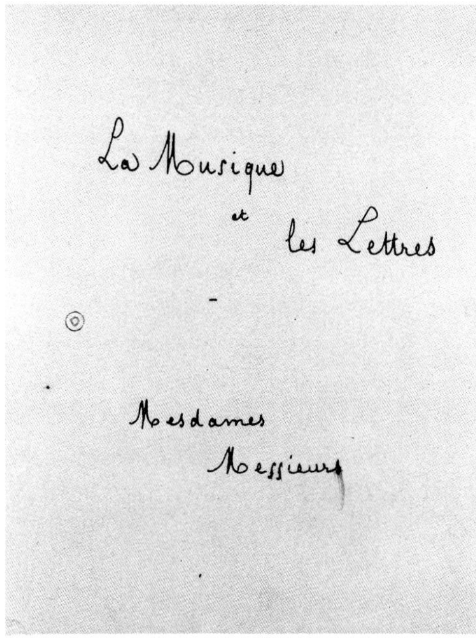

La Musique
et
les Lettres
–
Mesdames
Messieurs

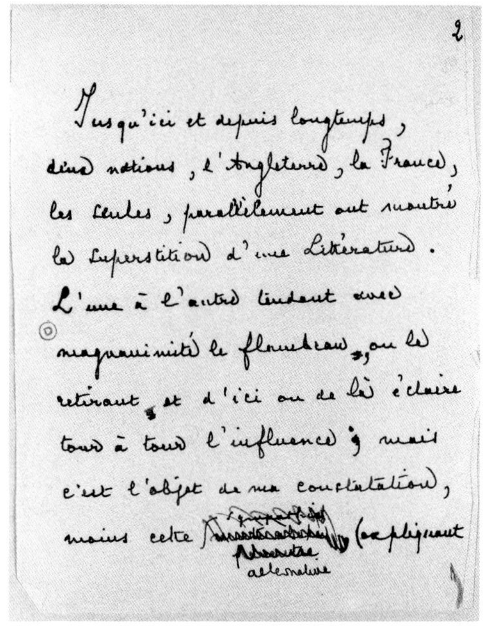

2

Jusqu'ici et depuis longtemps,
deux nations, l'Angleterre, la France,
les seules, parallèlement ont montré
la superstition d'une Littérature.
L'une à l'autre tendant avec
magnanimité le flambeau, ou le
retirant, et d'ici ou de là éclaire
tour à tour l'influence ; mais
c'est l'objet de ma constatation,
moins cette [illegible] (expliquant

25. Stéphane Mallarmé, *La Musique et les Lettres,* 1895, Paris, Doucet, **cat. 330.**

en public, le démontage impie de la fiction et conséquemment du mécanisme social pour étaler, là encore, la pièce principale ou rien. Dans l'ultime page de *Sauvegarde*, elle-même la dernière des *Divagations*, Mallarmé invite ainsi le lecteur à souscrire à ce jugement qui est en même temps la justification de toute son entreprise indissociablement poétique et critique : « À savoir que le rapport social et sa mesure momentanée qu'on la serre ou l'allonge, en vue de gouverner, étant une fiction, laquelle relève des belles-lettres — à cause de leur principe mystérieux ou poétique — le devoir de maintenir le livre s'impose dans l'intégrité ». Il n'y a en effet rien de nihiliste dans cette façon d'exhiber « le Rien qui est la vérité[6] », mais la nécessité de prendre acte de la péremption définitive, dans le discours littéraire comme dans le discours social, des valeurs réputées absolues. C'est à partir du rien, de ce vide social résultant d'une Révolution qui a détruit, dans la personne divine du roi, le fondement de la société d'Ancien Régime, qu'il faut repenser la Cité, quand la société contemporaine ne fait que refouler ce vide ou le combler par des valeurs de substitution qui, loin de se donner et d'être reconnues comme fictions, s'imposent en dogmes nouveaux. Comme le montre le scandale de Panama, l'économie capitaliste, fondée sur le crédit — un crédit où le poète reconnaît une forme de fiction mais qui n'est pas pour rien, par son étymologie, un autre nom de la foi —, en vient à usurper la fonction naguère assumée par la religion et suscite ainsi une nouvelle « divinité universelle », un dieu d'autant plus puissant qu'il est, comme le Dieu chrétien, un dieu caché, mais un dieu caché « à l'ombre des coffres en fer et des poches », l'*Or*, qui donne son titre à cette divagation théologique autant qu'économique, ou le capital.

Toute réalité humaine, qu'il s'agisse de la langue ou de la société, peut ainsi être décrite en termes de conflit entre un ordre économique et un ordre symbolique, conflit que donne à voir dans les *Divagations* la confrontation du poète et du prolétaire[7]. Encore ces deux ordres sont-ils moins deux réalités distinctes que les deux aspects d'une même réalité, comme « La pièce de monnaie [...] présente, face, une figure sereine et, pile, le chiffre brutal universel » (*La Cour*), ou comme tout homme porte en lui le poète et l'ouvrier, celui qui se voue aux aspirations idéales et le « latent compagnon qui, en [lui], accomplit d'exister » (*Confrontation*). Cette double face de la

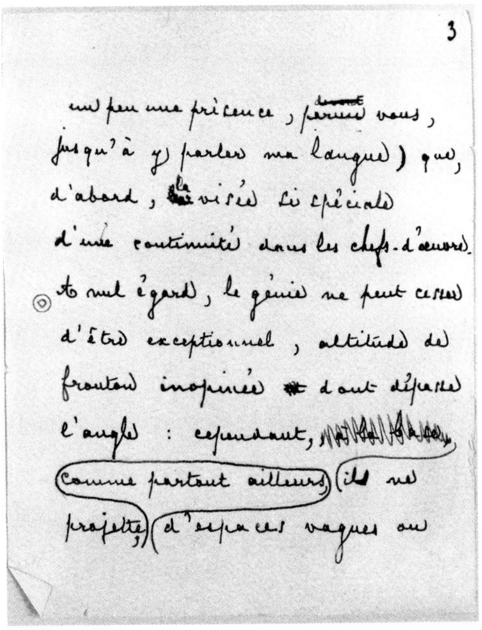

3

un peu une présence, devant vous,
jusqu'à y parler ma langue) que,
d'abord, la visée les spéciale
d'une continuité dans les chefs-d'œuvre.
À nul égard, le génie ne peut cesser
d'être exceptionnel, altitude de
frontons inopinés dont déferle
l'angle : cependant,
comme partout ailleurs, ils ne
projettent, d'espaces vagues ou

monnaie, c'est, pour le langage, ce que Mallarmé appelle, dans *Crise de vers*, « le double état de la parole » : « Au contraire d'une fonction de numéraire facile et représentatif, comme le traite d'abord la foule, le dire, avant tout rêve et chant, retrouve chez le poète, par nécessité constitutive d'un art consacré aux fictions, sa virtualité. » En un temps qui consacre, dans tous les domaines, au bénéfice exclusif du second, la confusion du symbolique et de l'économique, la littérature elle-même s'asservissant à la loi du profit, le poète, par nature réfractaire à cette théocratie capitaliste dissimulée sous le couvert d'une république laïque, est celui qui tend à démonétiser l'or économique pour retrouver, sous « le chiffre brutal universel », la « figure sereine », sous le « numéraire facile et représentatif » le rêve et le chant poétique, sous « la très vaine divinité universelle » la fonction symbolique ou poétique de l'or ; il est celui qui tend par conséquent à refaire de l'or avec des mots : « [...] en raison du défaut de la monnaie à briller abstraitement, le don se produit, chez l'écrivain, d'amonceler la clarté radieuse avec des mots qu'il profère comme ceux de Vérité et de Beauté » (*Or*). Cet or-là, poétique ou fictif, n'a donc pas seulement son lieu dans l'espace poétique, et privé, du langage ; il a aussi son lieu dans l'espace symbolique, et public, de la Cité, à l'image du feu d'artifice que le poète rêve de tirer sur la place publique pour illuminer, à l'envers de la logique mystificatrice ou simplement divertissante de la fête nationale, la fiction sociale, et exalter par là même le génie symbolique de l'homme, ou ce qu'il appelle *La Gloire*.

Repenser « ce sujet où tout se rattache, l'art littéraire », comme le fait Mallarmé dans *La Musique et les Lettres*, c'est donc se confronter à bien autre chose qu'une crise de vers ; c'est reposer, de l'intérieur du langage, la question de l'être au monde, ou de ce que le poète appelle « notre séjour[8] » ; c'est, en d'autres termes, repenser la Cité, en remettant le politique et l'économique à leur place subalterne. Au-delà de ce que l'auteur des *Divagations* nomme le « terre-plein[9] » politique, dont la configuration constitutionnelle, entre les deux pôles extrêmes de la monarchie et de l'anarchie, est à la limite secondaire, la Cité est à ressaisir, et à refonder dans sa dimension symbolique, ou fictive : « La Cité, si je ne m'abuse en mon sens de citoyen, reconstruit un lieu abstrait, supérieur, nulle part situé, ici séjour pour l'homme. » (*La Musique et les Lettres.*) En une fin de siècle où la cité refuse au citoyen issu de la Révolution la « solemnisation auguste du dieu qu'il sait être » (*Crayonné au théâtre*) et se réduit ainsi à une « agglomération de vague » (*Bucolique*) ou à ce « million d'existences étageant leur vacuité en tant qu'une monotonie énorme de capitale » (*La Gloire*), le poète est le premier citoyen de cette Cité idéale où s'accomplirait la véritable Révolution moderne, celle qui parviendrait à consacrer l'émancipation du génie symbolique de l'homme de toutes les formes d'asservissement, une révolution moderne dont la Révolution de 1789 n'aurait été que la préfiguration politique, et le détonateur historique. Pareille révolution serait proprement la révolution poétique, puisque ces formes d'asservissement, qu'elles soient politiques, économiques, sociales ou religieuses, sont toujours le produit d'un discours d'autorité. Elle est celle qui, au lieu de jeter, comme les anarchistes, des bombes meurtrières sur le Parlement qui est le lieu par excellence de la *représentation* républicaine, fondée sur la connivence de l'éloquence et de la loi, s'appliquerait à jeter « du discrédit, moins qu'une bombe, sur ce que de mieux, indisputablement et à grands frais, fournit une capitale comme rédaction courante de ses apothéoses » (*La Musique et les Lettres*), à *discréditer* en somme toutes les valeurs prétendues d'une société de crédit universel. La révolution moderne est ainsi celle qui ferait advenir, en guise de citoyen, un lecteur nouveau, et son manifeste paradoxal est celui qui se donne à lire à la fin du *Mystère dans les Lettres* :

> « Lire —
>
> Cette pratique —
>
> Appuyer, selon la page, au blanc, qui l'inaugure son ingénuité, à soi, oublieuse même du titre qui parlerait trop haut : et, quand s'aligna, dans une brisure, la moindre, disséminée, le hasard vaincu mot par mot, indéfectiblement le blanc revient, tout à l'heure gratuit, certain maintenant, pour conclure que rien au-delà, et authentiquer le silence —

Pour ce citoyen-là, désormais conscient qu'il n'y a rien au-delà des mots, la poésie offre, ou rêve d'offrir, la seule vérité qui ne soit ni dogmatique, ni rhétorique, une vérité poétique qui rime avec la beauté. Dans une chronique théâtrale de 1887, évoquant les prochaines fêtes commémoratives du centenaire de la Révolution, Mallarmé pouvait ainsi revendiquer, par une formule qu'on aurait tort de mettre au compte de la seule ironie, ou de la pure divagation, « le ministère du Poète, en 1889 ».

NOTES

1. *Villiers de l'Isle-Adam.*

2. Lettre à Eugène Lefébure du 18 février 1865.

3. Lettre à Paul Verlaine du 16 novembre 1885.

4. J.-P. Sartre, *Mallarmé, la lucidité et sa face d'ombre*, Paris, Gallimard, 1986, p. 151.

5. Lettre à Henri Cazalis du 13 juillet 1866.

6. Lettre à Henri Cazalis du 28 avril 1866.

7. Voir les deux *Divagations* intitulées *Conflit* et *Confrontation.*

8. Lettre à Léo d'Orfer du 27 juin 1884.

9. Dans *Catholicisme* et dans *La Musique et les Lettres.*

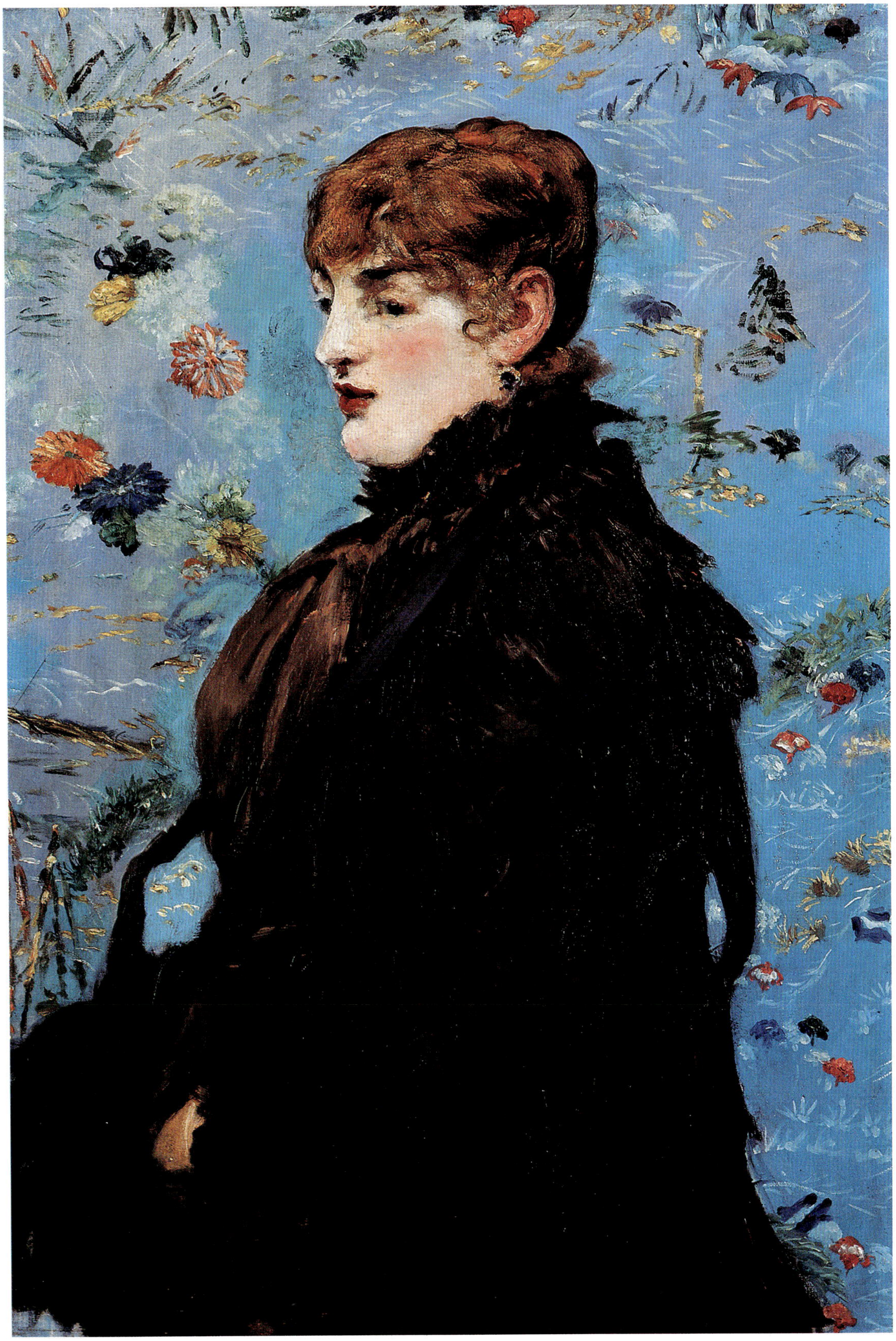

26. Édouard Manet, *L'Automne : Portrait de Méry Laurent,* 1882,
Nancy, musée des Beaux-Arts, **cat. 198.**

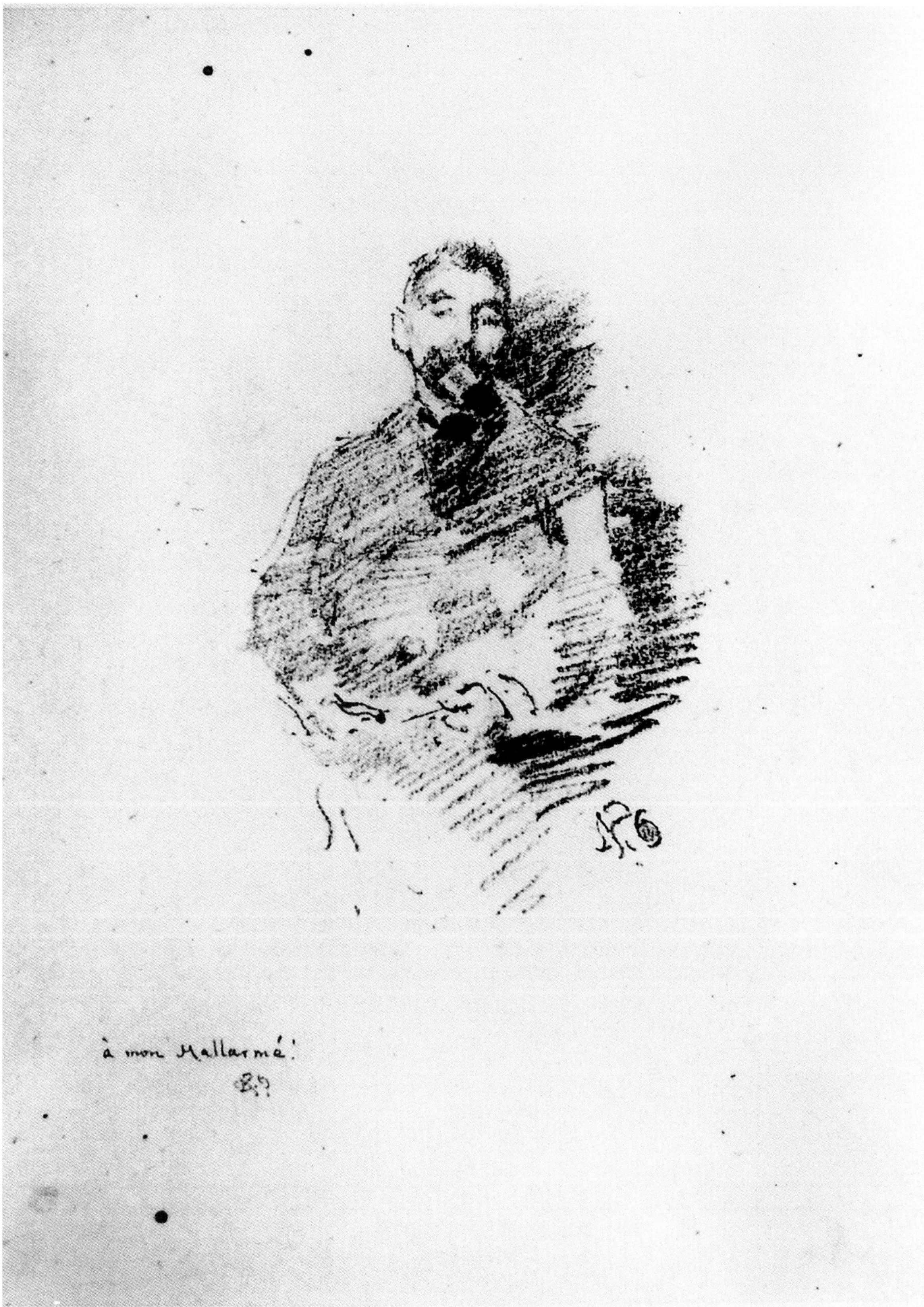

27. James McNeill Whistler, *Portrait de Mallarmé,* 1892,
Vulaines-sur-Seine, musée Mallarmé, **cat. 250.**

MALCOLM BOWIE

Mallarmé : sérénité et violence

Que célébrons-nous au juste durant ce centenaire de la mort de Mallarmé ? On lui trouve des admirateurs dans de si nombreux pays, et des héritiers dans tant de traditions intellectuelles et artistiques différentes, qu'il est facile d'avoir de lui l'image d'un séducteur polymorphe ou d'une inconstante figure mythique. Stéphane Mallarmé, le sujet biographique et le personnage dont l'existence est un fait historique, est constamment menacé de disparaître devant les figures fictives de Mallarmé qui prolifèrent présentement. Et bien qu'il soit évidemment important, dans tout acte honorant le centenaire de cet incomparable écrivain, de se pencher à nouveau sur ses écrits, afin de soumettre ces mythes de Mallarmé à l'épreuve de la texture mouvante de ses vers et de sa prose, il reste néanmoins difficile, ici même, et alors que l'on prend contact avec les sources primaires sur lesquelles sa réputation est fondée, de résister aux tentations que présentent la simplification excessive et la biographie romancée.

Voyez, par exemple, Mallarmé, modèle d'intégrité sereine. Composite de sources primaires biographiques et textuelles, cette créature est d'une prestance morale si admirable que l'on hésite à mettre ses références en doute. Il serait à peine caricatural d'affirmer que ce Mallarmé-là ne peut pas faire un impair. Voici comment on l'a fabriqué.

Qu'il fût chez lui avec sa femme et ses enfants, ou qu'il reçût ses innombrables relations du monde littéraire, Mallarmé était un homme plein d'humilité. Modestement récompensé de ses efforts comme professeur de lycée, il le fut encore moins pour ses écrits en vers et en prose. Il voyageait peu. En plus du génie qu'il avait pour l'amitié, de sa générosité envers les écrivains plus jeunes que lui, et de l'admiration qu'il se trouvait toujours prêt à témoigner envers les artistes qui étaient ses contemporains, il était doté d'une sainte incapacité à se mettre en avant. Sa sensibilité était au service du public, et, tel un instrument impersonnel, il prêtait sa voix à ceux qui en cherchaient une. Il n'envisageait pas non plus d'attirer l'attention sur sa personne quand il esquissait l'œuvre d'art à venir. En effet, son « grand œuvre », qu'il l'imagine sous la forme d'un livre imprimé, ou d'un spectacle théâtral idéal, était conçu de telle manière qu'il devait non seulement nous accorder un répit face à l'insatiable insistance du désir personnel, mais provoquer la naissance d'une nouvelle sorte d'expérience collective. L'art serait le moyen d'introduire les rythmes du cosmos dans le remue-ménage de la vie humaine, créant ainsi une nouvelle forme de solidarité entre les hommes. Quelque chose de grand et d'« impersonnifié » — le néologisme est de Mallarmé — s'affirme au fil des pages de son livre, la perte volontaire de leur moi unissant les acteurs de son nouveau drame. Mallarmé avait la vision d'un théâtre, d'une écriture et d'une pratique de l'imprimerie qui seraient enfin devenus performatifs au sens le plus strict et le plus profond du terme : tous les maillons humains dans la chaîne de la communication incarneraient dans leur personne propre la fusion de l'esprit avec la nature, et désormais il n'y aurait plus de place pour des considérations aussi superflues que le caractère ou la personnalité. Quant à l'écrivain qui aurait

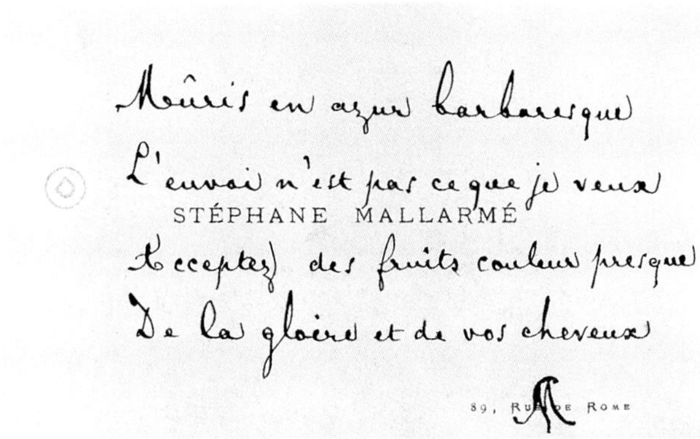

28. Stéphane Mallarmé, *Nouvel an 1896,* Paris, Doucet, **cat. 176.**

collaboré à la création de cet heureux état de choses, il serait lui aussi privé d'empreintes stylistiques qui lui soient propres.

Pourtant, entre la modestie de la personne privée de Mallarmé et la grandeur de l'ultime refus du moi impliqué par son programme artistique, les occasions d'être grandiose ne lui manquaient pas. Si le monde devait un jour devenir intelligible, c'était à l'écrivain que la responsabilité en incombait. Si la difficulté et l'énigme étaient du ressort du poète, c'était parce qu'un poète au moins avait reconnu que le monde était intrinsèquement difficile et énigmatique. Et si d'autres, trop timorés ou trop confus, se dérobaient aux responsabilités qu'impose le savoir, Mallarmé n'était pas de ceux-là. La lutte du savoir contre l'ignorance, contre l'apathie, contre la stupidité et contre le manque de curiosité avait besoin d'un héros, et Mallarmé se tenait prêt à prendre les armes. Il était seul parmi les écrivains français de la fin du XIXe siècle à penser que la tâche essentielle qui consiste à comprendre à la fois le monde et la place qu'occupe l'esprit humain en son sein n'était celle ni du scientifique, ni du philosophe, ni du mathématicien, ni du théologien, mais celle du poète. L'univers existait pour aboutir à un livre, mais pas à n'importe quel livre. Seul le poète, plongé dans son art, comptant ses syllabes, pouvait espérer voir surgir au bout de sa plume le spectre d'un sens suprême. Il n'y avait qu'un poète à l'époque qui se tienne prêt à parler au nom de ses confrères, et à incarner en sa propre personne la gravité des devoirs qu'impliquait leur ouvrage.

L'intégrité et la sérénité de Mallarmé naissent donc de la convergence de la modestie personnelle du poète et de la grandeur de la tâche épistémologique qu'il s'est imposée. Si son écriture semble difficile ou obscure, voire rébarbative, ce sont là précisément des caractéristiques qu'il faut valoriser : elles sont le signe d'une intelligence critique aux prises avec d'insolubles questions scientifiques et métaphysiques. Cette difficulté est synonyme d'honnêteté, d'authenticité, de lucidité et d'engagement intellectuel, ainsi que d'une nécessaire impatience à l'égard de tout ce qui est banal, insignifiant ou commun. La portée de cette interprétation de la carrière de Mallarmé, bien que d'une séduction évidente, est limitée et ne nous éclaire pratiquement pas sur une caractéristique de son écriture qui saisit beaucoup de ses lecteurs quand ils prennent connaissance pour la première fois d'une page de Mallarmé, et qui continue de les frapper lors de lectures successives : la violence.

La violence qui caractérise l'écriture de Mallarmé fait une entrée en scène plutôt discrète dans ses vers de jeunesse ; c'est là simplement un thème, et, en même temps une attitude qui n'étonne pas chez un jeune poète qui cherche sa tonalité propre. Le poète fonde son énonciation dans le danger extrême. Nu face à un monde hostile, insondable et sans dieu, il se sent opprimé par l'idée monstrueuse que tout est dénué de sens :

> Est-il moyen, ô moi qui connais l'amertume,
> D'enfoncer le cristal par le monstre insulté
> Et de m'enfuir avec mes deux ailes sans plume
> — Au risque de tomber pendant l'éternité ?
>
> (*Les Fenêtres*)

> Je fuis, pâle, défait, hanté par mon linceul,
> Ayant peur de mourir lorsque je couche seul.
>
> (*Angoisse*)

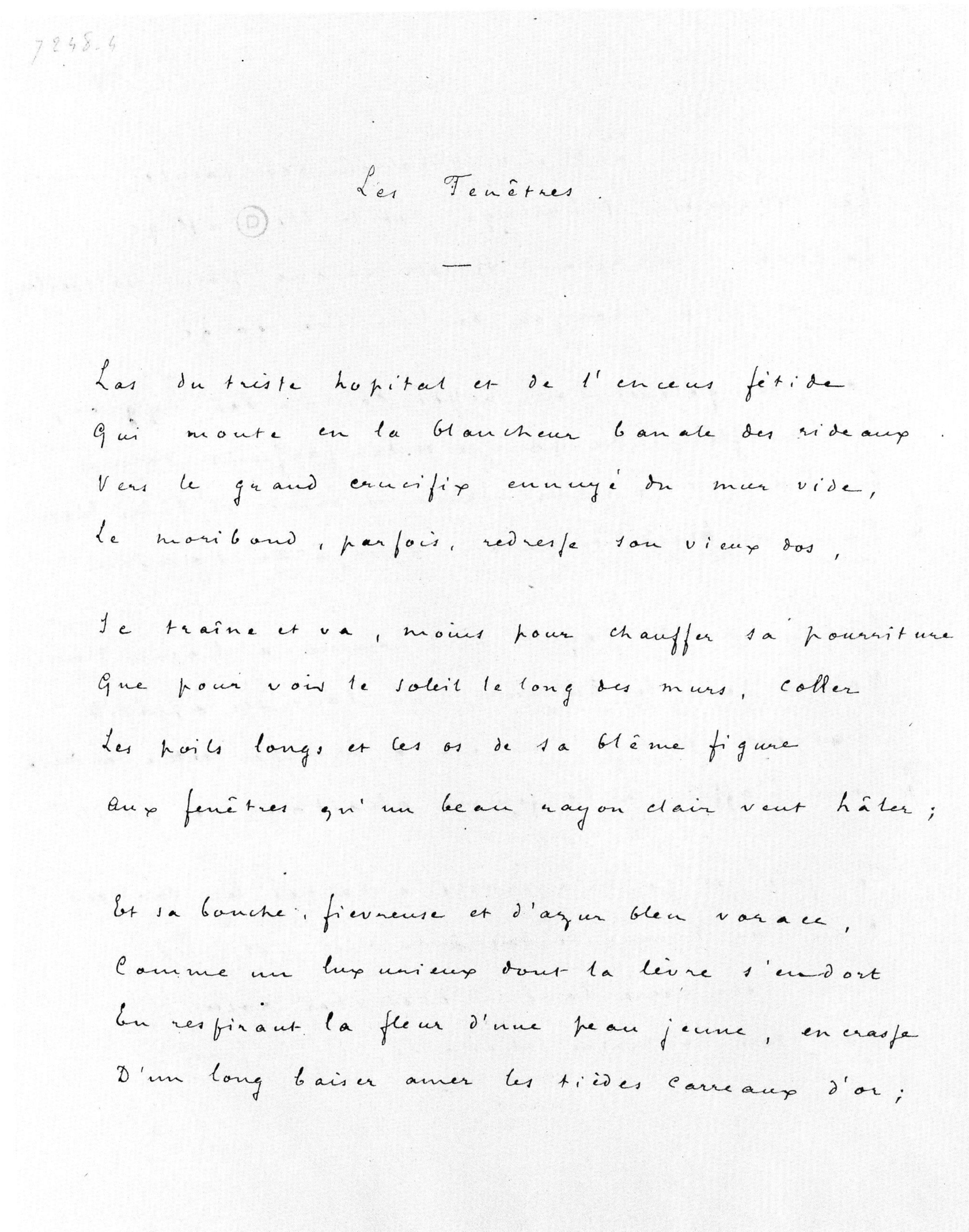

Les Fenêtres.

—

Las du triste hopital et de l'encens fétide
Qui monte en la blancheur banale des rideaux
Vers le grand crucifix ennuyé du mur vide,
Le moribond, parfois, redresse son vieux dos,

Se traîne et va, moins pour chauffer sa pourriture
Que pour voir le soleil le long des murs, coller
Les poils longs et les os de sa blême figure
Aux fenêtres qu'un beau rayon clair veut hâler ;

Et sa bouche, fiévreuse et d'azur bleu vorace,
Comme un luxurieux dont la lèvre s'endort
En respirant la fleur d'une peau jeune, encrasse
D'un long baiser amer les tièdes carreaux d'or ;

29. Stéphane Mallarmé, *Les Fenêtres,* 1863,
Paris, Doucet, **cat. 16.**

De plus, la violence qui s'abat de l'extérieur sur le poète, lui donnant l'impression d'être son destinataire et sa victime, peut être éclipsée par une autre forme de violence, inhérente à la fragilité du sujet humain et tout aussi puissante. Une agressivité suicidaire se met à hanter la voix poétique, et cherche son expression dans ces cadences finales mélodramatiques. *Le Sonneur* de Mallarmé ne s'en tient pas au moment où il aura enfin « tiré le câble à sonner l'Idéal » :

> Mais, un jour, fatigué d'avoir enfin tiré,
> Ô Satan, j'ôterai la pierre et me pendrai.
>
> (*Le Sonneur*)

Et, si le narrateur du *Guignon*, dans la version originale de ce texte, conclut le poème sur un torrent de sarcasme et de mépris envers une certaine forme d'autodestruction :

> Quand chacun a sur eux vomi tous ses dédains,
> Nus, assoiffés de *grand* et priant le tonnerre,
> Ces Hamlets abreuvés de malaises badins
>
> Vont ridiculement se pendre au réverbère.
>
> (*Le Guignon*, version de 1862)

ce n'est qu'afin de renforcer les prérogatives d'un style suicidaire plus fin et plus aristocratique, un style dans lequel le suicide serait en quelque sorte immanent aux opérations de la conscience artistique.

À ce catalogue répertoriant les moments d'agressivité qui ponctuent les premiers textes de Mallarmé, on devrait bien évidemment ajouter ceux dont la coloration est plus spécifiquement érotique. Dans *L'Après-midi d'un faune* et dans *Hériodade*, le regard désirant est démantelé en une série discontinue de moments d'intensité affective, selon le mouvement spasmodique qui est celui de la subjectivité. Le regard du narrateur dans le texte, qu'il se porte à l'extérieur sur les objets de son désir, ou bien qu'il se replie sur les fluctuations de la passion et de l'apaisement qui rythment son intériorité, est le site d'une procession infinie de serrements de cœur, de moments de crise, de violation et de ravissement. Dans ces aventures extraordinaires de l'imagination érotique, vacillant entre dialogue et soliloque, le désir est convulsif et insatiable. Et, jusque dans l'effusion lyrique et la pâmoison, un courant destructeur sous-tend ce désir. Pour Hérodiade comme pour le Faune, le désir de l'autre (ou de soi-même, *je* étant un autre) est toujours aussi le désir de l'annihilation de l'autre.

C'est particulièrement frappant, dans la maturité de Mallarmé, de constater que cette violence disparaît à la fois de ses thèmes poétiques et de sa conception de l'artiste créateur s'opposant à l'incompréhension de la foule, alors même qu'elle réapparaît dans l'innervation même, si l'on peut dire, du discours poétique. Après 1870, les thèmes de sa poésie sont souvent curieusement tranquilles et anodins. Et les occasions dans lesquelles il se sent appelé à exercer son pouvoir déclamatoire sont celles qui demandent un acte de solidarité entre l'artiste et ses confrères. Mallarmé leur rend hommage quand ils sont en vie, et prononce leur oraison funèbre quand ils viennent de mourir. Il écrit des méditations poétiques dans lesquelles l'amitié, la compassion, la vertu civique et la réciprocité du plaisir sont des réactions humaines nécessaires et honorables dans l'obscurité ambiante au sein de laquelle se trame toute activité individuelle. Mais la voix qui se charge de remplir ces édifiantes responsabilités publiques

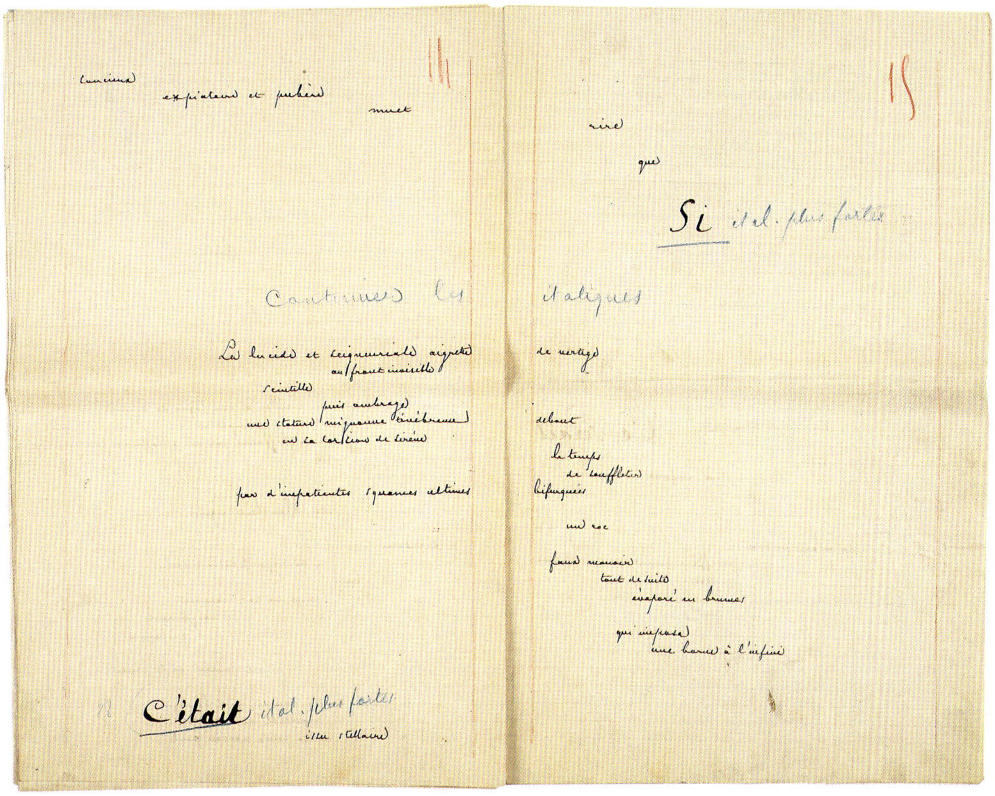

30. Stéphane Mallarmé, *Un Coup de Dés,* 1897, coll. part., **cat. 338.**

est une voix brisée et ravagée. La logique des propositions est ébranlée. Le lyrisme est sacrifié à une diction poétique dense, compacte et extrêmement instable. Mallarmé s'adresse à ses lecteurs dans une langue telle qu'ils ne peuvent qu'avoir du mal à le comprendre, même s'ils appartiennent au cercle limité de ses admirateurs. La forme la plus simple de cette nouvelle violence, de cette énergie perturbatrice qui se manifeste dans la chaîne signifiante, apparaît dans le trouble lexical et logique qui règne dans certains vers :

Atlas, herbiers et rituels
(*Prose pour des Esseintes*)

Solitude, récif, étoile
(*Salut*)

Nuit, désespoir et pierrerie
(« *Au seul souci de voyager…* »)

Tonnerre et rubis aux moyeux
(« *M'introduire dans ton histoire…* »)

Spirituelle, ivre, immobile
(*Billet à Whistler*)

Dans chacun de ces cas, le vers se présente comme une unité métrique adjacente à d'autres du même type. Le vers articule un événement indépendant et individualisé au milieu du flux textuel, ce qui fait que l'on s'attend à sa cohérence sémantique.

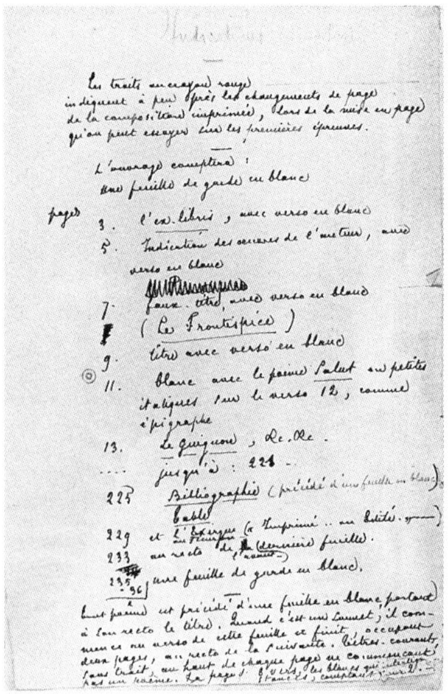

31. Stéphane Mallarmé, *Poésie,* maquette,1894, Paris, Doucet, **cat. 317.**

Dans chaque vers, le lecteur est confronté à une structure triadique qui proclame son unité sur le plan de la métrique, mais qui pourtant semble sur le point de se désagréger. Les trois lexèmes principaux réunis dans chaque vers sont en conflit, bien qu'ils semblent à première vue liés comme le seraient des termes équivalents dans une simple suite d'appositions. Chaque vers présente, comme si c'était la chose la plus naturelle du monde, une erreur de catégorisation, une discontinuité dans sa logique. Superficiellement, ces vers semblent tenir du même langage que le slogan de Jules César, « *Veni, vidi, vici* », ou que la formule républicaine, « Liberté, égalité, fraternité », mais sous cette surface apparente règne le désordre intellectuel.

Dans ces étonnants fragments, Mallarmé pratique l'art de dérégler l'apposition. Alors que les atlas et les herbiers sont des abrégés de classification, les rituels sont des modes prescrits du comportement. Alors que les deux premiers objets de cette liste appartiennent à un monde dont l'intemporalité est artificiellement élaborée, le troisième n'est intelligible qu'en tant que processus temporel. Si les deux premiers représentent l'accomplissement d'une immobilité, le troisième évoque une séquence de mouvements reproductible à l'infini. De même, dans l'« ivre » et l'« immobile » du *Billet à Whistler*, Mallarmé concentre toute une dialectique du mouvement et de l'immobilité dans la juxtaposition des deux épithètes. On y trouve, sous la forme d'une notation télégrammatique minimale, la bacchanale qu'évoque Hegel dans la préface de sa *Phénoménologie de l'esprit*, laquelle est à la fois interminable fête frénétique et « repos simple et transparent ». Enfin, quel est l'état psychologique requis pour pouvoir joindre une « pierrerie » à un « désespoir » ? Où sont, et que sont, ces « moyeux » qui parviennent à réunir, stabiliser et harmoniser les données auditives qu'évoque « tonnerre » avec celles, visuelles et tactiles, que suggère « rubis » ? Afin de répondre avec concision à de telles questions, on dira que non seulement Mallarmé prend totalement en charge ces moments d'hétérogénéité et de hiatus logique, mais qu'il les met en place pour mieux subvertir la citadelle même de la correction métrique et sémantique. Le lire dans de tels moments, c'est devoir construire de nouvelles topologies, d'improbables interpénétrations spatio-temporelles, d'impossibles univers dans lesquels états d'esprit et structures minérales cristallines se trouveraient enlacés dans une danse insolite.

Toutefois, si la diction de Mallarmé se limitait à cela, il ne serait guère justifié de faire de cet écrivain un suscitateur obstiné du danger. Une fois qu'on y serait habitué, ces triangulations curieuses pourraient finir par ressembler à une signature stylistique, voire à une façon précieuse de charger l'oxymore d'une autorité inhabituelle. D'autres traits de son écriture, cependant, montent à l'assaut du *bon* sens, de la *bonne* syntaxe, et des bonnes manières de la métrique de façon encore plus élaborée et concertée. L'« Hyperbole ! » qui ouvre *Prose pour des Esseintes* nous introduit-elle dans un monde de figuration mathématique ou rhétorique ? La dernière syllabe du vers :

> À la nue accablante tu

confronte-t-elle le lecteur au participe passé du verbe *taire*, ou au pronom à la seconde personne du singulier ? Le « si » qui est mis si bien en vue à la huitième page du *Coup de dés* est-il conjonctif ou adverbial ? Et, si c'est un adverbe, est-il d'affirmation, d'intensité ou de comparaison ? Enfin, la septième note de la gamme d'*ut* a-t-elle là un rôle subliminal à jouer ? C'est sur le champ de bataille accidenté et plein d'embûches offert par ces ambiguïtés que l'on se fait la guerre au nom des diverses interprétations de l'œuvre de Mallarmé.

Même quand il n'y a pas d'ambiguïtés lexicales à proprement parler, la tension entre la syntaxe et le mètre peut provoquer une atmosphère de crise dans la manipulation des catégories grammaticales :

> Nous naviguons, ô mes divers
> Amis, moi déjà sur la poupe
> (*Salut*)

Le découpage métrique du poème exige une pause à la fin du premier vers, séparant momentanément un attribut du substantif auquel il se réfère, ce qui provoque le glissement de « divers » vers un statut nominal indépendant. Dans un poème où la question de l'art poétique est cruciale, l'expression « mes divers » comprend non sans justesse celle de « mes vers » : le « divers », c'est la prise en charge de la *diversité* par le *vers*. Cette re-classification fantomatique d'entités grammaticales peut aussi s'appliquer à des mots que l'on néglige conventionnellement, et qui, d'un point de vue sémantique, n'ont presque pas de poids :

> Par son chant reflété jusqu'au
> Sourire du pâle Vasco.
> (« *Au seul souci de voyager...* »)

Ici, la fin du vers et la rime riche se combinent pour béatifier un des membres les plus humbles de la communauté grammaticale, une préposition. Ce qui produit l'effet délicieux d'une double transposition du sens. Non seulement une simple indication de lieu se trouve soudain promue à un rang d'importance par sa juxtaposition au nom du suprême navigateur portugais, mais Vasco da Gama lui-même se trouve doté d'un emblème de ce qui, précisément, le définit dans la mémoire culturelle de l'Europe, le fait qu'il allait perpétuellement de l'avant, qu'il pratiquait le *jusqu'isme*. Comment rendre hommage avec plus de justesse à un explorateur que faire de lui une préposition de propulsion ?

Une telle violence est à la fois généreuse, parce qu'elle offre au lecteur un éventail vertigineux de voies possibles où s'engager, et terrifiante, étant donné qu'elle peut parfois priver la scène de la lecture des conditions minimales nécessaires à l'intelligibilité. Dans un univers verbal où chaque syllabe est potentiellement un point nodal, ou un « point de capiton », seuls les lecteurs capables de tolérer un seuil d'incertitude exceptionnellement élevé peuvent avancer sans paniquer. Si cela est dû en partie à la simple porosité des cloisons qui séparent les propositions principales de Mallarmé de ses propositions subordonnées, c'est néanmoins surtout de l'extrême tension qui gouverne l'articulation de ses structures propositionnelles qu'il s'agit. Le désir de compléter et de clore chaque phrase n'est qu'une des tendances de l'élan vers la glossolalie qui caractérise l'écriture poétique de Mallarmé. D'autres tendances y contreviennent.

Penchons-nous maintenant sur un dernier exemple de cette perturbation textuelle chez Mallarmé, les célèbres quatrains centraux de *Prose pour des Esseintes* :

> Telles, immenses, que chacune
> Ordinairement se para

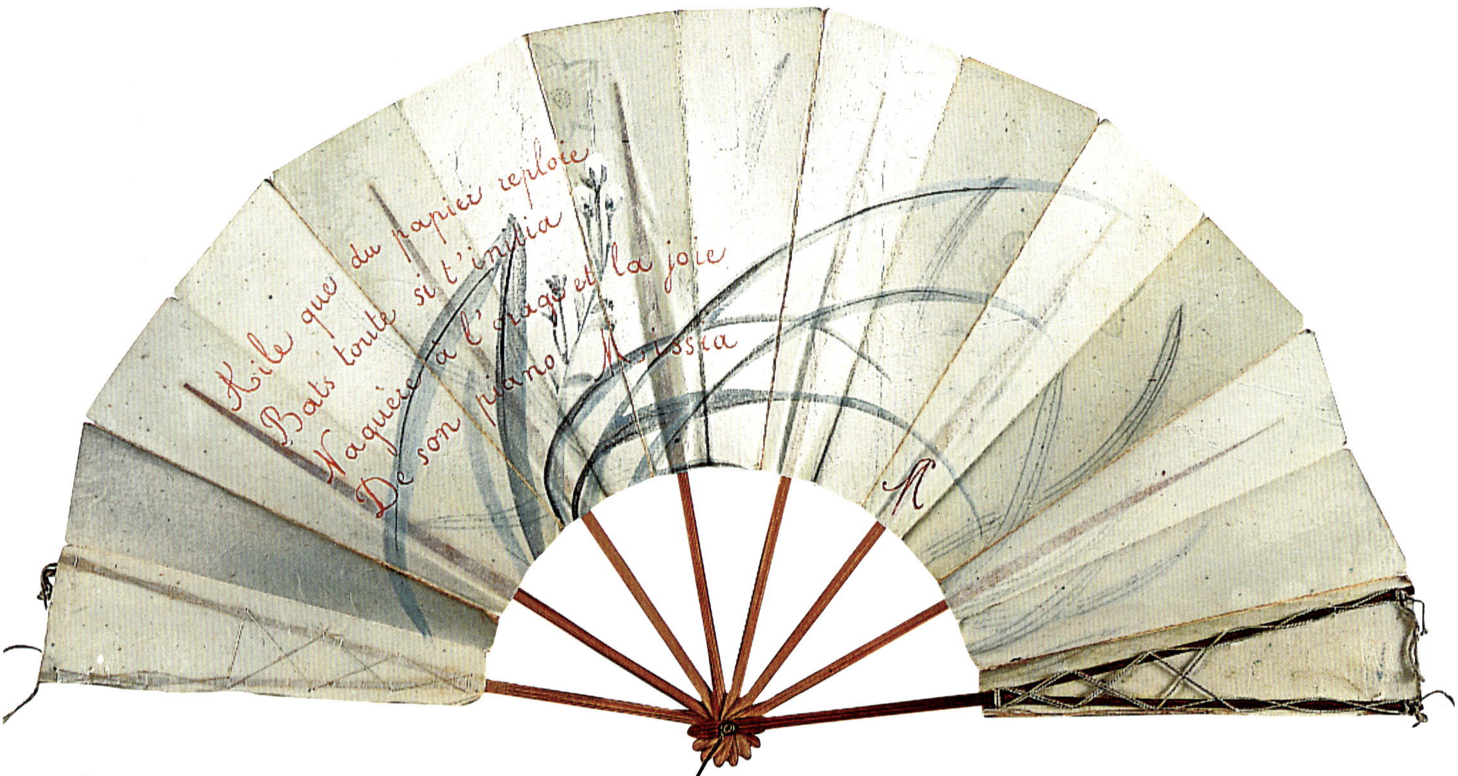

32. *Éventail de Misia Natanson,* coll. Thierry Bodin, **cat. 286.**

D'un lucide contour, lacune
Qui des jardins la sépara.

Gloire du long désir, Idées
Tout en moi s'exaltait de voir
La famille des iridées
Surgir à ce nouveau devoir,

Mais cette sœur sensée et tendre
Ne porta son regard plus loin
Que sourire et, comme à l'entendre
J'occupe mon antique soin.

Deux périodicités non synchronisées entrent en concurrence dans ces quatrains, l'une organisée autour d'une série d'intervalles syntaxiques et l'autre autour d'une série d'intervalles métriques. La présence simultanée de deux formes alternatives de scansion suffit à tenir l'attention du lecteur dans un perpétuel vacillement, et le maintient constamment tendu entre le désir d'aller plus vite et celui de ralentir. En plus de cela, l'axe des rimes est si marqué, avec sa profusion de rimes léonines et équivoquées, qu'un mécanisme sémantique quasi indépendant se met en place dans le texte. Comme l'avaient remarqué les Oulipiens en réécrivant « *Le vierge, le vivace et le bel aujourd'hui...* » à des fins expérimentales, il serait presque possible de faire de l'axe vertical de droite du poème un poème à part entière. De plus, on doit tenir compte, dans ce tour d'horizon des dispositifs structuraux d'interaction qui fonctionnent dans la *Prose,* des glorieuses singularités que présente la surdétermination de certains mots. « Lacune », par exemple, est le premier mot d'une longue apposition complétée à la fin du vers suivant. Grâce au contre-rejet, la disjonction entre le mètre et la syntaxe devient dans le mot « lacune » littéralement lacunaire, créant ainsi un événement verbal réflexif et autotélique. Simul-

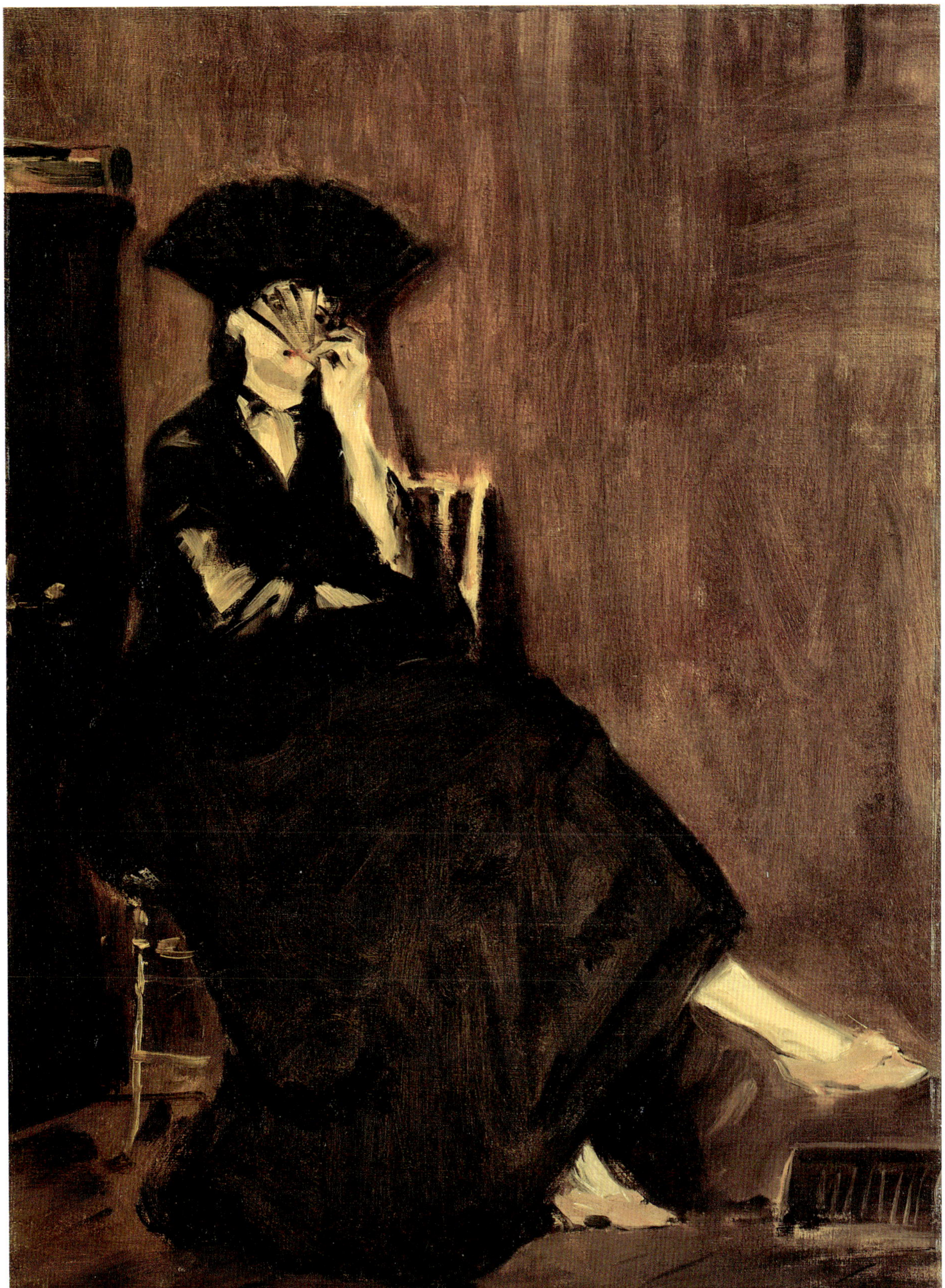

33. Édouard Manet, *Berthe Morisot à l'éventail,* 1872,
Paris, musée d'Orsay, **cat. 187.**

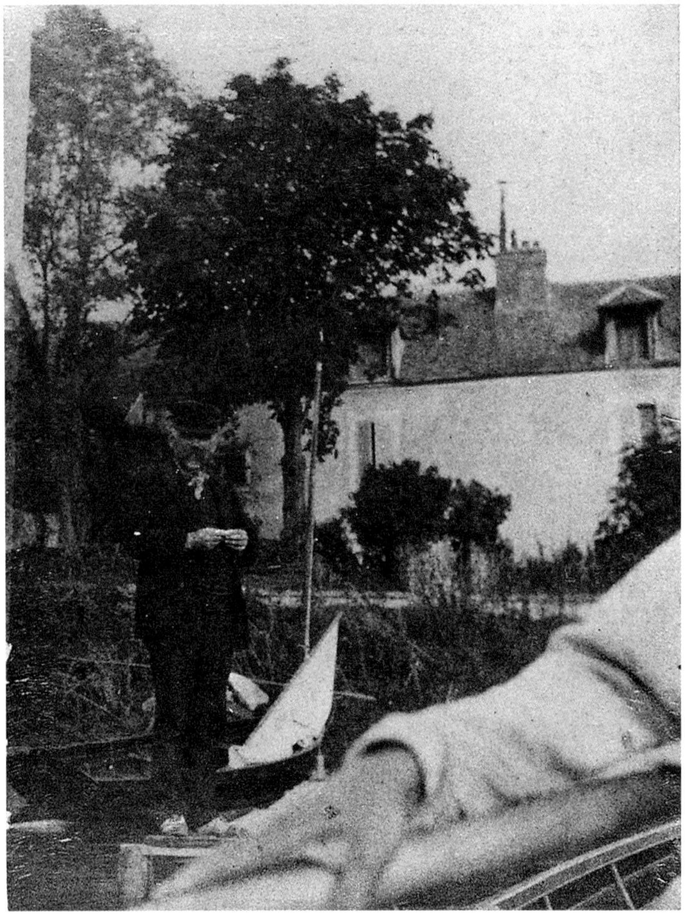

34. *Stéphane Mallarmé près de sa barque à Valvins,* 1896, coll. part., **cat. 301.**

tanément, ce terme *nodal* par excellence contribue avec richesse au poème virtuel que forment les rimes entre elles. Enfin, il faut remarquer que ces quatrains ne sont pas simplement reliés à ceux qui précèdent et ceux qui suivent par un système de refrains au niveau phonologique, mais que même au sein de cette série des échos en diagonale créent des contre-courants : « *s*u*r*g*ir*/*s*œu*r*/*s*ou*rire* » provoquent un jeu d'allitérations qui échappe à l'axe des rimes, et qui sont indirectement remis en relation avec cet axe par la rime « *se* pa*ra*/ *sé*pa*ra* » du quatrain précédent.

L'effort que fait le poète de « donner un sens plus pur aux mots de la tribu » semble donc impliquer une attaque sans pitié à la fois contre ces mots mêmes et contre les accommodements qui rendent la communication possible à l'intérieur de la communauté tribale. La « pureté » semble échapper à la fois à une destructivité antisociale, et à l'écrasante impureté que le poète à l'œuvre embrasse volontairement. D'où une langue poétique si paradoxale tire-t-elle sa lisibilité ? Comment pouvons-nous négocier sa surdétermination, sa polyrythmie, et les réseaux mobiles d'interférence dans lesquels sont pris tous les actes de signification ? Il nous faut une notion de rythme qui ne relève pas simplement de la métrique et de la mesure, mais de l'articulation du sens dans un langage qui y résiste. Pour cela, on postulera l'existence d'un type de rythme fondé non sur le compte des syllabes, mais sur la découverte et la perte du sens dans le texte poétique, ainsi que sur un mode de signification qui serait *pulsionnel* et *pulsationnel.*

Dans ses *Éventails*, Mallarmé nous fournit la représentation figurative de cette qualité même :

Avec comme pour langage
Rien qu'un *battement* aux cieux
Le futur vers se dégage
Du logis très précieux

(*Éventail, de Madame Mallarmé*)

Une fraîcheur de crépuscule
Te vient à chaque *battement*
Dont le coup prisonnier recule
L'horizon délicatement

(*Autre éventail, de Mademoiselle Mallarmé*)

Mais que mon *battement* délivre
La touffe par un choc profond
Cette frigidité se fond
En du rire de fleurir ivre

(*Éventail, de Méry Laurent*)

Le battement d'un éventail est un mouvement rythmique qui se réalise à la fois dans un espace matériel bien aéré, et dans un espace de jeu spéculatif. Bien que ce soit là un phénomène entièrement linguistique, son existence précède et survit à la naissance du poème. L'éventail permet le battement d'états antithétiques : la fixité et le mouvement, la rigidité et la souplesse, l'emprisonnement et la liberté. Scansion propre à la diversité et à la multidimensionnalité, le *battement* mallarméen gouverne un ensemble improbable de systèmes, de zones, de niveaux et de logiques tout aussi divers que discontinus, tout en créant des liens paradoxaux entre eux. Pour conceptualiser un tel mouvement, il n'est pas mal à propos de se rappeler le sens spécifiquement radiophonique du terme *battement* : la superposition de deux vibrations de fréquence rapprochée produit un son que chacune serait incapable de produire seule. Dans ce sens, le *battement* de Mallarmé est un pur parasitage, l'intimation nécessaire et inatténuable de l'hétérogénéité dont se nourrit la poésie. Quoique reliant entre elles les différentes sortes d'expériences et différentes sortes de signification, il est lui-même vide, *sine materia*, sans contenu.

L'histoire que je vous ai brièvement contée dans ces pages est celle d'une extraordinaire évolution au sein d'une carrière poétique exemplaire. D'une violence initiale qui n'était que pose et affectation, Mallarmé progresse ensuite vers la violence inhérente à l'acte d'écrire. D'un sens du vide et de la vacuité qui vient initialement de l'extérieur au jeune poète, il passe ensuite à un sens du néant qui est la condition même de la création poétique, et qui est intrinsèque à la procession des syllabes :

> Rien qu'un battement aux cieux
> (*Éventail, de Madame Mallarmé*)

> Rien, cette écume, vierge vers
> (*Salut*)

Ce sont ces qualités, si difficiles, si inconsolées et si rébarbatives soient-elles, qui me semblent être les plus dignes de célébration à l'occasion du centenaire de la mort de Mallarmé. Mallarmé n'était ni un saint laïque, ni un auteur de poèmes philosophiques ayant pour fin le salut, ni un conquérant intrépide qui aurait navigué sur des mers inexplorées, mais le créateur de textures verbales qui ont un pouvoir de provocation illimité. Son refus des bienséances qui auraient été celles d'un pacte de communication entre écrivain et lecteur lui permet de créer des champs de force sémantiques d'une complexité inédite. Mallarmé n'est serein que dans la mesure où il est l'annonciateur de cette « sérénité crispée » qui serait, pour René Char, le pilier de la vision poétique moderne. Cette sérénité n'est offerte qu'aux poètes qui s'ouvrent au plaisir de la fête et à la rage inapaisable quand ils écrivent, et qu'aux lecteurs prêts à s'abandonner au battement sauvage de la signification dans le poème. Pour les écrivains et les lecteurs que rassemblent cet étrange pacte mallarméen, le sens poétique est indissociable d'une prise de risque, et son émergence se fait jour au seuil de l'inintelligible.

Traduit de l'anglais par Margaret Rigaud-Drayton

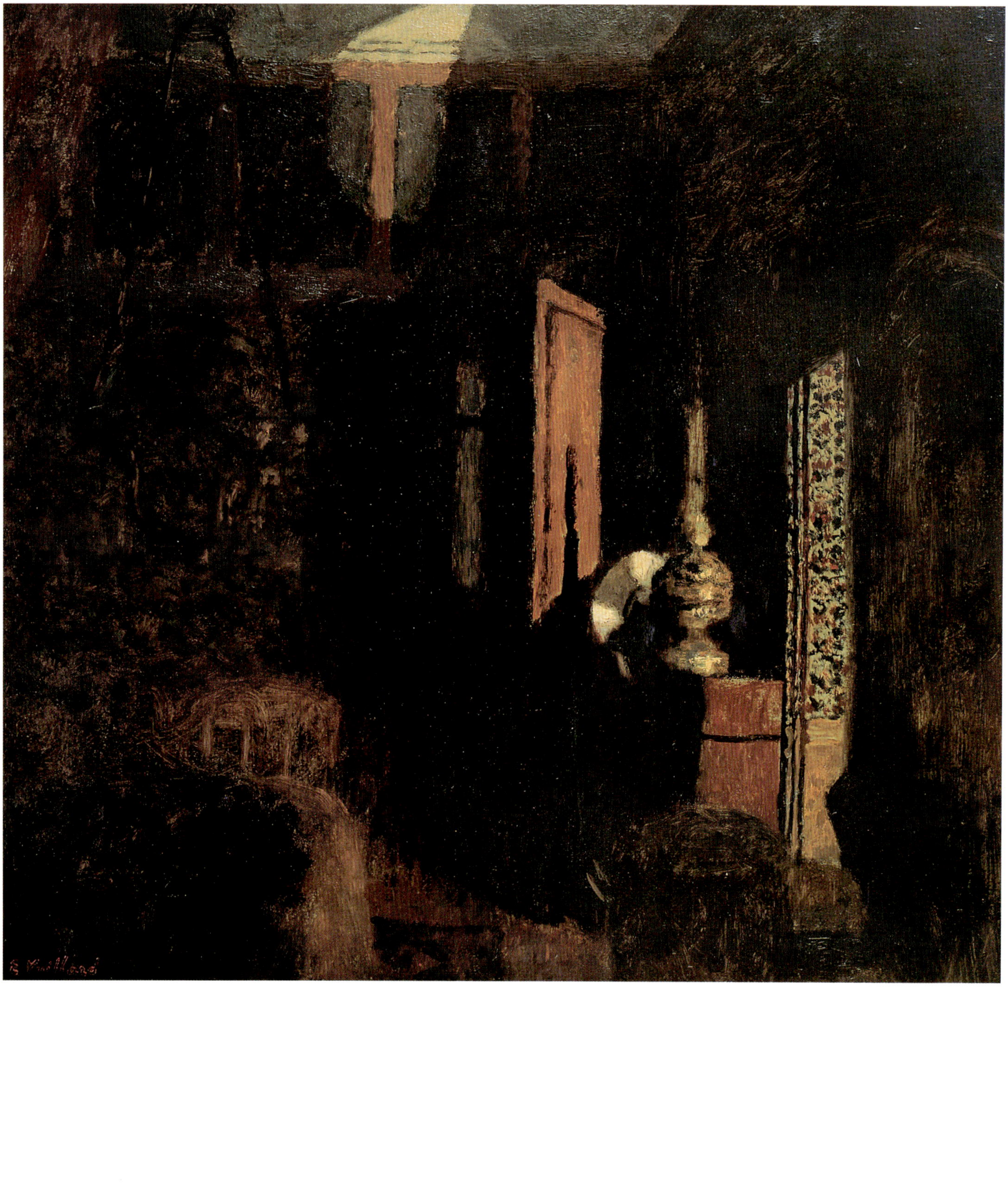

35. Édouard Vuillard, *Intérieur mystère,* vers 1896-1897, coll. part., **cat. 33.**

YVES BONNEFOY

Igitur et le photographe

I

Nous pouvons conjecturer aujourd'hui, grâce notamment à quelques lettres qu'il écrivit à Cazalis ou à Lefébure, ce que fut chez Mallarmé l'expérience fondamentale : son approche de la Beauté — de ce qu'il dira la Beauté — par la voie d'une pensée du Néant. Par une suite dxe « destructions » opérées sur tous ses savoirs au cours de ses nuits de veille — « la destruction fut ma Béatrice », remarque-t-il — il en vient à comprendre que toutes les représentations, toutes les formulations que l'esprit humain s'est donné du monde ne sont que des chimères, à commencer par l'idée de Dieu, le « méchant plumage », « heureusement terrassé ». Et il se découvre ainsi réduit à simplement la pure conscience de soi, dans l'horreur de ne se savoir qu'une « vaine forme de la matière », autrement dit en présence, si c'est encore le mot qui vaille, d'une réalité décidément du dehors — mais c'est alors, c'est dans ce passage à la limite de la pensée, qu'il accède à une évidence qui redonne un sens à son être-au-monde et va lui permettre de consentir à survivre. Si radical est l'effacement de toutes les conceptualisations, de toutes les verbalisations que l'intellect imposait aux choses que celles-ci, ainsi dégagées, délivrées, lui apparaissent désormais dans leur être-là sensoriel en ce qu'a celui de plus immédiat, de plus plein. Or, ces figures de la fleur, du lac, des roseaux, si on les restitue à leurs rapports naturels dans le lieu terrestre, qui lui aussi se reforme, sont beauté, sont la beauté même. « Que ce ciel terrestre est divin ! » s'exclame Mallarmé à l'heure, à peu près, de sa découverte. Point n'est besoin d'une pensée de Dieu ou d'un Intelligible ou de quoi que ce soit de mental pour ressentir la suffisance du monde, en fait c'est tout le contraire, il faut laver le cristal de l'être naturel des scories de la prétendue vérité, et la poésie s'ensuivra, pour peu qu'on sache prolonger dans une nouvelle parole ce suspens inaugural d'un discours qui avait cherché si vainement à connaître.

Ne nous demandons pas, pour le moment, comment pourra s'accomplir cette préservation de l'expérience au-delà de l'instant où, les signifiés s'étant effondrés, il faut bien cependant que les mots reprennent leur cours ; et retenons seulement que ce qui aura permis à Mallarmé d'atteindre ce point de renversement dialectique, où le désespoir du néant se transmute en espérance à égal niveau d'absolu, c'est la *radicalité* de la destruction opérée aux dépens des contenus de parole. Car, s'il n'avait fait que simplement se persuader du néant inhérent à la condition humaine, Mallarmé aurait pu se désespérer autant qu'il le fit aux plus hauts instants de sa veille, mais ç'eût été encore une pensée, encore du discours, encore tous les mots et leur sens, et donc la porte toujours fermée devant l'évidence du monde, avec son jour qui se lève au plus obscur de la nuit. Il lui fallait opérer quelque chose de plus extrême, il dit qu'il le fit, d'ailleurs.

Et voila qui fait qu'on s'étonne : car d'où vient qu'il l'ait pu, effectivement ? Un tel travail, qu'il a décrit comme une « agonie », un « épuisement complet », était-il possible sans, à tout le moins, des incitations, des exemples — or, on voit mal de quel côté il faudrait rechercher ceux-ci. Certes, de ces moments qui se veulent des passages à des limites, où toute pensée est réfutée, révoquée, ou semble l'être, il y en avait bien eu en Europe, dont Mallarmé pouvait avoir pris mesure, ceux qu'accomplirent des philosophes, Descartes, Kant ou Hegel. Quand Hegel, au début de la *Phénoménologie de l'esprit*, se retrouve devant le « maintenant qui est la nuit », on peut même penser que ce penseur est bien près de l'intuition du poète, celle d'un univers fermé à toute pénétration par le langage. Mais Hegel a en vue l'élaboration d'une pensée qui substituera la réalité humaine à celle du monde, il reste donc dans l'enchaînement des concepts et ainsi ne peut voir l'immédiateté se faire beauté.

Par ailleurs on peut relever, chez des écrivains cette fois, le fait d'instants comparables, par l'intensité dans le désespoir, à la découverte mallarméenne de l'illusoire de toutes les significations, mais jamais ces esprits brusquement saisis par le sentiment du néant n'en tirèrent les conséquences extrêmes que Mallarmé fit peser sur l'emploi subséquent de la parole. C'est en 1869 — l'année même d'*Igitur* — que Tolstoï, par exemple, connaît une nuit de terreur pendant laquelle il découvre que rien n'est, sauf un dehors abyssal qui ignore tout de la prétention humaine, de son langage ; mais il va refouler cette évidence, et ce sera précisément par l'emploi continué de la parole, quitte à ouvrir celle-ci à une pensée tragique. La même chose peut être dite de Dostoïevski imaginant, vers 1865 dans *Les Possédés*, Kirilov au bord du suicide comme un esprit qui cherche — dans sa décision de se tuer — à s'éprouver libre, en cette seconde ultime, libre comme jamais il n'aurait pu l'être dans l'existence ordinaire, et veut ainsi accéder à réalité, enfin ; mais à penser de cette façon, c'est rester encore dans le discours des idées, où se formule une vérité. Une ligne de fracture dans la conscience du monde, que les convictions religieuses ne protègent plus guère de l'ultime lucidité, traverse certainement l'époque de Mallarmé, toutefois aucun de ceux qui se sont trouvés sur ce bord n'aura donc conclu comme lui, l'être parlant s'est maintenu en eux avec de la pensée, des idées dans l'évidence même du non-être de celles-ci, ils ont humanisé à mesure, verbalisé à mesure, les preuves mêmes de ce néant. Si bien que le fait même de ces penseurs tragiques est ce qui incite à croire que l'expérience mallarméenne est unique en sa radicalité. On ne peut guère apparenter cette dernière qu'à celle des grands mystiques, qui vivent semblablement la syncope des significations dans les mots, l'effacement quasi absolu de l'humain dans la perception du monde, mais ces esprits abordent-ils la grande Absence de la même façon que lui, eux qui n'aboutissent qu'à une perception de rien que le Vide, où se décorporent les apparences, nullement à cette désignation de la Beauté dans la figure propre et irréfutable de l'immédiateté sensorielle ?

Et c'est vrai qu'on pourrait certes se demander, dans le souvenir de cette recherche des mystiques, ce que vaut la « découverte » mallarméenne de la Beauté. L'auteur, bientôt, de la *Prose pour des Esseintes*, où toute fleur s'étale « plus large », s'est-il vraiment trouvé devant une porte au-delà de laquelle l'esprit pourrait s'identifier au monde sensible — se faire « l'explication orphique de la Terre » — par un emploi neuf du langage, ou n'a-t-il été en ce point que le jouet d'une suprême illusion dont il aurait ensuite à payer le prix dans les contradictions sans répit de son écriture ? Mais aujourd'hui, je l'ai déjà dit, j'écarte cette question pour en rester à celle que j'ai commencé de poser, sur l'unicité de ce qu'eut de tout de même très radical l'expérience qui fut vécue. En bref : Mallarmé fut-il vraiment seul dans son temps et son lieu à se porter si avant dans le souci conjoint du non-être de l'existence et de l'apparaître des choses ? Seul, sans aide à ce plan d'aucune sorte, quand il veillait à longueur de nuit devant le miroir où s'effaçait son visage ? Ou n'y avait-il pas eu des faits, des événements, dans le passé lointain ou un plus récent, dont consciemment ou non il subissait alors l'influence ? Ces faits, ces événements n'étant peut-être, après tout, que parallèles à sa recherche, sans vrai emprunt de sa part. Mais du coup il apparaîtrait qu'une même cause jouait par en dessous eux et lui, ce qui nous assignerait une tâche : retrouver cette cause pour mieux comprendre comment changea au siècle dernier le rapport de l'esprit et de la réalité empirique.

C'est à cette autre question que je voudrais introduire. Je pense qu'elle mérite attention car un événement avait eu lieu dans les années 30 et 40 dont l'abord sous l'angle qu'elle propose permet de reconnaître qu'il présentait, lui aussi, ce caractère de radicalité absolue qui caractérise l'auteur du sonnet en *–yx* et d'*Igitur.*

II

Cet événement, c'est celui de la photographie, dont on peut remarquer déjà qu'elle fut inventée au moment exact où Mallarmé allait naître. Le souci d'enregistrer et de fixer les images qui se formaient au fond de la chambre noire s'était marqué dès les années 20, mais ce fut seulement en 1835 que Daguerre réalisa, avec comme fixatif du sel ordinaire, sa première photographie plus ou moins durable : après quoi Arago put en janvier 1839 annoncer de façon solennelle à l'Académie des sciences qu'une grande invention venait d'être faite. Vers 1845 les daguerréotypes en France, les calotypes de Fox Talbot en Angleterre, étaient déjà d'authentiques photographies.

Et le retentissement en fut immédiatement extraordinaire, mais du point de vue de la question que je pose ce qui importe surtout est le plan sur lequel cette onde se propagea, avec un effet de sens qui ne me paraît pas suffisamment exploré encore. Ce plan, disons même ce point d'impact du premier photographique sur la conscience, c'est celui du détail, de l'infime détail qu'il fait apparaître dans les figures. « L'image est reproduite dans ses plus infimes détails avec une exactitude, une finesse, incroyables », s'écrie Arago dès le premier jour. On peut compter les pavés, on voit les traces d'eau laissées par la pluie, remarque un journaliste parmi bien d'autres. Décrivant les daguerréotypes, le célèbre Morse, artiste aussi bien qu'inventeur, admire « la minutieuse exactitude des notations, avec laquelle aucune peinture ou gravure ne pourra prétendre rivaliser ». Que ce soit là le centre de l'intérêt, de la fascination même, que la photographie suscite, on ne saurait en douter.

Mais aussi vive et précise aura été cette réaction à l'apparition du détail dans les images, autant peut-être il faut constater qu'elle n'a été explicitée dans ces premières années que d'une façon incomplète, à cause d'un certain problème tout aussi vite perçu mais qui n'était que trop fait pour la retenir à la surface de soi. Ce problème est celui que nous avons vu que Morse posait, le rapport de la photographie et de la peinture. Du détail comme on le découvrait dans les daguerréotypes il était facile de voir que la peinture ne l'avait jamais pratiqué encore. En photographie, Poe le souligna tout de suite dans son compte rendu enthousiaste de l'invention de Daguerre, il était apparent que la précision dans la notation ne connaîtrait pas de limites, n'en voudrait pas, alors qu'aussi resserré sur son souci représentatif soit le détail d'une nature morte ou d'un portrait il y a toujours quelque chose de son environnement immédiat au sein de l'œuvre du peintre pour le retenir dans le tissage d'une écriture, aux dépens de l'exactitude dans le rendu de l'objet. Or, en France et en Angleterre il y avait assez d'artistes académiques pour interpréter cette différence comme un défi, qui les inquiéta. Le fameux miroir auquel ils se mesuraient traditionnellement sans trop d'inquiétude

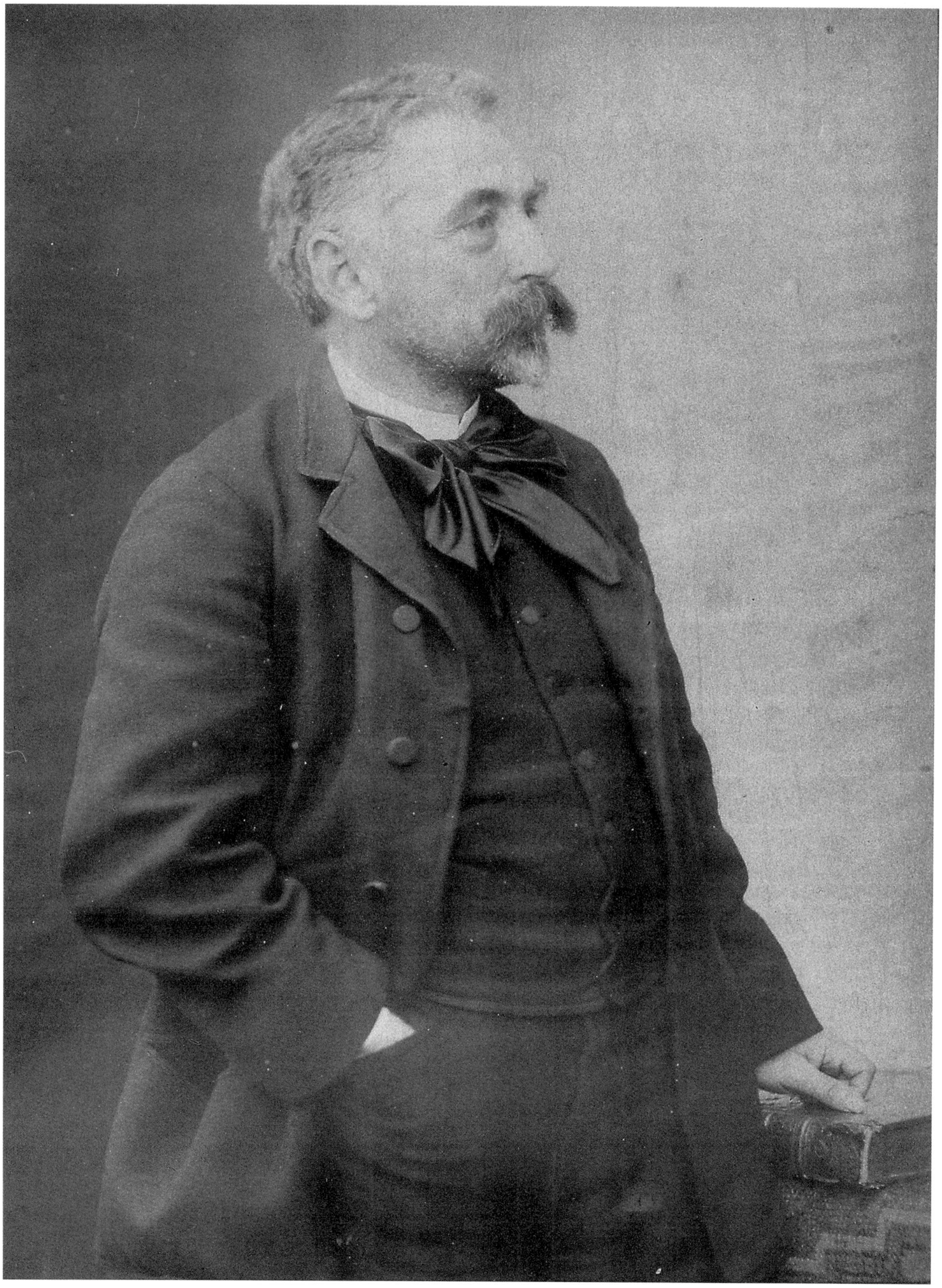

36. Paul Nadar, *Stéphane Mallarmé*,
coll. part., **cat. 294.**

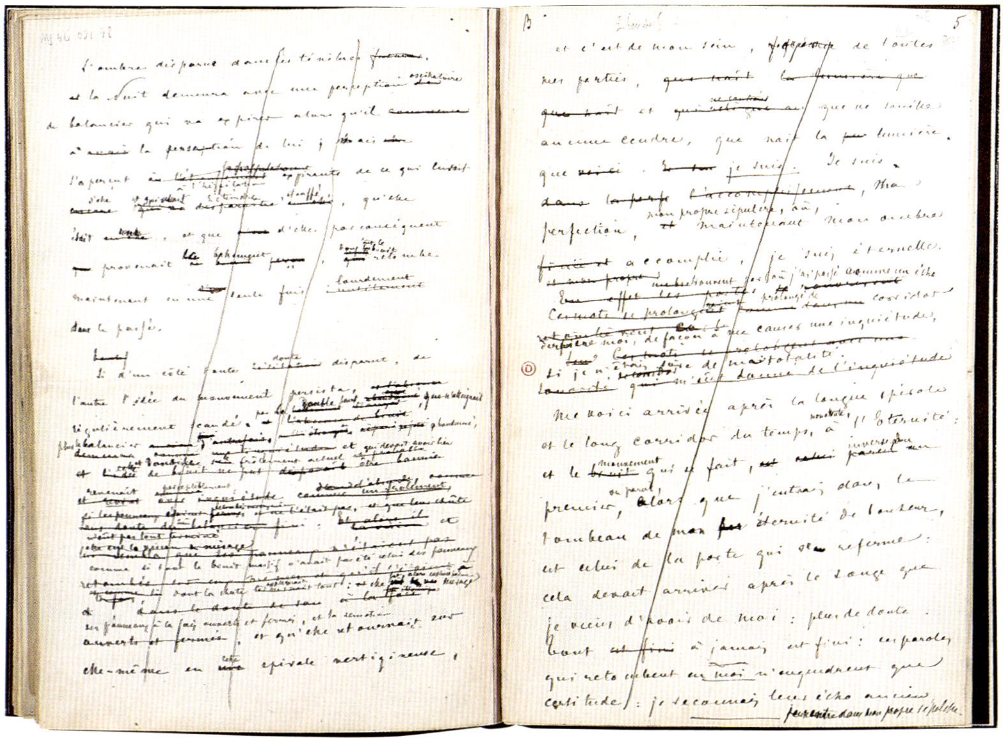

37. Stéphane Mallarmé, *Igitur,* 1869, Paris, Doucet, **cat. 36.**

venait de se glisser parmi eux. Fallait-il rivaliser avec lui, beaucoup le pensèrent : avec, c'est bien connu, de tristes conséquences pour leur travail et tout autant en photographie, où fleurit un moment la photo-tableau. On faisait semblant de clouer un modèle sur une planche pour obtenir une Crucifixion comme on imaginait que jamais n'en pourrait rêver la peinture.

Vain débat, on le voit, dont le grand art se défit bientôt, mais l'important, c'est qu'il occupa les esprits alors que — j'en fais maintenant l'hypothèse — le photographique eut par en dessous un tout autre effet, de bien autre ampleur, un effet dont la force d'ébranlement et le nombre des conséquences ne furent pas diminués parce qu'ils restaient du non-dit : événements qu'ils étaient de l'infraconscience.

Revenons à cette réaction des esprits à l'apparition du détail, et remarquons cette fois que celui-ci, ce n'était pas seulement ce qui pouvait inquiéter des peintres académiques, toutes les écailles sur un poisson, un bouton de guêtre de plus dans une scène d'histoire, c'était aussi et d'abord le craquèlement d'un flanc de vase, la ride sur un visage, la granulation d'une pierre, c'est-à-dire non seulement la différenciation infinie des aspects de la donnée sensorielle mais leur disposition au hasard, dans une simultanéité évidemment dépourvue de sens. Là où le regard de l'artiste choisissait, et était humain par ce choix, voici que la photographie enregistrait tout, le fixait, ce qui lui permettait de montrer, sinon même de désigner, cette simultanéité, cette manifestation du hasard, et d'entraîner ainsi au-delà de tous les discours que l'on tient sur les êtres et sur les choses : faisant entendre, si j'ose dire, le silence de la matière.

Et que ce détail au hasard, que le hasard comme tel, se révèle ainsi dans l'image, qu'il y marque, pour la première fois dans l'immense histoire des images, sa réalité spécifique, c'est là un événement dont il ne faut pas sous-estimer la capacité d'ébranler toutes les assises de la conscience. D'une part, voici en effet qu'apparaît dans le champ de la représentation, domaine de la pensée qui organise le monde, quelque chose sur quoi les signes n'ont pas de prise. L'ensemble des figures, des codes, des significations par lesquels la réalité semblait pouvoir être dotée de sens, on peut le craindre du coup une appréhension de simple surface, sans rien dans cet abîme de la matière pour en cautionner d'aucune façon la prétention à la vérité. Et aussitôt ce sont toutes les interprétations traditionnelles, toutes les croyances, tous les mythes qui sont mis en question et paraissent dénonçables. Qu'on essaye, par exemple, naïvement, par souvenir du théâtre, de mettre en photographie un sentiment, une scène dramatique, une pensée religieuse, et n'est-il pas vrai qu'immanquablement tout sens va s'évaporer de ce qui n'est plus qu'un fatras de gestes et d'oripeaux également ridicules ? Il est dans la fatalité du photographique de couper les ponts entre le mythologique et l'image, et ce n'est peut-être pas un hasard s'il fut contemporain de Max Müller, réducteur positiviste des mythes, presque du « Dieu est mort » nietzschéen ; et d'ailleurs aussi de Claude Bernard, car s'il dissipe les symboles, dont semble ne rien savoir la matière qu'il fait paraître, il se prête au contraire parfaitement à cette observation d'indices à la surface des choses dont va parler bientôt — en 1865, l'année même des premières recherches de Mallarmé — l'*Introduction à l'étude de la médecine expérimentale.* La photographie incite à la science, elle anéantit la chimère.

Et au premier plan de ces chimères à tout le moins menacées il y a assurément la croyance de la personne humaine en sa réalité propre, en son absolu, elle qui dans ces premières photographies est immobilisée très en profondeur, immobilisée de par le dehors de son être, et ainsi réduite au hasard de ses traits, de leurs accidents : comme si elle n'était qu'une forme de cette étrangeté absolue qui remonte de l'apparaître, malgré le regard qui s'élance d'elle vers nous à travers l'espace des significations en cet instant dévastées. Ce n'est pas un mort que la personne photographiée paraît être, car le mort reste perceptible par son sens, dans le réseau des convictions, des savoirs, non, c'est un *autre*, un on ne sait quoi d'autre, sur quoi ne prend rien de ce qu'on cherche à en dire, quelle qu'en soit pourtant l'évidence de ce côté-ci de la figure, où nous sommes. Le non-sens a remonté dans le sens humain comme, dans les mêmes photographies, l'infini silencieux de la matière le fait dans le pan de mur ou le flanc de vase. Et cette émergence est d'autant plus angoissante que quelqu'un en nous, qui la constatons, se demande : qui a perçu cette immobilité, que nous ne rencontrons pas dans nos habituels échanges avec d'autres êtres ? Qui, pour dire ainsi le hasard en nous, la nuit du sens, a su voir, simultanément, toutes ces fissures, toutes ces marques ? Quel est cet autre que nous, cet autre que l'humain en nous, qui a fait la photographie ? Jusqu'à ce jour, notons-le, toute création d'image avait été l'acte d'une personne, sa responsabilité avec laquelle nous pouvions entrer en rapport pour l'accepter ou la refuser, en tout cas pour lui reconnaître du sens, mais voici, pour la première fois dans l'histoire, et soudain, que l'initiative nous échappe. Une sorte de double de l'entreprise humaine, de sa parole, peut-être même de la pensée, vient se placer près de nous, aussi aveugle à notre vouloir qu'hyperlucide : et que veut-il donc, s'il veut quelque chose ? Et quel danger représente-t-il, s'il ne veut rien mais en nous prenant tout de même dans les réseaux de ce rien ?

J'en ai assez dit, je suppose, pour avancer qu'il y a eu, dans au moins la première photographie, une sorte d'épiphanie de l'absence, où paraît le non-être de tout ce qu'on ressentait comme être : en somme, un enseignement de ce que Mallarmé va appeler le Néant. Cet effet du photographique, né de la fixation de la perception optique, multiplié bientôt par la reproduction qui en assure la vie et la circulation parmi les autres images, cet effet aisément métaphorisé, qui plus est, par la chute de la couleur dans les siennes propres, c'est en profondeur un « soleil noir », pour reprendre le mot d'un grand poète qui a trente ans quand Daguerre expérimente ; et la « mélancolie » que signifie pour Nerval cet oxymore, c'est bien en effet ce qui, par cette faille nouvelle dans la figure de l'être, va pouvoir se répandre à flot sur les lieux humains et dans le rapport à soi des personnes, troublées comme jamais depuis le début du christianisme. De celui-ci la grande promesse n'était-elle pas l'incarnation ? L'assurance que la personne avait, dans sa fugitivité même, « de l'être » et plus que cela : une racine dans l'absolu ? Or, voici que s'ouvre, pôle opposé, annonciation de ténèbre, l'abîme sans fond du hasard ; voici qu'il se montre dans les visages mêmes, y assiégeant le regard.

Et s'il s'agit maintenant de repérer la présence de cet effet, appelons-le pessimiste, dans la pensée et la sensibilité de l'époque, oui, peut-être n'est-il pas très apparent à première vue, mais il n'en fut pas moins très réel, des œuvres sont là pour en donner la mesure. Disais-je que l'on a vu d'abord la photographie sous le signe de la peinture, lieu par excellence du sens ? Mais que ce soit pour remarquer maintenant que ce premier regard avait tout de même aussitôt porté sur le détail, dont la pensée du néant s'élance, et soupçonnons que ce désir d'employer cet aspect nouveau des images à la réflexion sur la pratique traditionnelle en fut en profondeur la censure, qui cache qu'on craignait de pouvoir continuer de trouver du sens à l'acte de peindre. Après quoi la façon dont la peinture qui s'est inquiétée du détail en photographie a vécu son désir de rivaliser avec celle-ci est en soi-même un indice de l'effet négatif, démoralisant, que j'essaie de dire, car les académiques de ce temps-là laissent clairement paraître qu'ils n'accumulent des détails dans leurs tableaux trop finis — mais pas même commencés, dira avec sarcasme Degas — que sous le signe d'objets perçus comme possédables, au sens qu'a ce mot pour la concupiscence ou le lucre, preuve que c'est le besoin d'avoir qui prime chez eux sur l'expérience de l'être : la syncope de celui-ci se marquant donc dans leurs œuvres, même si c'est comme simplement un trou qu'essaient de combler de pseudo-idéalités, voire de cyniques mensonges. Peintures désormais facilement la caution de ceux qui commencent à s'enrichir dans la production et la vente d'objets fabriqués en série, eux-mêmes de simples formes de la matière ; et parente de cet art qui cache sous sa satisfaction une peur va être la sorte de décoration qui foisonnera bientôt dans les salons de la société bourgeoise : ces meubles et ces décors où l'ornement inutile, souvent copié d'autres styles, emprunté à d'autres cultures, submerge de son excès lieux ou choses parce que ceux-ci ne sont plus perçus que comme ce néant qu'il faut recouvrir pour donner le change : plumes plantées sur une souche de vide. Encore une fois l'avoir en place de l'être, et non sans malaise et même angoisse.

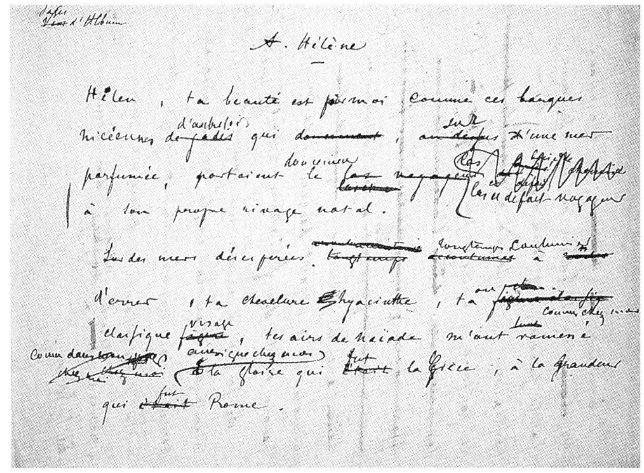
A. Hélène

38. Stéphane Mallarmé, *Poèmes d'Edgar Poe* et *Notes sur le langage*, dossier manuscrit, coll. part., **cat. 34.**

Si bien même que c'est à ce mobilier que l'on pense, à lire certains récits ou poèmes de l'époque, où se marque une forme nouvelle de l'inquiétude, crainte sans objet défini, parfois pourtant terreur presque ; et j'avancerai maintenant qu'il y eut des œuvres de poésie pour, elles de façon quasiment consciente, révéler que cette peur, ce fut bien l'effet du photographique sur la conscience. Je pense évidemment à ce poète qui a d'ailleurs si intensément parlé de l'ameublement, Edgar Poe. Je l'ai déjà rappelé, Poe fut un des tout premiers à annoncer que la photographie allait transformer le monde, tout en y reconnaissant aussitôt que c'était la précision, l'extrême *accuracy* du détail qui en était l'apport spécifique. Or, à peine quatre ans plus tard, il écrit *Le Corbeau* où filtre le sentiment du néant comme dans la ténèbre des plaques de verre de Daguerre. Le grattement du corbeau sur le volet de la chambre, c'est ce détail, infime mais d'autant plus troublant, qui avant les photographies restait forclos des images. L'homme qui entend ce léger bruit du fond de sa chambre nocturne, scène évidente de la conscience, l'éprouve tout aussi dépourvu de sens que le sont pour nous les accidents de matière que la plaque fixe et donne à voir. Et il va d'ailleurs explicitement reconnaître en lui le néant, les lourdes tentures de la chambre s'épaississant alentour et la lueur du feu découpant des formes fantastiques sur le plancher comme un surcroît de cette évidence. Cette « chambre de minuit » est étonnamment semblable à une photographie, le « nevermore » proféré par le noir corbeau transpose directement, dirait-on bien, la noire annonce que faisaient les daguerréotypes ou calotypes. Et l'on ne s'étonnera pas de voir le même Poe prendre conscience à la même époque de la valeur nouvelle que j'ai reconnue aux *indices*, ces aspects du dehors des choses dont le relevé et la mise en rapport reste le seul questionnement concevable, en vue d'une vérité elle aussi destinée à n'être sue qu'extérieure. C'est par le relevé d'indices que commence chez Poe ce genre littéraire appelé à un si grand avenir, l'enquête du détective.

III

Mais c'est évidemment au grand disciple français de Poe que de telles remarques sur l'effet du photographique semblent aussi devoir convenir ; et délaissant quelques autres œuvres des années 1850 à 1880, par exemple *Les Chants de Maldoror*, où ce son qui alarme me paraît aussi retentir, j'en reviens donc maintenant à Mallarmé pour constater, sinon la présence chez lui, directe, de cette sorte d'effet, du moins le profond parallélisme de celui-ci et de la « découverte » du Néant chez l'auteur du sonnet en *–yx* et d'*Igitur* et du *Toast funèbre*.

J'en reviens à Mallarmé et je puis revenir à lui, parce que de sa « découverte du Néant » il n'a pas laissé un simple constat, quitte à préciser celui-ci avec simplement des indications sur le sens de cette expérience. Comme les lecteurs de ses lettres ou des poèmes juste cités le savent bien, Mallarmé a noté les circonstances, les aspects concrets, les moments successifs de l'« année effrayante » où s'est formée sa « Conception Pure », ce sont là des textes qui restituent à divers niveaux ce qui se passa en lui et permettent donc dans son cas aussi d'aborder les arrière-plans que *Le Corbeau* laissait entrevoir.

De Poe à Mallarmé il y a d'ailleurs, on le sait, une influence très forte et à ces plans mêmes, puisque c'est la scène nocturne du « nevermore » que le poète français a rebâtie dans son existence autant que son œuvre quand à son tour il s'est agi pour lui de savoir s'il y a de l'être, ou si tout n'est que néant. « Un nouveau rêveur, le cigare aux doigts, vient de succéder à celui du *Corbeau* », nota Paul Claudel dès la publication d'*Igitur*; et — réserve faite de ce cigare, que Claudel a extrapolé indûment des Mardis de la rue de Rome — c'est vrai que le Mallarmé de 1866 ou 1867, seul à Tournon puis à Besançon dans la chambre où tard dans la nuit il essaie d'écrire, a autour de lui et en lui le même réseau de signifiants et d'emblèmes que Poe dans son grand poème. Pas de corbeau, c'est vrai, pour venir doucement cogner à la porte. Mais dehors la même ténèbre, dehors et dedans le même silence où retentit le chuchotement de l'invisible, et dans la chambre ces rideaux qu'on peut si aisément imaginer agités par l'absence sans fond que l'on redoute au-delà. Essentielle chez Mallarmé autant que chez Poe cette présence des tentures, des meubles clos, lourds objets resserrés sur leur opacité, leur énigme, et qui font peur, d'une peur de nature métaphysique, causée par le non-être dont leur apparaître tassé sur soi est le signe. Dans un poème de quelques

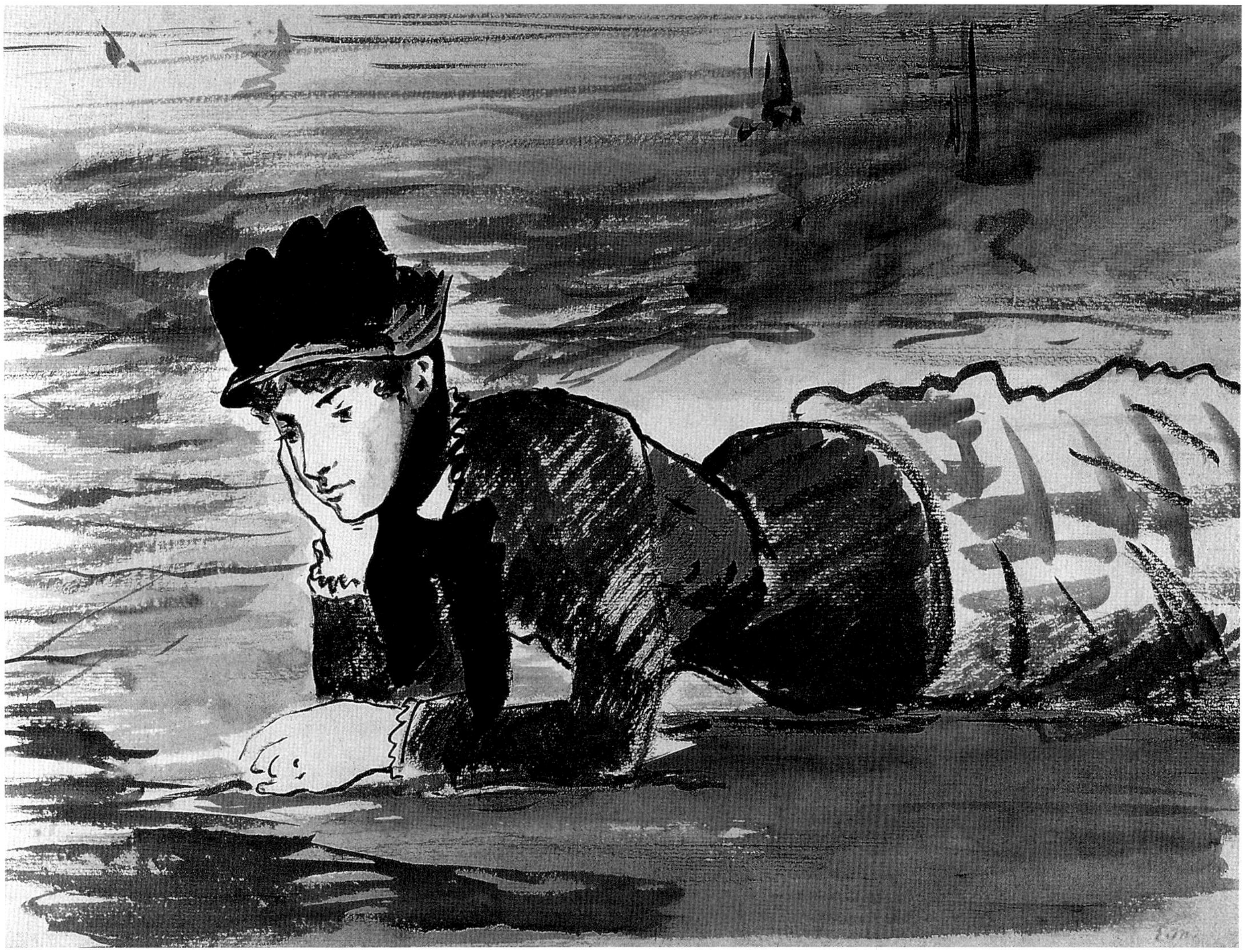

39. Édouard Manet,
Annabel Lee, 1879-1881,
Copenhague, Statens Museum for Kunst,
cat. 65.

années avant — et des premières saisons de son mariage —, *Frisson d'hiver,* le jeune poète avait bien essayé de donner du sens, et de l'être, à son mobilier en constatant que ces tentures, ce miroir, cette pendule étaient vieux, qu'ils portaient donc en eux du passé, ce qui permettait d'y rêver, vifs encore, des souvenirs d'un temps où il y avait de la transcendance, dans des sociétés disparues. Mais cette densification ontologique du lieu humain a échoué, maintenant il veille dans le « minuit », et le voici autant exposé à de « fantastic terrors never felt before » que le héros du poème qu'il a lu et relu au point de le faire sien. Le même environnement que chez Poe, à peu près le même, et aussi la même expérience. C'est dans ces chambres mi-réelles mi-symboliques que Mallarmé écrit à Lefébure ou à Cazalis qu'il a rencontré le Néant.

Mais là s'arrêtent les ressemblances car, le moment est venu de le souligner, la conception du néant chez Mallarmé est beaucoup plus conséquente que celle qui se marque dans les poèmes de Poe. Certes, dans *Le Corbeau* ou *Annabel Lee* la condition humaine est bien perçue comme en butte à une nuit essentielle. Poe y consent que dans le « distant Éden » l'amant endeuillé ne pourra pas retrouver la jeune fille « que les anges nomment Lénore ». Mais il y a donc encore des anges dans sa pensée, des anges, des démons, même un Dieu, ce poète n'a pas poussé son sentiment du néant de la condition humaine jusqu'à mettre en accusation ces représentations qu'il se fait du monde

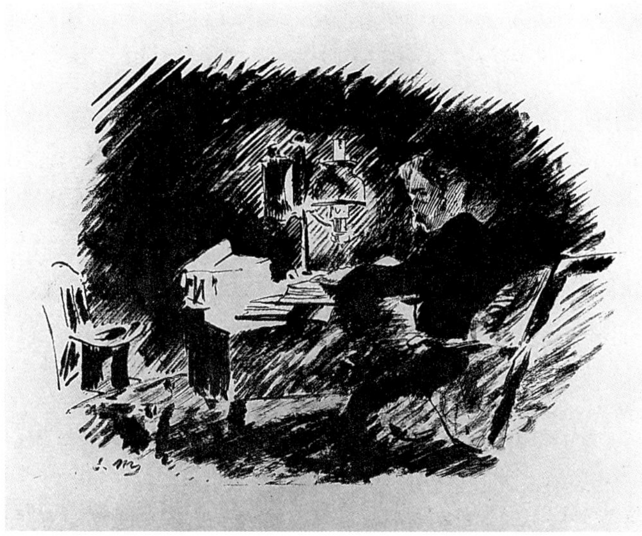

40. Édouard Manet, *Sous la lampe,* illustration pour *Le Corbeau,* 1875, coll. Paul Baquiast, **cat. 52.**

de l'invisible, il semble croire toujours que l'esprit humain est capable de pénétrer le réel par en dessous l'apparence. Si même ces esprits du ciel ou ces goules dans le clocher ne furent à ses yeux que « glorieux mensonges » — comme Mallarmé l'a dit de ses propres rêves, quand il les vit s'écrouler —, en tout cas il en est resté pour sa part à leur évocation complaisante, et à composer avec leurs figures les étagements d'un univers spirituel. Mallarmé, lui, a tout effacé, je l'ai rappelé, ou tout voulu effacer. Il dit qu'il a terrassé Dieu, « le vieux et méchant plumage ».

Et en ce point commence, me semble-t-il, à prendre un sens plus précis autant que plus spécifique le rapport de l'expérience mallarméenne et de l'effet des premières photographies.

Pourquoi ? Parce que la radicalité que Mallarmé veut conférer à sa prise de conscience de la syncope du sens attend de lui, non une pensée — c'est précisément la pensée qu'il faut défaire —, mais d'abord et surtout, et jusqu'au bout, un regard. Comment se pénétrer, en effet, du non-être des représentations, des savoirs ? En se délivrant de leurs traces dans la lecture des situations et des choses, autrement dit par un acte qui se doit d'être perception pure, perception de rien que la donnée sensorielle pure, perception de cet apparaître qui ne sait rien, comme tel, dans sa pureté, des supputations du langage. Par un acte, en somme, du pur regard. Car s'il est vrai que les autres sens sont évidemment implicables dans cet effort de déverbalisation de la perception — et on verra que l'ouïe n'est pas sans jouer un rôle majeur à un des moments de la « découverte » de Mallarmé —, c'est l'œil, assurément, qui prédomine dans la relation de l'intellect et du monde.

Un regard rendu à sa pure capacité de vue, en somme, au-delà de toutes les projections de soi que fait la pensée sur les choses, un regard — pour reprendre les mots de la *Prose pour des Esseintes* — de « vue » et non de « visions », la « vision » étant l'évidence troublée par la pensée, la « chimère » ou « glorieux mensonge » qui naît de la pensée par la voie du concept ou du fantasme. Or, constatons-le maintenant, n'est-ce pas, ce regard, celui même qui s'est porté sur le monde quand une photographie a été prise, à cette réserve près, toutefois, que Mallarmé veut accomplir consciemment — veut accomplir comme un acte ultime de la conscience, au seuil d'un nouvel état — ce que la machine photographique opère en dehors de toute conscience ? Je ne sais pas si Mallarmé a réfléchi sur la photographie comme telle ; et personne ne pourra jamais retrouver les impressions qu'il en a reçues, au hasard des jours, quand, tout jeune encore, il tentait de voir dans le ciel les « galères d'or » de l'Idéal. Mais je ne puis que constater le parallélisme qui s'est marqué dans ses grands moments de réflexion entre son projet de poète et l'invention des deux ou trois décennies passées. Mallarmé veut regarder comme la photographie regarde. Et disons même qu'il ne s'agit pas pour lui de simplement regarder la photographie, de se laisser convaincre par sa leçon de néant, mais de recommencer ce qu'elle fait elle-même, d'en revivre l'opération au plan de la parole au travail.

L'acte mallarméen, clef de sa « dernière cassette », cause dialectique — à ses yeux — de la transmutation du lieu chimérique et sombre de la supposée connaissance en une scène de la Beauté, du « bonheur », est une « photographie », en tout cas il faudrait qu'il en soit une, il ne saurait être, en son premier temps, que cela ; et quand Mallarmé s'y essaye, quand il tente de l'accomplir, c'est donc comme s'il avait à photographier : à se réduire, de par le fond de soi-même, à l'image photographique. C'est ce qui apparaît dans deux œuvres qu'il a écrites au plus fort de sa tentative ; et surtout dans celle qui est en prose, le grand récit, *Igitur*.

Igitur! L'œuvre que c'est là est complexe, et l'opération que je viens d'essayer de dire n'en contrôle pas tous les aspects, on verra même que, le voulant, elle n'a fait qu'y échouer, elle ne s'y est signifiée que comme une tâche impossible. Mais il n'en importe pas moins de déceler dans cet extraordinaire poème ce que l'on pourrait appeler sa composante « photographique ». Identifier cette composante dans *Igitur* en éclairera l'intention et permettra peut-être de mieux comprendre la sorte de fiction qui y résiste à cette dernière.

IV

D'un mot : il y a dans *Igitur*, il y a à son origine même, le projet de *voir* sans *savoir*. Mallarmé a voulu recommencer dans ces pages, ou approfondir, il a même tenté d'y rendre à jamais irréversible l'acte par lequel il s'était agi pour lui, dès 1866, de délivrer la réalité empirique des représentations qui l'occultent : « chimères » dont le leurre puis l'agonie vouent l'existence humaine à son malheur, dans l'exil. Et pour ce faire il a cherché à mettre en scène son « personnage » — en fait le protagoniste unique du seul drame qui ait du sens — dans une situation où celui-ci n'ait rien d'autre à projeter et à accomplir que cette réduction fondamentale et totale de l'apparaître à sa pureté. Quel apparaître ? Celui, d'abord, des réalités les plus familières, ces objets de l'environnement quotidien que l'on a tellement imprégnés d'emplois et de significations qu'on en oublie leur en-soi : bois luisant du meuble dans l'ombre, velours silencieux du rideau. Mais cette altérité, cette étrangeté n'en circonscrivent pas moins les poètes qui veillent dans leur chambre, inquiets même, encore que de façon inconsciente de soi et vague, quand ils voient la « clarté déserte » de leur lampe se briser sur ces formes closes aussi énigmatiquement qu'à la blancheur de la page où leur poème se cherche. Et telle est la scène où paraît Igitur, telle la prescience dont il va faire sa prochaine lucidité. La chambre où « creusait le vers » le poète encore personnel d'avant la « découverte » du néant, cette chambre héritée de Poe mais peut-être aussi des romans gothiques — d'où les chuchotements des « ancêtres » dans sa pénombre —, la voici maintenant le lieu de l'acte qui doit être définitif ; et non plus, cette fois, comme décor symbolique où se chiffreraient de grands aspects de la condition humaine, ce qui serait encore de la pensée, du langage, mais comme la pure visualité au sein de laquelle la conscience s'abîmera avant, parole enfin délivrée, de renaître. Pure visualité cette porte,

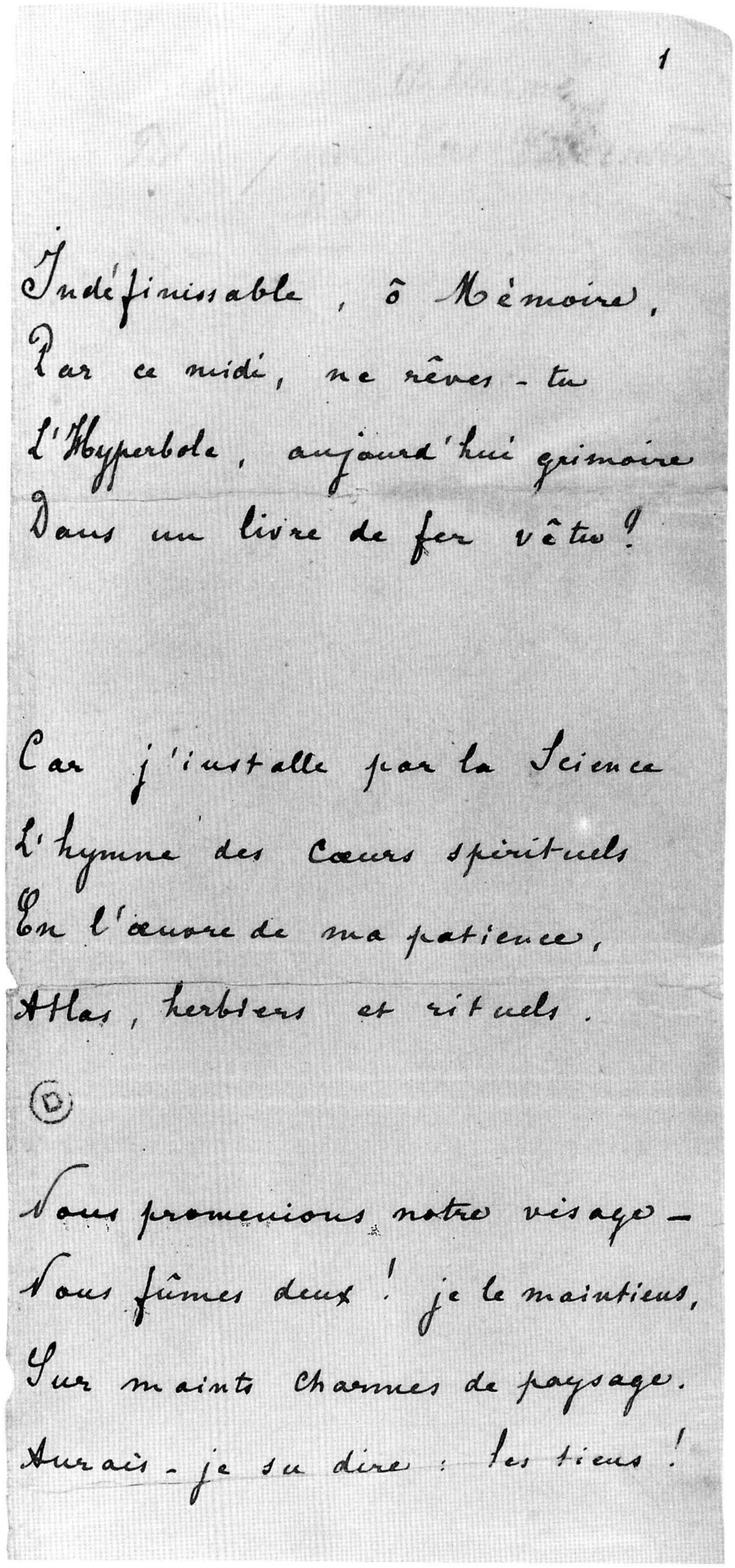

1

Indéfinissable, ô Mémoire,
Par ce midi, ne rêves-tu
L'Hyperbole, aujourd'hui grimoire
Dans un livre de fer vêtu!

Car j'installe par la Science
L'hymne des cœurs spirituels
En l'œuvre de ma patience,
Atlas, herbiers et rituels.

Nous promenions notre visage —
Nous fûmes deux! je le maintiens,
Sur maints charmes de paysage.
Aurais-je su dire : les tiens!

41. Stéphane Mallarmé, *«Indéfinissable, ô Mémoire, / Par ce midi, ne rêves-tu...»,* 1885, Paris, Doucet, **cat. 318.**

par exemple ; derrière laquelle on sait dans l'existence vécue qu'il y a un corridor, d'autres lieux, ceux où se dépense l'action, mais que maintenant on doit voir comme simplement cet être-là sans fonction, sans nom, sans au-delà sinon dans de l'impensable, qui est la proposition ultime que font les photographies quand on les regarde avec l'attention que les premières elles ont permise.

Cet acte, dans cette chambre ; ce serait donc, au terme de l'action et de la pensée, qui n'auront été qu'une apparence de jour — en fait une nuit de l'âme —, l'heure ultime où cette nuit à la fois se révélerait totale et s'ouvrirait à un nouvel état de conscience ; en somme le « Minuit » qu'attendait l'humanité à travers l'histoire afin d'advenir à soi, le seuil que le poète seul a pouvoir d'atteindre, du fait de sa capacité spécifique de percevoir dans les choses ce qui est plus que leur sens. Et de cette réduction du fait humain à son instant essentiel il suit que celui qui va regarder si avant dans la nuit au cours de ces quelques pages, c'est évidemment Mallarmé lui-même essayant de revivre l'expérience qui à Tournon fut la sienne, mais dont il était difficile qu'il préservât la profondeur et l'intensité. Mallarmé va suivre Igitur, descendre avec lui dans le crépuscule du sens, s'identifiant à son personnage de par l'intérieur de ce regard de transgression, de silence. Et dans une certaine mesure, il a réussi à s'avancer loin, sur cette voie. La fascination qu'exerce *Igitur* tient au surgissement devant nous, autour de nous, de réalités soudain comme nues : « meubles vacants », « ébènes massifs dont les chimères fermaient les lèvres avec une accablante sensation de fini », « tentures saturées et alourdies », le lieu de la vie mais comme si on le voyait sans y être, par résorption de la conscience de soi. Mallarmé a réussi dans ces pages — en des points de la profondeur du texte où sa phrase labyrinthique décourage l'intellection et s'approche donc du silence — à donner presque la sensation de la chose perçue dans son être-là infiniment étranger à toute pensée, à toute présence au monde. Il l'a presque rejointe dans son « hasard » essentiel, preuve de notre néant, à l'instant même où ce hasard se dissipe avec la pensée qui nous en donnait la notion. Si bien que de l'absolu affleure, à ses yeux, aux nôtres, un absolu de l'absence.

Et si Mallarmé s'est porté si loin, dans *Igitur*, et peut même nous entraîner à sa suite, c'est aussi qu'il a su évoquer dans ce texte un des moments clefs d'une expérience vécue, peut-être même celui qui en avait été l'origine. Il y a une horloge dans cette chambre nocturne. Et quand, dans ses propres nuits de Tournon, Mallarmé voyait se former et se dissiper sous sa plume la promesse du nombre dans l'écriture des vers — certes, malheureusement, un « vain nombre » —, sans doute aussi entendait-il déjà, écoutait-il même, le battement hypnotiquement régulier du balancier d'une horloge proche, lequel alors signifiait pour lui le temps qui se dépensait pour rien sur la page ou ce « cœur » dont les attachements et aspirations ne pouvaient que troubler l'effort « iduméen » de la poésie comme il la voulait. L'horloge était l'accompagnement symbolique dont, avant même que Mallarmé n'eût « découvert » le Néant, renoncé à toute idéalité, il s'agissait pour lui d'essayer de vaincre l'indication pessimiste. « J'ai toujours vécu mon âme fixée sur l'horloge », dit Igitur. N'est-elle pas le temps même ? Et comme telle le signe — pensons au « nevermore » de Poe — de la déperdition inexorable de l'être ? Si bien qu'Igitur ajoute, c'est la logique même de sa tentative d'abord désespérée : « Certes, j'ai tout fait pour que le temps qu'elle sonna *restât* présent dans la chambre, et devînt pour moi la pâture et la vie — j'ai épaissi les rideaux [...]. »

Les rideaux se sont épaissis dans *Igitur*, sauf que ce n'est plus maintenant pour préserver du néant l'être précaire de la personne, c'est, au contraire, pour que celui-ci se dissipe dans la porosité de leur épaisseur, être-là massif de l'absence. La grande expérience inimaginée aux premiers temps d'*Hérodiade* est commencée. Et peut-on penser que le temps, qui semble si purement du vécu humain, voué au leurre, va pouvoir y jouer le même rôle de transissement et transmutation que les rideaux et les meubles, eux les figures presque faciles de l'inhumanité de la nuit ?

Il l'a fait, cependant, d'une façon saisissante, et c'est par le bruit du balancier, devenu l'objet d'une attention qu'à l'instar du voir pur attaché à l'ameublement on peut dire un entendre réduit à soi, un entendre pur. Igitur écoute le tic-tac du balancier de l'horloge, il descend si avant dans l'écoute de chaque son que l'attente du son suivant s'efface avec le souvenir de son sens ; et ce battement — cette « oscillation hésitante » — paraît ainsi s'arrêter, instant du dehors du temps après lequel celui-ci ne reprendra, à la fois désormais interminable et, si j'ose dire, intemporel, que comme ce même revers invisible et omniprésent de la chose humaine que l'œil lui aussi pressent. Le battement du balancier s'est fait l'opérateur métaphysique qui, des vaines heures d'avant que le Néant se révèle, déduit celle qui — ultime, « minuit en soi disparu », heure qui doit « rendre pur » — ouvre les panneaux de la Nuit, la métamorphose « en Éternité ».

Et voici qui a donc conduit au seuil même de la « conception » du néant, mais encore faut-il comprendre que c'est d'un événement redoutable qu'il va s'agir, d'un passage qui ne pourra être que sans retour, d'un acte auquel aussi bien rien de simplement humain ne prépare : Mallarmé lui-même l'a souligné, dès les lettres de 1867 où il rapporta l'expérience. Tout ce qui en lui est vie ordinaire voulant survivre à l'instant où il doit pourtant en constater le non-être, il a dû mener avec la présence de Dieu, garant de l'Être, une « lutte terrible », et l'« agonie » de son adversaire a été on ne peut plus « vigoureuse ». Et quand il a imaginé le symbole qui signifierait son regard de poète nouveau devant la Beauté du monde, il a choisi de se référer à Jean-Baptiste, c'est-à-dire à une tête coupée et en fait sanglante, où se marque le souvenir du supplice autant que la délivrance de l'esprit. Ce Jean-Baptiste de Mallarmé est moins loin qu'on ne pourrait croire des effrayantes *Tête sur tige* de Giacometti, lequel avait d'ailleurs lui aussi vécu le moment où tout sens s'effondre, le moment de l'horreur métaphysique.

C'est cette difficulté, cette « horreur » — le mot est dans *Igitur* — qu'a affrontée Mallarmé au centre de son récit, et là encore, après l'ameublement et l'horloge, il a eu recours pour ce faire à un des grands objets de ses nuits de Tournon ou de Besançon, en fait celui qui en avait suscité les affres les pires, le miroir. « Il fixe de son âme l'horloge, dont l'heure disparaît par la glace », écrit Mallarmé d'Igitur. Deux ans auparavant, en mai 1867 : « Après quelques jours de tension spirituelle dans un appartement je me congèle et me mire dans le diamant de cette glace, — jusqu'à une agonie », confiait-il à son ami Lefébure. Le miroir est évidemment le lieu même où peut s'achever l'expérience mallarméenne. Là, parmi les meubles et les tentures qui se reflètent dans la profondeur de son eau — dans la congélation de cette « eau », où l'heure aussi se dissipe —, le veilleur du Minuit peut apercevoir au loin sa propre image comme du coup le suprême objet de la résorption du sens, « vague figure » disparaissant dans l'horreur d'avoir à demeurer soi sans pour autant désormais rien savoir de soi ni même penser qu'aucun savoir soit possible : la tête dans le reflet étant un autre que lui, ou plutôt de l'autre, de l'inconnu, du visible vide de signifiance, ce hasard à la fois nul et indépassable qu'il n'y a pas de mots pour rapatrier sur le sens humain.

Mallarmé avait vécu dans le miroir de Tournon ses moments de lucidité, et d'épuisement, les plus extrêmes. C'était là que, nouvel Hamlet décidant du *to be* ou du *not to be*, il avait risqué son « apparition terrestre » pour mener à son terme la perception du néant ; après quoi, avait-il cru, il pourrait être — par évidence croissante de la Beauté dans les rapports entre choses désormais « pures » — le point où « l'Univers Spirituel » coïnciderait dès lors avec soi. Et il a voulu recommencer et fixer dans *Igitur* cette expérience-limite certes trop aisément effaçable. C'est la fin de la troisième partie, *Vie d'Igitur*, où il dit comment l'héritier de la « race » qui s'abîmait dans le temps siècle après siècle a vécu de façon heurtée, effrayée, la disparition « dans une épouvantable sensation d'éternité » de sa figure dans le miroir, « personnage d'horreur, le fantôme de l'horreur », puis l'a vue, absorbant peu à peu ce qui lui restait de sentiment, de douleur, se détacher enfin « de la glace absolument pure ». Glace, au sens de miroir ? Glace tout autant de l'eau du miroir, congelée, glaciation de tous les reflets, glaciation de tout ce qui est quand le rêve d'être s'en retire, glacier donc, en puissance, et resplendissant alors, des relations enfin transparentes de tout à tout. « Je suis depuis un mois dans les plus purs glaciers de l'Esthétique », écrivait Mallarmé à Cazalis en juillet 1866, ajoutant aussitôt, explicitement, que c'est là « qu'après avoir trouvé le Néant, j'ai trouvé le Beau ».

Et j'espère que le lecteur qui m'a suivi jusqu'en ce point d'*Igitur* et de la poétique de Mallarmé voudra bien comprendre aussi, maintenant, pourquoi je voulais l'y conduire. N'est-il pas vrai, en effet, que cette image dans le miroir où se concentrent tous les pressentiments d'Igitur, toutes ses craintes, mais où il accède aussi à la suprême lucidité, c'est quelque chose de très semblable à la photographie comme tout à l'heure je l'ai décrite : cette figure au fond du papier qui permet le transissement de toutes les significations par l'épiphanie dans l'image de ces détails au hasard, de cet infini sans raison, qui sont évidemment le déni du rêve d'être de la personne ? Qu'il y ait eu influence directe ou non du photographique sur Mallarmé, la parenté des deux situations est frappante. C'est comme si l'auteur d'*Igitur* avait perçu, puis à la fois explicité et radicalisé, la suggestion qui dort dans le cliché noir et blanc livré à l'esprit par Daguerre et les premiers photographes. Comme si, en cela même poète, il avait retrouvé le sens proprement ontologique et les implications littéralement vertigineuses de ce que d'autres que lui avaient censuré ou ne subissaient que de façon inconsciente.

Mais cette remarque n'a d'intérêt, dois-je ajouter maintenant, que si l'on prend conscience qu'une différence demeure, malgré cette parenté, entre la proposition d'*Igitur* et celle du photographe. Et je vais maintenant essayer de dégager celle-ci, en prenant appui sur quelques préliminaires.

V

Le premier, une question qui a sens : pourquoi Mallarmé a-t-il écrit *Igitur* ? S'il a mené à bien dans son existence même la « conception » du néant, comme des lettres semblent le dire, pourquoi faudrait-il qu'il en fasse le récit au lieu de s'engager sans attendre dans ce qu'il indique lui-même qui en résulte, la découverte de la Beauté, sa contemplation, et une nouvelle écriture, celle-ci diurne : l'« agitation solennelle » de paroles, ouvertes à nos sens comme des « calices », que le *Toast funèbre* va dire notre « devoir idéal » ? Mais la réponse est facile. Cette Beauté étant donc un emploi des mots — Mallarmé n'en a pas douté —, il faut que ce soit dans la donnée même de ceux-ci que soient effacées leurs habitudes anciennes, défaites leurs modalités conceptuelles : ce qu'assurerait un texte liant au moins quelques-uns d'entre eux dans une saisie ineffaçable de l'expérience fondamentale, celle qui perçut le non-être des significations qui se forment dans la parole ordinaire. Qu'un emploi ultime des mots anciens se resserre sur l'évidence de ce grand vide, d'où ils se lèveront, nouveaux, comme alors la Rose et le Lys non plus définis mais désignés, mais « nommés », dans toute leur gloire ! Que la découverte du Néant soit, en somme, *fixée* dans la parole même, qui en sera rédimée ! Écrire *Igitur* est en cela nécessaire, comme l'acte préliminaire qui assurera au langage sa nouvelle fécondité, et à la parole un avenir et à la poésie des poèmes. « C'est un conte, par lequel je veux terrasser le vieux monstre de l'Impuissance, son sujet du reste, afin de me cloîtrer dans mon grand labeur déjà réétudié. S'il est fait (le conte) je suis guéri », confie Mallarmé à Cazalis en novembre 1869, c'est-à-dire au moment exact où il travaille à cette œuvre, estime-t-il donc, inaugurale.

Mais si le besoin est clair, ne faut-il pas se demander maintenant dans quelle mesure il peut être satisfait, et si Mallarmé, en tout cas, a su répondre à son exigence ? Or, deuxième remarque préliminaire, une constatation cette fois, il est évident qu'*Igitur* n'est pas la sorte de texte qui cautérise et forclos le conceptuel ; évident que, cherchant à débusquer l'absolu tapi dans la chose, à désigner le hasard en son infranchissable évidence, ces pages n'en sont pas moins débordantes de cette parole d'idées, spéculative, qui retient au plan de la représentation des choses, c'est-à-dire en deçà des présences nues. Serait-ce mon propos aujourd'hui d'analyser *Igitur* non dans sa simple visée ontophanique centrale mais comme le récit qu'il est tout de même, j'aurais à rencontrer des « ancêtres » qui déchiffrent à la lueur d'une bougie un « grimoire », je devrais relever le symbolisme de dés secoués et jetés pour signifier le hasard, je devrais parler d'un château, d'un naufrage, de « sifflements » et « chuchotements », d'une fiole de poison par quoi l'antique personne humaine meurt à soi : en bref j'aurais à recomposer une fiction, disséminée dans le texte mais qui n'en occulte pas moins, de son économie restée pénétrée de concepts, les voies d'une parole cherchant au-delà du savoir la perception pure du monde. À lire *Igitur*, à y entrevoir un meuble, un visage dans le miroir — ou la « lune, au-dessus du temps », la lune vue « en face » au-delà des rideaux de la pensée — avons-nous eu l'impression du néant, de son « horreur » ? Aussitôt en tout cas la pensée a repris en nous, la pensée qui s'obstine au fond de ce texte : lequel, c'est bien connu, a donné lieu à spéculation — à échafaudements d'interprétations évidemment conceptuelles — comme bien peu d'autres dans l'histoire. La pensée a repris et chez Mallarmé le Beau se refuse. Car c'est vrai qu'*Igitur*, je ne l'oublie pas, n'est pas pour son auteur la sorte d'écrit où déjà la pure beauté du monde aurait à se déployer, il ne s'essaiera que plus tard à des vers où les phonèmes s'échapperaient des mots habituels pour un phrasé, dans ces nombres, qui donnerait directe présence à une impression pure de la nature. Une « agitation de paroles » permettant alors que les « vrais bosquets » se profilent derrière les bosquets d'à présent, ainsi « oubliés ». Mais comment accéder à la pureté de l'impression, si la pensée conceptuelle continue à en troubler les approches ? Si à cette « vue » elle continue de substituer ses « visions » ? La suite de la vie de Mallarmé ne va pas cesser de le montrer incapable, hélas, malgré l'espérance exprimée dans le *Toast funèbre* ou la *Prose pour des Esseintes*, de faire advenir la nature dans l'écriture autrement que de façon fugitive, et par les moyens de la poésie ordinaire : ainsi dans *Le Nénuphar blanc*, ou certains poèmes de circonstance.

Et d'ailleurs ce conte dont Mallarmé attendait qu'il soit « fait » parce que son achèvement — son achèvement comme tel, le resserrement de ses mots, non de la pensée, sur l'expérience accomplie — le guérirait de son « impuissance », le rendrait à la poésie, ce conte n'a pas été achevé, comme si Mallarmé avait compris, tout le premier, que sa parole, rabattue sur soi par un vent irrésistible, le gardait loin du rivage.

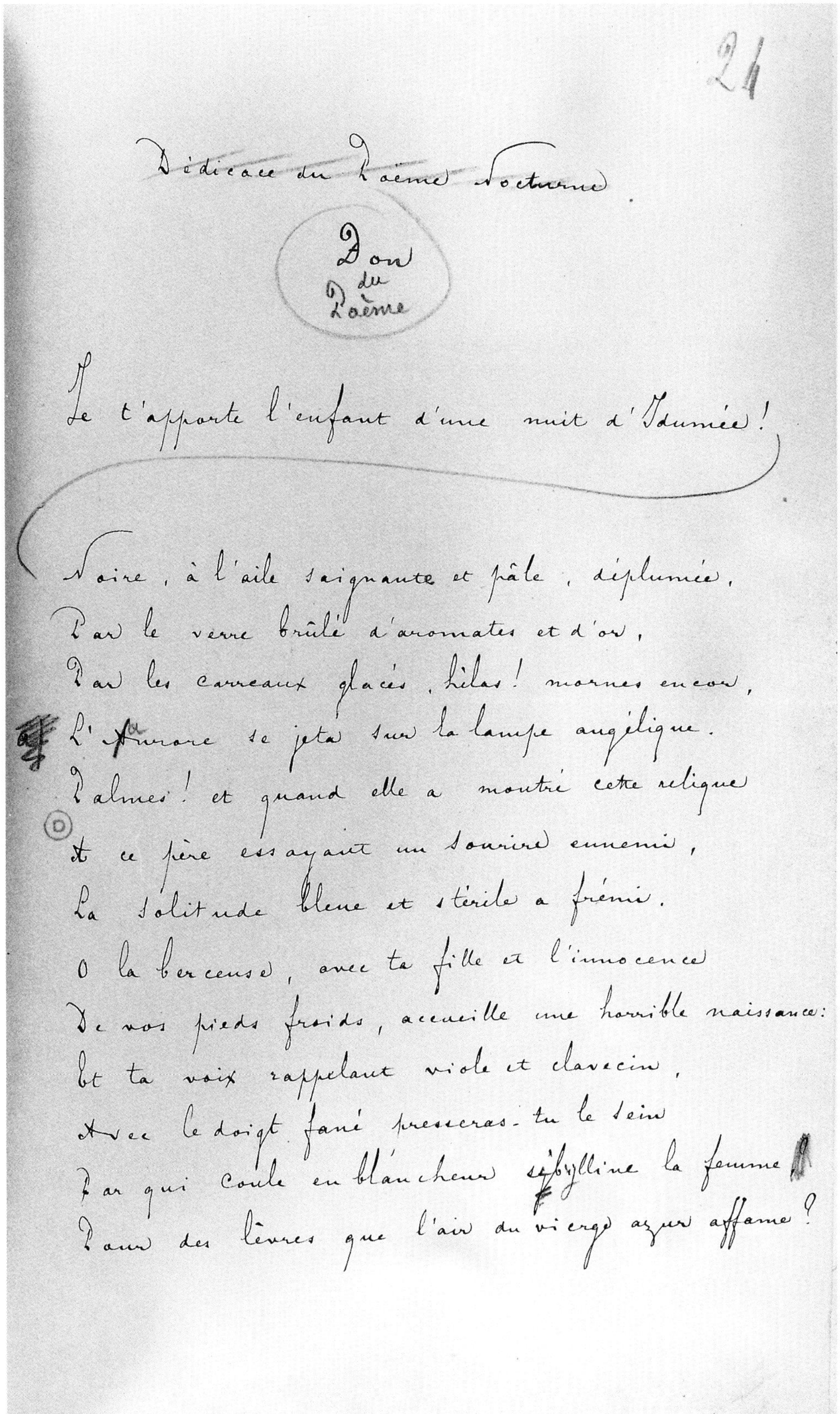
24

~~Dédicace du Poème Nocturne~~

Don du Poème

Je t'apporte l'enfant d'une nuit d'Idumée!

Noire, à l'aile saignante et pâle, déplumée,
Par le verre brûlé d'aromates et d'or,
Par les carreaux glacés, hélas! mornes encor,
L'Aurore se jeta sur la lampe angélique.
Palmes! et quand elle a montré cette relique
A ce père essayant un sourire ennemi,
La solitude bleue et stérile a frémi.
O la berceuse, avec ta fille et l'innocence
De vos pieds froids, accueille une horrible naissance:
Et ta voix rappelant viole et clavecin,
Avec le doigt fané presseras-tu le sein
Par qui coule en blancheur sibylline la femme
Pour des lèvres que l'air du vierge azur affame?

42. Stéphane Mallarmé, *Poésie,* maquette, 1894,
Paris, Doucet, **cat. 317.**

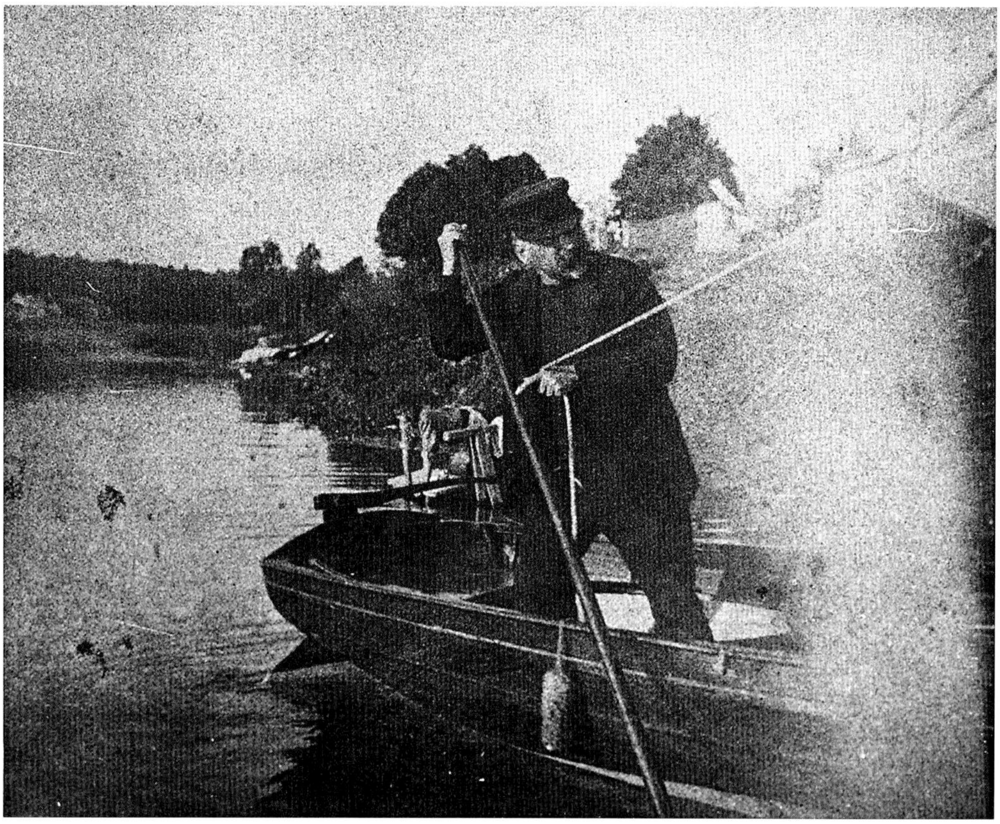

43. *Stéphane Mallarmé dans sa barque à Valvins,* 1896, coll. part., **cat. 302.**

Quelques fragments, plutôt des brouillons, un bref résumé ou deux, trois recommencements de la même scène, en tout une mince liasse que Mallarmé, assez vite sans doute, a laissée pour n'y plus toucher, inscrivant « déchet » tout à côté d'« Igitur » sur une première page. C'est comme si l'impression de néant, aussi fortement pressentie fût-elle par un esprit en éveil, ne pouvait « prendre » dans la parole de celui-ci ; prendre comme la glace prend, gardant congelé en soi, en une « pureté inouïe », le « personnage d'horreur » qui est le point de passage — encore rien que ténèbre, mais le jour naîtrait au-delà — entre le hasard inhérent au monde et la Beauté.

La parole a refusé le néant. Et on peut certes se demander si ce ne fut pas simplement parce que c'est Mallarmé, Mallarmé comme tel, qui a échoué dans une entreprise où d'autres que lui auraient peut-être pu réussir — mais bien plus naturel est-il de penser que le vouloir d'interprétation et de communication qui est dans les mots est irrépressible, si bien que la parole ne peut jamais qu'étouffer l'expérience de non-savoir qui, si elle la faisait sienne, la dissuaderait d'exister. En subit-elle l'impact, à des moments, par exemple dans des poèmes, elle s'ébroue de son injonction, et se refuse à l'abîme qu'entrouvre le regard « pur » pour n'en garder qu'une idée mise en rapport avec d'autres.

D'où un constat, qu'il faut bien accepter de faire, malgré la grandeur de ces pages, où fut tenté le forcement le plus extrême — et aussi le plus insensé — qu'écrivain ait jamais imaginé de porter dans les fatalités du langage. Ce constat ? Non pas que la Beauté comme l'a conçue Mallarmé — cette gloire de l'évidence qui apparaît dans la dissipation des chimères — soit comme telle une idée vide de sens, en fait tous ceux qui ont en esprit la poésie la partagent, c'est l'horizon que l'on entrevoit au-delà des mots. Mais ce qui est impossible, c'est de s'établir en cette Beauté, en cette évidence, d'une façon qui serait plénière et surtout durable du fait d'une éradication totalement

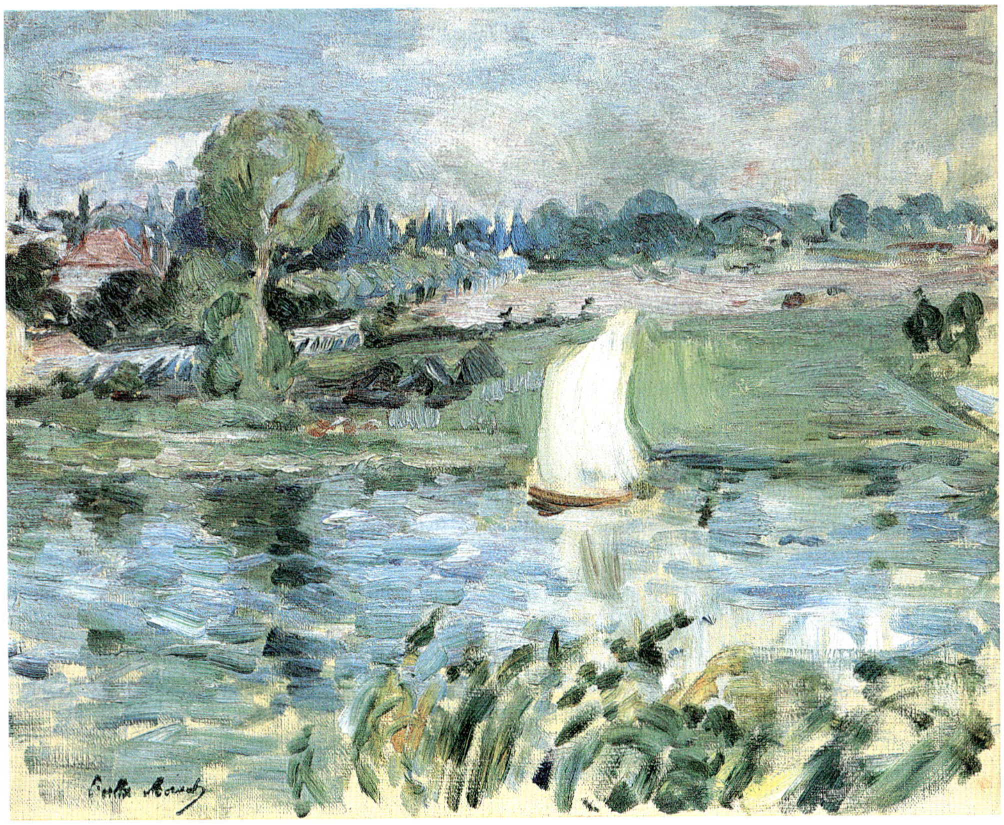

44. Berthe Morisot,
La Barque de Mallarmé, 1893,
coll. part., **cat. 281.**

achevée des significations, des formulations, des valeurs : mariage des mots et du non-être de la personne parlante qui délivrerait des errements et aveuglements de la parole « ancienne » — ancienne comme la mort — un langage rendu aux simples grands aspects clairs du jardin d'Éden, « merveille » d'un premier jour introublé encore. Le langage est parole, et parole de la pensée. Et le vrai, ce n'est pas qu'*Igitur* ne fut pas « fini », c'est que ce texte était comme tel essentiellement infinissable. À jamais de la nature du rêve cette « Fable vierge de tout, lieu, temps et personnes sus » dont Mallarmé croyait que ce devrait être sa tâche, son « devoir » : « explication orphique de la terre » prenant la forme architecturale d'un « livre » à la fois « impersonnel et vivant ».

VI

Et en ce point on peut vouloir — avec la sympathie que tout espoir même déraisonnable suscite — suivre Mallarmé au-delà d'*Igitur* dans son existence, quand, « mille fois », il rejette, « l'esprit meurtri ou las », ce qu'il appelle son « vice » mais ne cesse d'y revenir et écrit ainsi quelques grands poèmes qui disent cette passion, cette rêverie. L'un d'eux, le sonnet en *–yx*, essayant d'ailleurs d'accomplir en vers le forcement qu'*Igitur* tenta pour sa part en prose : ce sonnet « blanc et noir », « se réfléchissant de toutes les façons », qui semble la photographie d'une chambre vide.

Mais je préfère revenir à ce que j'ai appelé l'effet du photographique pour évoquer, serait-ce brièvement, au moins une autre façon qu'eut l'époque d'y réagir, ce qui permettra de mieux percevoir la différence de Mallarmé, et de quel arrière-plan celle-ci s'est détachée, consciemment, volontairement peut-être. De ces réactions, il y en eut de diverses sortes, et qui furent souvent à niveau profond dans le rapport de la personne à soi-même car l'occasion l'imposait, est-il besoin de le rappeler ? Dans le passé de la civilisation occidentale il n'avait certes jamais été difficile de se laisser envahir par le spectacle abyssal du grain des pierres, ou des rides sur un visage, et même on avait pu accéder ainsi, par conscience prise de cet au-delà du sens, à des expériences extrêmes : Jakob Böhme — un exemple parmi bien d'autres qui mériteraient attention — fit bien de la contemplation de la lumière sur une cruche le seuil d'une illumination où le néant avait place. Mais ce qui fut nouveau avec la photographie, et brusquement décisif, je l'ai déjà dit, c'est que cette épiphanie du néant quittait son lieu antérieur, celui de l'existence vécue parmi, directement en somme, les choses, pour passer au plan de l'image, qui est celui où la pensée se cherche, se met en question, se décide, se trouve des voies nouvelles. Et les conséquences de cette irruption du néant au sein des images furent vite, et bien au-delà des simples réactions d'inquiétude dont j'ai donné Poe pour exemple, de véritables ébranlements de la pensée et des actes : un de ces contrecoups au moins étant extrêmement dangereux si ce n'est pas même dévastateur. C'est, en effet, de l'idée du non-sens de tout, suggérée par le détail infini de l'image photographique — ce hasard mis à nu — que s'est nourrie, au XXe siècle, et n'eut cesse de s'aggraver, la fascination nihiliste de ces aspects de pure matière qui sont dans l'être de la personne le revers de l'habit humain. Là où l'on s'était contenté dans les daguerréotypes et autres premiers clichés d'observer les traces d'eau laissées par la pluie sur le pavé d'une rue, là maintenant on apprend — du fait d'instantanés qui peuvent prendre de court le projet même du photographe — à regarder sans ciller le spectacle du corps blessé, supplicié, du cadavre, laissant un à un se dilapider les tabous qui sont le soutien des valeurs.

Mais une réaction, elle positive et profondément bénéfique à l'épiphanie du non-sens dans les images, était possible, et eut lieu. Et si je m'attarde un instant à ces considérations sur l'après-Daguerre, c'est que cet autre événement se produisit dans les années mêmes où Mallarmé se préparait à ses « découvertes » du Néant et de la Beauté : et qu'outre sa valeur propre, il y a en lui de quoi révéler que de grands enjeux furent occultés, et non vraiment récusés, par la poétique mallarméenne. Mallarmé, je le rappelle : tout se passe comme s'il avait cherché à remonter à travers « l'effet » du photographique jusqu'à l'apparaître muet des choses, dans une expérience où cet absolu sans signification ni promesse se fût alors intériorisé à sa conscience de soi désormais pénétrée de son néant propre. Sur quoi, s'arrachant à ce tête-à-tête avec le particulier qui « n'est pas », oubliant le photographique dans l'espace clair de sa mémoire du monde, levant les yeux au profond de soi, il eût perçu la beauté des rapports qui existent entre simplement des aspects dans la donnée sensorielle de la nature, cette nature qui, elle, écrit-il, « a lieu » : a lieu avec d'ailleurs non seulement ses formes mais ses couleurs, ses parfums, ses sons, moments chacun nécessaires de cet immédiat du terrestre qui est « la région où vivre » et en cela même le « divin ». À Cazalis, en 1867 : je ne suis plus, disait-il, « Stéphane que tu as connu, — mais une aptitude qu'a l'Univers spirituel à se voir et à se développer, à travers ce qui fut moi ».

Et j'ai cru pouvoir dire que cette transmutation du rapport au monde était impossible, parce qu'elle suppose que, dans l'écriture qu'il lui faut bien pour déployer ces rapports, s'efface l'articulation conceptuelle, des réseaux de laquelle aucune parole n'a le pouvoir de s'extraire. Mais il y a, remarquons-le maintenant, une autre façon de recevoir l'effet de néant que produit la photographie : et c'est non plus de s'abîmer en lui pour une expérience de non-savoir, radicale — et donc dans la solitude de soi —, mais de remonter de cette expérience vers, du coup, cette fois, les autres êtres, avec du non-savoir une idée assurément moins profonde mais susceptible, en revanche, de

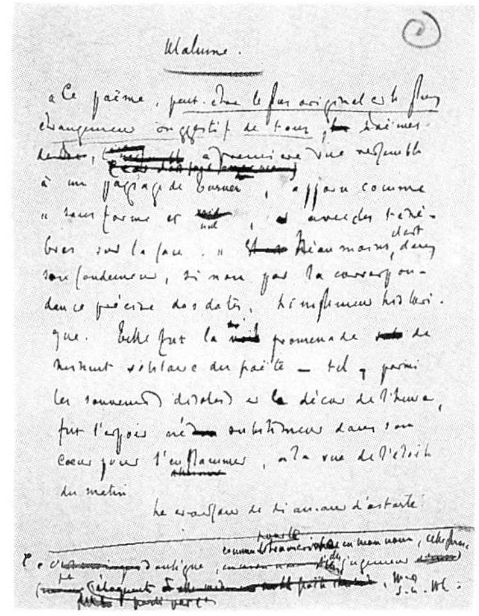

45. Stéphane Mallarmé,
Poèmes d'Edgar Poe
et *Notes sur le langage,*
dossier manuscrit, coll. part., **cat. 35.**

s'inscrire dans le réseau habituel des signes porteurs de sens. Du sentiment du néant on ne déduit pas, dans ce cas, qu'il faut renoncer à cette ordinaire pensée, créatrice de valeurs, qu'il semblait démontrer n'être que « chimère », on en conclut simplement qu'avec des chimères de cette sorte l'humanité a vécu et peut continuer à le faire, et même le fera d'autant mieux peut-être qu'elle les aura reconnues mieux qu'auparavant de cette sorte illusoire. Car à savoir qu'il n'est rien pour fonder en être l'existence particulière, on peut enfin comprendre la nature de celle-ci, en mieux savoir les besoins, on peut même en mieux inventorier les pouvoirs, aliénés jusqu'à aujourd'hui par les rêveries idéologiques ou les vaines croyances religieuses ; et c'est engager avec elle un rapport plus vrai, qui peut de ce fait même être plus intense. Quel paradoxe, quelle évidence, qui sont notre vérité ! Du sentiment même du non-être de la personne, qui faisait peur, naît maintenant la reconnaissance de la présence d'autrui, l'intensité du moment que l'on partage avec elle ; et découle même la perception dans le lieu et les êtres proches, illuminés ainsi, d'encore une beauté, bien que de sorte nouvelle. Car sous les yeux du désir aimant l'unité des objets décomposés par l'effroi mallarméen se reforme, les meubles s'ouvrent, les rideaux ne frémissent plus et on les écarte, la fleur revient aux bouquets, l'adhésion à autre chose que soi rend lumière à toutes les choses ; et transfigure, en particulier, l'apparaître humain, le visage.

En somme, une « découverte du néant », oui, toujours ; et à quoi fait suite, c'est vrai encore, une « découverte de la beauté », mais non plus par le truchement de l'horreur éprouvée au fond du miroir : non, par la voie maintenant d'une dotation de présence qu'il nous est loisible de faire.

Et c'est là une voie qui ne s'éloigne pas du photographique qui en aura donc été, au moins pour une part, l'origine par son « effet » inquiétant. Qui, en effet, pourrait mieux relever le défi de la grande image nouvelle, réfuter l'éloquence muette du détail qui y crie le non-sens du monde, sinon les photographes eux-mêmes ? Car ce détail dévastateur, ceux-ci ont bien souvent — ont le plus souvent — à le rencontrer ailleurs que dans la granulation d'un vieux mur ou l'eau de la pluie sur la vitre : le percevant dans les rides et le désordre des traits sur tel visage qui dans l'objectif ou sur le papier sort de son flou du premier instant, et par degrés se précise. Et ces veilleurs, ces guetteurs de première ligne peuvent donc entendre la voix nocturne qui veut défaire la chose humaine, mais au même instant et au même point dans l'image ils ont aussi le pouvoir, grâce à leur captation d'une expression, d'un regard — signes d'une émotion ou d'une pensée —, de se refuser à la suggestion nihiliste. Accomplissant alors la synthèse de la présence.

Le photographe, prenant sa photographie, peut faire qu'il y ait, là aussi, présence, il peut même en souligner, en dégager le fait propre, dans la grisaille des affairements de la vie : et cela, c'est certainement aussi un effet du photographique, et qui mérite autant que l'autre d'être repéré et offert à la réflexion. Pour la première fois, ai-je dit plus haut, le néant a été, par et sur la photographie, manifesté et même fixé dans l'univers des images. Mais voici qu'on peut en dire autant de cette présence qui en est bien le contraire. Pourquoi ? Parce qu'en peinture on savait, c'est vrai, ce qu'est un visage, un regard, on pouvait donner l'impression de la transcendance qui est en eux, Piero della Francesca attestait dans son *Christ de résurrection* d'une présence sans faille, Raphaël dans son *Balthazar Castiglione* montrait bien ce qu'est l'individuel dans la saveur de sa différence, mais les tableaux n'en sont pas moins, simplement, l'idée non le fait de la personne réelle, de son geste dans son instant : l'idée non le fait de ce qu'on peut dire sa vraie présence, laquelle ne ressort que du tout de ce qu'est un être. Et en photographie, en revanche, qu'un œil affectueux sache voir le geste, précisément, le geste de la personne dans l'instant où il se jette hors de soi vers l'interlocuteur ou la circonstance, et cette fois c'est la totale réalité de l'être existant qui a paru devant nous, et nous parle, directement. À côté de « l'effet de néant » propre au détail infini du photographique, ou plutôt en sa profondeur, surgissant de lui comme des cendres la flamme, un « effet d'être ». Et de quoi mobiliser, depuis, à peu près, Daguerre et jusqu'à nous, des esprits qui savent en photo aimer et accentuer ce possible, et aident ainsi cette pratique, qui peut être désespérante, à se dégager des fascinations pernicieuses que j'ai déjà évoquées. La photographie est dangereuse. La multiplication à l'infini des photographies qui ne saisissent que le dehors de la vie peut certainement contribuer à la fin du monde. Mais des photographes, grands en cela, cherchent à sauver celui-ci.

Je pense évidemment à Nadar déjà, à ses portraits de Gérard de Nerval, de Marceline Desbordes-Valmore, de Baudelaire. Sur ces visages marqués par les frustrations de la vie, dévastés même parfois par la décrépitude des corps, les accidents de la simple chair ne manquent pas, qui sont le dehors du sens, le déni apparent de l'être, mais dans cet au-delà de la signification ce grand esprit reconnaît la précarité, la fugitivité comme la présence même, laquelle est d'autant mieux perçue dans une personne qu'on la voit plus fort menacée. Et voici donc que ce qui aurait pu induire à la pensée du néant se fait un signe, qui prend sa place parmi tous ceux qui font que nous sommes — un signe dont on peut même dire qu'il est celui qui, signe de présence, signe de cet absolu, est à l'origine de tous les autres. La première photographie, fascinée par l'épiphanie du non-sens, aurait pu excaver le fait humain, le retourner de sa bêche, laisser s'éteindre son peu de vie dans les gravats de ce sol noirâtre. Avec Nadar, et d'autres d'ailleurs, dès ce temps, elle lui assure un avenir.

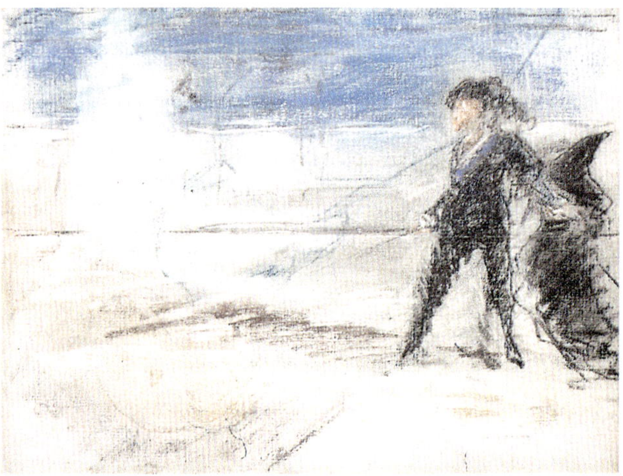

46. Édouard Manet, *Hamlet et le fantôme de son père,* vers 1877, East Yorkshire, Marcus Wickham Boynton Collection, **cat. 71.**

Qu'a pensé Mallarmé de ce projet de Nadar ? De l'intérêt de ce grand esprit pour ces « vivants » dont lui, Mallarmé, disait pour sa part — il l'écrivit à Verlaine — qu'« ils n'ont pas lieu » ? Et que faisait-il, au secret de soi, de l'impression que quelques photographies durent bien lui laisser de quelques hommes ou femmes, ou enfants, qui à leur façon eurent lieu pourtant, et qu'il aima avec autant de cœur qu'aucun autre, ainsi Baudelaire, ainsi justement ce Verlaine dont il « serre la main » à la fin de cette lettre émouvante ? Il y a dans les archives Nadar quelques lignes où Mallarmé, s'adressant à un photographe, l'assure qu'il est l'« auteur des plus beaux poèmes en prose écrits depuis Baudelaire », et j'aimerais bien pouvoir trouver là l'expression métaphorique d'un jugement par lequel le poète du *Toast funèbre*, comparant le travail de Nadar aux proses de Baudelaire — ces photographies aussi, quelquefois —, ferait de celui-ci le complément de la poésie, n'y verrait plus seulement « le blason des deuils épars sur de vains murs ». Hélas ! Rien sinon son dépôt chez Nadar ne permet d'estimer que ce billet lui ait été adressé. On a pensé, avec quelque raison sans doute, qu'il ne lui fut que confié, pour Charles Cros, auteur de poèmes en prose. Et nous ne saurons donc rien de la réflexion de Mallarmé sur un art qu'il voyait naître et a bien dû méditer.

VII

Un art qui une fois vint à lui, pourtant, comme si un photographe avait commencé à comprendre à quel point l'auteur du sonnet en *-yx* — qui parut en 1887, et dut étonner — était capable de s'impliquer dans la problématique de sa recherche : et

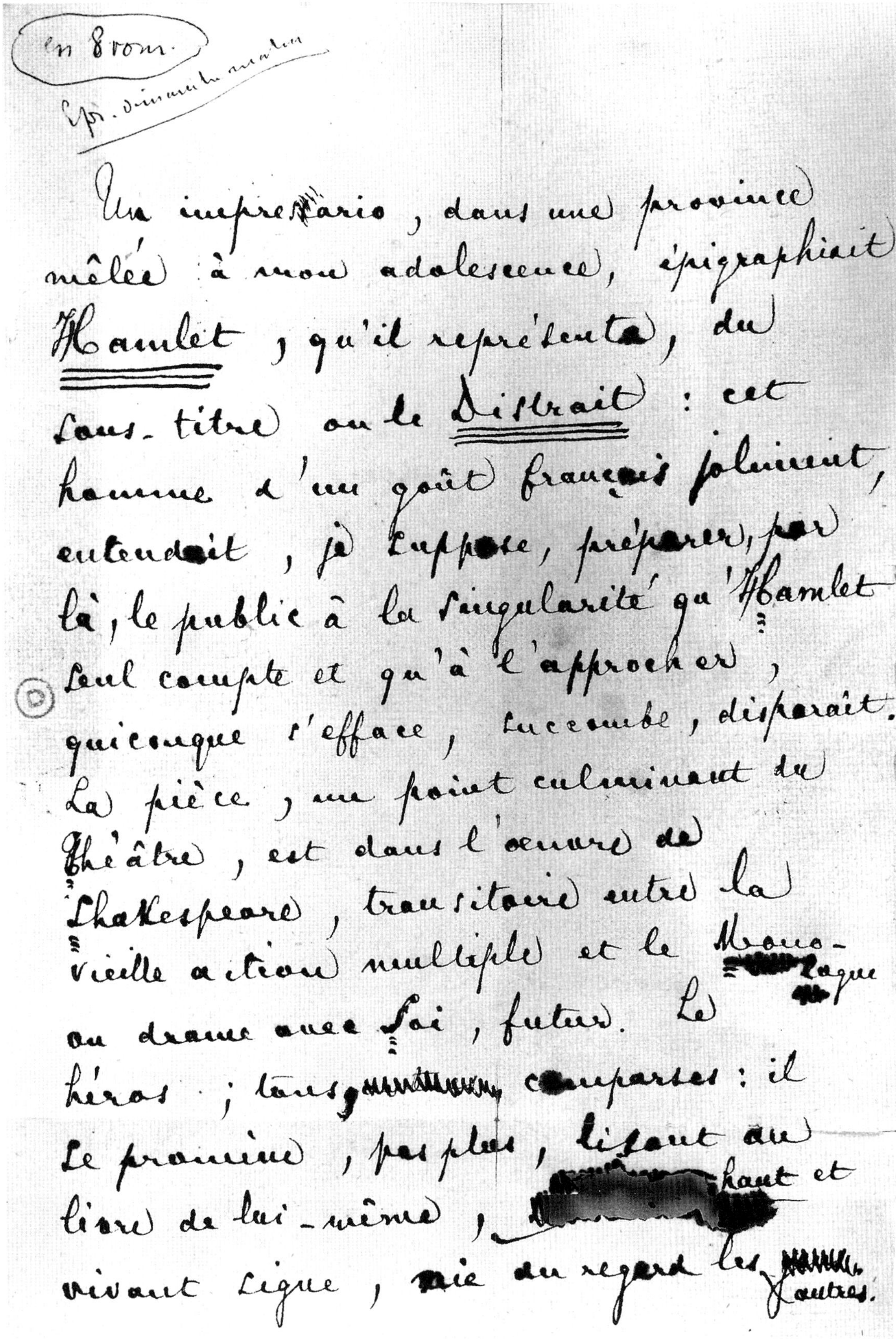
en 8 rom.
Épr. dimanche matin

Un impresario, dans une province
mêlée à mon adolescence, épigraphiait
Hamlet, qu'il représenta, du
sous-titre ou le Distrait : cet
homme d'un goût français joliment,
entendait, je suppose, préparer, par
là, le public à la singularité qu'Hamlet
seul compte et qu'à l'approcher,
quiconque s'efface, succombe, disparaît.
La pièce, un point culminant du
théâtre, est dans l'œuvre de
Shakespeare, transitoire entre la
vieille action multiple et le Mono-
logue
ou drame avec Soi, futur. Le
héros ; tous comparses : il
se promène, pas plus, lisant au
haut et
livre de lui-même,
vivant Signe, nie du regard les autres.

47. Stéphane Mallarmé, *Hamlet et Fortinbras*,
Paris, Doucet, **cat. 278.**

l'avait alors questionné, par le truchement d'une certaine photographie, celle-ci tout à fait extraordinaire.

C'est de Degas qu'il s'agit. Degas ne fut assurément pas un photographe professionnel mais tôt dans sa vie il s'était adonné à la pratique nouvelle ; et, après l'avoir longtemps délaissée, il y revint dans les dernières années du siècle avec un intérêt singulier, qui étonna ses amis : il semblait trouver à faire poser ceux-ci, de façon souvent éprouvante, une satisfaction difficile à analyser. Satisfaction ? Inquiétude, plutôt, heureuse d'affronter ce qui en serait la cause ? Je noterai d'abord que Degas avait peint ou dessiné de nombreux portraits jusqu'à la fin des années 1860 ; que ç'avaient été là des œuvres à l'évidence soucieuses, dans le modèle, de ce que j'ai nommé la présence ; et comme il ne revint au portrait qu'en revenant aussi aux travaux du photographe, et seulement désormais de cette façon, je ferai l'hypothèse, elle me paraît légitime, que si Degas avait renoncé au questionnement direct de la présence en peinture, c'est parce qu'il avait commencé de réfléchir, lui déjà, sur les approches diverses de celle-ci chez les photographes et chez les peintres. Ce contemporain de Nadar — et qui cadra d'ailleurs bien des scènes dans ses tableaux comme s'il les prenait sur le vif, un bras coupé sur la gauche, disons, mais d'autant plus d'immédiateté dans la saisie des figures — s'en serait ressenti le proche, à ce niveau du regard où ce sont Nerval ou Baudelaire qui comptent, dans l'énigme de ce qu'ils furent, et non l'interprétation que l'artiste ne peut jamais s'empêcher d'en faire ; et, en revanche, il n'aurait donc pu que rester perplexe devant le traitement que son ami Mallarmé réservait au visage, à l'être de la personne, à sa présence pour nous, vivants qui voulons « avoir lieu », dans le miroir d'*Igitur*.

Néanmoins, qu'on regarde la photographie de 1895 où il a réuni Renoir et Mallarmé dans le salon de Julie Manet, et c'est bien aux évocations les plus spectrales de ce récit qu'irrésistiblement il faut bien qu'on pense ; et ce que l'on sait des circonstances de la photo n'est pas pour dissuader de le faire. Neuf lampes à pétrole brûlèrent dans cette salle qui sur l'épreuve paraît assez petite. Renoir et Mallarmé durent rester parfaitement immobiles dans la chaleur — et évidemment silencieux — pendant tout un quart d'heure que Valéry, qui assista à la scène, a qualifié de « terrible ». Ce sont bien là les conditions qui conviennent pour que la particularité des visages, la signification des gestes soient transgressés, et que quelque chose d'autre, de très lointain, y remonte comme du fond d'un abîme. Et de fait Mallarmé n'est certes pas sur cette photographie le faune debout, l'index pointé, dansant presque, que des esprits moins profonds crurent rencontrer rue de Rome, les mardis soir. Une blancheur étrange ronge ses traits, l'intensité de l'immobilité imposée produit un effet de décollement, ce corps s'absente du monde. Mallarmé et Renoir sont là les protagonistes d'un drame métaphysique aussi absolu qu'*Hamlet* comme le lisait l'auteur d'*Igitur*, on peut même se souvenir, devant ces deux êtres dont l'un, méditativement, est penché sur l'autre, à l'étonnement du prince qui a découvert le néant devant le roi qui a, même mort, l'illusion d'être.

Cette photographie, c'est donc comme si Degas avait rejoint Mallarmé dans la chambre nocturne, silencieuse, aux meubles comme tassés sur eux-mêmes, dont ce dernier avait fait la scène de sa pensée. Et que ne soit pas là un hasard, qu'il y ait bien eu chez Degas le désir de recréer l'atmosphère sinon d'*Igitur*, dont il n'avait pas connaissance, du moins du sonnet en *–yx*, poème que tous les proches de Mallarmé avaient assurément remarqué, on peut le penser d'autant plus qu'à ce moment de l'histoire de la technique photographique — qui permettait depuis longtemps déjà les instantanés, et des poses bien plus rapides — rien ne l'obligeait à avoir tant soit peu recours aux

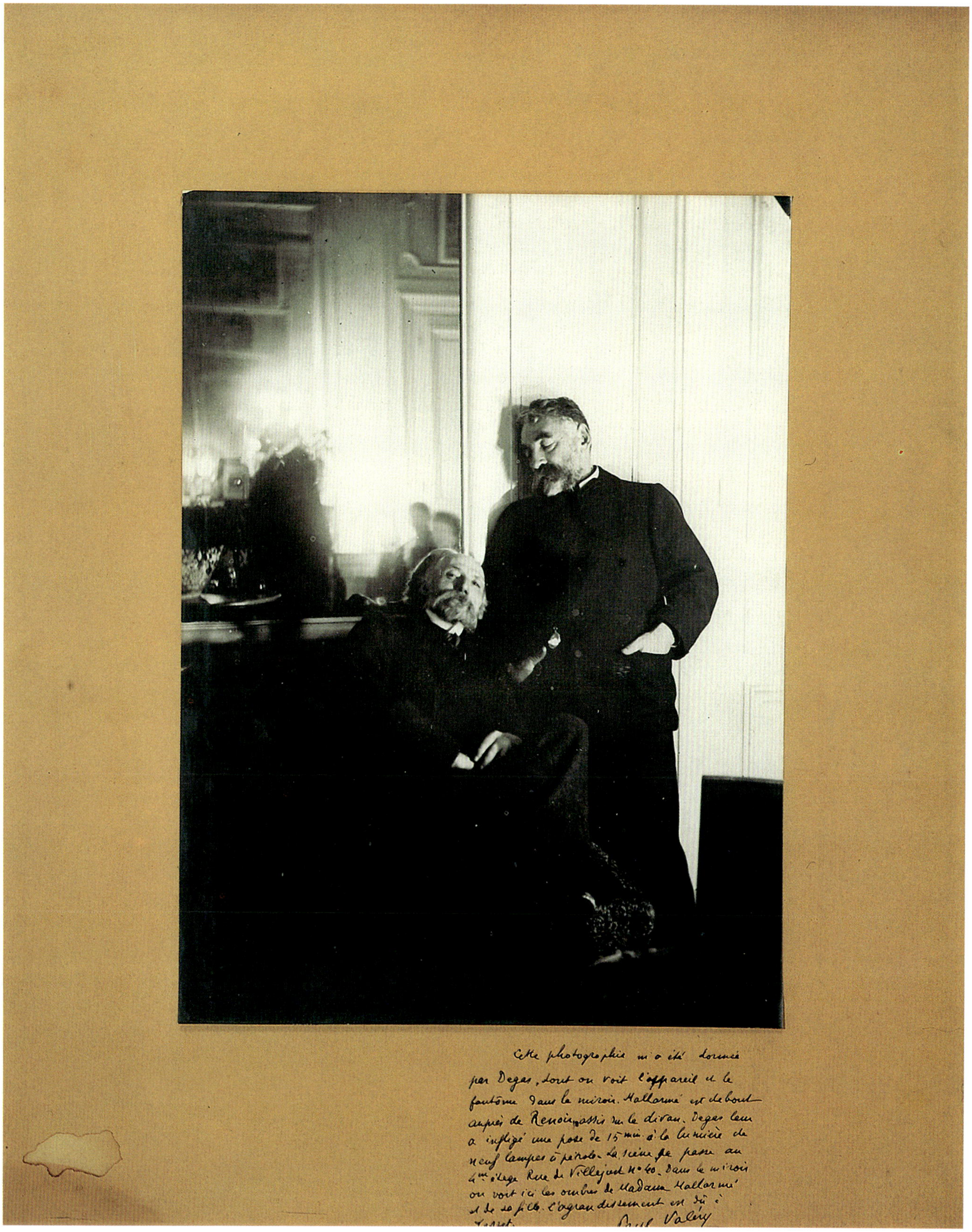

48. Edgar Degas, *Mallarmé et Renoir,* 1895,
Paris, Doucet, **cat. 238.**

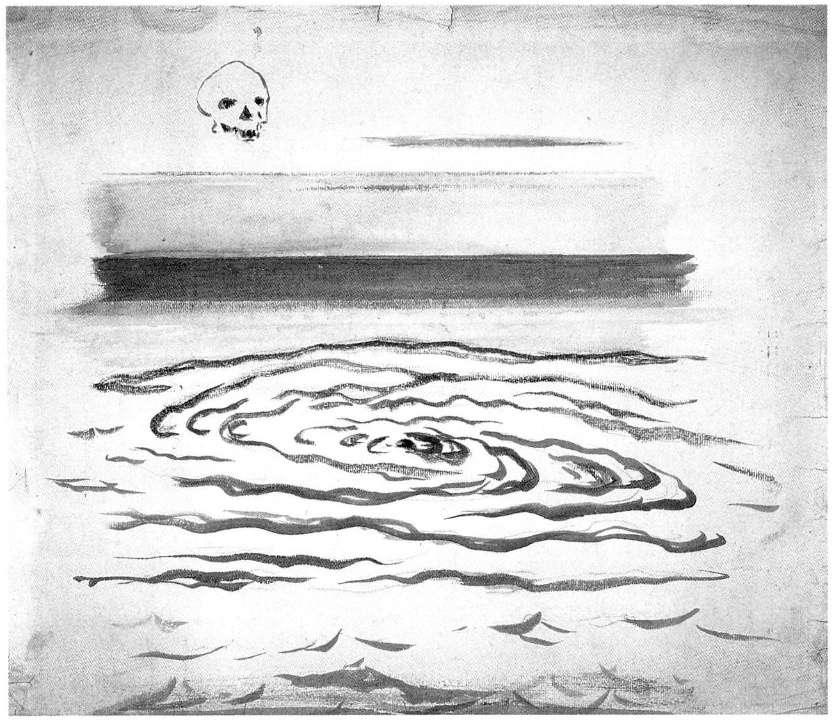

49. Édouard Manet,
La Cité en la mer, vers 1881,
Philadelphie, The Free Library
of Philadelphia, **cat. 63.**

plaques de verre et autres accessoires de l'époque « héroïque » de Daguerre. Il l'a fait, cependant, et je ne doute pas que ce fut avec une arrière-pensée et une intention qui avaient trait aux aspects les plus subtils et les plus troublants de l'effet du photographique. Lui qui, pour des scènes de rue ou des évocations de danseuses, avait aimé la vérité de l'instantané — et même, jadis, l'avait pratiquée —, il revint sur le tard à la photographie archaïque parce que l'immobilité profonde des daguerréotypes et leur étrange clarté sans suggestion d'atmosphère, l'une et l'autre propices à l'épiphanie du néant des choses, parlaient de non-être et d'être ; et, en présence de Mme Halévy par exemple — dont il fit de magnifiques photos, visage qui monte là comme d'un puits de ténèbre — lui permettaient de revivre à son origine, de reprendre au seuil de sa suggestion, l'étonnement devant le fait d'exister que Daguerre avait répandu dans la culture contemporaine. Qu'en est-il, semble-t-il se demander, de notre prétention humaine à instituer de l'être là où il n'y a que le rien ? Le peintre, le photographe — Degas, Nadar — ont-ils raison de s'attacher comme spontanément ils le font à la réalité personnelle, d'en attester la présence, ne faut-il pas plutôt qu'ils concluent avec Mallarmé que le « maître » est absent, le miroir désert, la salle vide ? Avec de telles photographies au terme bientôt de son existence de peintre, et avec ce portrait surtout, qu'il a fait de Mallarmé et Renoir, Degas se pose donc la même grande question que le poète, et il est émouvant de voir que dans son anxiété il se tourne vers celui-ci avec, je croirais presque, la même sorte de confiance naïve, intimidée, que cinq ans auparavant, lorsqu'il venait l'écouter parler de Villiers de l'Isle-Adam, mort quelques mois à peine plus tôt. Ce Villiers qui était comme nul autre poussé « par un vent d'illusion engouffré dans les plis visibles » au moment même où son « geste ouvert » signifiait, dit Mallarmé, « Me voici ».

Degas a questionné Mallarmé. Et ce qu'il faut remarquer maintenant, et pour finir, c'est qu'il ne l'a pas fait sans exprimer la réserve que l'expérience mallarméenne suscite en lui, en cette heure — « Minuit », en vérité — où pourtant la lumière des lampes à pétrole laisse ruisseler sur les choses et les personnes la même étrangeté angoissante qu'aux premiers vers du sonnet en *–yx*. Il y a sur la photographie ces deux grandes figures dont le caractère spectral semble bien confirmer la vérité du Néant. Et il y a même un miroir, comme dans le sonnet ou dans *Igitur*, avec au fond la même blancheur d'abîme où la présence humaine se « décompose » : au moins faut-il le penser puisqu'on aperçoit trois personnes, trois autres, dans cette glace de cheminée, et qu'elles y semblent très lointaines, très effacées. Mais qui sont ces témoins de l'épiphanie du non-être ? Mme Mallarmé et sa fille Geneviève, auxquelles Mallarmé écrit chaque jour quand il en est séparé par les séjours à Valvins : deux êtres dont il n'aimerait guère consentir à dire qu'ils « n'ont pas lieu ». Et Degas lui-même, debout près de son appareil de photographie. Ce qui donne à réfléchir.

Car, d'une part, le miroir n'est donc nullement, dans cette icône de l'expérience de l'Être, le lieu du rapport à soi, c'est bien plutôt le recueil de ce qui existe encore au-dehors de cette pensée, c'est sa mémoire, disons, qu'il lui faudra effacer pour rester seule avec soi, or, cet effacement va-t-il lui être possible, ces traces sont-elles vraiment destinées à se perdre dans la rénovation de l'esprit ? Et d'autre part ce Degas qui s'est voulu présent dans l'image qu'il a créée, mais en reflet seulement comme Van Eyck dans le miroir courbe du *Portrait des Arnolfini*, ne veut-il pas exprimer la même pensée que ce peintre qu'il admira ? « *Johannes de eyck fuit hic* », déclare le maître ancien, ajoutant « 1434 », ce qui dit à la fois l'énigme de l'instant déjà emporté dans le « vaste gouffre » des siècles et la fierté des moments d'instauration. Van Eyck fut « ici », en ce jour de célébration, sous le signe sans doute d'une naissance. Il a affirmé la valeur de l'ici et du maintenant. Et il est donc bien probable que c'est tout autant que lui à cette valeur qu'en s'inscrivant dans son œuvre Degas lui aussi réfère, demandant à Mallarmé d'y penser avant de confirmer par quelque nouveau poème sa poétique désespérante.

Avec ceci en plus que, photographiant, « tenant » dans le gouffre du miroir par son acte de photographe, c'est donc à la photographie que Degas confiait — disciple en cela de Nadar, réaffirmé — une part au moins de la tâche qu'il suggérait, faire que l'« ici » demeure le lieu qui vaut ? Un nouveau théâtre est décidément dressé, où un nouveau venu va chercher à détourner de soi l'éternel Hamlet, penché sur la tentation du non-être. Et de fait : qu'est-ce qui répond le mieux au « personnage d'horreur » qui, dans *Igitur*, veut noyer le moi personnel dans l'eau glacée d'un rapport absolu de la conscience à soi-même ? N'importe quelle photographie, quand celle-ci a du sens pour qui la possède. N'importe quel de ces instantanés racornis que des êtres qui sont, de ce simple fait, gardent avec eux jusqu'au dernier jour.

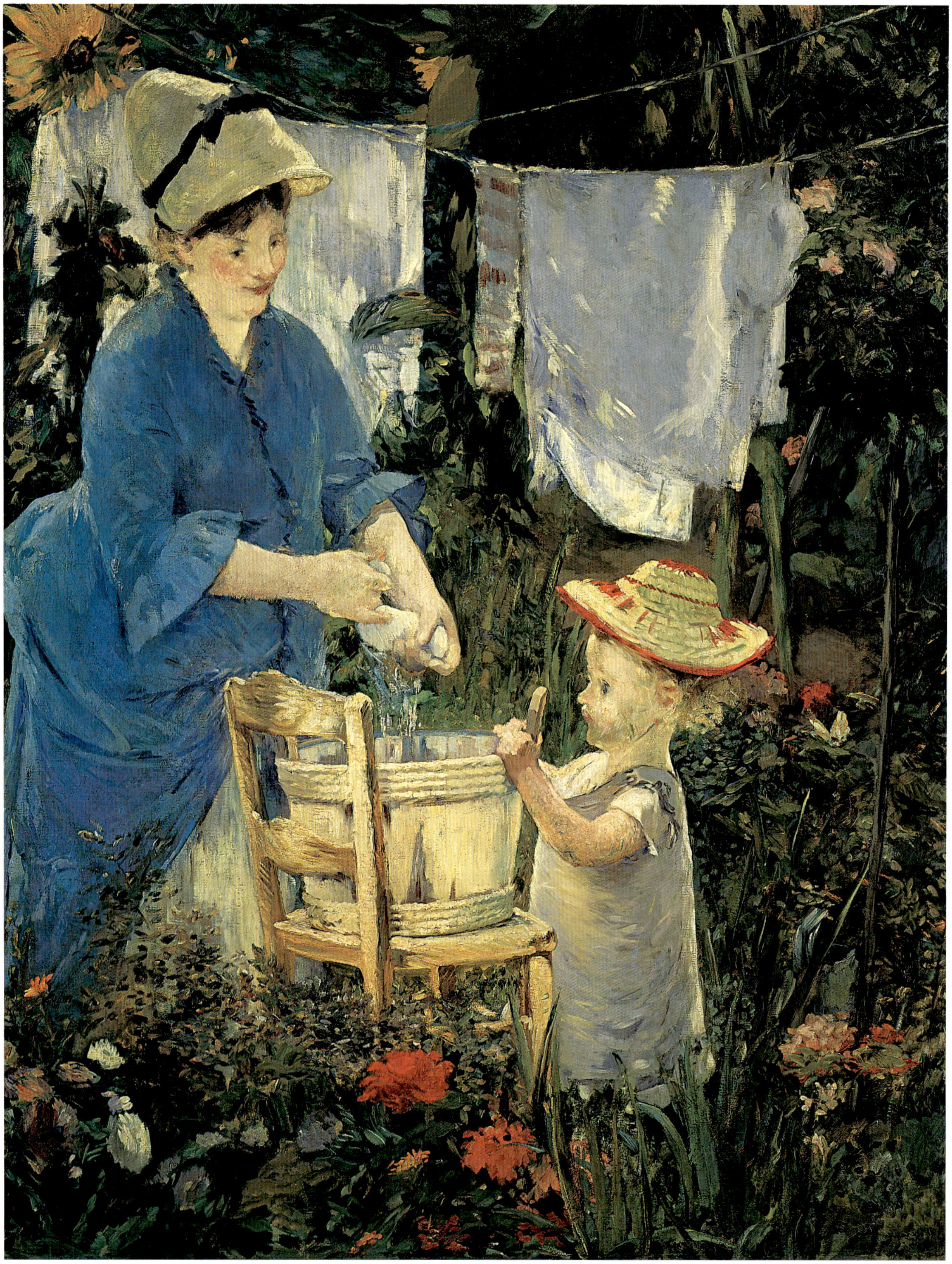

50. Édouard Manet, *Le Linge,* 1875,
Merion, The Barnes Foundation, **cat. 74.**

YVES PEYRÉ

Une singulière attraction

De la musique, Mallarmé ne parle que métaphoriquement. Non qu'il la délaisse, il la prend même pour sujet, pour hypothèse plutôt, il en fait l'autre terme d'une comparaison, d'une compétition à la vérité, avec la poésie. Mais il n'en dit rien, elle demeure à ses yeux une supposition. Parmi l'immensité de la littérature, il retient quelques temps forts, ses préférences. Là encore, il reste elliptique tout en insistant sur des prédilections qu'il veut objectives. On n'en dispose pas moins de son tableau qu'il livre fidèlement en une suite de précisions égarées dans le vague d'une rumeur. La peinture également le requiert, il dit beaucoup de ce qu'elle est pour lui, il se confronte alors à la différence la plus haute, à son propos il confie autant qu'il peut selon sa nature, c'est-à-dire tout en conservant à sa passion le mystère qu'elle exige. La superposition de la présence et de l'absence sont pour lui une fois de plus la seule chance de toucher à l'être, d'atteindre ce qui se dérobe, de fixer dans la vision l'impalpable. Mais au fond Mallarmé fut-il nativement à la peinture ? Je ne le crois pas (encore que). Dans sa jeunesse trop provinciale (bien que là fût aussi le salut), il se recula en lui-même. Seul, il entendit, et tout ne fut que mots, la rythmique intérieure l'emporta, l'écriture fut pour toujours et à jamais la retrouvaille du rêve. Cependant la réalité le défiait, non les images qui ne le tentaient pas autant que l'objet même et son effet de brouillard, de danse, lui rappelant autrement la symphonie des mots. Mallarmé n'était pas à la peinture (encore que). En disposition d'esprit, il était en attente, la surprise pouvait advenir à la façon d'un délice pour les sens et la pensée. En tout, il s'était méthodiquement préparé à l'inconnu.

Il n'eut pas ce geste fougueux et spontané de Baudelaire qui se tourna vers les images comme vers l'un des éléments constitutifs de sa vérité. Il ne chercha pas à faire le portrait exhaustif et le bilan documenté d'une époque de peinture (même si la tentation de la chronique fut chez lui une constante). Baudelaire, lui, vit immédiatement dans la peinture le juste écho de sa création, de cette correspondance il fut un amoureux éperdu. Il eut le goût d'étreindre, dans sa langue ne sentait-il pas l'ivresse d'entrevoir l'absolu, il connut le désir de le contempler au-dehors dans les tableaux que son temps proposait. Le rapport de Baudelaire au visible est toujours pertinent et même troublant. Singulièrement. Cette attitude forcenée, quoique si concertée, est la naissance de quelque chose, celle en somme de la pure équivalence. Baudelaire ne regarde pas tant le passé (qu'il considère aussi) que l'instant qui éclate devant lui, en lui tout autant. Il rêve pour sa poésie d'un contrepoint plastique qui soit à égalité avec elle. Hors du passé qui ne lui suffit pas, il oscille de Delacroix à Manet. Le drame de Baudelaire fut de camper entre deux mondes sans appartenir totalement à l'un ou à l'autre. Delacroix ne vit en lui qu'un grand talent auquel il était redevable et un homme vers lequel sa sympathie se portait, non le génie qu'il était. Baudelaire lui-même aima assez Manet pour lui dédier *La Corde* (dédicace qui n'est pas de circonstance, un atelier, un peintre et un modèle — celui, réel et particulier, de l'enfant — se trouvant rassemblés dans ce beau poème en prose) et écrire un quatrain destiné à accompagner l'eau-forte d'après *Lola de Valence*, il prisait fort le tempérament espagnol de son œuvre et les dispositions qu'elle manifestait à provoquer le scandale, il suggéra à Manet quelques compositions dont l'impressionnante *Maîtresse de Baudelaire*, le chargea de missions personnelles, vit-il pour autant en sa peinture celle qui déciderait résolument de la modernité, assurément non (la restriction terrible et fameuse, « vous n'êtes que le premier dans la décrépitude de votre art », dut éprouver durement la sensibilité de Manet qui décidément jamais ne remplacerait l'unique Delacroix).

À vrai dire, si dans le moindre de ses propos, Baudelaire émit au regard de l'art de peindre des réflexions indubitables, il fut souvent moins convaincant dans la suscitation des exemples : l'écart entre l'éblouissante expiration qu'est *Le Peintre de la vie moderne* et les réalisations de Constantin Guys qui en sont le prétexte est à cet égard significatif. Baudelaire fut perdu, sans époque, seul avec sa parole, il ne fut pas le contemporain de la grande mutation historique qu'il appelait pour la peinture et qui aurait été le pendant de son propre art. Mallarmé, au contraire, qui avançait avec retenue fut l'homme de la grande coïncidence, il fut l'acteur essentiel de cette pièce dont Baudelaire avait tracé la virtualité. Avec lui la révolution poétique se mêla à la révolution picturale. Mallarmé était exact, ponctuel, fauteur du trouble à sa façon et témoin majeur, encore fallait-il qu'il endossât le rôle et pour cela qu'il eût cette infaillibilité du regard qui devint la sienne (à titre de contre-exemples, les deux autres héros de la mutation poétique, qui ont porté si haut un art de l'impression et de la touche du mot, Rimbaud, qui achève son œuvre en 1873 et meurt en 1891, est ailleurs dès l'instant décisif, et Verlaine ne s'occupe guère de voir la peinture de son temps, les dessins de son ami Cazals — au demeurant exquis — lui suffisant, Carrière, Forain, Fantin-Latour, Regamey et Redon l'emportant sur le souvenir de Manet entrevu chez Nina de Callias). C'est donc à Mallarmé et à lui seul que revint la tâche de sceller l'accord : rencontre des extrêmes, connivence agonale ou frémissement partagé.

En quoi le dialogue de Mallarmé avec la peinture fut-il ambigu, comme on a pu superficiellement le dire, et quelles sont les raisons qui permettent de l'insinuer ? Mallarmé fut sur ce point comme en tout ambivalent : soucieux de serrer le sujet (ou l'objet), ce goût de la précision qui l'habita toujours, et à l'égal de ne pas outrepasser la suggestion par respect pour la matière de la langue (et de la peinture), plus profondément de l'être tel qu'il se le figurait. Il y a aussi que Mallarmé a rejoint la peinture plus qu'il n'a été d'emblée de plain-pied avec elle, il lui a fallu du temps pour y venir, cela se fit à un tournant décisif de son destin, alors il vit avec une acuité délivrée de toutes les cataractes, son approche, son jugement ne releva plus que de la seconde vue, il eut devant les tableaux de ceux qui lui importaient des paroles d'éclair, il ne fut plus qu'un toucher de grâce. Reste que sur tous les fronts Mallarmé a peu produit et que le corpus concernant son rapport à la peinture n'échappe pas à cette règle. Pourtant il ne fut pas négligeable et mérite d'être considéré. En voici l'inventaire : d'abord les poèmes au nombre de quatre (trois sont explicites, le *Billet* à Whistler, l'*Hommage* à Puvis de Chavannes, le quatrain pour *Le Polichinelle* de Manet que j'arrache résolument aux vers de circonstance proprement dits — sa conclusion, « qui toujours tombe et surgit à jamais », en fait le mime de l'élan mallarméen lui-même —, le quatrième est évident pour qui sait voir, il s'agit de « *Quelle soie aux baumes de temps...* », je relègue sans hésiter vers le moindre — du seul point de vue de l'intensité dans l'échange — les poèmes intitulés *Chansons bas*, deux sonnets et six quatrains écrits en rappel de dessins de Raffaëlli), auxquels il faudrait ajouter les adresses rimées, quelques dons de nouvel an et des dédicaces (adresse et dédicace résumant deux fois une âme pour ce qui est de Degas, toujours subtiles pour Whistler, camarades pour Monet et Renoir, attentives et fascinées pour Berthe Morisot) ; ensuite il y a deux portraits qui se donnent comme des condensés de foudre (*Whistler* et *Édouard Manet*) et étourdissent par la précision du raccourci, ainsi qu'une étude plus longue, toute nuances et tact, parcours complet d'une existence de créateur qui tranchait et qui fut si proche, *Berthe Morisot* ; on compte encore un témoignage touchant et sûr, consacré à l'ami, au génie fauché (*L'Anniversaire de la mort d'Henri Regnault*) et un texte de combat, une riposte cinglante (*Le Jury de Peinture pour 1874 et M. Manet*).

Au-delà, on trouve également beaucoup mais c'est précisément la plus grande part du malentendu. Il s'agit en effet de ce texte capital, *Les Impressionnistes et Édouard Manet*, de loin la plus longue, la plus profonde et la quasiment exhaustive réflexion de Mallarmé sur la peinture, mais pour laquelle, par une ironie cruelle du sort, nous ne disposons que du texte anglais, le manuscrit original s'étant perdu. C'est dans ces pages que Mallarmé élabore sa théorie la plus explicite, on est frappé de stupeur qu'une telle pièce soit ainsi dérobée à la vraie lecture, on en est réduit à déchiffrer les visions prophétiques que l'auteur exprime à travers la distance d'une retraduction (épreuve difficile pour qui sait l'importance du timbre dans la phrase de Mallarmé). Un tel phénomène a suscité une gêne à ce point forte que les commentateurs trop souvent n'ont pas tenu compte de cette approche, oubliant alors ce qui ne nous parvenait certes que de biais mais se trouvait être le creuset tout de même d'une ample pensée et de nombre d'aperçus visionnaires, se privant ainsi d'un apport hors mesure à l'histoire de l'art de même qu'à celle de la confrontation entre poésie et peinture. Bien que nous disposions cette fois de leur version française, les *Gossips*, ces échos, ces annonces, ces bruits, ces rumeurs, que Mallarmé adressa à son ami O'Shaughnessy entre 1875 et 1876 à fin d'insertion dans l'*Athenaeum* de Londres (on en connaît six relatifs aux arts dont trois sont consacrés à Manet et principalement à sa peinture *Le Linge*, œuvre clef dans l'esprit de Mallarmé), ont connu plus ou moins le même sort : ils ont été relégués dans la marge et finalement peu considérés. Pourtant l'éclat des *Gossips* et le bilan que constitue *Les Impressionnistes et Édouard Manet* nous livrent de façon directe la pensée de Mallarmé (de laquelle ne devraient pas être exclus non plus les mentions, jugements et confidences qu'il jette précieusement dans ses lettres). Cette pensée tourne autour de Manet comme s'il était l'incarnation du soleil de la peinture, ce qu'il fut de son temps et au regard du futur. Porté par l'amitié, malgré celle-ci aussi, Mallarmé a pesé le problème. Manet est l'axe, il n'est pas exclusif, mais tout vient de lui. À partir de quoi Mallarmé analyse ce qui fait la spécificité de la nouvelle peinture : le recours au « plein air » (pour une plus juste irradiation des chairs et de l'atmosphère), à la « simplification » (ce qui favorise soit une poétique de l'« aspect », c'est-à-dire la « perception exacte et native » du visible et de l'invisible par « un regard réinvesti de la perfection de voir la plus dépouillée », soit une indistinction de l'homme, des objets et du décor, paysage ou intérieur, dans le frisson d'un dévoilement cosmique de ce qui est), au « moderne » (manière et sujet). Mallarmé a tout dit pour la peinture, pour Manet et les autres, il a aussi tout dit pour lui-même, pour sa propre poésie, l'écart qui subsiste n'est plus lié qu'à l'approche (là, verbale, ici, plastique), à y songer sérieusement, il est nul. Mallarmé dit bien que cette peinture qui est tout laisse une place à celle qui, réfractaire à son exemple, reste prisonnière du passé. Mais la cime et le tranchant sont là. Mallarmé rêve. Il est absolument à la peinture.

Manet, Manet encore, Manet toujours. Tout commença en effet avec lui et ce fut assez simple. Fin 1871, Mallarmé s'installe à Paris et se fixe dans un modeste appartement rue de Moscou. Courant 1872, Manet quant à lui prend pour atelier une ancienne salle d'armes de la rue de Saint-Pétersbourg, à environ deux cents mètres. Voisins qui nouent relation en 1873 autour du motif le plus haut, la création. C'est ainsi que s'est amorcé le paradigme de tout dialogue entre poésie et peinture, deux hommes debout dans la parité et tirant aussitôt la rencontre vers l'absolu. Rencontre inaugurale (initiatrice d'un attrait réciproque durable entre peintres et poètes) et jamais égalée : deux génies à ce point tel et à l'écoute l'un de l'autre. Soit dit en passant sur ces débuts d'une longue amitié et en pensant au hasard objectif des rapprochements d'adresses, on notera que Méry Laurent, la future muse de Mallarmé, son « paon », sa nymphe et l'objet de toute son amitié galante de 1883 à sa mort, habitait, elle aussi, en 1873, le 29 de la rue de Moscou, qu'ils se croisaient déjà dans l'escalier de l'immeuble, que Méry Laurent fit la connaissance de Manet en 1876, à l'occasion de l'exposition fameuse et vengeresse qu'il organisa alors dans son atelier (le jury du Salon venait de refuser *L'Artiste* et *Le Linge*), que, plus tard, celui-ci la présenta à son ami Mallarmé (le voisin d'immeuble, « mi-prêtre, mi-danseur » disait Manet) et que c'est, en 1883, à la mort de Manet, dans la consolation mutuelle d'une perte irréparable, que leur relation prit un tour plus intime.

Mallarmé et Manet. Le premier connaissait le second par les deux magnifiques portraits de Baudelaire (de face et de profil) qu'il avait exécutés à l'eau-forte et qui se trouvaient reproduits dès 1869 dans le livre d'Asselineau, si précieux aux fervents. À son arrivée à Paris, Mallarmé restait en large part étranger à la peinture de son temps (qu'il allait si vite s'approprier) et l'entremise idéelle de Baudelaire ne manqua pas d'être alors la meilleure des introductions. Les conversations entre Manet et Mallarmé sont tout de suite profondes et familières, la première attestation d'une si totale connivence est, en forme de clin d'œil, la parution concomitante dans le numéro un de *La Revue du Monde nouveau* (mars 1874) du poème en prose de Mallarmé, *Le Démon de l'analogie* sous son premier titre *La Pénultième*, et du bois de Manet, *La Parisienne* (d'après l'amie commune, Nina de Callias), en regard d'un poème de Charles Cros (créateur singulier, amant de Nina et directeur de cette éphémère revue), cette équivalence est à double entente, d'esprit plus que littérale bien sûr, inconsciente et très consciente, accentuée parfois par certains commentateurs au prix d'une confusion entre *Le Démon de l'analogie* et *Le Phénomène futur*, ce qui la rend d'autant plus adéquate alors si l'on prend en compte l'admirative réticence de Baudelaire, qui est à l'origine utopique du rapport Mallarmé-Manet, à propos de cette prophétie qu'il avait lue avec beaucoup de perspicacité et d'intérêt sur une copie manuscrite offerte par Mallarmé à Glatigny ou Banville. Baudelaire serait donc le seul intercesseur. Et pourtant il y a dans le rapport de Mallarmé à la peinture un lien plus profond encore. Car Manet n'est pas le premier peintre que rencontre Mallarmé.

Avant lui, il y a eu Henri Regnault et ce n'est pas peu que de le rappeler. Regnault fut pour Mallarmé un ami, un ami réel et rêvé, et il était peintre. Ils ne se virent que peu (le souvenir de leur échappée dans la forêt de Fontainebleau en compagnie de Cazalis et de des Essarts en 1862 leur resta vif à jamais), ils songèrent sans cesse l'un à l'autre. Ils avaient ce même sens de l'œuvre totale. Mallarmé tenait plus que tout à posséder un autoportrait de son ami (il eut l'idée touchante d'un échange : poème contre dessin), à disposer de photographies de lui (« Et Regnault ? Il ne répond pas ; pas de photographies de lui. C'est désastreux », écrit-il à Cazalis). À son tour, Regnault, qui proclame son goût de la lumière, sa haine du gris (comme en pré-

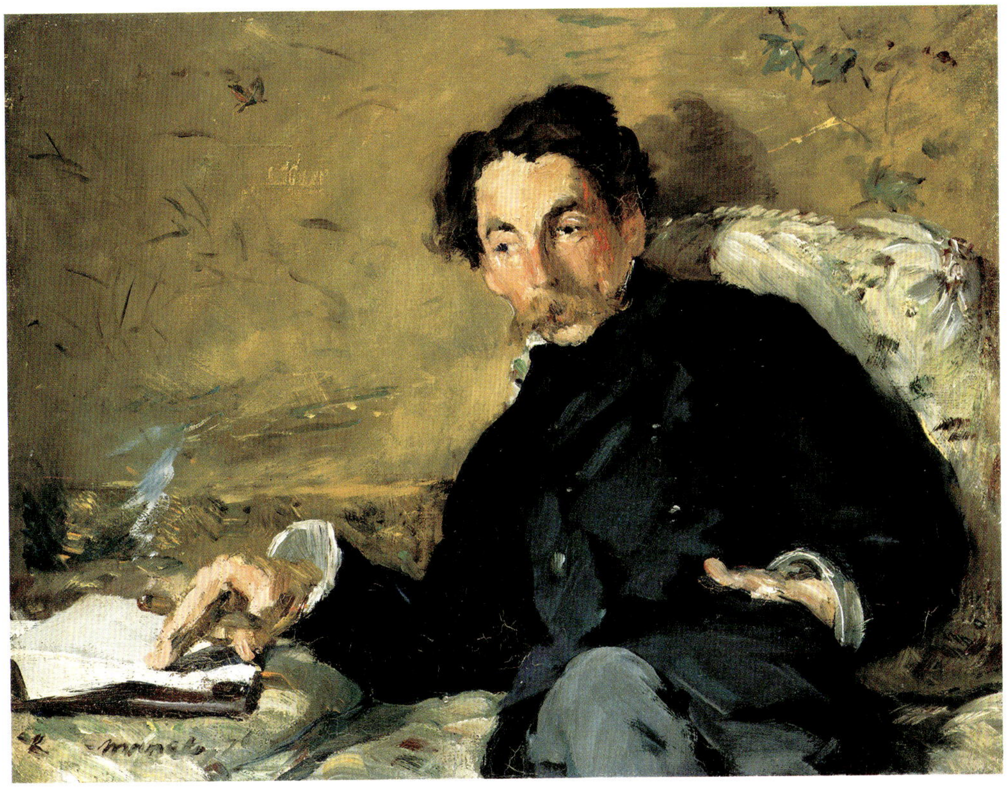

51. Édouard Manet,
Portrait de Stéphane Mallarmé, 1876,
Paris, musée d'Orsay, **cat. 70.**

lude à la théorie du plein air, comme en écho à l'azur), confesse à son ami qu'il se sent à son endroit comme « un frère loin de son frère ». Mais Mallarmé aura tout : l'autoportrait dédié, les photographies, et aussi ce dessin de Fontainebleau, si extraordinaire, sur l'*Album* offert à Mallarmé par ses amis de jeunesse. À Buzenval, en héros, à vingt-huit ans, Henri Regnault meurt d'une balle qui ne laisse sur son visage qu'une trace infime. Mallarmé réagit avec douleur (une grande violence affective l'agite). À peine deux mois plus tard, il écrira décisivement à Cazalis : « Je ne m'afflige pas vraiment, de penser qu'Henri s'est sacrifié pour la France, et que celle-ci ne soit plus. Sa mort a été plus pure. Il y aura eu plus d'Éternité que d'Histoire dans cette unique tragédie. » À l'aube de son installation à Paris, Mallarmé pense au beau destin interrompu, à l'œuvre qui ne sera pas et qu'il rêvait réciproque de la sienne. En lui un manque se creuse évoqué bientôt dans *L'Anniversaire de la mort d'Henri Regnault* (une lancinance se donne, résumée par la terrible question : « Qu'aurait-il fait depuis ? Que ferait-il aujourd'hui ? ») et Manet par le truchement de Baudelaire viendra combler le vide insupportable (sans que jamais Regnault — cet autre *Hamlet* — ne disparaisse), dans la structuration affective de Mallarmé il prendra la place du frère différent (l'homme des couleurs et des formes). Peut-être doit-on voir dans le poème « *Quelle soie aux baumes de temps...* » mieux qu'une allusion à ce transfert ? Mallarmé songe indiscutablement par le recours aux « drapeaux » qui « s'exaltent », à l'« avenue », aux « gloires », à ces compositions qu'il admirait de *La Rue Mosnier aux drapeaux* de Manet, rue voisine qu'il connaissait si bien. Et les « drapeaux » du poème ne s'ornent-ils pas de « trous » en souvenir de Regnault, la vision de Manet, elle-même grinçante dans la version de *L'Homme aux béquilles*, ressuscitant le triste souvenir en même temps qu'elle appelle l'admiration devant le fait pictural, le double phénomène donnant l'une des clefs de l'éloignement du dernier état du poème ainsi réécrit au regard des leçons antérieures ? Ce qui n'exclut

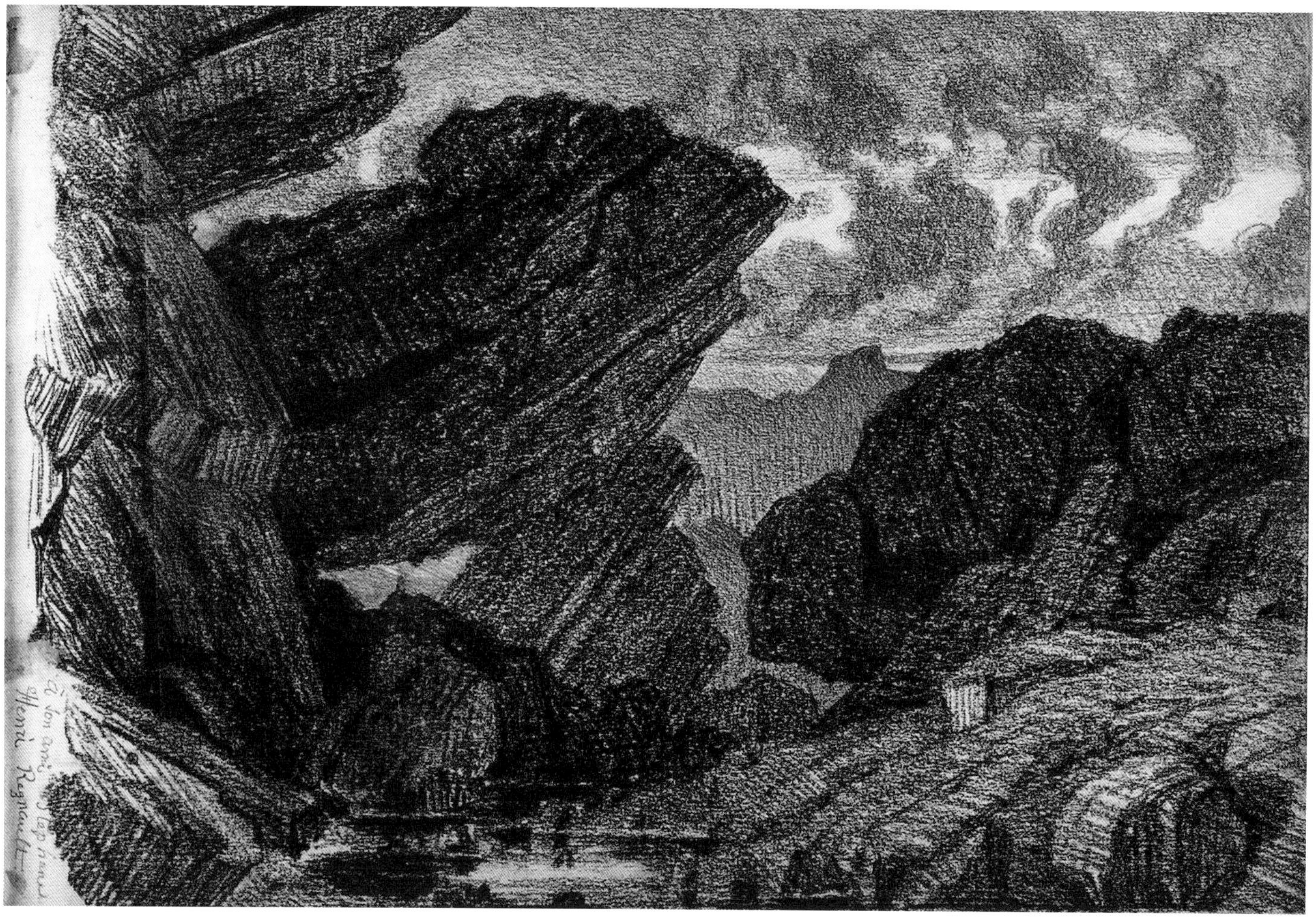

52. Henri Regnault, *Paysage*, album amicorum de Stéphane Mallarmé, 1862-1868, Paris, Doucet, **cat. 13.**

pas le caractère personnel, intime et érotique du sonnet (c'est la victoire de l'intériorité, du duo, sur le monde — historique et réel, bref extérieur). Baudelaire et Regnault pour venir à cette évidence : Manet fut bien pour Mallarmé ce qu'il se devait d'être, le double — abouti et parfait — de soi-même.

La conquête définitive de la peinture par Mallarmé se fit en effet à travers Manet. Il contempla cette cime, il eut l'exact reflet de lui-même. Mallarmé vint, dans son destin d'homme, à la peinture par celui qui décidait de l'histoire de cet art, mouvement admirable de la part de qui, au même moment, procédait à un renversement irrémédiable dans l'ordre de la poésie. Mallarmé, pourtant si enfoncé dans la quête des mots, se précipita très simplement sur la peinture, alors qu'au départ il en semblait on ne peut plus éloigné (encore que, bien sûr). Est-ce au fond si étonnant pour quelqu'un qui écrivait assez tôt (en 1864) à Cazalis ses efforts pour forger « une poétique très nouvelle, que je pourrais définir en ces deux mots : *Peindre, non la chose, mais l'effet qu'elle produit* » ? Il y avait là en germe une reconnaissance qui allait de soi et de Manet et de l'impressionnisme. Mallarmé ne fut pas peu heureux au fond de constater qu'il y avait au-dehors, et dans un dehors qui a priori était l'extrême lointain, une ratification objective de ses propres aspirations. Ce fut même pour lui comme une justification. Il entra donc naturellement en dialogue. Non pas simple échange d'hommes mais rencontre d'œuvres. Mallarmé goûta la grande transposition de sa poésie en plastique et il s'exprima longuement, sur Manet avant tout. Avec sa lucidité et sa voyance coutumières, Mallarmé fit de son ami le point de départ, le pivot et le chef de file de la peinture elle-même, la seule qui comptât, cette nouvelle peinture en train de se faire. Si, dans deux poèmes on trouve une allusion voilée quoique criante à Manet (dans « *Quelle soie aux baumes de temps...* » il s'agit de *La Rue Mosnier aux drapeaux* et dans le *Billet* à Whistler du *Bal masqué à l'Opéra*), c'est dans quelques proses que Mallarmé va affirmer le plus nettement son adhésion.

Et non sans tirer son ami vers un ailleurs de lui-même, Mallarmé restituant au demeurant si bien les intentions, l'allure, la pratique et le destin du peintre. Mais il veut alors considérer l'ensemble de la peinture qui se fait comme une totalité (il unifie, tout en n'ignorant pas les divergences — les nuances sont, on le sait, son fort). Aussitôt tout s'articule autour d'une toile qui serait à la fois emblématique de Manet lui-même et de l'impressionnisme en son entier, *Le Linge* — Mallarmé l'énonce dans les trois *Gossips*, il donne plus profondément encore le soubassement de sa réflexion dans l'ampleur de sa forte méditation, *Les Impressionnistes et Édouard Manet. Le Linge* est indiscutablement une toile admirable et capitale, Mallarmé l'envisage avant qu'elle n'ait été refusée par le jury du Salon, il la dit, ici, le « répertoire complet et définitif de toutes les idées actuelles et de leurs moyens d'exécution », là, il s'attarde sur son mystère, sa magie : « Sur un fond de verdure et d'atmosphère bleuissante qui borne un jardin parisien, une dame en bleu lave, par jeu, ce qui de son linge ne sèche pas encore dans l'air transparent et tiède : un enfant émerge des fleurs et regarde la lessive maternelle. Le corps de la femme est entièrement baigné et comme absorbé par la lumière qui ne laisse d'elle qu'un aspect à la fois solide et vaporeux, ainsi que le veut le *plein air* à quoi tout le monde vise aujourd'hui en France. » Mallarmé a tout dit et même plus, il a poussé son cher Manet vers ce que celui-ci refusait violemment, le plein air, pour mieux le placer au centre et au départ. Car le génie suprême de Manet fut indéniablement dans le comme si. Pas de plein air mais l'*aspect* oui, ce dépouillement alchimique du terrestre pour plus de terrestre encore (et laver n'est-il pas en ce sens l'acte primordial ?), ce qu'il faut brandir, c'est non le vide du simulacre, mais le goût et l'arrière-goût de ce qui est. Mallarmé procède à une torsion pour unifier, pour simplifier (on est déjà tellement au cœur de la querelle, du rejet), pour glorifier davantage, il voit l'équivalence tremblante et charpentée de ses plus beaux poèmes, et il en frémit et il en est fortifié, confirmé à ses propres yeux (si besoin était). *Le Linge* de Manet apparut donc à Mallarmé à la fois comme un art poétique et un manifeste. Plus que tout il était sensible à cette mise à plat toute de profondeur à laquelle Manet recourait : une femme, un enfant, du linge, de la verdure, une chaise, un baquet, des fleurs, tout s'équivalait, les objets et les humains, les sourires et les brises, un grand panthéisme cosmique habitait Manet et ce mysticisme du tout et du moindre sollicitait au plus haut point Mallarmé (ses poèmes, n'est-ce pas). Mallarmé fait du *Linge* l'apogée de ce qu'il appelle la « crise » de la peinture (il est remarquable que ce mot de « crise » faisant le lien, on peut lire *Les Impressionnistes et Édouard Manet* comme le pendant avant-courrier de *Crise de vers*, tout s'y écrit en parallèle et dans le moindre détail, la situation générale de la fin d'un siècle où une révolution s'accomplit en silence, la cassure exigible des anciennes manières, les mots considérés comme des touches — « À côté d'*ombre*, opaque, *ténèbres* se fonce peu... » —, le fait de tourner le dos à la description, bref au réalisme, pour rien que l'allusion, « transposer un fait de nature en sa presque disparition vibratoire », celui d'atteindre la « notion pure », et partout l'*isolement*, condition impérieuse, avec pour finir cette conviction : « la réminiscence de l'objet nommé baigne dans une neuve atmosphère », on voit à quel point de perte et d'abîme poésie et peinture se superposent dans la recherche de l'absolue novation), il ne néglige pas pour autant ce qui conduit à lui. Courbet certes qui fut le déclencheur et le repoussoir. Il insiste sur la solitude de Manet, qui « se répétait » « avec obstination », sur son « irrépressible instinct », sur sa volonté d'oubli, sur le rejet de soi et le fait malgré tout de ne puiser qu'en soi pour trouver la solution, sur les éléments très dispersés à coordonner, sur la peinture de la *vérité* (nudité et non nu par exemple pour *L'Olympia*), sur « le conflit entretenu entre surface et profondeur, couleur et lumière », et savamment pourrait-on ajouter, sur le fait de l'apparition et de la disparition simultanée (tout n'est « qu'en passant » et cependant « palpite »). À cela quelques clefs : le tableau est isolé (coupé), donc paradoxalement total, la simplification est décisive, le rejet de la personnalité une règle nécessaire. C'est à ce prix que Manet est devenu plus encore un « initiateur » qu'un « chef de l'école impressionniste » (comme Mallarmé lui-même en poésie).

En tout Mallarmé fait son propre portrait, et pourtant il est exact (et formidablement exact) quant à Manet, une simple transposition aura suffi. À un moment de sa large méditation, Mallarmé précise les étapes principales de Manet (« Voilà, écrit-il, les peintures qui jalonnent pas à pas les barreaux de l'échelle escaladée par ce hardi révolutionnaire ») : ce sont *Le Déjeuner sur l'herbe*, *L'Exécution de Maximilien*, *Coin de table*, *Le Balcon*, *Le Bon Bock*, *Bal masqué à l'Opéra*, *Le Chemin de fer* et *Argenteuil*. C'est l'œuvre du redéploiement qui est privilégiée ainsi. Mallarmé aimait la part antérieure (il a souscrit à l'achat par l'État de *L'Olympia*), il prend plaisir à la période espagnole (« il ne faut aucunement regretter la période de transition »), elle prépare la « surprise » essentielle et en ébauche les virtualités. Mallarmé insiste encore sur le *Grand Canal à Venise*, il aimera *Faure dans le rôle d'Hamlet* (il en possédera l'esquisse au pastel qu'il souhaitera acheter malgré son peu de moyens après la mort de son ami), *La Rue Mosnier aux drapeaux*, des portraits obliques (Berthe Morisot, Nina de Callias, Ellen Andrée, Méry Laurent où, plus encore qu'avec Victorine Meurent, le modèle comme support et le sujet comme en-soi s'indifférencient), il suivra Manet dans sa grande boucle qui fera d'*Un bar aux Folies-Bergères* le terme d'un cercle de splendeur dont le départ est *La Musique aux Tuileries*. Manet, donc, et tout Manet. Et, quitte à s'identifier, autant le faire jusqu'au bout, Mallarmé a déjà écrit alors ce texte ironique et altier de condamnation des petitesses et des bassesses d'époque, *Le Jury de peinture pour 1874 et M. Manet*, Manet est rejeté comme lui, Mallarmé, et il en va là de l'unique scène possible du théâtre de la création (ceci est vrai en tout temps et en tout lieu). Aussitôt Mallarmé parle, prend date, il est d'un calme éreintant, il écrase d'un sourire (l'acte le plus fort) les manœuvres habiles de ceux qui n'ont de raison d'être (leur jalousie d'impuissants muée en haine) que de reculer l'instant d'éclat de la grandeur. Mallarmé dans cette parole contre est avec l'éternité. Il revient sur les trois tableaux en cause (*Bal masqué à l'Opéra*, *Les Hirondelles*, *Le Chemin de fer*) et son propos se fait pur paradoxe. Il fait du *Bal*, cette houle de hauts-de-forme (une telle peinture est aussi une marine), ce noir avec les trouées de couleurs et les rehauts de lumière qui en font une musique, un « point culminant » qui « résume » tous les élans passés du peintre, ceci à juste titre. Il glisse sur *Les Hirondelles* (qui, en soi, est la vraie révolution, la bombe invisible, comme le sera *Le Linge*), dans ce texte polémique il n'y a pas lieu de finasser ou de rêver (ce que Mallarmé fait quand même, lorsqu'il souligne, comme dans une parenthèse à l'intérieur du propos négatif répondant à la grossièreté des jurés, l'apport positif et décisif — le plein air bien sûr, les éléments perdus, la légèreté d'esquisse de ce qui n'est qu'« en passant ») sur ce qui est

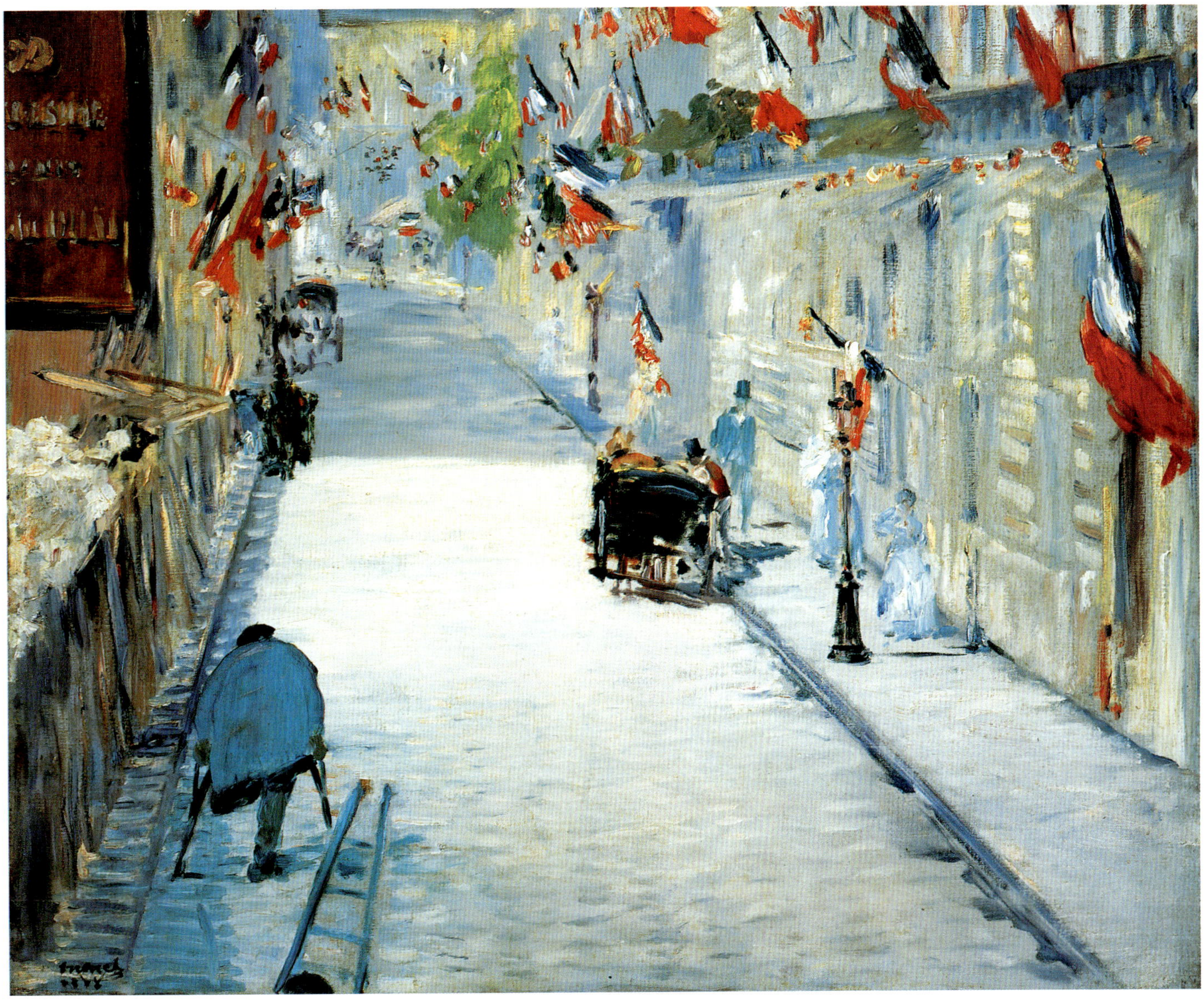

53. Édouard Manet, *La Rue Mosnier aux drapeaux,* 1878,
Londres, Christie's.

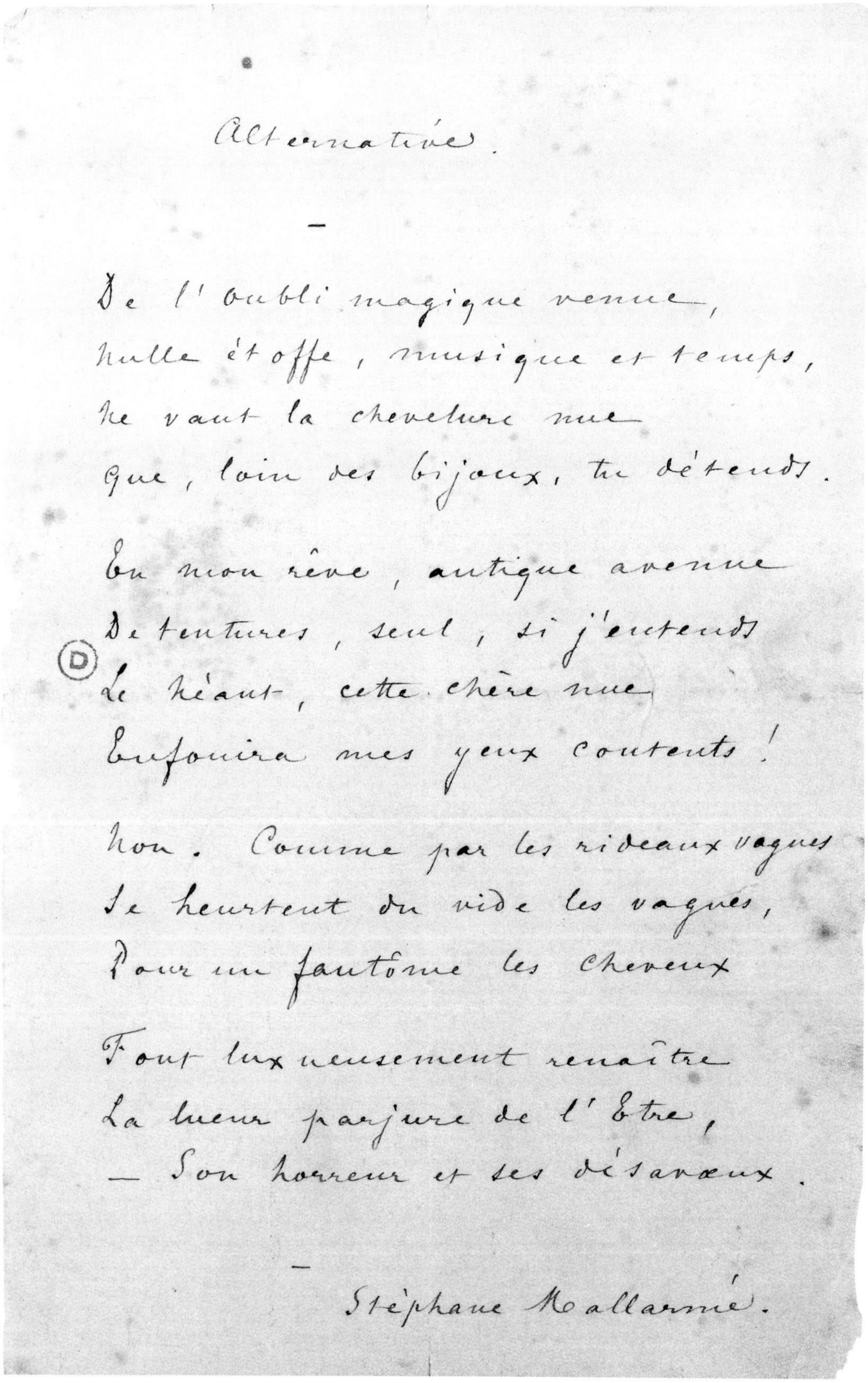

Alternative.

—

De l'oubli magique venue,
Nulle étoffe, musique et temps,
Ne vaut la chevelure nue
Que, loin des bijoux, tu détends.

En mon rêve, antique avenue
De tentures, seul, si j'entends
Le néant, cette chère nue
Enfouira mes yeux contents !

Non. Comme par les rideaux vagues
Se heurtent du vide les vagues,
Pour un fantôme les cheveux

Font luxueusement renaître
La lueur parjure de l'Être,
— Son horreur et ses désaveux.

—

Stéphane Mallarmé.

54. Stéphane Mallarmé, *Alternative,* vers 1869,
Paris, Doucet, **cat. 322.**

l'écho de sa propre visée (« quelque chose même de vague », tel serait, dans l'à peine soupir d'une voyance, *Les Hirondelles* par rapport à « l'œuvre accentuée », *Le Bal*). Quant à la troisième toile que le jury a laissé passer (*Le Chemin de fer*), Mallarmé allonge encore son ironie et l'infini de la question quand il dit que cette œuvre réserve au jury « une autre surprise », en effet, cette peinture énigmatique et claire (il n'y a pas de sujet autre que l'effet des couleurs, ce qui est exprimé est invisible, du moins s'évapore en fumée lourde, ne subsistent que les regards inversés de deux faux témoins qui détournent les points de vue du spectateur) est un piège sublime où la peinture comme acte triomphe (la prolifération des niveaux de sens est aussi l'apogée de la touche qui se dépose légère, Manet achève ici son passé et énonce son futur).

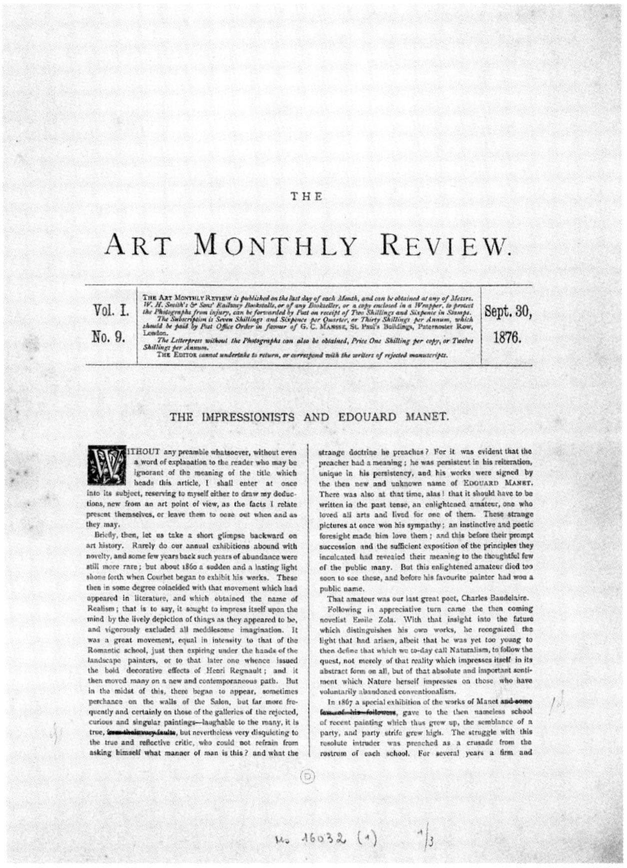

THE

ART MONTHLY REVIEW.

Vol. I. No. 9.	The Art Monthly Review *is published on the last day of each Month, and can be obtained at any of Messrs. W. H. Smith's & Sons' Railway Bookstalls, or of any Bookseller, or a copy enclosed in a Wrapper, to protect the Photographs from injury, can be forwarded by Post on receipt of Two Shillings and Sixpence in Stamps.* *The Subscription is Seven Shillings and Sixpence per Quarter, or Thirty Shillings per Annum, which should be paid by Post Office Order in favour of* G. C. Mansse, St. Paul's Buildings, Paternoster Row, London. *The Letterpress without the Photographs can also be obtained, Price One Shilling per copy, or Twelve Shillings per Annum.* The Editor *cannot undertake to return, or correspond with the writers of rejected manuscripts.*	Sept. 30, 1876.

THE IMPRESSIONISTS AND EDOUARD MANET.

WITHOUT any preamble whatsoever, without even a word of explanation to the reader who may be ignorant of the meaning of the title which heads this article, I shall enter at once into its subject, reserving to myself either to draw my deductions, new from an art point of view, as the facts I relate present themselves, or leave them to ooze out when and as they may.

Briefly, then, let us take a short glimpse backward on art history. Rarely do our annual exhibitions abound with novelty, and some few years back such years of abundance were still more rare; but about 1860 a sudden and a lasting light shone forth when Courbet began to exhibit his works. These then in some degree coincided with that movement which had appeared in literature, and which obtained the name of Realism; that is to say, it sought to impress itself upon the mind by the lively depiction of things as they appeared to be, and vigorously excluded all meddlesome imagination. It was a great movement, equal in intensity to that of the Romantic school, just then expiring under the hands of the landscape painters, or to that later one whence issued the bold decorative effects of Henri Regnault; and it then moved many on a new and contemporaneous path. But in the midst of this, there began to appear, sometimes perchance on the walls of the Salon, but far more frequently and certainly on those of the galleries of the rejected, curious and singular paintings—laughable to the many, it is true, ~~from their very faults~~, but nevertheless very disquieting to the true and reflective critic, who could not refrain from asking himself what manner of man is this? and what the strange doctrine he preaches? For it was evident that the preacher had a meaning; he was persistent in his reiteration, unique in his persistency, and his works were signed by the then new and unknown name of Edouard Manet. There was also at that time, alas! that it should have to be written in the past tense, an enlightened amateur, one who loved all arts and lived for one of them. These strange pictures at once won his sympathy; an instinctive and poetic foresight made him love them; and this before their prompt succession and the sufficient exposition of the principles they inculcated had revealed their meaning to the thoughtful few of the public many. But this enlightened amateur died too soon to see these, and before his favourite painter had won a public name.

That amateur was our last great poet, Charles Baudelaire.

Following in appreciative turn came the then coming novelist Emile Zola. With that insight into the future which distinguishes his own works, he recognized the light that had arisen, albeit that he was yet too young to then define that which we to-day call Naturalism, to follow the quest, not merely of that reality which impresses itself in its abstract form on all, but of that absolute and important sentiment which Nature herself impresses on those who have voluntarily abandoned conventionalism.

In 1867 a special exhibition of the works of Manet ~~and some few of his followers~~, gave to the then nameless school of recent painting which thus grew up, the semblance of a party, and party strife grew high. The struggle with this resolute intruder was preached as a crusade from the rostrum of each school. For several years a firm and

Ms. 16032 (1) 1/3

55. *The Art Monthly Review, n° 9,*
30 septembre 1876,
Paris, Doucet, cat. 77.

Mallarmé a accompagné Manet, il a lutté à ses côtés. Leurs relations quotidiennes ne se sont jamais démenties (seule la mort du peintre y apposera un terme), elles étaient, on les imagine, très brillantes entre deux causeurs réputés. Manet, dans son élégance (que Mallarmé soulignera si bien dans son portrait, *Édouard Manet*) se balançait devant Mallarmé, assis. Et tout y venait, des plus hautes considérations sur le mystère de créer (l'un et l'autre offraient au bon camarade l'état des choses, l'avancée effective, la part encore ineffectuée du rêve) jusqu'aux futilités qui à l'égal les unissaient si bien (les lettres de Manet aquarellées pour quelques dames en témoignent comme les adresses rimées de Mallarmé, sa propension à éditer seul *La Dernière Mode*, c'était là leur côté Méry Laurent). Donc, tout de la vie passa dans ces rencontres (jamais on ne fut si proche sur tous les plans), de cela subsistent quelques traces, les deux livres (*Le Corbeau* d'Edgar Poe traduit par Mallarmé et magistralement illustré par Manet — non pour Poe certes qui lui indifférait mais pour Mallarmé, Poe au reste y devient Mallarmé, plus exactement la présence énigmatique du visité prend davantage les traits physiques et moraux de Mallarmé que ceux de Poe — et *L'Après-midi d'un faune* sur le registre tout différent de l'intimité de format comme de propos qui unit encore les deux hommes en une pure beauté initiale du livre), le superbe et tendre *Portrait de Mallarmé* par Manet (le causeur au cigare significativement concentré sur son propos, l'expression d'intelligence et de sensualité du visage, la posture juste à jamais). Il n'y eut dans tant d'affection que le petit accroc (qui ne fut rien) de la préférence donnée par Manet au brave Banville, rimailleur aisé, sur Mallarmé dans le choix du quatrain destiné à accompagner *Le Polichinelle*, en jouant au membre du jury des Salons, en privilégiant la prudence, Manet s'est privé d'afficher au grand jour le juste pendant des vers de Baudelaire pour *Lola de Valence*. À part cela, il n'y eut qu'entente, complicité, affection. Ce fut un compagnonnage d'armes et une fraternité d'étoiles. L'histoire n'a pu qu'y acquiescer.

Face à ce duo, rien ne pourrait demeurer. Titrant sa célèbre réflexion, Mallarmé infirme la supposition et ne fait figurer l'essentiel (*... et Édouard Manet*) qu'en second, plaçant en tête la nébuleuse d'un pluriel à considérer (*Les Impressionnistes*), effet de style qui renverse le sens des choses pour la surprise d'une évidence qui claque et résume. Il y a donc quelque chose plutôt que rien. Et ce quelque chose n'est pas rien. Il se trouve en fait quelques individus hors norme qui eux aussi cherchent, à côté de Manet, la voie du nouveau. Au premier rang, à part, à tout jamais à part, Edgar Degas. Dans l'esprit de Mallarmé comme en réalité, Degas est plus près de Manet que des autres. Par l'âge peut-être, par le génie sûrement. Avec le grand, le parfait, le très irascible Degas, Mallarmé est toujours indulgence (Degas est le seul à maugréer chez Berthe Morisot quand Mallarmé prononce sa conférence sur Villiers, alors que tous sont figés par l'admiration, Monet et Renoir singulièrement, il est le seul à se permettre, anarchiste de cœur comme un peu Verlaine), ne serait-ce qu'en raison de sa magnifique intelligence qui lui autoriserait tout (même son mauvais caractère légendaire auquel Mallarmé en riant fait allusion — « calmer l'ire » — dans l'envoi précisément qui accompagne l'édition de sa conférence sur Villiers), mais il y a l'œuvre aussi et elle est décisive. Mallarmé parle du « dessinateur magistral », des « lignes subtiles » de son tracé, il met en avant la force et la délicatesse mêlées, qu'il s'agisse des scènes de danse ou de blanchisserie avec ce pantelant et moderne corps de la femme, pas plus prétexte à « sensualité » qu'à « sentimentalisme ». Rien que la ligne et la couleur vaporeuse ou franche, de la complexité, la recherche de l'impossible, les torsions de la femme — à la danse, au travail, à la toilette. Et bien d'autres sujets encore. Mallarmé est toujours en sympathie, il étouffe un rire devant les outrances de parole ou de geste, il aime l'aristocratique dandy qui produit le meilleur de la peinture, ressuscite la sculpture, confirme le dessin et l'estampe et s'essaie même à la photographie (toujours avec un égal bonheur), ne voulant renoncer à rien de la facilité moderne (quitte à railler, quitte à pourfendre), ce qui l'amène à tirer le portrait de ses amis Mallarmé et Renoir (la poésie de concert avec la peinture), et, lui, Degas se réfléchit dans la glace en même temps que le coup de lumière de son instrument de magie simple. À travers quelque difficulté due à l'attitude de son ami, Mallarmé est attiré par cette fleur si odorante des « syringas » (ainsi qu'il le dit), il espère de Degas avec une sorte de fierté (« Degas *lui-même* se propose de teinter », « ce sublime inexact », « Degas… s'annonce ») une gravure pour *Le Tiroir de laque.* En vain, quoique ce fût très juste. On en resta aux regards échangés, à la réciprocité d'estime et au désir d'aller plus loin.

Manet, Degas, le troisième, c'est Monet. Monet adorait Mallarmé auquel il fit présent de l'un de ses plus extraordinaires tableaux, *Le Train à Jeufosse* (le train dans la campagne, la boucle de la rivière, la fumée comme une suite de pommiers, c'est tout Mallarmé revisité, le Mallarmé de Valvins), celui-ci lui rendait bien cette puissante adhésion quand il notait dans une lettre : « Moi, en fait d'expositions, je finis par ne plus regarder que le Monet situé là sur mon mur, il me réjouit, suffit. Que ce fut beau, les peupliers ; et le voilà maintenant devant une cathédrale ; celui-là est un certain génie. » On sait à propos de ce tableau l'exaltation de Mallarmé (après avoir choisi non sans réticence de tact la peinture qu'il préférait dans l'atelier, il disait à Berthe Morisot dans la carriole sur le chemin du retour, la précieuse toile sur ses genoux : « Une chose dont je suis heureux, c'est de vivre à l'époque de Monet », et il précisait aussitôt à ce dernier : « … une joie pareille à celle que me cause la contemplation de votre tableau, cher Monet. Je me noie dans cet éblouissement, et estime ma santé spirituelle du fait que je le vois plus ou moins, selon mes heures. Je me suis peu couché la première nuit, le regardant… ») telle qu'il la manifeste deux ans avant, au moment même où il devient le sien. Mallarmé avait été ravi par les *Marines d'Antibes* lui rappelant le Midi de sa vision, les *Meules*, les *Peupliers*, les vues de *La Gare Saint-Lazare* (qu'il prisait en familier). Il répétait le mot constant de Manet : « Monet a du génie. » Dès son grand texte de 1876, il excepte Monet, il le voit de force égale dans les formats mesurés et l'ampleur illimitée, il est selon lui lié à « l'eau » (prescience extrême

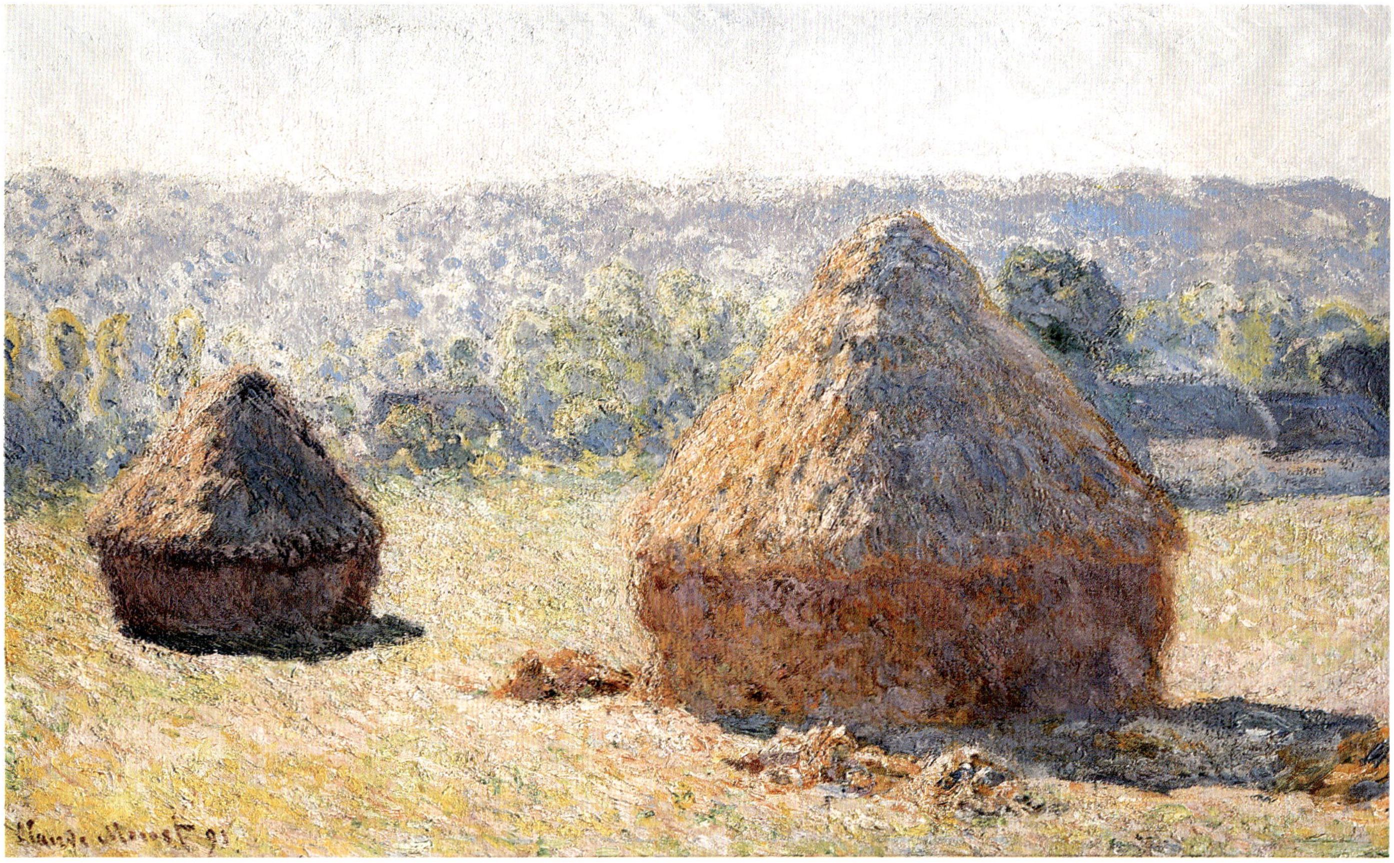

56. Claude Monet, *Les Meules, fin de l'été,* 1891,
Paris, musée d'Orsay, **cat. 236.**

de Mallarmé, que *Les Nymphéas* n'auraient pas dérouté), aussi généreux Mallarmé sera-t-il pour Sisley et Pissarro (que de justesses à leur endroit !), ils lui apparaîtront secondaires par comparaison avec Monet (il fait même grief à Sisley de s'attaquer aux églises tant il ne peut s'abstraire des façades de la cathédrale de Rouen). Monet est pour lui la peinture, l'inscription de sa mobilité dans la permanence d'un tremblement, il est un passeur d'absolu, il bâtit l'histoire.

Dans son étude comme dans sa vie, Mallarmé n'oublie ni Renoir ni Berthe Morisot. Ce sont des accompagnateurs certes, mais non moins des acteurs en eux-mêmes. Il rend justice au premier d'avoir fait prévaloir les lois du plein air dans des scènes d'intérieur, à la seconde de sa saisie du mouvement des heures élevant la quotidienneté de la femme et de l'enfant dans la lumière du jour. Renoir est réellement un ami, et fidèle (le seul à avoir réalisé la gravure promise pour *Le Tiroir de laque*, il a aussi accompli un portrait que Mallarmé ne considérait qu'avec réticence), et, en Berthe Morisot, il aperçoit la femme, le modèle éclatant de Manet, c'est sûr, la beauté réelle, mais également l'effort d'une femme précisément pour apporter sa touche féminine avec une fermeté d'homme dans un milieu extrêmement masculin où elle sut rester femme (et quelle) tout en faisant œuvre (et œuvre non mineure). La longue étude en forme de portrait ou de tombeau que Mallarmé a consacrée à Berthe Morisot marque son estime, son amitié, son goût de cette peinture accomplie (nul doute que les aléas d'une demande de préface ne l'aient dictée car cet empressement à écrire fait ressentir avec trop d'acuité le relatif silence sur Degas ou Monet, les vrais égaux hors Manet, ce qui ne s'explique pas plus que la présence de tel ou tel tableau chez Mallarmé et l'absence de tel autre tant admiré cependant, là, seule a joué l'opportunité du don pour un homme qui fut pauvre et se refusa à l'indélicatesse).

À cette génération se rattache Rodin dont Mallarmé possédait le plâtre (emblématique pour lui) de *Faune et nymphe* et qu'il plaçait haut humainement et esthétiquement, ce qui le réconciliait avec la sculpture, art trop solide pour lui, trop lié au tangible, pas assez à l'infigurable. Pourtant Rodin (avec les inattendus Degas et Gauguin) remit la sculpture dans l'esprit de Mallarmé. On sait la fureur de Mallarmé devant le rejet par la Société des Gens de Lettres de son *Balzac* (« La goujaterie des Gens-de-Lettres envers Rodin est parfaite ; je n'en décolère pas ou ressens une honte, encore que je sois si peu d'entre eux », écrit-il à Méry Laurent et à Rodin lui-même : « ... rien, la goujaterie surtout — dis-je de mes confrères, ne touche à la sérénité grandiose de l'œuvre. Les individus, qui tirent à la ligne, ont beau jeu, certes, de se mal conduire devant la postérité, à cause qu'ils lui échappent. Voilà une peine de l'isolement, ne pouvoir crier sa fureur au feuillage et à l'eau ; et je ne décolère pas : qui sait, peut-être, vous sentez-vous, après le haussement d'épaules, calme, ayant toute gloire, qui consiste en la certitude »). Là encore, Mallarmé s'identifie, les déboires de Rodin sont les siens, même génie, même agression pour cette raison seule. Voilà les hommes essentiels du renouvellement et à leur suite Mallarmé demande, comme presque une grâce, d'ajouter le nom de Whistler, son ami, une part encore de l'héritage de Baudelaire. À celui-ci le *Billet* (où il convoque aussi par jeu de glissements Manet et Degas), le farouche portrait, et toute son attention très tôt (il dit les nommant tous : « auxquels j'aimerais joindre Whistler »). Pour Mallarmé il ne fut pas une gentille flamme étouffant en beauté parmi les flambées des géants, il fut la sensibilité intacte, dandysme savant à l'unisson de Manet et Degas, et son poudroiement (jusque dans la frémissante effigie de Mallarmé) s'imposa, Mallarmé tint à le dire et le redire, un peu comme pour Berthe Morisot il combattit en faveur d'un proche, cause moins perdue qu'il n'y paraît, Whistler n'étant pas comme on l'a cru, exclusivement fantomatique

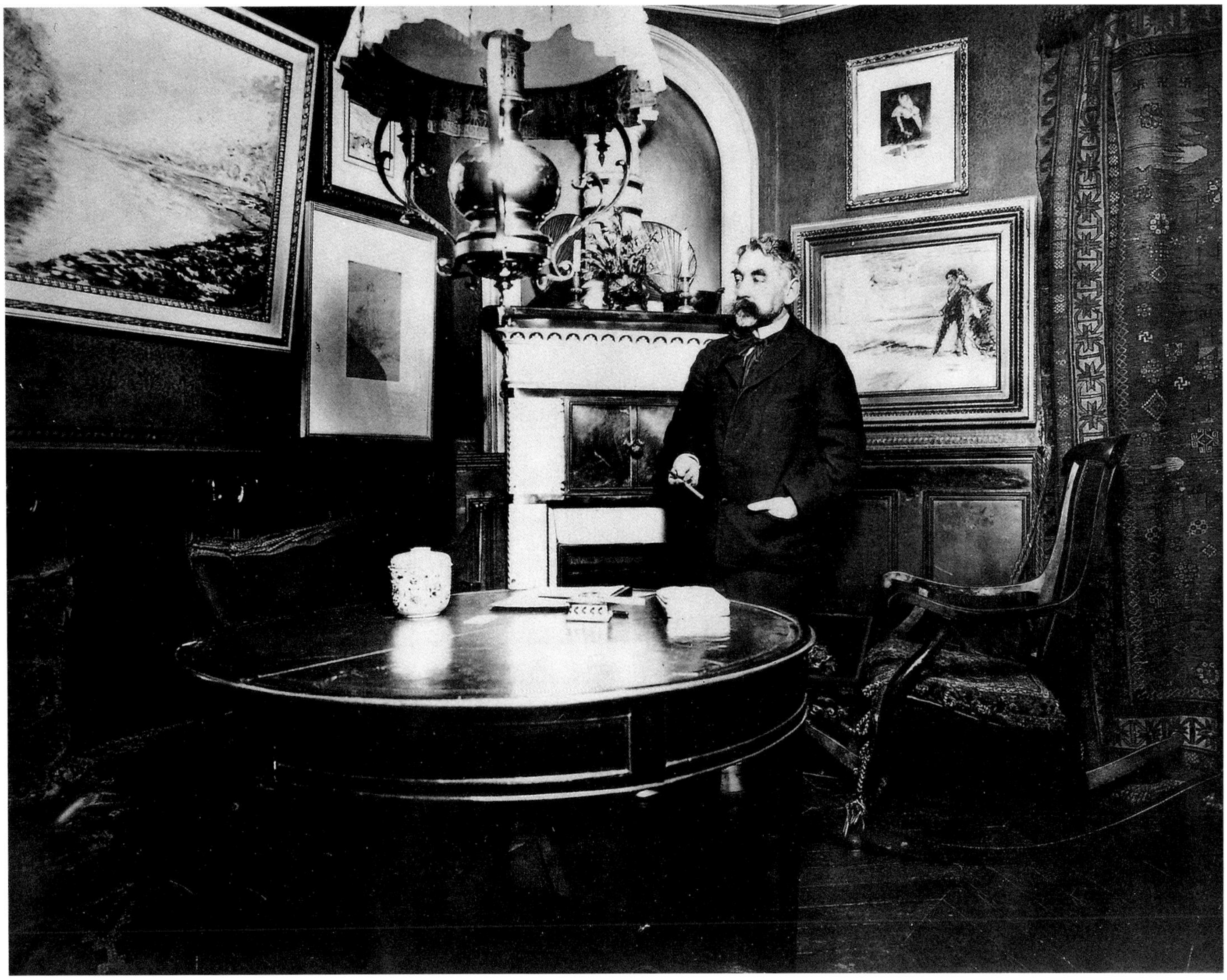

57. Dornac, *Stéphane Mallarmé*,
Paris, BnF, Estampes.

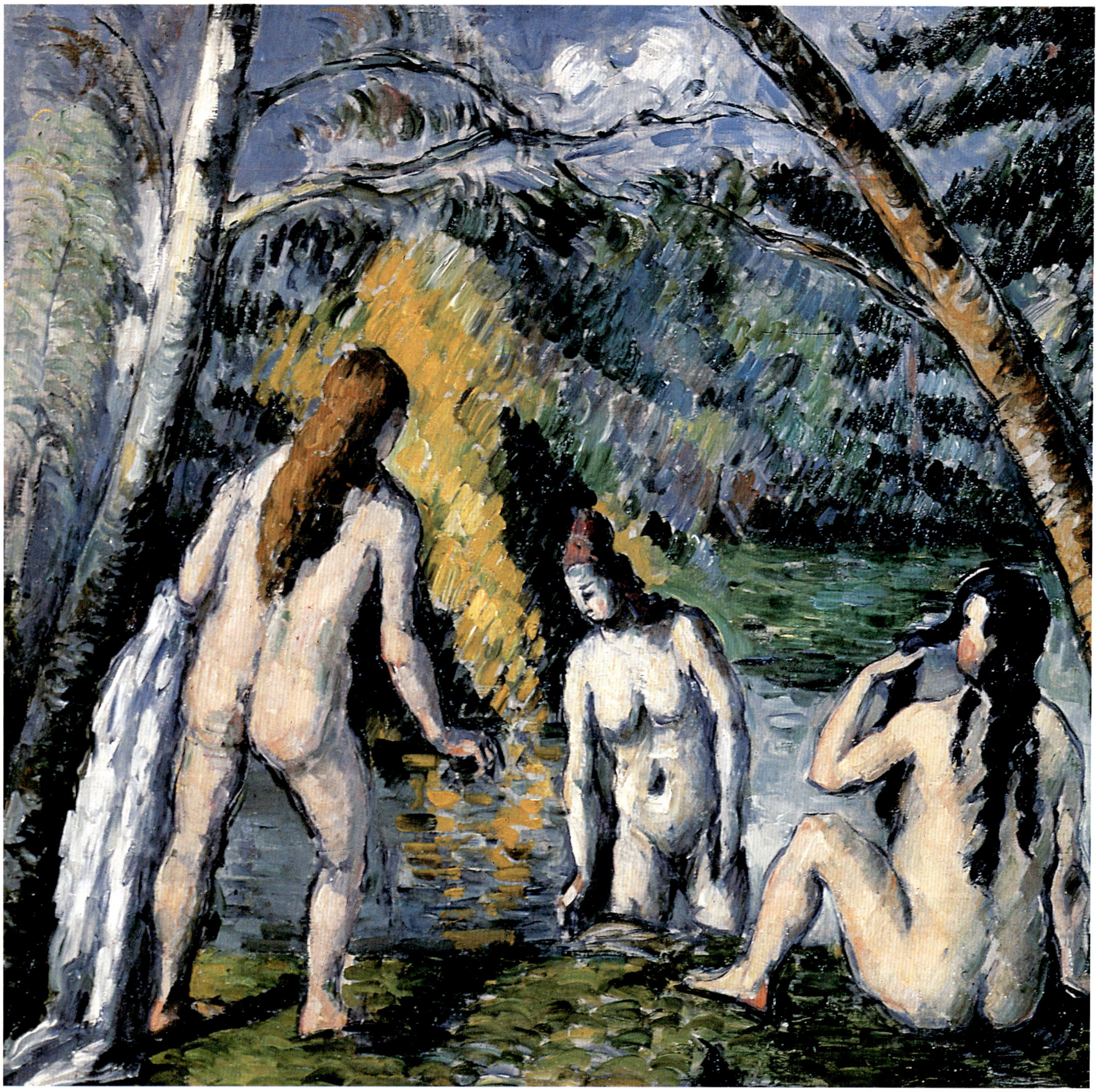

58. Paul Cézanne, *Trois Baigneuses,* 1879-1882,
Paris, musée du Petit-Palais.

mais vraiment charnel, amoureux en tout cas de la chair de la lumière. C'est ainsi, à peu près, que Mallarmé vit la peinture de son temps, c'est-à-dire l'impressionnisme.

Mais lui que rien n'arrêtait alla encore plus avant. Il prit de court une fois de plus le regard moutonnier. En ce sens, il buta sur Cézanne, il le devait. De celui qu'en 1877 il rencontra chez Nina de Callias (toujours elle), et qui partout semait le trouble de par sa simple différence, il disait un an plus tôt, dans *Les Impressionnistes et Édouard Manet*, ayant examiné « toutes ces tentatives et efforts variés » (de l'impressionnisme) : « poussés plus loin encore parfois par l'intrépide M. Cézanne ». L'adjectif qualifiant l'attitude générale, « l'intrépide », et la reconnaissance de la visée (« plus loin encore ») expriment clairement l'estime de Mallarmé et son attente. De même, dix ans plus tard, dans le seul autre texte d'ampleur consacré à la peinture, *Berthe Morisot*, il n'omettra pas, parmi les quelques noms cités, celui de Cézanne. Permanence d'une attraction. Il faut à ce sujet rêver sur l'équivalence splendide, sur ce répons à distance, que constitue la mise en parallèle du *Faune* de Mallarmé et des tableaux de *Baigneuses* de Cézanne (peints entre 1874 et 1882), la date pivot étant alors celle de 1877, époque précisément de leur rencontre chez Nina de Callias. Il n'y a bien sûr là rien de concerté, pas plus que le heurt objectif de deux efforts absolus. C'est probablement dans la composition que Matisse a longtemps possédée que l'on voit le mieux avec l'œil du faune la nudité des nymphes perdues au cœur de l'air, de l'eau et de la végétation, leur « incarnat léger » et le « souhait [des] sens fabuleux », en un mot le rêve devenu chair. Si Mallarmé était venu à Cézanne de lui-même, par attrait de voir jusqu'où irait la démesure tentée (l'impressionnisme), un proche comme Geoffroy n'avait pu que conforter cette disposition, de même que les toiles vues chez Vollard. Pour deux autres casseurs de conventions, Van Gogh et Seurat, Mallarmé fut alerté par d'autres esprits également vigilants, Aurier et Mirbeau pour le premier, Fénéon pour le second. Du reste, de lui-même, Mallarmé range Van Gogh parmi les « rares » et il adresse à Mme Seurat une lettre de tristesse à la mort de son fils. Cézanne, bien sûr, et Van Gogh dans l'étoilement fougueux de ses paysages (*Les Iris*, Mallarmé les voyait chez son ami Mirbeau, il connaissait également les tableaux d'Auvers), et Seurat dans la décomposition recomposée de ses huiles et de ses merveilleux dessins (si proches de l'univers du poète) offraient à Mallarmé des contrepoints de son art (risqués loin eux aussi). On songe sur cette distance qui demeura malgré l'étrange proximité qui s'affirme avec force.

Une chose d'importance est ici à noter : les principaux textes consacrés par Mallarmé à la peinture s'écrivent à l'époque de ses rencontres quotidiennes avec Manet, quand Manet l'occupe avant tout. Plus tard, alors qu'il est familier de tous (Degas, Monet, Renoir, Rodin, Berthe Morisot, Whistler, etc.), il ne revient plus que pour des portraits en forme de tombeaux sur la peinture. Alors qu'à Paris, grâce à Méry Laurent (dans la haute clarté des Talus), à Valvins et à Paris encore, autour de la belle Misia (femme de Thadée Natanson, fondateur de *La Revue blanche*, et autre amie spirituelle de Mallarmé), ce n'est que bruit et rumeur entourant la peinture, l'ample poète sourit non sans ferveur et se retire dans son silence. Il est vrai qu'à Valvins il les voit tous dans un tourbillon qui bouscule ses habitudes et le rajeunit au gré des bons mots. Les Natanson sont ses voisins (ils ont acheté La Grangette située à trente mètres à peine de chez lui). On imagine un dimanche d'été, Misia est belle et en fleurs, ils sont déjà quelques-uns à honorer son apparition, le maître du lieu devise avec Bonnard, Vuillard regarde du côté du jardin, Toulouse-Lautrec taquine un chien qui bondit et le fait rire aux éclats, on frappe à la porte, tiens, c'est Mallarmé, le brillant voisin, flanqué de ces dames, la conversation reprend, on sort sur la pelouse, chacun trouve un siège, on n'attend plus guère que les Mirbeau qui viennent en canot par la Seine de leur proche résidence et que Fénéon escorte. Bientôt tout le monde est là, quelques autres encore, des mots très fins, des rires d'agrément, on flirte avec l'essentiel, chacun mémorise à sa façon (et combien Mallarmé, le plus aimé, le plus admiré) le flocon du jour qui colore le visage de Misia.

Tel est à peu près le climat quand Mallarmé se laisse fasciner par l'art de deux cadets sublimes et qu'il élit, Gauguin et Vuillard. Mallarmé reçut Gauguin avec chaleur, il donna de son travail la plus belle des définitions (« Il est extraordinaire qu'on puisse mettre tant de mystère dans tant d'éclat »), s'il n'alla pas jusqu'à épauler Gauguin dans la mise au net de *Noa-Noa* (il conseilla Charles Morice), il se fit le défenseur constant de sa peinture. Gauguin en retour a exécuté un prodigieux *Portrait de Mallarmé* à l'eau-forte, justesse magnifique qui inclut dans son propos un double hommage, à *L'Après-midi d'un faune* (le pointu de l'oreille et la courbure accentuée du nez) et au *Corbeau* (l'oiseau veille derrière le poète comme un esprit qui surplombe et souffle), c'était une façon d'associer encore Manet et Mallarmé, la fabuleuse alliance de deux hommes et de deux arts. Gauguin offrit aussi à Mallarmé, outre une gravure sur le thème d'*Oviri*, une sculpture, un bois intitulé *L'Après-midi d'un faune*, et surtout comme pendant idéal, il réalisa le surprenant tableau (de pure magie), sombre et lumineux à la fois, *La Fin royale*, qui est un hommage à *Hérodiade* : la tête décollée d'un roi canaque (saint Jean d'une autre sorte) délicatement posée sur un coussin blanc et entourée de fleurs et de femmes songeuses. Vuillard lui aussi, dès qu'il connut Mallarmé, trouva en lui un guide et un écho. On a dit mallarméenne sa période intimiste. Le ton de Vuillard, son tremblé, la ténèbre allégée et la luminosité assourdie qu'il pratique sont la réplique des poèmes de Mallarmé qu'il connaissait par cœur et qu'il se plaisait à citer. Admis aux mardis, venant surtout à Valvins, Vuillard fut le dernier peintre que Mallarmé considéra. Mallarmé tenait beaucoup à son projet d'illustration pour l'édition d'*Hérodiade* que Vuillard avait en vue (de cela on peut s'étonner seulement au premier regard, la femme — et singulièrement Misia — étant pour Vuillard une Hérodiade à laquelle lui-même, humble saint Jean, tendait fantasmatiquement son chef). Entre eux s'établit un accord profond et parfait dont la synthèse est assurément le tableau *Intérieur mystère*, directement inspiré au peintre par un poème précis (il s'agit du sonnet en *–yx*) : en lui les objets abolis brillent d'une autre présence et l'atmosphère indistincte est enveloppée d'une aura soudain palpable. Il y a là comme un maintien cabré, tout en douceur pourtant, qui est la moins discutable des lectures. On dirait que Vuillard a eu connaissance de la lettre du 18 juillet 1868 à Cazalis qui accompagnait vingt-cinq ans plus tôt l'envoi du poème et dans laquelle, en réponse à la demande, Mallarmé suggérait la vraisemblance acrobatique d'une illustration, paradoxale il est vrai, pour un poème dont il convenait lui-même qu'il était « peu *plastique* » (« Par exemple, une fenêtre nocturne ouverte, les deux volets attachés, et dans une nuit faite d'absence et d'interrogation, sans meubles, sinon l'ébauche plausible de vagues consoles, un cadre, belliqueux et agonisant, de miroir appendu au fond, avec sa réflexion, stellaire et incompréhensible de la grande Ourse, qui relie au ciel seul ce logis abandonné du monde »), il n'en est rien bien sûr, mais cet esprit d'une très improbable illustration du vide qui tremble, de la nudité des choses quand elles se froissent, Vuillard en toute perspicacité l'a perçu dans le poème lu et relu, incorporé et restitué dans le visible au prix d'une incarnation parfaite et troublante, son tableau, *Intérieur mystère*, pur hommage et création personnelle tout à la fois, se montrant singulièrement fidèle à la leçon de Mallarmé telle qu'elle se dégage des hommages, des toasts et des tombeaux. Vuillard et Mallarmé sont dans

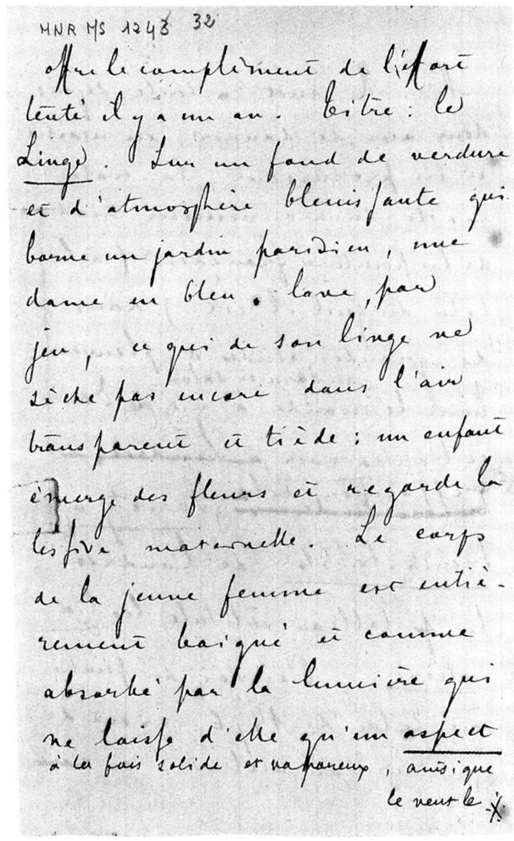
MNR MS 1248 32
offre le complément de l'effort
tenté il y a un an. Titre : le
Linge. Sur un fond de verdure
et d'atmosphère bleuissante qui
borne un jardin parisien, une
dame en bleu, lave, par
jeu, ce qui de son linge ne
sèche pas encore dans l'air
transparent et tiède : un enfant
émerge des fleurs et regarde la
besogne maternelle. Le corps
de la jeune femme est entiè-
rement baigné et comme
absorbé par la lumière qui
ne laisse d'elle qu'un aspect
à la fois solide et vaporeux, ainsi que
le veut le X.

59. Stéphane Mallarmé, *Fine Art Gossip,* 1876, Paris, Doucet, **cat. 73.**

un dialogue que la différence de générations (que l'on considère que Vuillard avait juste trente ans à la mort de Mallarmé) ne gêne pas : ainsi, à plusieurs reprises, Vuillard peint-il *La Maison de Mallarmé à Valvins,* campe-t-il l'apparition d'une Misia dans un halo de blancheur (*Misia à Villeneuve-sur-Yonne*), nymphe en retrait ou Hérodiade revenue à la simple courbure d'être, orne-t-il de croquis — dont un portrait de Mallarmé — l'exemplaire des *Divagations* que leur auteur lui a dédié. Ce fut cela (Cézanne, Van Gogh, Seurat, Gauguin, Vuillard) le bond outrancier et si exact que Mallarmé accomplit au-delà de l'impressionnisme.

À côté de l'impressionnisme, Mallarmé l'a dit, « d'autres grands talents se sont consacrés à illustrer quelque phase ou période de l'art du passé », il cite à cet égard Moreau et Puvis de Chavannes. Entre les peintres du présent happés par le futur et les artistes retardataires, Redon fait le lien. Il est, au moins autant que Whistler, un artiste de premier ordre. Mallarmé le place haut. Lui, en peinture, plus requis par le plein air que par la ténèbre (malgré « Minuit »), est très sensible aux noirs de Redon qui sont un dépassement de la pente fantastique de l'époque par l'époque elle-même. De ce peintre, les pastels (singulièrement les fleurs dont Mallarmé possédait chez lui un exemple) tirent vers Manet, Degas, Vuillard, suite nerveuse et diluée de touches, grands arguments, alors que les huiles sont souvent moins avancées vers l'ailleurs qu'il recherche. Toujours est-il que c'est à lui que Mallarmé décida de confier l'illustration de son *Coup de dés* pour une édition précieuse, une fois encore aux soins de Vollard. Si d'*Hérodiade* nous n'avons rien et qu'il est vraisemblable que jamais Vuillard n'ait commencé son travail de gravure, nous disposons des lithographies de Redon pour le *Coup de dés.* Séduisantes en elles-mêmes, l'étaient-elles à ce point, on ne manque pas de

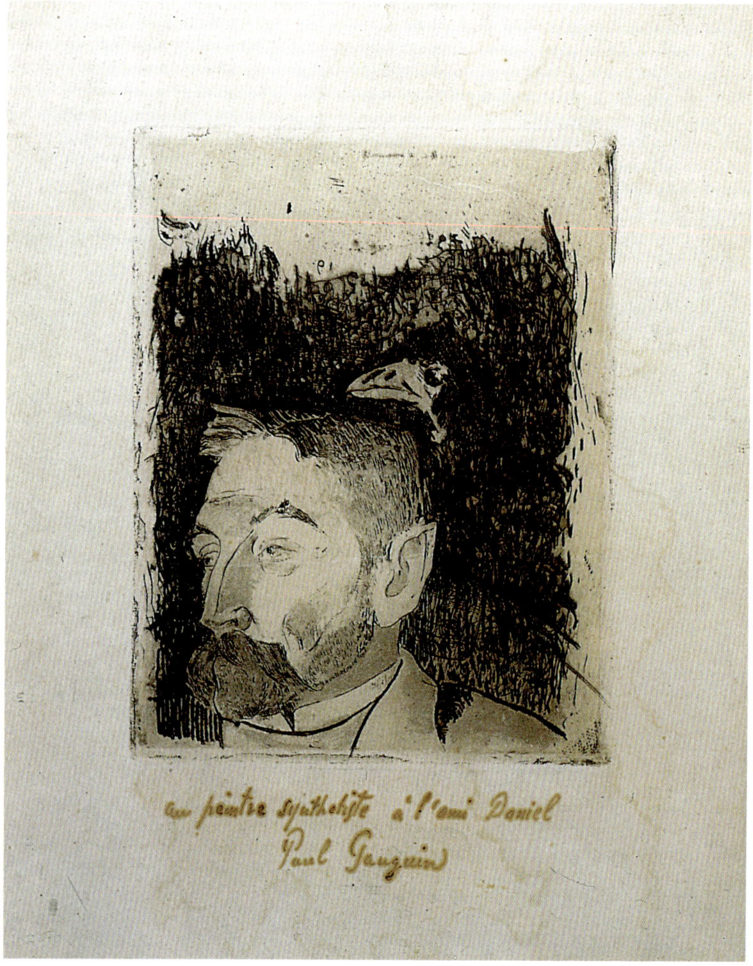

60. Paul Gauguin, *Portrait de Stéphane Mallarmé,* 1891, Paris, Doucet, **cat. 235.**

trembler à l'idée qu'elles aient pu casser, en dépit de la blondeur que le peintre voulait leur donner pour s'accorder à la typographie, l'absolu du texte. Vraiment le *Coup de dés* ne souffrait pas l'imagerie et c'est un bonheur que, sous cette forme, il n'ait pas vu le jour. Redon n'y était pour rien. Même Manet ou Vuillard, tellement plus proches du fond du sujet, n'y seraient pas parvenus. Le théâtre du *Coup de dés* est blanc, tout alors doit rester virtuel. Une telle erreur de jugement est sans doute la conséquence d'une concession de Mallarmé à l'univers du livre, de l'illustration, lui qui voyait si bien la peinture pour elle-même, un abandon aussi au goût de l'époque, à la mauvaise part de Baudelaire, au moindre élan. C'est ainsi que Mallarmé reçut en présent, plus à titre de reliques pieuses il est vrai qu'à celui de hauts faits de l'art, deux dessins de Constantin Guys, qu'il écrivit un *Hommage* à Puvis de Chavannes, beau poème du frisson rentré (il ne faut pas oublier à ce propos que les peintres les plus hardis d'alors respectaient tous, sans exception, Puvis de Chavannes), certes une commande (un hasard) mais honorée, qu'enfin c'est Félicien Rops qui orna d'un frontispice l'édition sacrée des *Poésies* chez Deman. C'est que les illustrateurs ne se dérobaient pas quand les peintres eux tergiversaient. On se souvient des atermoiements, à l'instant du *Tiroir de laque*, de Degas, Monet et Berthe Morisot, conclus par autant d'abandons. Mallarmé avait beaucoup espéré. Le rendez-vous avait été inexact (seul Renoir s'y présenta). Cela le marqua durablement et l'amena à élire autant Rops que Vuillard pour un livre, autant Knopff que Maurice Denis pour une ornementation en revue. Double approche en conséquence, celle du visionnaire et celle de l'homme du temps. Qui doutera que Mallarmé ne fut un rien ébahi d'être rejoint au soir extrême de sa vie par son *Portrait* dû à l'engagement hardi de Munch, comme si lui-même était le support que le siècle offrait à la peinture pour se quitter et bondir dans un autre temps ? Profondément, Mallarmé voulut amener les peintres au livre (découvrant à l'avenir qui s'ouvrait un horizon insoupçonné), cela réussit au-delà de tout espoir avec Manet, la tentative du *Tiroir de laque* se solda par un échec, la mort l'empêcha de voir les projets, de facto avortés, qui l'auraient uni à Redon et Vuillard. Sa visée ici comme en tout était haute, il souhaitait voir frémir sur le « papier fait à la main et tiré à la feuille » (comme il le dit lui-même avec volupté quand il annonce la parution de *L'Après-midi d'un faune* dans un *Gossip*) le même effet léger de lumière et de couleur qu'il contemplait à ses murs sur les surfaces mesurées qui le requéraient et le comblaient. Ce tremblement imperceptible du trait, il le désirait en vis-à-vis de la poésie, dans le même espace, lié alors irrémédiablement à elle qui est aussi une apparition. Son regard se perdait loin dans la matière évanescente des plus belles compositions de ses amis. Mallarmé aimait la peinture, quand il l'eut vue, d'un seul mouvement il fut absolument à elle, presque seul alors à vraiment l'atteindre.

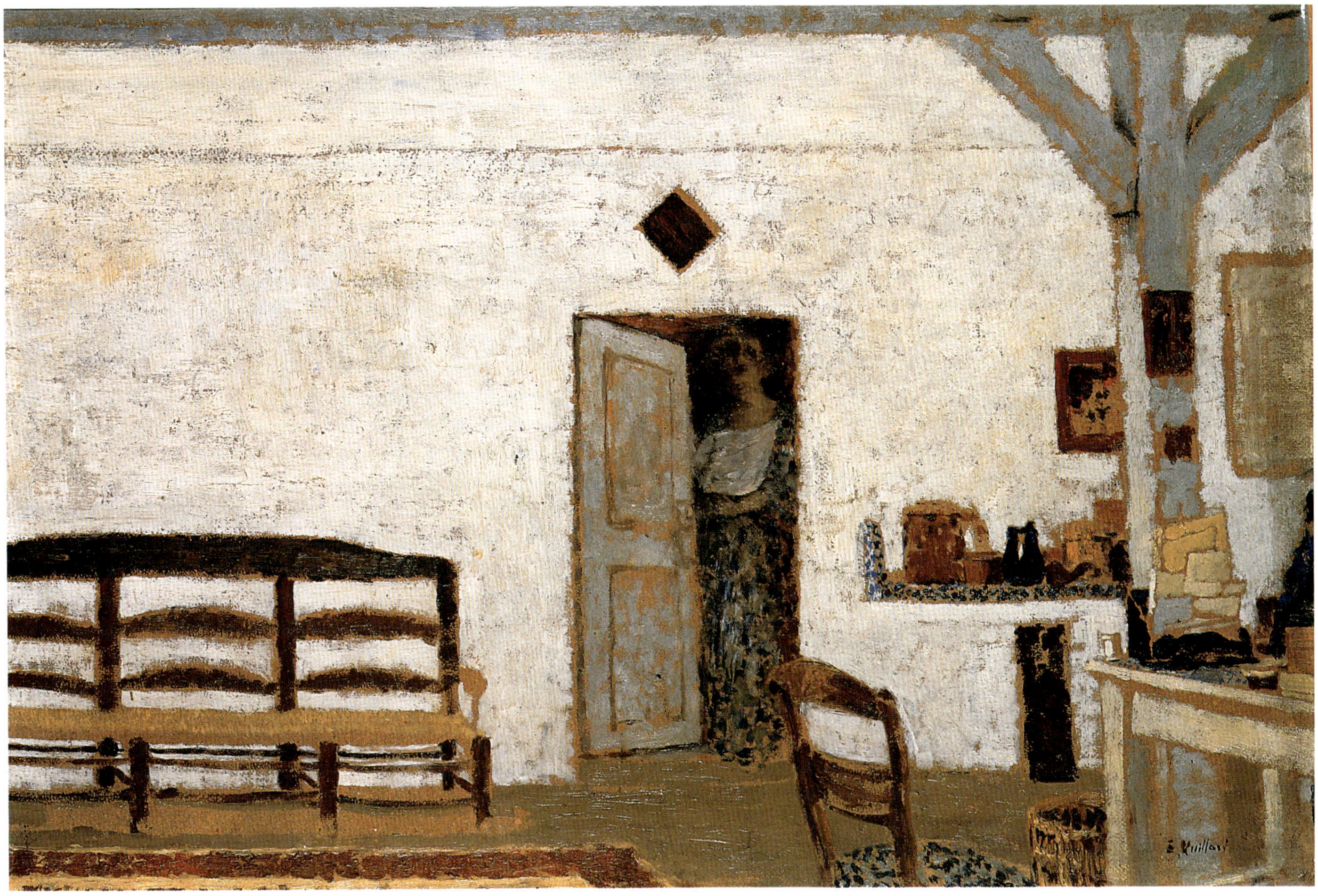

61. Édouard Vuillard, *Misia à Villeneuve-sur-Yonne,* vers 1897,
Lyon, musée des Beaux-Arts.

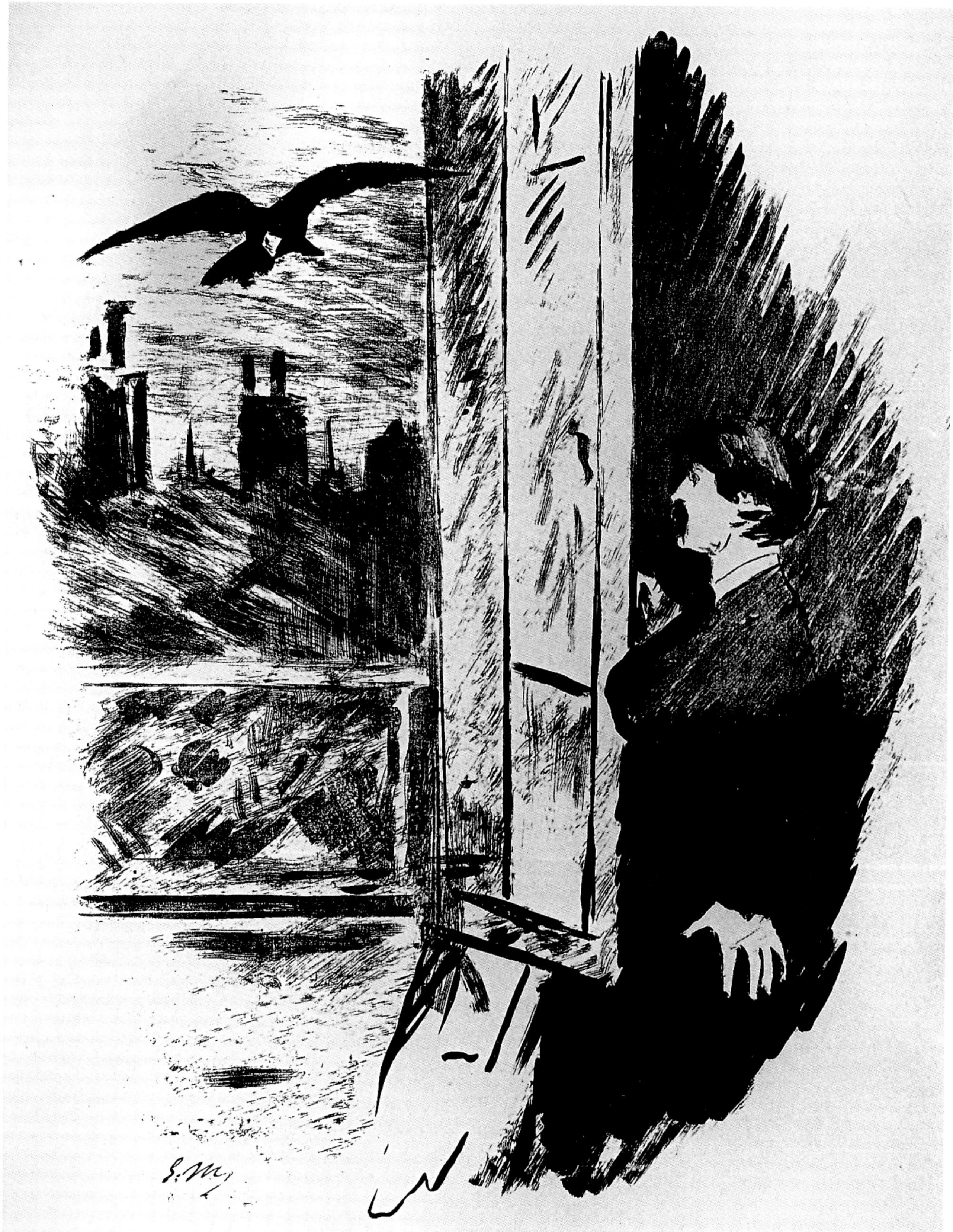

62. Édouard Manet, *À la fenêtre,* illustration pour *Le Corbeau,* 1875,
coll. Paul Baquiast, **cat. 52.**

LUCE ABÉLÈS

« *Je suis pour – aucune illustration* » : *Mallarmé et le livre illustré*

On connaît la réflexion de Mallarmé, répondant, en 1898, à une enquête sur le livre illustré[1] : « Je suis pour — aucune illustration, tout ce qu'évoque un livre devant se passer dans l'esprit du lecteur. » L'affaire semble entendue : Mallarmé étant « pour — aucune illustration » (on notera l'ambiguïté d'une telle formulation où se jouxtent l'affirmation et la négation), c'est donc qu'il s'inscrit contre toute illustration.

On pense alors au *Corbeau* et à *L'Après-midi d'un faune* illustrés par Manet, dont on s'accorde à dire qu'ils marquent l'origine du livre de peintre, on pense à ses tentatives auprès de Manet pour poursuivre cette collaboration avec la traduction des *Poèmes d'Edgar Poe*, on pense à son insistance auprès de ses amis peintres pour obtenir d'eux des illustrations pour son volume de proses, *Pages*, on pense aux « versiculets » composés sur des dessins de Raffaëlli pour l'album *Les Types de Paris*, on pense encore aux frontispices de ses livres confiés à des proches — Rops, Desboutin, Whistler —, on pense enfin à son assentiment aux projets d'illustration de *Un coup de dés* par Redon et *Hérodiade* par Vuillard, et l'on en arrive à s'interroger sur la validité des termes de sa réponse à l'enquête du *Mercure de France*.

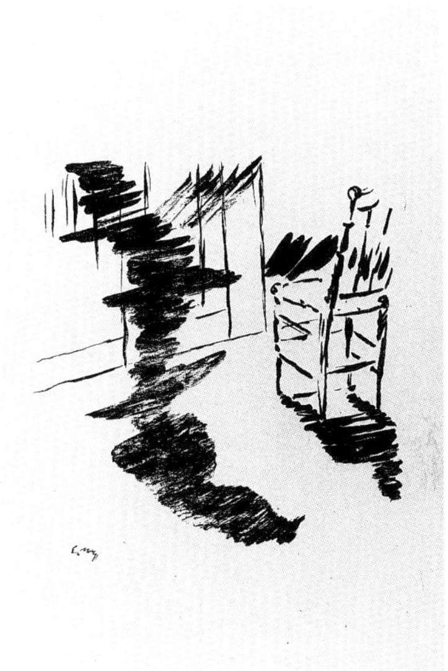

63. Édouard Manet, *La chaise vide*, illustration pour *Le Corbeau*, 1875, Paris, BnF, Estampes, **cat. 52.**

Cette histoire d'illustration n'occupe sans doute qu'une place mineure dans l'œuvre et la réflexion de Mallarmé et l'on aura garde d'en surestimer l'importance. Un jeu, somme toute, mais qui prend une certaine valeur si l'on considère l'attention exigeante que l'écrivain porte à la publication en volume de ses œuvres, fournissant à ses éditeurs des maquettes très élaborées où se trouvent consignées des indications précises de mise en pages et contrôlant toutes les étapes de l'édition projetée — qu'il s'agisse du format du volume, du choix du papier, de la couverture, des caractères, des blancs[2]... L'illustration s'insère dans ce cadre d'ensemble. Le choix que fait Mallarmé de voir illustrés certains de ses recueils ou de leur donner un frontispice est donc parfaitement raisonné. Cette appréhension du volume en tant qu'unité organique est du reste caractéristique d'une nouvelle approche du livre illustré, tant en France, avec l'éclosion des Sociétés de bibliophiles à partir des années 1870, bientôt relayées par des éditeurs spécialisés dans ce domaine, qu'en Europe, où l'ornementation du livre envisagé comme un tout se développe, suivant l'exemple donné par l'Angleterre. Mallarmé quant à lui a choisi de privilégier ce qu'on appellera plus tard le livre de peintre[3], en faisant appel à des amis artistes dont il partageait les visées. L'échec de la majorité de ses tentatives tend à prouver qu'elles étaient prématurées : le livre de peintre ne prendra son essor en effet, grâce notamment à l'intervention du marchand-éditeur Ambroise Vollard, que dans les toutes dernières années du XIXe siècle, au moment où Mallarmé disparaît.

En 1875 et en 1876 paraissent les deux premiers livres de Mallarmé, *Le Corbeau* et *L'Après-midi d'un faune* : jusqu'alors, l'écrivain s'en était tenu à publier divers morceaux, vers et prose, dans des recueils collectifs et des revues. Or, pour ces deux volumes inauguraux, Mallarmé juge bon d'en confier l'illustration à son ami le peintre Édouard Manet. Celui-ci a déjà une expérience en ce domaine, puisqu'il a illustré d'eaux-fortes, éparses dans le texte, le long poème de Charles Cros, *Le Fleuve* [4]. Pour *Le Corbeau* et *L'Après-midi d'un faune*, l'artiste usera de la lithographie et du bois gravé. L'histoire de l'édition du *Corbeau*, traduction du poème de Poe *The Raven*, a fait l'objet de deux études complémentaires [5], il suffit donc ici d'en retracer les étapes principales : l'initiative de cette publication revient à Mallarmé. Il propose le volume à Lemerre, l'éditeur du *Parnasse contemporain*, qui refuse de le publier, en jugeant le texte « insane ». Il s'adresse alors, sur les conseils de Manet, à Richard Lesclide, éditeur de la revue *Paris à l'eau-forte* et du *Fleuve*[6], qui accepte. La réalisation de l'ouvrage prendra du temps, tout comme sa vente. Ce qui retient notre attention dans ce livre, c'est d'abord son format, monumental, qui confère aux planches lithographiques toute leur ampleur. C'est ensuite le fait que le texte et l'image sont clairement dissociés, chacun disposant d'un espace propre, les planches pouvant se regarder indépendamment du texte, tout comme le texte se lire sans les planches. Ce point vaut d'être souligné : en effet il s'agit là d'une volonté manifeste et constante de la part de Mallarmé, que l'image n'interfère pas avec l'écrit[7]. Il en va de même pour la plaquette *L'Après-midi d'un faune*, que publie l'année suivante Alphonse Derenne, éditeur de la revue *La République des Lettres*, dont Mallarmé est l'un des fondateurs : l'ouvrage est orné d'un ex-libris et d'un frontispice hors-texte ainsi que de deux illustrations, un fleuron et un cul-de-lampe, qui encadrent le poème, mais à distance.

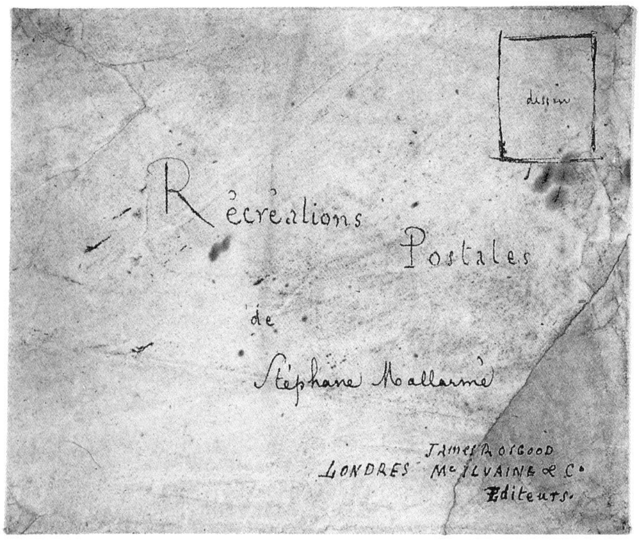

64. Stéphane Mallarmé, *Récréations Postales,* 1893, Glasgow, University Library, **cat. 161.**

Mis à part le fait que, dans les deux volumes, l'illustration et le texte coexistent sans interférer, tout sépare *Le Corbeau* du *Faune* : la dramatisation induite par l'opposition tranchée du noir et du blanc, dans les lithographies du *Corbeau*, vient redoubler l'atmosphère crépusculaire qui règne dans le poème, la monumentalité du volume rend sa consultation malaisée, le lecteur devant poser le livre sur une table pour pouvoir en feuilleter les pages avec effort. Il est donc placé matériellement dans la position qu'occupe le narrateur au début du poème (« Une fois... tandis que je m'appesantissais, faible et fatigué, sur maint et bizarre volume de savoir oublié... »), situation rendue inextricable, dans la première planche qui illustre le poème, par le faisceau de hachures noires obliques qui cernent le personnage assis, de dos, à sa table de travail, niant toute issue possible. On sait que le noir va progressivement être absorbé par le blanc de la feuille, qui envahit la dernière planche, rompu seulement par l'ombre déployée du corbeau et les barreaux d'une chaise désormais vide.

À la pesanteur voulue du *Corbeau* s'oppose la légèreté joyeuse du *Faune*, mince plaquette de seize pages parue l'année suivante. Dans la bibliographie qu'il avait préparée pour son recueil *Poésies* paru après sa mort (Bruxelles, Deman, 1899), Mallarmé évoquait cette édition en ces termes : « *L'Après-midi d'un faune* parut à part, intérieurement décoré par Manet, une des premières plaquettes coûteuses et sac à bonbons mais de rêve et un peu orientaux, avec son "feutre du Japon, titré d'or et noué de cordons roses de Chine et noirs", ainsi que s'exprime l'affiche. » Cette description présente le volume comme un objet de curiosité auquel concourt la décoration tant intérieure (l'illustration de Manet) qu'extérieure (la couverture en feutre du Japon et tresses de soie noires et roses), l'écrivain accordant une égale valeur à ces deux composantes. On notera d'ailleurs que le frontispice sur Chine volant de Manet — un faune à l'affût

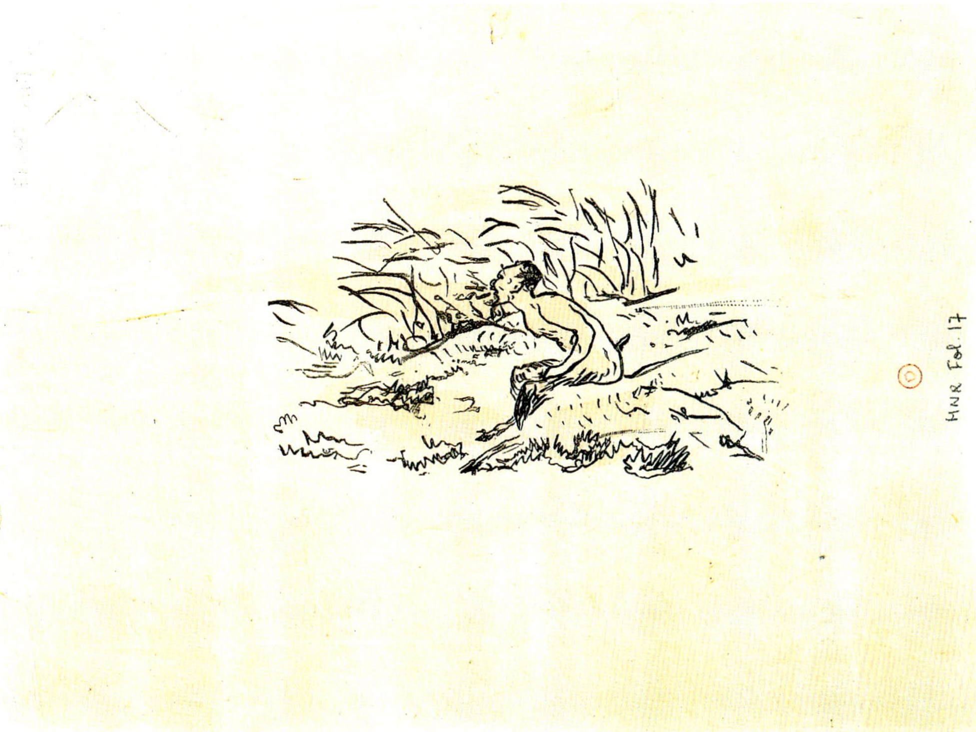

65. Stéphane Mallarmé, *L'Après-midi d'un faune*, 1876, Paris, Doucet, **cat. 42.**

dans les feuillages — est rehaussé de lavis rose, tacite écho au rose de la tresse, contribuant ainsi à faire de la plaquette un objet décoratif. Près de vingt ans plus tard, en 1892-1893, lorsque Whistler proposera à Mallarmé de faire éditer ses quatrains-adresses en volume, le poète réalisera lui-même un projet de couverture en forme d'enveloppe, confiant à son ami peintre le soin d'en dessiner le timbre ; le caractère ornemental du recueil, dans le droit fil de *L'Après-midi d'un faune*, était ainsi clairement affirmé, ce que souligne l'avertissement placé en tête du manuscrit : « Rien n'a été épargné pour la présentation de ces riens précieux. On y trouve, avec l'amusement propre à un poëte, le joyau typographique parisien du goût le plus rare[8]. »

On dispose de peu d'informations relatives au projet, caressé un moment par le poète, d'une troisième collaboration avec Manet : il s'agissait d'une édition illustrée de sa traduction des *Poèmes d'Edgar Poe*. Le peintre, malade, se récusa, tout en adressant quelques dessins à l'écrivain, témoignages de sa bonne volonté. Plusieurs années s'écoulèrent avant que le volume parût enfin, dans deux éditions concurrentes : celle confiée à Deman, la seule voulue par Mallarmé, reprend, se détachant sur une couverture immaculée, le profil du corbeau déjà utilisé dans l'édition Lesclide. Elle comporte en outre, photogravé en frontispice, un portrait d'Edgar Poe par Manet, dont on n'a pas retrouvé à ce jour l'original. Dans l'édition Vanier, toutes les illustrations de Manet pour *Le Corbeau* sont reprises, réduites, en photogravure ; s'y ajoute la reproduction de deux des dessins réalisés autrefois par Manet en vue de l'édition projetée des *Poèmes d'Edgar Poe*, confiés par la veuve du peintre à Vanier. Le jugement de Mallarmé sur cette publication, en laquelle il voyait une contrefaçon de mauvaise qualité, fut sans appel : jamais il ne la reconnut pour sienne.

L'échec de l'édition illustrée des *Poèmes d'Edgar Poe*, lié à la mort de Manet, ne découragea pas Mallarmé. Lorsqu'il décide de confier à Edmond Deman, en 1888, soit au moment où il met au point l'édition des *Poèmes d'Edgar Poe*, un choix de ses textes

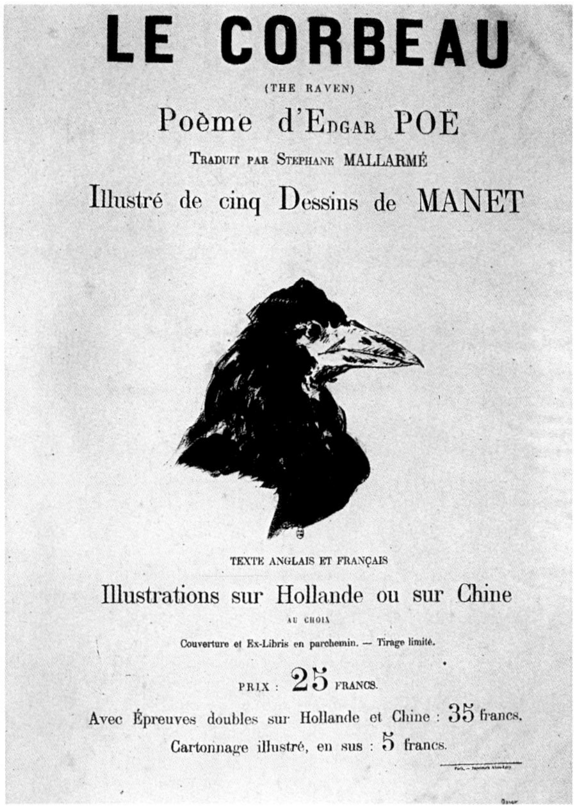

66. Affichette de librairie pour *Le Corbeau*, Paris, BnF, Estampes, **cat. 50.**

en prose, il demande à ses amis impressionnistes d'illustrer chacun une pièce du volume[9]. Ce livre, s'il s'était réalisé, aurait mêlé plusieurs procédés — lithographie en couleurs et gravure sur cuivre, pointe-sèche et eau-forte —, ce qui constituait une innovation, les livres illustrés s'en tenant alors à une seule technique. Sur la maquette qu'il envoie à son éditeur en février 1888, la page de titre est ainsi libellée : « Le Tiroir de Laque / (premier cahier) / par Stéphane Mallarmé / avec illustrations, en couleurs sur la couverture, / de John Lewis Brown ; à l'eau-forte et à la / pointe-sèche de Madame Berthe Morisot, / de Renoir et Degaz (*sic*) / 1888 ». Finalement, parmi les artistes pressentis, auxquels il faut joindre Claude Monet, un moment mêlé au projet, seul Renoir s'exécuta, les autres déclarant forfait. L'illustration de *Pages*, titre finalement adopté par Mallarmé — le titre primitif, *Le Tiroir de laque*, ne se justifiait que par le dessin de la couverture que devait réaliser John Lewis-Brown, preuve de l'importance que Mallarmé accordait à l'illustration de son recueil[10] — se réduisit donc à l'eau-forte de Renoir destinée au poème en prose *Le Phénomène futur*, qui fut placée en frontispice du volume. En quoi *Pages* rejoignait, dans sa présentation finale, les autres livres de Mallarmé, qui s'ouvrent sur un frontispice, suivant la pratique en vigueur à l'époque pour les volumes soignés. L'échec de ce projet d'illustration à plusieurs mains est révélateur : les peintres auxquels le poète a fait appel n'avaient jamais illustré de livres ni traité de sujets littéraires, domaine qui leur était assez étranger ; ils se trouvaient donc démunis face aux textes de Mallarmé[11]. En outre, mis à part John Lewis-Brown, ils n'étaient pas familiarisés à cette époque avec la technique de la gravure. L'éditeur de *Pages*, le Belge Edmond Deman, l'un de ceux qui ont contribué le plus au renouveau du livre illustré dans les années 1890, fera appel pour sa part à des artistes décorateurs — Théo Van Rysselberghe et Georges Lemmen au premier chef. Ceux-ci exécuteront, outre la page de couverture, non des illustrations à proprement parler, mais, à l'exemple de l'Angleterre et de l'Allemagne, des ornementations — motifs stylisés, souvent à thème floral, qui s'insèrent dans la page, disposés dans les marges du texte, en fleurons, bandeaux ou culs-de-lampe[12]. Ce type de livre, dans lequel texte et dessin s'entremêlent, ne pouvait s'accorder à la conception mallarméenne selon laquelle les deux modes d'expression devaient être clairement dissociés. En attestent les réticences opposées par le poète à son éditeur Deman, qui se proposait de demander à Théo Van Rysselberghe, pour l'édition de *Poésies*[13] « une illustration purement ornementale à tirer en un ton. Avec le frontispice de Rops, ce sera parfait, plus homogène et laissera le texte en valeur[14] ». À quoi Mallarmé répond : « Je suis grand admirateur de M. Van Risselberghe (*sic*), un tout à fait beau peintre : croyez-vous, cependant, qu'il faille un collaborateur à Rops, si exclusif[15] ? »

Deman pour sa part poursuit dans sa logique de livre ornementé, qu'il justifie ainsi : « Nous avons jugé, van Rysselberghe et moi, pour que chaque pièce, malgré (ou à cause de) la typographie, de lignes un peu sévères, se présente sans trop géométrique classicisme, à faire, pour les titres — qui seront tirés en ton orangé, un graphique simple, allégeant la page et dans un esprit de lignes parallèle à chacune des pièces, les blancs de fin de pièces seraient remplis par une ornementation jumelle[16]. » Arguant du format du volume et du caractère retenu, Mallarmé finalement refuse cette solution : « Non ! décidément, nous n'y sommes pas, je suis désolé. Le format ni le caractère ne sont heureux — pas du tout dignes de votre art ou en rapport avec notre entreprise [...] Je sais que vous m'objecterez que vos préparatifs, frontispice et ornementation, ne concernent pas le format en question, celui de Pages ou du Poe : je le regrette et que cela ne m'ait pas été soumis au préalable. Quant à aujourd'hui et fait ce qui l'est — mieux vaut encore approprier l'ornementation à un format différent, que continuer dans la donnée actuelle ; non, ce n'est pas beau[17]... » *Poésies* paraîtra finalement, un an après la disparition du poète, précédé du seul frontispice de Rops, celui-là même déjà utilisé pour l'édition photolithographiée de 1887, sans l'ornementation qu'Edmond Deman souhaitait confier à Van Rysselberghe[18]. En quoi la volonté de Mallarmé se trouvait respectée.

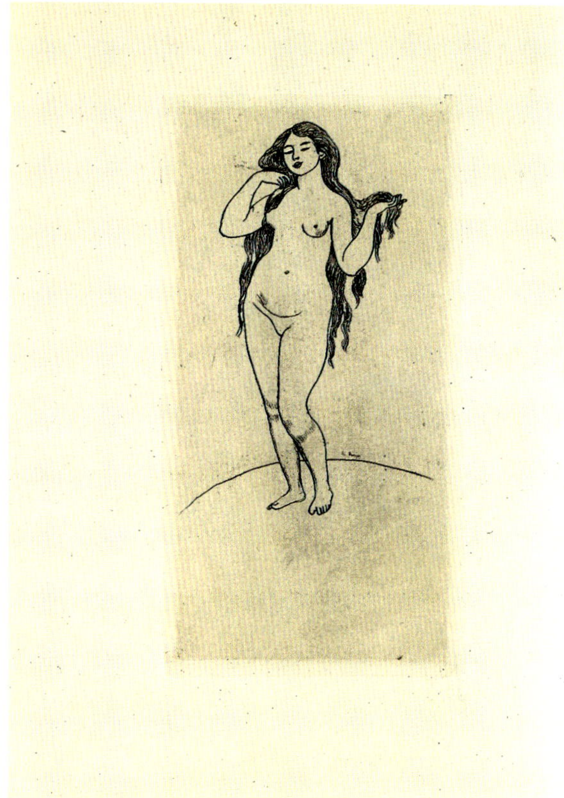

67. Auguste Renoir, frontispice de *Pages*, 1891, Paris, Doucet, **cat. 310.**

Le livre illustré tel que l'entendait Edmond Deman, pour qui primait l'ornementation, se trouvait en contradiction avec la conception qu'en avait Mallarmé, sans pour autant que l'entente qui régnait entre les deux hommes fût troublée par cette divergence, au reste jamais clairement débattue. Alors que les pourparlers au sujet de *Poésies* s'enlisaient, un éditeur se proposa, dont la conception du livre illustré eût pu répondre à celle de Mallarmé. En 1896-1897, le marchand Ambroise Vollard[19], alors à ses débuts, publiait coup sur coup deux albums d'estampes originales et se proposait d'aborder le domaine du livre illustré. Dans cette perspective, il entra en relation avec Mallarmé, qui se montra favorable à sa proposition d'éditer un livre de lui[20] : le poème *Un coup de dés*, publié en mai 1897 dans la revue *Cosmopolis*, fut retenu. Vollard souhaitait faire appel, pour l'illustration, à Odilon Redon, qui avait déjà contribué à ses deux recueils d'estampes et était un ami de longue date de Mallarmé. On sait que la mort brutale du poète mit fin à l'entreprise. Des traces attestent d'un commencement de réalisation — lettres de Mallarmé, Redon et Vollard, jeux d'épreuves corrigées par Mallarmé accompagnés de trois lithographies par Redon[21]. S'il avait été mené à bien, le livre aurait sans doute présenté une forme analogue à celle du *Corbeau* : les planches d'Odilon Redon, interprétations libres à partir de phrases du poème, auraient formé un contrepoint à celui-ci, sans s'y mêler. On peut cependant se demander si un texte comme *Un coup de dés*, où la mise en pages, d'une disposition inédite, avec ses diverses variétés de caractères et ses blancs, a une part si importante, au point qu'à lui seul le poème fait déjà image, aurait pu s'accommoder d'un mode traditionnel d'illustration, fût-elle pure suggestion. En outre, on voit mal comment les gravures auraient trouvé leur place à l'intérieur du volume sans perturber la perception du poème, sauf à être regroupées à la fin, la lecture de l'œuvre nécessitant « la vision simultanée de la Page », entendue comme double. En réponse à un éditeur, Vollard sans doute, qui lui demandait son sentiment sur la publication du *Coup de dés*, Valéry insistait sur l'importance capitale que revêtait « l'aspect physique » de l'œuvre : « L'essentiel dans ce poème est la distribution du texte sur la page. Il consiste surtout dans l'expérience profonde et singulière de rendre inséparables l'écrit et les blancs qui le pénètrent, l'entourent, suivant une proportion ou arrière-pensée, disparue. Toute reproduction ou publication qui ne comporterait pas l'aspect physique voulu par l'auteur serait donc nulle et nuisible[22]. » Les illustrations de Redon ne tenaient aucun compte de l'aspect formel de l'œuvre qui s'apparentait, suivant le mot de Mallarmé, à une partition. Il faudra attendre près d'un siècle et les expériences menées dans le domaine typographique par les mouvements futuristes, dada et constructiviste[23] pour qu'un poète passé à l'état d'artiste, Marcel Broodthaers[24], belge comme Deman, l'éditeur ami de Mallarmé, donne du *Coup de dés* une version où l'œuvre se présente à l'état de partition pure : avec une couverture calquée sur celle de l'édition Gallimard de 1914 et dans le même format, portant le titre *Un coup de dés jamais n'abolira le hasard / Image*, l'œuvre de Mallarmé était reproduite sous forme de lignes continues imprimées en noir, dont l'épaisseur, la hauteur et la longueur respectaient celles de la typographie d'origine. La disposition formelle seule était conservée, le texte ayant disparu[25]. Un parti si extrême ne pouvait que choquer les admirateurs du poète. Il ne faisait pourtant que porter jusqu'à son terme logique la réflexion de Mallarmé, contemporaine de la rédaction du *Coup de dés*, en l'ancrant dans notre temps : « La *structure*, second souci contemporain où s'étendre, *idéale*. Une ordonnance du livre de vers poind d'hier [...] Tout devient suspens, disposition fragmentaire avec vis-à-vis ou réciprocités, qui convergent au rythme total, lequel serait le poème tu, aux blancs : seulement traduit, en une manière, par chacun des pendentifs[26]. »

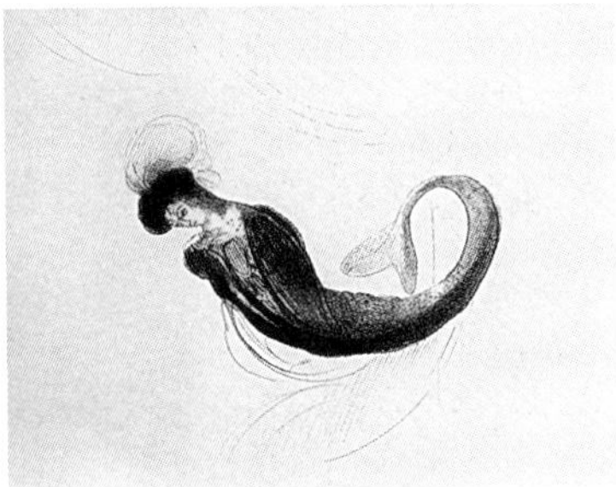

68. Odilon Redon, *Sirène*, illustration pour *Un Coup de Dés*, 1897-1898, Vulaines-sur-Seine, musée Mallarmé, **cat. 343.**

NOTES

1. Cette enquête, à laquelle prirent part une vingtaine de littérateurs, portait non sur le livre illustré en général, mais précisément sur le roman illustré par la photographie, ce qui explique que Mallarmé invoque, dans sa réponse, la photographie et le cinématographe : cf. A. Ibels, « Enquête sur le roman illustré par la photographie », Paris, *Mercure de France*, janvier 1898, p. 97-115.

2. Pour s'en convaincre, on lira les lettres que Mallarmé adresse à ses éditeurs, particulièrement sa correspondance avec Edmond Deman, et on consultera les maquettes et les épreuves corrigées de ses recueils.

3. François Chapon, dans son bel essai *Le Peintre et le livre* (Paris, Flammarion, 1987), définit ainsi la notion de livre de peintre, lui préférant le terme de « grand livre illustré » : « C'est surtout la fraternité spirituelle des poètes et des peintres qui fit du livre le lieu d'une rencontre nouvelle où la contribution de l'écrivain ne prétendit plus asservir celle de l'artiste, assujettir à une image d'essence verbale une figure plastique [...] L'auteur et l'illustrateur sont désormais rapprochés par des affinités en profondeur dont la libre expression révèle l'accord. »

4. C. Cros, *Le Fleuve*, eaux-fortes d'Édouard Manet, Paris, Librairie de l'Eau-Forte, 1874, in-8°, 100 ex.

5. Sur les avatars de l'édition du *Corbeau*, on consultera l'article de J. Wilson-Bareau et B. Mitchell « Tales of a Raven. The Origin and Fate of *Le Corbeau* by Mallarmé and Manet », *Print Quaterly*, vol. VI, n° 3, septembre 1989, p. 258-307, ainsi que le dossier réalisé par M. Pakenham dans E. Poe, *Le Corbeau*, traduction de S. Mallarmé, Paris, Séguier, 1994, qui reconstitue la correspondance inédite de l'éditeur Lesclide relative à l'édition de ce volume. Pour une comparaison entre deux illustrations contemporaines du *Corbeau*, celle de Manet et celle de G. Doré, cf. S. Le Men, « Manet et Doré : l'illustration du *Corbeau* de Poe », *Nouvelles de l'estampe*, n° 78, décembre 1984, p. 4-21.

6. Cf. M. Pakenham, « *Paris à l'Eau-Forte* de Richard Lesclide », *Pratiques d'écriture*, Klincksieck, 1996, p. 65-79.

7. Ce parti pris se lit dans l'« Avant-propos de l'éditeur de 1880 » que Mallarmé donne à son manuel illustré de mythologie, *Les Dieux antiques* (Paris, Rothschild, 1880) : « Laissant au texte toute sa valeur, nous employons les dessins non comme venant à l'appui de la doctrine qu'ils nient jusqu'à un certain point, mais comme ajoutant, par leur choix, à l'intérêt et à la beauté du livre. *L'illustration traitée ainsi* d'une façon toute décorative et ornementale, par fleurons et culs-de-lampe, *semble demeurer un peu en dehors de l'écrit, tout en se mêlant à l'architecture même de l'ouvrage.* » (C'est nous qui soulignons.)

8. Sur les péripéties que connut ce projet abandonné, cf. *Correspondance Mallarmé-Whistler* éditée par C. P. Barbier, Paris, Nizet, 1964, p. 154-208.

9. La *Correspondance* de Mallarmé éditée par Lloyd James Austin (tomes III et XI) permet de suivre les pourparlers de l'écrivain avec ses amis artistes et son éditeur au sujet de l'illustration de *Pages*. L'excellente étude d'A. et L. Fontainas, *Edmond Deman éditeur* (Bruxelles, éditions Labor, 1997) fait le point sur la question (p. 142-153).

10. « *Le Tiroir de Laque* est un titre détestable, et de pur chic, ne me ressemblant pas, ni à vos strictes pages-de-titre, discrètes, châtiées [...] Voici, à l'origine, j'avais, désireux d'une couverture coloriée de Brown, suggéré le dessin d'un grand cabinet japonais, à cause du rectangle qui pouvait occuper le haut de la feuille : une dame, le nez dans un tiroir ouvert, en coulait de toute la sveltesse de sa robe, c'était un motif très décoratif. On a fait autre chose, la dame est assise, lève le couvercle d'une boîte posée sur ses genoux. Le titre de Tiroir de Laque qui, sans rapport aucun avec le livre, ne s'expliquait que par l'image à quoi je l'empruntai, disparaît (celle-ci différente), tombe de soi. [...] Il faut donc que notre titre actuel porte aussi sur un simple mot : Pages, à peine combiné, comme : Pages / selon l'heure. / Vol de Pages, etc. [...] » (*Correspondance*, XI, p. 42-43).

11. Ce que confirme ce mot alarmé de Berthe Morisot à Mallarmé au sujet du *Tiroir de laque* : « Renoir et moi sommes très ahuris, nous avons besoin d'explications pour les illustrations. » (11 décembre 1887, *Correspondance de Stéphane Mallarmé et Berthe Morisot*, Lausanne, La Bibliothèque des Arts, 1995, p. 19.)

12. Sur l'état du livre illustré belge à la fin du siècle, cf. J. Block, « Book Design Among the Vingtistes : The Work of Lemmen, van de Velde and van Rysselberghe at the fin-de-siècle », *in* catalogue de l'exposition *Les XX and the Belgian Avant-garde. Prints, Drawings, and Books ca 1890*, Spencer Museum of

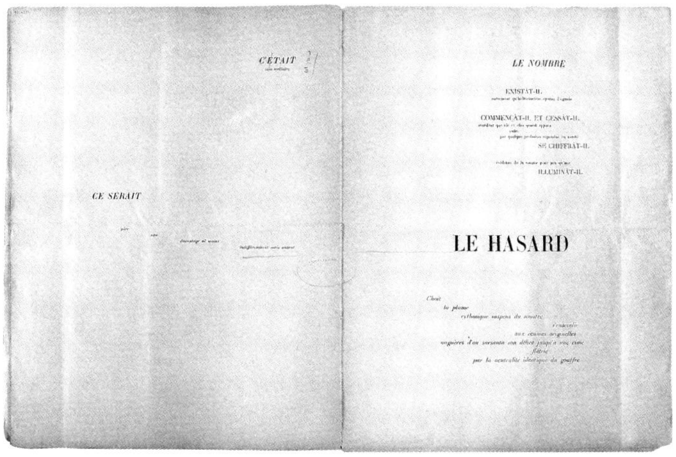

Art, The University of Kansas, 1992, p. 98-121.

13. Sur la longue histoire de cette édition dont le principe est arrêté dès 1891 et qui ne paraîtra qu'après la mort de Mallarmé, en 1899, on consultera la *Correspondance* de Mallarmé et A. et L. Fontainas, *op. cit.*, p. 221-242. On trouvera dans l'édition de *Poésie* de Mallarmé, établie d'après la maquette Deman de 1894 (Paris, Librio, 1996, édition établie par Jean-Pierre Lecercle), un choix de lettres relatives à cette édition.

14. Lettre du 20 avril 1896, *Correspondance*, VIII, p. 114, n. 2.

15. Lettre du 21 avril 1896, *ibid.*, p. 115.

16. Lettre du 24 juillet 1896, *ibid.*, p. 204, n. 2.

17. Lettre du 20 novembre 1896, *Correspondance*, XI, p. 94.

18. Théo Van Rysselberghe a cependant conçu la couverture de *Poésies*, jouant de l'opposition entre la fluidité de la typographie du titre rouge et le strict encadrement vert qui l'enserre.

19. Sur Ambroise Vollard éditeur, cf. U. E. Johnson, *Ambroise Vollard, Editeur. Prints. Books. Bronzes*, The Museum of Modern Art, New York, 1977 et F. Chapon, *op. cit.*, p. 51-94.

20. Lettre du 14 décembre 1896 résumée par Henri Mondor dans son édition des *Œuvres complètes* de Mallarmé, Paris, Gallimard, 1945, « Bibliothèque de la Pléiade », p. 1446.

21. Il est curieux de constater que ces trois lithographies sont décrites, dans le catalogue raisonné de l'œuvre gravé de Redon, dressé en 1913 par André Mellerio en étroite collaboration avec l'artiste, sous le titre neutre de « planches d'essai » (A. Mellerio, *Odilon Redon*, 1913, n°s 186, 187, 188). Est-ce à dire que Redon ne souhaitait pas que l'on sût qu'il avait pris part à ce projet d'illustration ? C'est seulement en 1966 que le lien entre les « planches d'essai » de Redon et *Un coup de dés* fut établi (cf. R. G. Cohn, *Mallarmé's Masterwork. New Findings*, Paris / The Hague, Mouton, 1966, p. 77-87). Sur l'histoire de l'édition Vollard du *Coup de dés*, cf. D. Mihram, « The Abortive Didot/Vollard Edition of *Un coup de dés* », *French Studies* XXXIII, n° 1, janvier 1979, p. 40-56, qui décrit avec précision les jeux d'épreuves connus à cette date. Sur cette édition, on consultera aussi l'excellente mise au point de J.-C. Lebensztejn, « Note relative au *Coup de dés* », *Critique* n° 397-398, juin-juillet 1980, p. 633-659.

22. Lettre conservée à la Bibliothèque littéraire Jacques Doucet, alpha Ms 44541. Cette lettre signée « Paul Valéry, 40 rue de Villejust », serait postérieure à 1902, date à laquelle l'écrivain s'installe à cette adresse. Pourtant Valéry y fait allusion à « Madame et Mademoiselle Mallarmé ». Or la fille de Mallarmé, Geneviève, avait épousé Edmond Bonniot l'année précédente, en 1901.

23. Sur les différentes expériences de visualisation de la poésie menées au XXe siècle dans le cadre de la page et du livre, on consultera le catalogue de l'exposition *Poésure et Peintrie*, Marseille, Centre de la Vieille-Charité, 1993. Cette exposition prenait pour point de départ, et non par hasard, les épreuves de l'édition Vollard du *Coup de dés*.

24. Cf. le catalogue de l'exposition *Marcel Broodthaers*, Paris, RMN/Éditions du Jeu de Paume, 1991.

25. Ce livre d'artiste était édité dans le cadre de l'« Exposition littéraire autour de Mallarmé » conçue par Broodthaers (2-20 décembre 1968, Anvers, Wide White Space Gallery), où était diffusé l'enregistrement du poème, lu par l'artiste. Cf. *Marcel Broodthaers, op. cit.*, 114 138-145.

26. S. Mallarmé, « Variations sur un Sujet, VIII — Averses ou Critique », *La Revue blanche*, 1er août 1896, p. 230. Repris, avec modifications, dans *Crise de vers*, in *Divagations*, 1897.

69. Stéphane Mallarmé, *Un Coup de Dés jamais n'abolira le Hasard,* 1897-1898, Paris, Doucet, **cat. 339.**

70. Marcel Broodthaers, *Un coup de dès jamais n'abolira le hasard. Image,* 1969, Paris, Centre Georges Pompidou, centre de documentation du MNAM.

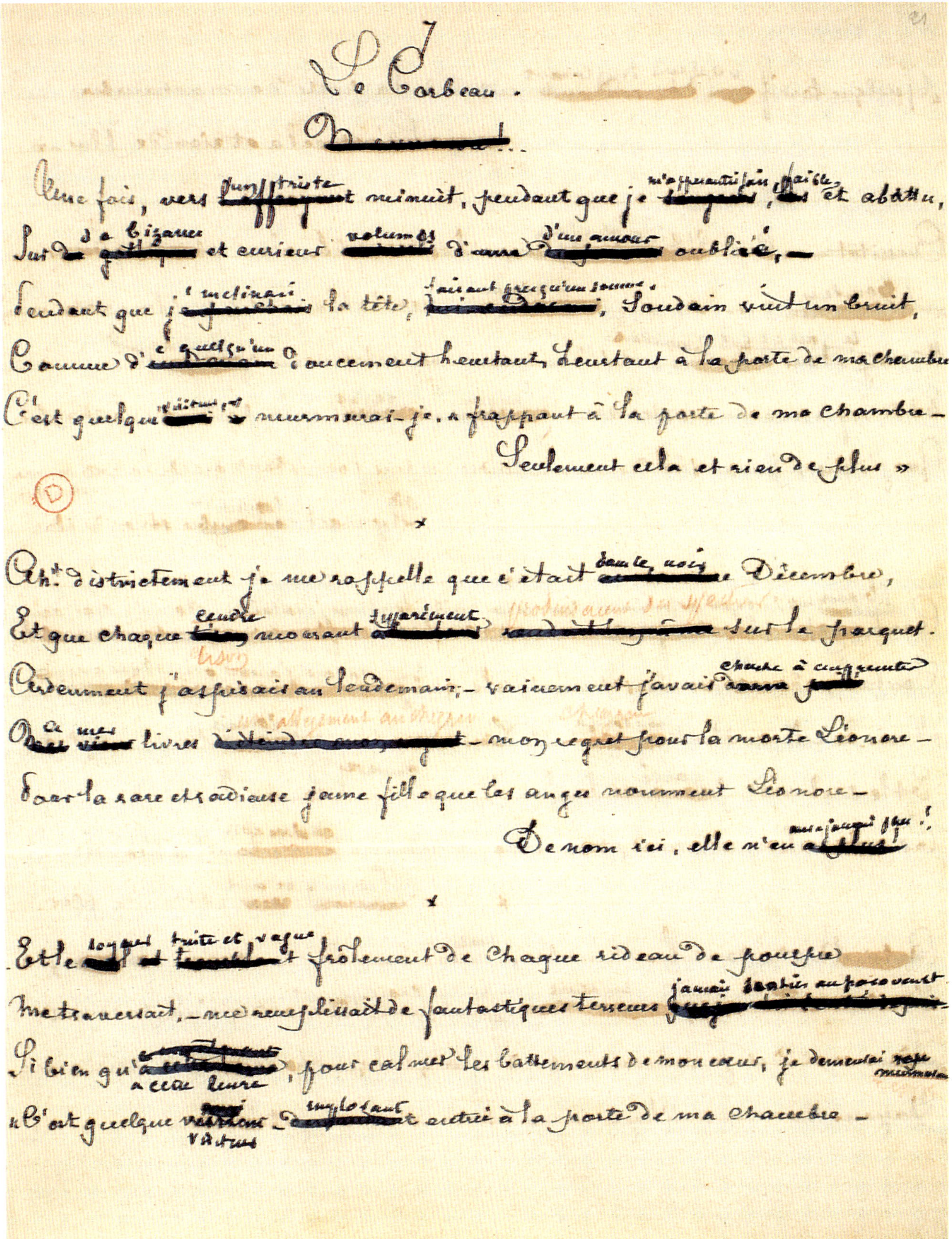

71. Stéphane Mallarmé, *Glanes I,* 1860,
Paris, Doucet, **cat. 119.**

BERTRAND MARCHAL

Mallarmé et la république des lettres

Si Mallarmé fut par excellence le poète de la conscience de soi de la poésie, cette conscience de soi ne fut pas seulement une conscience abstraite ou idéale. Elle fut aussi une conscience historique — le poète est un héritier qui assume l'histoire entière de son art — et une conscience sociale de la poésie, non pas comme l'entendrait le romantisme humanitaire, mais au sens où la poésie est une réalité sociale, une micro-société à mi-chemin de la communauté religieuse et de la corporation ouvrière. Il y a sans doute quelque chose de profondément solitaire dans l'expérience de Mallarmé, mais l'auteur d'Hérodiade témoigne aussi d'un temps où l'identité poétique était inséparable d'un milieu, où la république des lettres n'était pas une métaphore vide. Cette république des lettres avait ses hiérarchies et ses exclus — Mallarmé l'éprouva parfois à son détriment —, mais elle avait aussi ses rites de communion, ses célébrations unanimes et ses œuvres de bienfaisance : banquets littéraires, hommages collectifs, cotisations amicales, ventes de charité et comités divers. On sait que le poète en ses dernières années paya un lourd tribut à cette république-là : il suscita, avec Huysmans, une cotisation d'écrivains en faveur de Villiers, s'acquitta plus épisodiquement du même devoir de charité envers Verlaine, présida le septième banquet de La Plume avant d'assister au banquet Victor Hugo, suggéra dans Le Figaro la création d'un fonds littéraire, succéda à Leconte de Lisle à la tête du Comité pour le monument Baudelaire, témoigna en faveur de Fénéon au procès des Trente, joua pour Mme Rimbaud les témoins de moralité de Paterne Berrichon, multiplia encore les banquets, les toasts et les hommages. En reconnaissance de quoi la république des lettres l'élut fort démocratiquement Prince des Poètes à la mort de Verlaine et lui confia tout naturellement la présidence du Comité voué à perpétuer la mémoire de l'auteur de Sagesse.

Avant d'évoquer les relations privilégiées de Mallarmé avec quelques grands aînés, et ses contemporains, il convient de ne pas oublier cette réalité-là, cette espèce de syndicalisme poétique qui ne fut pas que la rançon obligée d'une reconnaissance tardive ; s'il y eut dans la seconde moitié du XIXe siècle des destinées de poètes solitaires, tel ne fut pas le cas — et telle ne fut pas la vocation — de Mallarmé : au rebours de la légende trop facilement entretenue d'un poète maudit, ses premières amitiés permirent d'emblée à ce débutant de vingt ans, provincial de surcroît, de s'affilier au petit monde littéraire parisien, de publier dans les revues nouvelles et de participer en 1866, de son exil ardéchois, à l'aventure du *Parnasse contemporain* avec ses figures de proue (Gautier, Leconte de Lisle, Baudelaire, Banville) et d'autres débutants qui s'appelaient Coppée, Mendès, Heredia, Verlaine, Sully Prudhomme ou Villiers de l'Isle-Adam. Même en ces années d'exil, il trouva d'ailleurs chez les Félibres provençaux (Mistral, Aubanel, Roumanille) une communauté de substitution. Devenu parisien, il fut encore, dans les années 1870, du deuxième *Parnasse contemporain*,

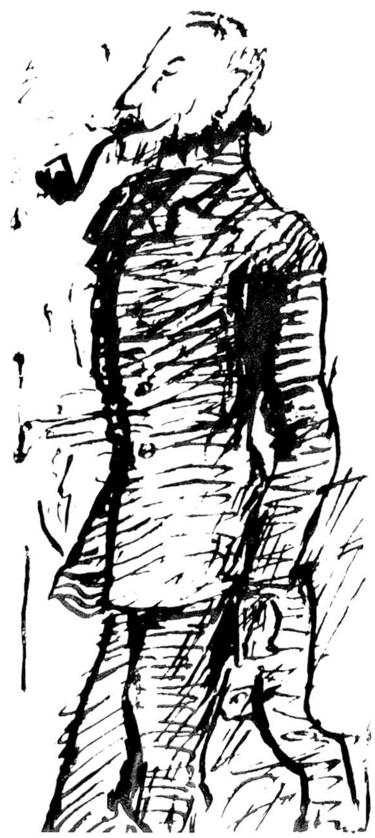

72. Paul Verlaine, *Stéphane Mallarmé au cours de l'un de ses mardis*, Vulaines-sur-Seine, musée Mallarmé, **cat. 136.**

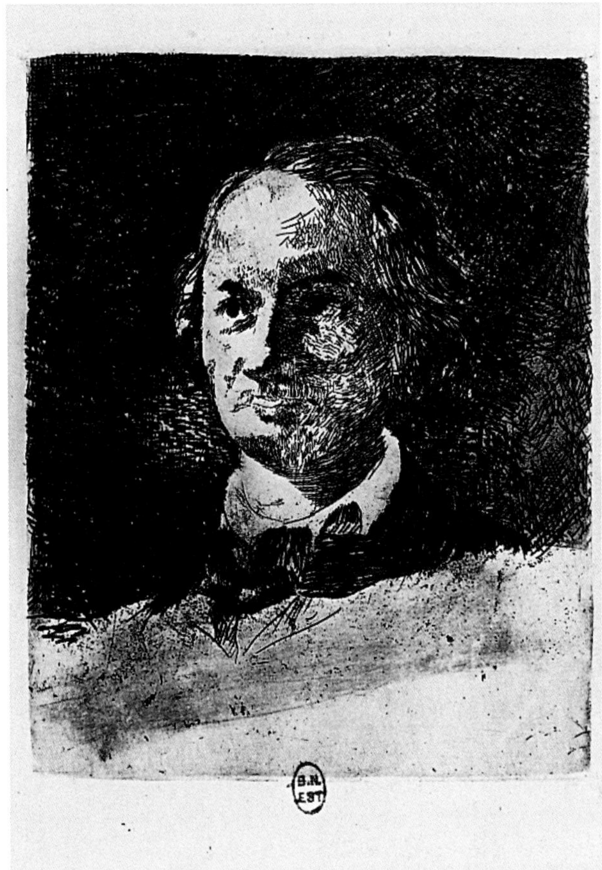

73. Édouard Manet,
Charles Baudelaire tête nue de face,
1867-1868,
Paris, BnF, Estampes, **cat. 116.**

contribua au *Tombeau de Théophile Gautier* et, à la même époque, fonda surtout avec Mendès une éphémère société internationale des poètes avant de lancer, toujours avec Mendès, une revue justement nommée *La République des lettres.* Quels qu'aient été les incidents de parcours, comme la malencontreuse affaire du (troisième) *Parnasse*, et l'incompréhension évidente qu'il rencontra dans le monde lettré, Mallarmé resta toute sa vie fidèle à une idée de la poésie inséparable d'un idéal communautaire ou, à tout le moins de sociabilité poétique, ce qu'il appelait au temps de la société internationale des poètes « une franc-maçonnerie ou un compagnonnage » transcendant les « mille points de vue différents, qui ne le sont plus, du reste, après qu'on s'est étudié ou qu'on a causé[1] ». Qu'y a-t-il de commun, s'étonne-t-on parfois, entre Mallarmé et Mendès, Coppée ou Heredia ? Pour Mallarmé au moins la réponse allait de soi : la chose commune est celle que dit exactement *La République des lettres* : les lettres, ou la poésie.

C'est à l'intérieur de cette société poétique, réelle ou idéale, qui a ses règles de civilité dont témoigne abondamment la correspondance des vingt dernières années (lettres de remerciements pour les envois de livres, de félicitations pour les amis décorés, lettres de vœux, de sollicitations, de condoléances), qu'il faut envisager la question des influences et des affinités. Dans cette société-là, il y a les grands anciens (Lamartine, Hugo) ou les aînés (Gautier, Leconte de Lisle, Baudelaire, Banville), les pairs (Villiers, Verlaine, Rimbaud, mais aussi Zola ou Huysmans), les admirateurs ou les disciples (Claudel, Gide, Valéry et toute la cohorte des Mardistes connus et inconnus) ; il y a ceux à qui l'on donne du Maître, du Cher Maître, du Cher confrère, du Cher ami, du Cher vieux, ou plus simplement du Monsieur.

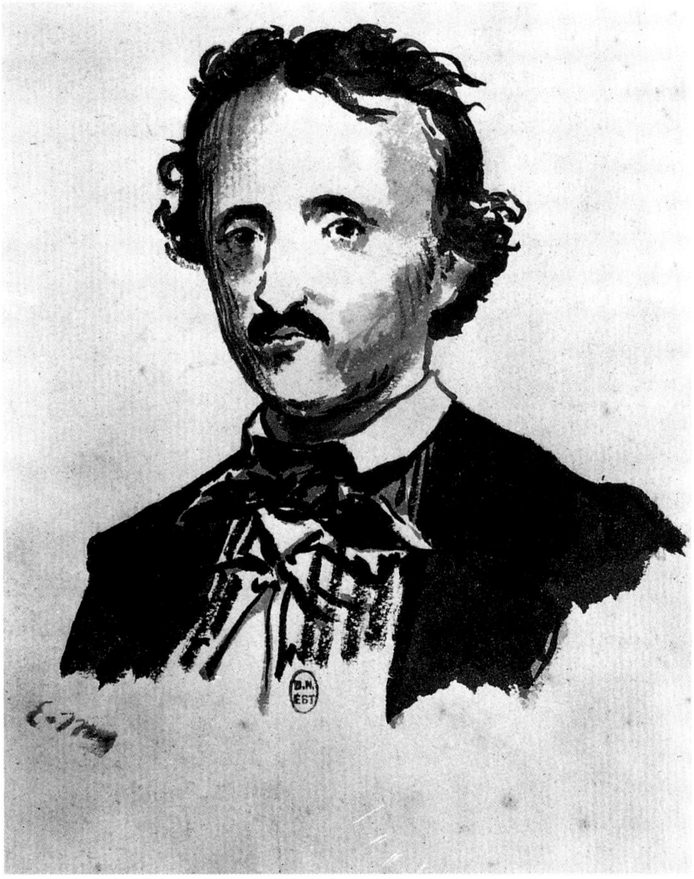

74. Édouard Manet,
Portrait d'Edgar Poe, vers 1860-1862,
Paris, BnF, Estampes, **cat. 103.**

Vouloir recenser toutes les influences qui ont contribué à former Mallarmé serait sans doute aussi impossible que vain. Mallarmé est de son temps. Comme toute la génération poétique de 1860, il a été nourri du premier romantisme, il a « traversé bien des pensions et lycées, d'âme lamartinienne avec un secret désir de remplacer, un jour, Béranger[2] » ; comme pour toute cette génération, la poésie a longtemps porté un nom unique, admirable autant qu'irritant : Victor Hugo.

La production lycéenne de Mallarmé témoigne de l'empire du grand exilé qui résume dans son œuvre toute la lyre, des espagnolades ou des fantaisies orientales aux grandes élégies des *Contemplations*, de la verve satirique des *Châtiments* aux recréations mythologiques de *La Légende des siècles*. À son imitation, Mallarmé fit ses gammes dans les registres les plus variés, avant que la double découverte de Baudelaire et de Poe ne lui découvrît d'autres horizons poétiques, surtout quand l'auteur des *Misérables* se faisait, dans son *William Shakespeare*, le chantre du « beau serviteur du vrai » et de l'art pour le progrès. Cela n'empêcherait pas Mallarmé, en 1872, de suggérer à *La Gazette de Franche-Comté* « de faire orner d'une plaque commémorative la maison où est né notre grand poète » ; cela ne l'empêcherait surtout pas, à défaut d'un « Tombeau » ou d'un « Hommage » comparables à ceux qu'il composa pour Gautier, Baudelaire ou Verlaine, de marquer, dans les années 1890, la place de Victor Hugo dans l'évolution littéraire, en soulignant le lien de cause à effet entre la mort de celui qui « était le vers personnellement[3] » et l'invention du vers libre. Il y a ainsi, à ses yeux, quelque chose d'un régicide ou d'un déicide symbolique dans la révolution du vers libre. Pour autant, Hugo n'a pas pour seule fonction d'incarner une sorte d'Ancien Régime, définitivement aboli,

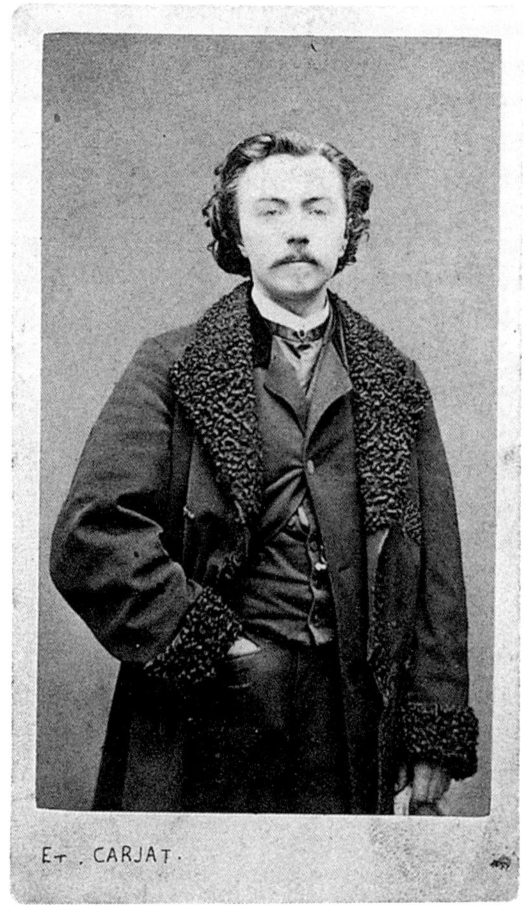

75. Carjat et Cie,
Villiers de l'Isle-Adam, 1865,
Paris, Doucet, **cat. 124.**

du vers. En réalité, les vers-libristes n'ont fait que pousser à sa limite la logique hugolienne ; car celui qui « rabattit toute la prose, philosophie, éloquence, histoire au vers[4] » fut le prophète de cette « majestueuse idée inconsciente, à savoir que la forme appelée vers est simplement elle-même la littérature, que vers il y a sitôt que s'accentue la diction, rythme dès que style[5] ».

C'est sans doute par l'entremise d'Émile Deschamps, son voisin versaillais, qu'à la fin de l'été 1860 Mallarmé découvrit Baudelaire et Poe (à moins qu'il n'eût découvert *Les Fleurs du mal* « au fond d'une bouquinerie de province[6] », comme il en fit la confidence tardive à Régnier). De cette double découverte témoignent, réunies sur un même cahier, la traduction littérale de neuf poèmes du second et la copie, pour le premier, de vingt-neuf poèmes des *Fleurs du mal* (copie d'ailleurs assortie de quelques corrections révélatrices du goût fort classique encore de l'apprenti poète). Quelques mois plus tard, à la sortie de la deuxième édition, il pouvait enfin acquérir le volume, à la fin duquel il recopia les six pièces condamnées de 1857. C'est donc sous le patronage — involontaire — de Baudelaire, et sous le signe du spleen et de l'idéal, que Mallarmé entra en 1862 dans la carrière poétique par ses premières publications, tant en vers qu'en prose. Au jeune poète qui avait fait vibrer, *Entre quatre murs*, toutes les cordes de la lyre romantique, Baudelaire, tout en donnant une voix neuve à son idéalisme éperdu, révélait les pouvoirs de la concentration et de l'antithèse, et la « Muse moderne de l'Impuissance[7] ». Il y eut ainsi, jusqu'au milieu des années 1860, un Mallarmé baudelairien, celui des poèmes publiés en 1866 dans le premier *Parnasse contemporain*, et c'est ce Mallarmé-là, celui de *L'Azur*, des *Fleurs* ou des *Fenêtres*, qu'héroïserait, au risque

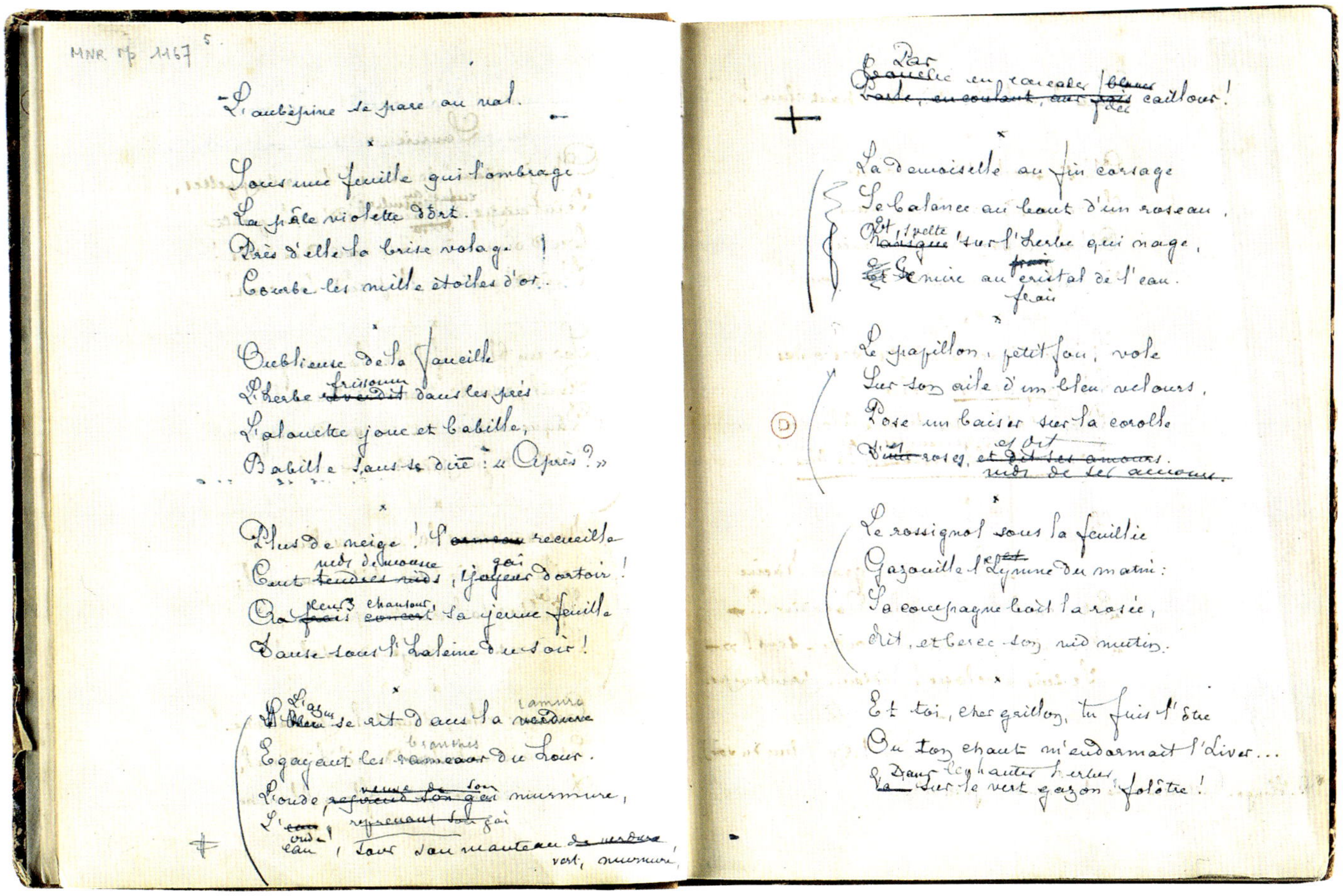

76. Stéphane Mallarmé, *Entre quatre murs,* 1859-1860,
Paris, Doucet, **cat.** 7.

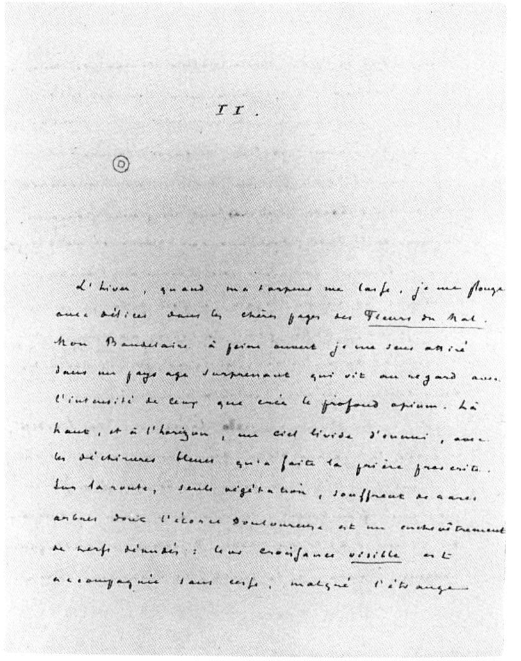

II.

L'hiver, quand ma torpeur me lasse, je me plonge avec délices dans les chères pages des Fleurs du Mal. Mon Baudelaire à peine ouvert je me sens attiré dans un paysage surprenant qui vit au regard avec l'intensité de ceux que crée le profond opium. Là haut, et à l'horizon, un ciel livide d'ennui, avec les déchirures bleues qu'a faite la prière proscrite. Sur la route, seule végétation, souffrent de maigres arbres dont l'écorce douloureuse est un enchevêtrement de nerfs dénudés : leur croissance visible est accompagnée sans cesse, malgré l'étrange

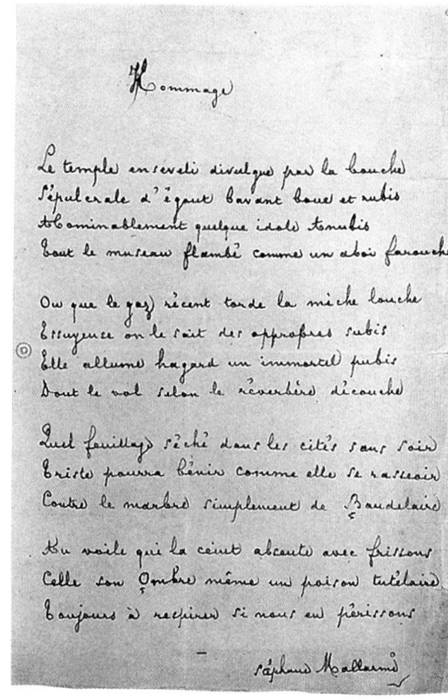

Hommage

Le temple enseveli divulgue par la bouche
Sépulcrale d'égout bavant boue et rubis
Abominablement quelque idole Anubis
Tout le museau flambé comme un aboi farouche

Ou que le gaz récent torde la mèche louche
Essuyeuse on le sait des opprobres subis
Elle allume hagard un immortel pubis
Dont le vol selon le réverbère découche

Quel feuillage séché dans les cités sans soir
Triste pourra bénir comme elle se rasseoir
Contre le marbre simplement de Baudelaire

Au voile qui la ceint absente avec frissons
Celle son Ombre même un poison tutélaire
Toujours à respirer si nous en périssons

—

Stéphane Mallarmé

77. Stéphane Mallarmé, *Trois Poëmes en prose,* 1864, Paris, Doucet, **cat. 115.**
78. Stéphane Mallarmé, *Hommage,* 1894, Paris, Doucet, **cat. 121.**

de bien des malentendus, la génération symboliste à une époque où il aurait depuis longtemps dépassé, sans la renier, cette prime inspiration. De ce dépassement, la crise d'*Hérodiade*, au moment même où paraissait le *Parnasse contemporain*, devait être le moteur, en découvrant à Mallarmé, dans une neuve conscience du langage, les illusions idéalistes, ou le glorieux mensonge de Dieu, de l'âme, de la poésie même, désormais vouée à scruter son propre mystère.

Dès 1867, il revendiquait vis-à-vis de celui qui avait été un père nourricier un sevrage nécessaire, en écrivant de son ami Dierx, lui-même fils spirituel de Leconte de Lisle : « S'en séparera-t-il comme moi de Baudelaire[8] ? » Encore l'admiration, évidente, pour Baudelaire n'avait-elle pas été totale, même avant la crise du milieu des années 1860 : aux dires d'Henri de Régnier, Mallarmé se plaisait à rappeler que « chez le Baudelaire des dernières années s'était développée une allure factice de fumisterie qui montrait que le fond naturel était épuisé[9] ». C'est ce Baudelaire-là qui entendit un jour d'avril 1864, lus par Emmanuel des Essarts chez les Le Josne, *Les Fenêtres* et *L'Azur*, qu'il aurait écoutés, selon le rapport un peu tendancieux des amis de Mallarmé, « sans désapprobation ce qui est un très grand signe de faveur[10] » ; comme il eut connaissance par le même canal, en 1865, du *Phénomène futur* qui devait lui inspirer un commentaire mitigé dans ses *Notes sur la Belgique.* Toujours est-il qu'en 1895 Mallarmé devait s'acquitter d'un ultime hommage envers l'auteur des *Fleurs du mal* en évoquant, dans son *Tombeau de Charles Baudelaire*, ce « poison tutélaire / Toujours à respirer si nous en périssons ».

Baudelaire et Poe : les deux noms, couplés dès l'origine dans les *Glanes*, sont restés longtemps inséparables sous la plume de Mallarmé. C'est « à la mémoire de Baudelaire et à celle de Poe[11] » qu'il voulait en 1870 dédier sa thèse tôt avortée sur le langage ; c'est comme un legs de Baudelaire que celui qui avait appris l'anglais « simplement pour mieux lire Poe[12] » entreprit dans les années 1870 sa traduction des poèmes. Mais là où Baudelaire fut d'abord sensible chez Poe à ce démon de la perversité par où le poète américain confirmait en lui Joseph de Maistre et sa doctrine du péché originel, la découverte essentielle de Mallarmé fut celle, par *La Genèse d'un poème*,

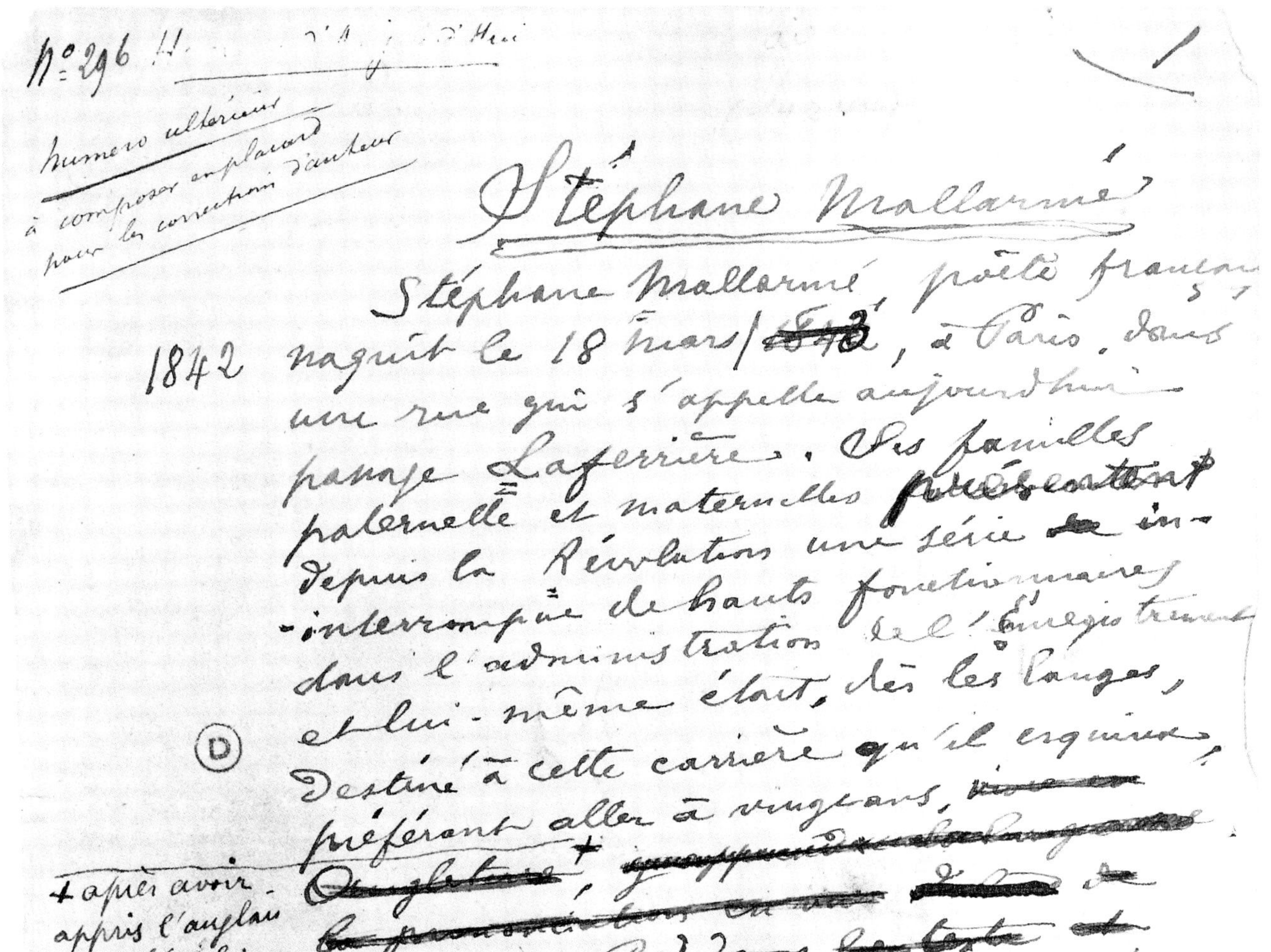

N° 296

numero ultérieur
à composer en placard
pour les corrections d'auteur

Stéphane Mallarmé

Stéphane Mallarmé, poète français,
1842 naquit le 18 mars 1842, à Paris, dans
une rue qui s'appelle aujourd'hui
passage Laferrière. Ses familles
paternelle et maternelle présentaient
depuis la Révolution une série in-
interrompue de hauts fonctionnaires
dans l'administration de l'Enregistrement
et lui-même était, dès les langes,
destiné à cette carrière qu'il esquiva,
préférant aller à vingt ans, + après avoir appris l'anglais pour lire Edgar Poe, et un peu le traduire, vivre en Angleterre en vue de s'assimiler la prononciation et
de se créer par l'ensei-
gnement dans l'Université des ressources qui assurassent
son indépendance littéraire.

On retrace le goût de tenir une
plume autrement que pour enregistrer
des actes, chez plusieurs de ses ascendants.
L'un, avant la création de l'Enre-
gistrement sans doute, fut syndic
des libraires sous Louis XVI ; et son
nom se trouve au bas du Privilège
du Roi en tête de l'édition originale
française du Vathek de Beckford
que notre poète a naguère réimprimée.

79. Paul Verlaine, *Stéphane Mallarmé,* 1887,
Paris, Doucet, **cat. 140.**

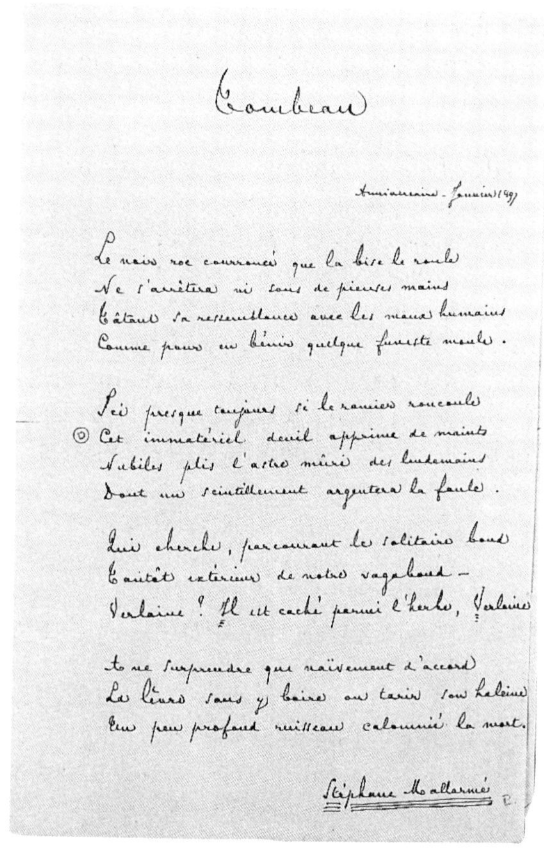

Tombeau

Anniversaire – Janvier 1897

Le noir roc courroucé que la bise le roule
Ne s'arrêtera ni sous de pieuses mains
Tâtant sa ressemblance avec les maux humains
Comme pour en bénir quelque funeste moule.

Ici presque toujours si le ramier roucoule
Cet immatériel deuil opprime de maints
Nubiles plis l'astre mûri des lendemains
Dont un scintillement argentera la foule.

Qui cherche, parcourant le solitaire bond
Tantôt extérieur de notre vagabond –
Verlaine ! Il est caché parmi l'herbe, Verlaine

A ne surprendre que naïvement d'accord
La lèvre sans y boire ou tarir son haleine
Un peu profond ruisseau calomnié la mort.

Stéphane Mallarmé

80. Stéphane Mallarmé, *Tombeau*, 1896,
Paris, Doucet, **cat. 143**.

de la poétique de l'effet qui périmait définitivement les illusions lyriques et faisait de la poésie un travail sur les mots. Cette poétique de l'effet — « peindre, non la chose, mais l'effet qu'elle produit [13] » —, mise en œuvre dès 1864 dans *L'Azur*, fut au principe d'*Hérodiade* et, plus largement, de toute l'œuvre de sa maturité. Sans ignorer le soupçon de mystification qui s'attacha très tôt à *La Genèse d'un poème*, Mallarmé sut discerner, de ce texte pour lui fondateur, l'irréductible vérité : « Y a-t-il, à ce spécial point de vue, mystification ? Non. Ce qui est pensé, l'est : et une idée prodigieuse s'échappe des pages qui, écrites après coup (et sans fondement anecdotique, voilà tout) n'en demeurent pas moins congéniales à Poe, sincères. À savoir que tout hasard doit être banni de l'œuvre moderne et n'y peut être que feint [14]. » S'il eut, à la fin des années 1860, le sentiment d'avoir dépassé Baudelaire, il ne renia du moins jamais le patronage de Poe dont il fit, dans le *Tombeau* qu'il lui dédia, le Poète par excellence, « Tel qu'en Lui-même enfin l'éternité le change ».

Si l'on mesure ce que Mallarmé put devoir à Baudelaire et à Poe, on comprend moins l'admiration jamais démentie qu'il éprouva pour Gautier, et encore moins le culte que selon ses propres termes il voua à Banville, de la *Symphonie littéraire* de 1865 où ils encadrent Baudelaire à *Toast funèbre* pour l'un, à l'hommage posthume repris dans *Divagations* pour l'autre. C'est que, pour ce parnassien certes marginal, Gautier représentait, comme pour Baudelaire, le poète impeccable voué à la perfection de son art, tandis que le « divin Théodore de Banville » perpétuait « en nos temps le poète, l'éternel et le classique poète, fidèle à la déesse, et vivant parmi la gloire oubliée des héros et des dieux ». Pour celui qui voulut ressaisir dans son œuvre l'histoire de la poésie, Banville représentait l'enfance de l'art, ou l'âge d'or du lyrisme, Baudelaire la conscience romantique de la chute et de l'exil, et Gautier l'Idéal nouveau, « sa moderne émersion du cerveau de l'impeccable artiste » ; quand l'idéal baudelairien gardait quelque chose de la nostalgie d'un paradis perdu, Gautier faisait naître du réel, de nos « vrais bosquets[15] », un idéal moderne par la vertu de son regard et de son verbe.

Des contemporains de Mallarmé, de ceux qui eurent comme lui vingt ans autour de 1860, il y a bien peu à dire qui ne ressortisse aux privilèges de l'amitié pour les uns (des Essarts, Cazalis, Lefébure, Mendès, Heredia...), de la camaraderie littéraire (Huysmans) ou de la civilité plus haut évoquée pour les autres. Sans doute ignora-t-il, comme la plupart de ses contemporains, l'existence même de Lautréamont et de Corbière, avant de découvrir le second dans *Les Poètes maudits* de Verlaine, et s'il rencontra Rimbaud en 1872 à l'occasion d'un dîner des « Vilains Bonshommes », il ne le découvrit que tard, là encore par *Les Poètes maudits.* Et même quand Verlaine eut publié en 1886 *Une saison en enfer* et les *Illuminations,* Rimbaud resta pour lui le poète du *Bateau ivre* et des *Derniers vers,* « génie d'une puberté perverse et adolescente[16] », et l'énigme de celui qui « s'opère, vivant, de la poésie ». Quant à Verlaine, s'ils débutèrent ensemble au *Parnasse contemporain* et correspondirent brièvement autour des *Poèmes saturniens,* ils ne se retrouvèrent que fort tard, après avoir cheminé parallèlement, à une époque où chacun était en possession de son art. Le seul contemporain de Mallarmé dont l'influence fut aussi profonde que l'amitié ne fut pas à proprement parler un poète : dans le petit monde parnassien, appliqué à réaccorder tant bien que mal le vers français, Villiers de l'Isle-Adam incarna pour Mallarmé le pur héros des Lettres, celui qui, dialoguant avec saint Bernard, Kant, saint Thomas ou Hegel, élevait la littérature à la dignité d'un absolu métaphysique. On devine ce que l'aventure intellectuelle et spirituelle de Mallarmé dans les années 1860 put devoir à la fascination de l'auteur d'*Isis.* Certes, Mallarmé exorcisa pour une part, avec *Igitur,* ce démon villiérien, mais il en prolongea aussi toute sa vie, entre le rêve et la raillerie, la destinée exemplaire. Il fut ce « Mage inconsolable et obstiné chercheur d'un mystère qu'il sait ne pas exister, et qu'il poursuivra, à jamais pour cela, du deuil de son lucide désespoir, car *c'eût été* la Vérité[17] ! ».

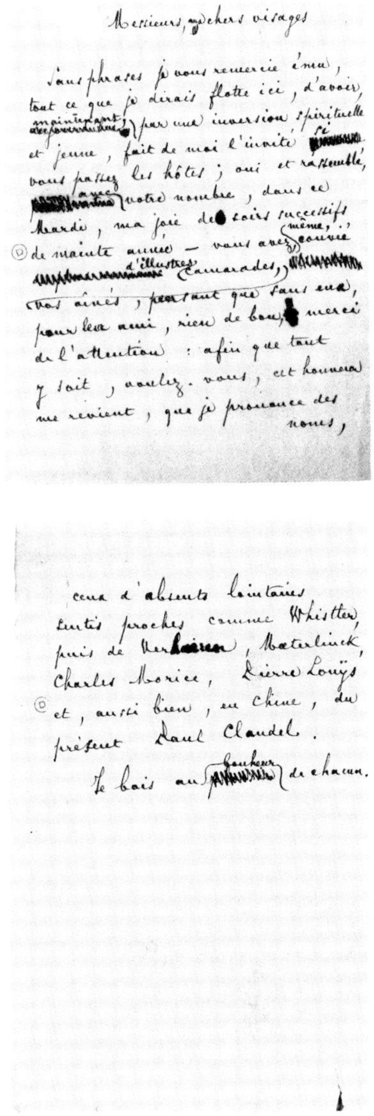
Messieurs, aux chers visages

Sans phrases je vous remercie ému,
tout ce que je dirais flotte ici, d'avoir,
maintenant, par une inversion spirituelle
et jeune, fait de moi l'invité si
vous passez les hôtes ; oui et rassemblé,
avec votre nombre, dans ce
Mardi, ma joie des soirs successifs
de mainte année — vous avez même, ouvert
d'illustres camarades,
vos aînés, pensant que sans eux,
pour leur ami, rien de bon, merci
de l'attention : afin que tout
y soit, voulez-vous, cet honneur
me revient, que je prononce des
noms,

ceux d'absents lointains
sentis proches comme Whistler,
puis de Verhaeren, Maeterlinck,
Charles Morice, Pierre Louÿs
et, aussi bien, en Chine, du
présent Paul Claudel.

Je bois au bonheur de chacun.

81. Stéphane Mallarmé, *«Messieurs, aux chers visages...»*, 1897, Paris, Doucet, **cat. 261.**

NOTES

1. Lettre à Frédéric Mistral du 1er novembre 1873.
2. Lettre à Paul Verlaine du 16 novembre 1885.
3. *Crise de vers.*
4. *Ibid.*
5. *Ibid.*
6. Journal d'Henri de Régnier.
7. *Symphonie littéraire.*
8. Lettre à Henri Cazalis du 14 mai 1867.
9. Journal d'Henri de Régnier.
10. Lettre d'Emmanuel des Essarts du 7 avril 1864.
11. Lettre à Catulle Mendès du 22 mai 1870.
12. Lettre à Paul Verlaine du 16 novembre 1885.
13. Lettre à Henri Cazalis du 30 octobre 1864.
14. *Les Poèmes d'Edgar Poe.*
15. *Toast funèbre.*
16. *Arthur Rimbaud.*
17. Lettre à Odilon Redon du 2 février 1885.

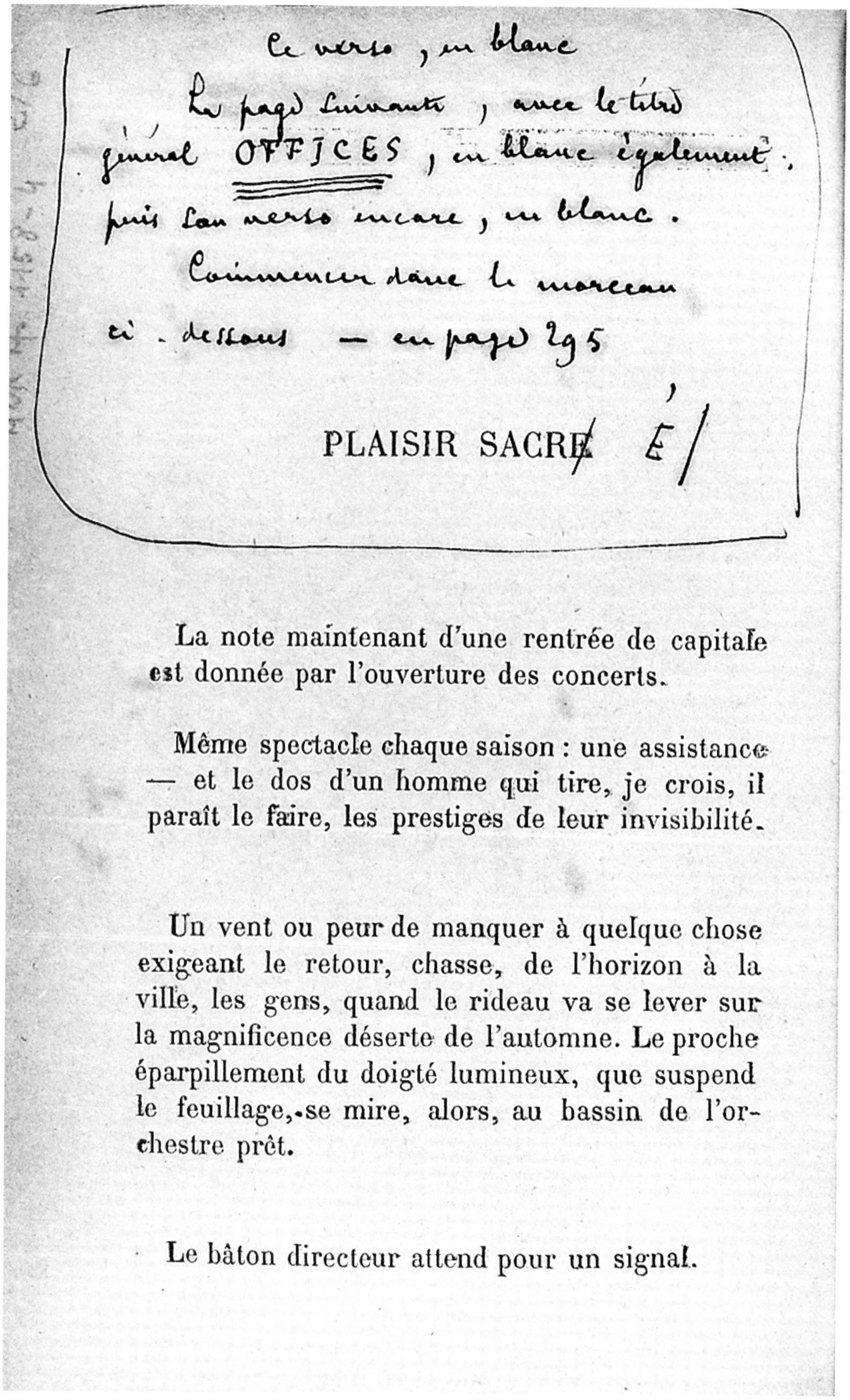

Ce verso, en blanc
La page suivante, avec le titre général OFFICES, en blanc également.
puis son verso encore, en blanc.
Commencer dans le morceau ci-dessous — en page 295

PLAISIR SACRÉ

La note maintenant d'une rentrée de capitale est donnée par l'ouverture des concerts.

Même spectacle chaque saison : une assistance — et le dos d'un homme qui tire, je crois, il paraît le faire, les prestiges de leur invisibilité.

Un vent ou peur de manquer à quelque chose exigeant le retour, chasse, de l'horizon à la ville, les gens, quand le rideau va se lever sur la magnificence déserte de l'automne. Le proche éparpillement du doigté lumineux, que suspend le feuillage, se mire, alors, au bassin de l'orchestre prêt.

Le bâton directeur attend pour un signal.

82. Stéphane Mallarmé, *Divagations,* 1897,
Paris, Doucet, **cat. 278.**

IVANKA STOÏANOVA

La musique et Mallarmé

Dans presque tout ouvrage traitant de l'œuvre de Mallarmé, on a attribué inévitablement une place, souvent considérable, au rapport entre la poésie mallarméenne et la musique, à la musicalisation chez Mallarmé. La recherche a été souvent gouvernée par des considérations postromantiques, floues et imprécises, concernant la « fluidité » de la « tentative instrumentale », la « musique intellectuelle » des poèmes « hermétiques » ou bien l'influence wagnérienne et sa transformation, en soutenant que l'idée de musique « complète et corrige l'intellectualisme mallarméen[1] ». De tels ouvrages qui contribuent énormément à la compréhension de l'évolution poétique de Mallarmé, du fonctionnement de son univers imaginaire et de son matériau phonique, influencés par l'idée de musique, restent dans la plupart des cas fondamentalement étrangers à la musique. Car le littérateur qui s'efforce d'établir des rapports entre deux domaines dont l'un — la musique — lui est relativement peu connu, n'arrive pas à dépasser les considérations associationnistes ou métaphoriques qui servent relativement peu la science des lettres et encore moins celle de la musique.

L'expérience de la littérature moderne et de la musique du XXe siècle permet d'élaborer une autre approche du problème Mallarmé et la musique. Le rapprochement des procédés d'engendrement textuel et musical, permis par le travail de Mallarmé lui-même, jette une lumière nouvelle sur le rapport entre langage musical et langage poétique et rend possible l'utilisation d'outils analytiques de la théorie musicale dans le domaine du langage poétique ou de la littérature « musicalisée ».

C'est un fait, Mallarmé était profondément et véritablement attiré par la musique sans avoir de formation musicale[2]. Déjà en 1862, il envie les partitions musicales d'apparaître au profane comme des « processions macabres de signes sévères, chastes, inconnus », ce qui protège l'art des sons contre la curiosité des analphabètes, tandis que « les premiers venus entrent de plain-pied dans un chef-d'œuvre » poétique[3]. Dès sa jeunesse ses références en musique sont les grands symphonistes de tout temps — Mozart, Beethoven, Wagner[4] — et sa fréquentation des concerts Lamoureux, ainsi que sa lecture de la *Revue wagnérienne* à partir de 1885 ne font qu'amplifier son admiration profonde pour la gestuelle formelle contagieuse du grand symphonisme, difficilement réalisable avec la matière des mots. La description tout à fait exemplaire, digne d'un théoricien de haut niveau de la téléologie symphonique donnée par Mallarmé, après sa découverte des concerts Lamoureux — et cela à l'époque où la musicologie française balbutie — ne peut que surprendre par la perspicacité de ses observations auditives : « On peut, du reste, commencer d'un éclat triomphal trop brusque pour durer ; invitant que se groupe, en retards, libérés par l'écho, la surprise. L'inverse : sont, en un reploiement noir soucieux d'attester l'état d'esprit sur un point, foulés et épaissis des doutes pour que sorte une splendeur définitive simple. Ce procédé, jumeau, intellectuel, notable dans les symphonies, qui le trouvèrent au répertoire de la nature et du ciel[5]. » Ou encore : « Le livre, expansion totale de la lettre, doit d'elle tirer, directement, une mobilité et spacieux, par correspondance, instituer un jeu, on ne sait, qui confirme la fiction[6]. »

Les références musicales de Mallarmé sont obligatoirement les représentants de la pensée formelle « forte » en musique : Bach, cité aux côtés de Beethoven pour représenter la musique[7] est nécessairement présent lorsque Mallarmé parle d'*Un coup de dés* en termes de « retraits, prolongements, fuites » ou de « contrepoint » (« ... certaines directions très hardies, des empiétements, etc., formant le contrepoint de cette prosodie[8] ») ; puis les symphonistes excellant dans la grande gestuelle formelle — Mozart, Beethoven, Wagner — dont l'influence explique la « réunion » du vers libre et du poème en prose : « Leur réunion s'accomplit sous une influence, je sais, étrangère, celle de la Musique entendue au concert[9]. »

Tout en suivant les recherches littéraires de la « vague verlainienne, impressionniste et anti-conceptualiste », ainsi que de « la vague instrumentale et scientifique[10] » visant « l'orchestration » savante du vers, Mallarmé cherche la cohérence de la macroforme, la multiplicité thématique et le dynamisme du processus formel inspirés par la polyphonie baroque et surtout par le grand symphonisme. Il unit de la sorte le travail de recherche le plus avancé au niveau de la microstructure avec la matière langagière aux recherches les plus impressionnantes dans le domaine de la musique symphonique unissant le dynamisme du processus et l'expansion « architecturale et préméditée[11] » dans l'espace-temps. À sa façon Mallarmé cherche à inventer un art total, tout en ayant à sa disposition uniquement les mots et le blanc de la page, mais aussi « l'office » des lectures publiques du « Livre, instrument spirituel[12] ». Pour suggérer à son tour à des musiciens des générations futures, des modalités aux fins de « reprendre leur bien[13] » à la littérature.

La poésie de Mallarmé a suscité naturellement de nombreuses mises en musique. Parmi les plus connues notons Claude Debussy, *Trois Poèmes de Mallarmé* (1913) ; Maurice Ravel, *Trois Poèmes de S. Mallarmé* (1913) ; mais encore *Renouveau* (1941) et *Tristesse d'été* (1941) d'Henri Sauguet ; *Chansons bas, La Sirène* (1920) et *Deux Petits Airs* (1927) de Darius Milhaud ; *Chansons bas* (1937) de Claude Arrieu ; *Trois Mélodies de Mallarmé* (1948) d'Henri Busser, etc. Rappelons le fait que, tout à fait indépendamment l'un de l'autre, Debussy et Ravel choisissent presque les mêmes poèmes (deux sur trois et dans le même ordre : *Soupir, Placet futile* et *Éventail*, chez Debussy ; *Soupir, Placet futile* et « *Surgi de la croupe et du bond...* », chez Ravel). Et ni Debussy ni Ravel ne renonce, naturellement, aux procédés formels proprement musicaux pour suivre de près la structuration des sonnets de Mallarmé ou ses considérations théoriques concernant la structure : les schémas tripartites des *Trois Poèmes de Mallarmé* de Debussy et de Ravel sont conformes aux tripartitions à longue histoire en musique, modifiées par l'esthétique impressionniste ou symboliste évanescente. Rappelons aussi le célèbre ballet, « récitation orchestrale » *Hérodiade* (1944) de Hindemith, mélodrame dansé qui remplace le chant par le parlé et qui est, probablement, l'œuvre la plus debussyste de Hindemith évoquant nettement *Le Martyre de saint Sébastien* (1911) de Debussy et D'Annunzio. Mais la musique la plus connue inspirée par la poésie de Mallarmé est certainement le *Prélude à l'après-midi d'un faune* (1894) de Debussy, œuvre symphonique qui met entre parenthèses le texte et la voix pour devenir, selon le compositeur : « une illus-

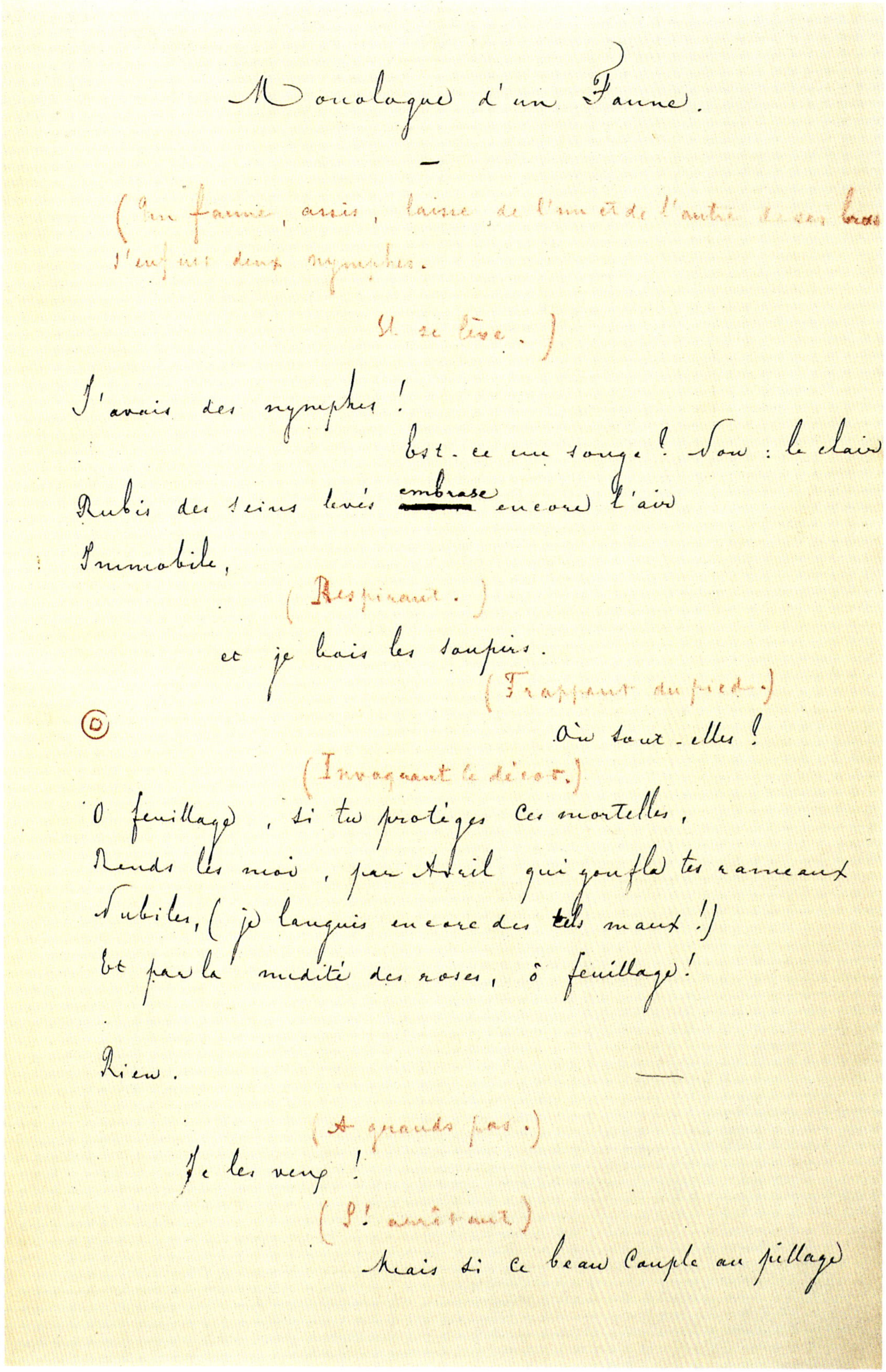

Monologue d'un Faune.

—

(Un faune, assis, laisse de l'un et de l'autre de ses bras s'enfuir deux nymphes.

Il se lève.)

J'avais des nymphes!
Est-ce un songe? Non: le clair
Rubis des seins levés embrase encore l'air
Immobile,
(Respirant.)
et je bois les soupirs.
(Frappant du pied.)
Où sont-elles!
(Invoquant le décor.)
Ô feuillage, si tu protèges ces mortelles,
Rends-les moi, par Avril qui gonfla tes rameaux
Nubiles, (je languis encore des tels maux!)
Et par la nudité des roses, ô feuillage!

Rien.
—
(A grands pas.)
Je les veux!
(S'arrêtant)
Mais si ce beau couple au pillage

83. Stéphane Mallarmé, *Monologue d'un faune,* 1865-1866,
Paris, Doucet, **cat. 39.**

tration très libre du beau poème de S. Mallarmé sans prétendre à une synthèse de celui-ci [14] ».

Dans sa célèbre *Autobiographie* de 1885, adressée à Verlaine, Mallarmé affirmait modestement : « ... On a cru à quelqu'influence tentée par moi, là où il n'y a eu que des rencontres. Très affiné, j'étais dix ans d'avance du côté où de jeunes esprits pareils devaient tourner aujourd'hui [15]... » Et pourtant, plusieurs décennies plus tard, et surtout après la Deuxième Guerre mondiale, l'avant-garde musicale découvre la modernité des visées théoriques mallarméennes. Ainsi, fortement attiré par la recherche poétique de Mallarmé et son projet du Livre, Boulez affirme en 1960 : « Il me semble que dans le domaine de l'organisation, de la structure mentale de l'œuvre, certains écrivains (S. Mallarmé, J. Joyce, d'après I. Stoïanova) sont allés pour le moment beaucoup plus loin que les musiciens [16]. » Et Boulez écrit deux œuvres capitales sous l'influence directe de Mallarmé : *« Pli selon pli » / Portrait de Mallarmé* (1958-1962) pour soprano et orchestre, constitué de *Don, 3 Improvisations sur Mallarmé* (« *Le vierge, le vivace et le bel aujourd'hui...* », « *Une dentelle s'abolit...* », « *À la nue accablante tu...* ») et *Tombeau*, œuvre fondée sur les sonnets de Mallarmé, et la *Troisième Sonate* (1955...) pour piano qui est une transposition musicale explicite du projet mallarméen du Livre. Et si pour Boulez « l'ouverture » de l'œuvre [17] de par la permutabilité de ses composantes formelles, la variabilité des textures ou des durées globales et la multiplication des parcours à l'intérieur de l'œuvre s'affirment comme directement inspirés par Mallarmé, des œuvres clés de la musique de l'avant-garde d'après-guerre comme *Klavierstück XI* (1956), *Zyklus* (1959) pour un percussionniste et *Refrain* (1959) pour trois instrumentistes de Karlheinz Stockhausen, mais encore *Epifanie* (1959-1960/1965) pour voix de femme et orchestre et *Circles* (1960) pour voix de femme, harpe et deux percussionnistes de Luciano Berio, etc., composées sans référence à Mallarmé [18], mettent tout de même en évidence la modernité de la recherche mallarméenne apparue subitement comme préprogrammation anticipatrice par rapport aux recherches de l'avant-garde musicale.

Le projet mallarméen du Livre [19] et beaucoup de déclarations esthétiques du poète manifestent sa recherche d'une œuvre à plusieurs faces, dont l'une aurait regardé vers le Néant, l'autre vers la Beauté : une œuvre qui saurait être Musique et Lettres à la fois. *La Musique et les Lettres* qui « sont la face alternative ici élargie vers l'obscur, scintillante là, avec certitude d'un phénomène, le seul, je l'appelai, l'Idée [20] ». Les recherches mallarméennes sont gouvernées par la nécessité de superposer différents niveaux et d'englober tout l'espace multidimensionnel qui résulte de cette superposition. Et si le poète affirme qu'il avait son œuvre « bien préparé et hiérarchisé, représentant comme il peut l'Univers », s'il dit qu'il ne peut « rien enlever » « sans endommager » une de ses « impressions étagées [21] », c'est parce que l'espace multidimensionnel du texte, l'interaction des « architectures mobiles musicales [22] », la grande syntagmatique du texte sont établis par le poète — un peu à la manière de la pensée formelle « forte » à l'époque classique et romantique en musique, mais encore, tout à fait différemment, bien sûr, à l'époque de la dodécaphonie et du sérialisme de l'après-guerre — *préalablement* au contenu concret de l'œuvre. L'œuvre-totalité est un réseau prémédité de relations et les segments relativement autonomes ne prennent leur sens qu'à partir du syntagme maximal, l'œuvre. Version musicale du projet du Livre, la *Troisième Sonate* pour piano de Boulez suit les préceptes de Mallarmé concernant le hasard et « les versions différentes toutes vraies ». « Tout hasard doit être banni de l'œuvre

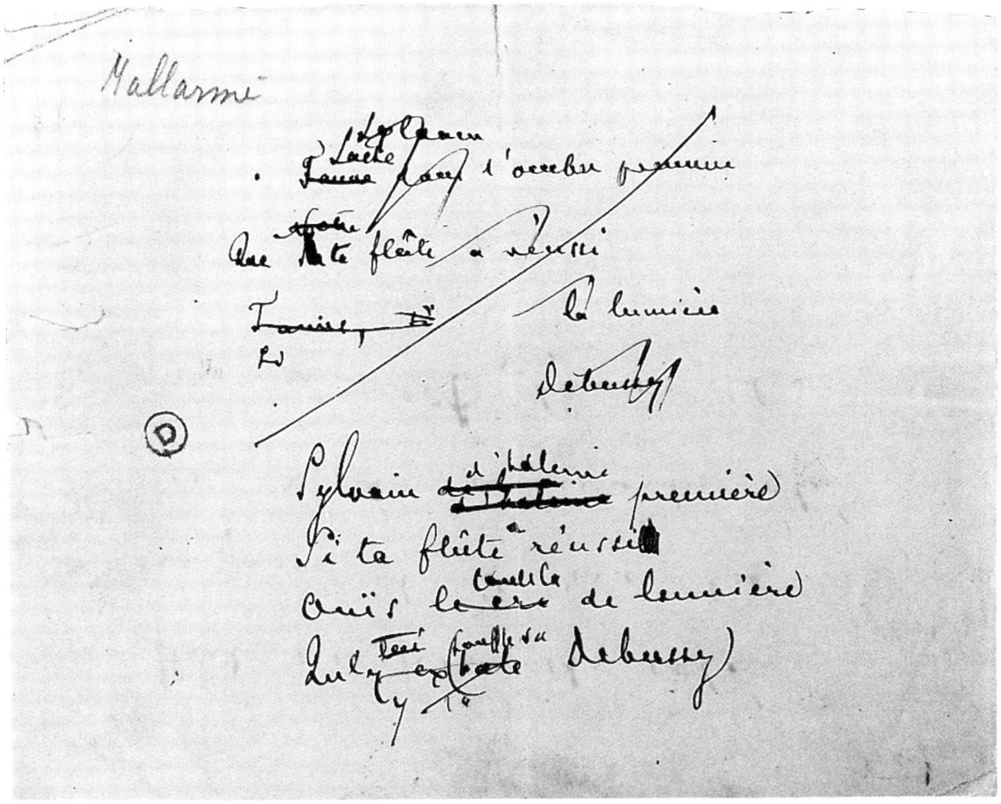

84. Stéphane Mallarmé,
Dédicace de *L'Après-midi d'un faune* à Claude Debussy,
Paris, Doucet, **cat. 46.**

moderne et ne peut être que feint. » « Le hasard n'entraîne pas un vers, c'est la grande chose[23] », affirmait Mallarmé. Et : « La *Troisième Sonate* avec ses 5 formants[24] est une sorte de "Work in Progress". [...] Ce serait un Livre qui représente un labyrinthe, une spirale dans le temps[25]. » La structure globale préexistante, comme celle du Livre, prévoit une œuvre stable et en même temps mobile, constituée de composantes interchangeables qui peuvent, comme les fragments du Livre, se mouvoir avec liberté, originalité, mais sans arbitraire, régies par des « symétries profondes » et des « identités secrètes[26] ».

Toujours à la recherche de « l'agitation solennelle » de l'espace textuel, Mallarmé ne veut pas soumettre l'Œuvre à la tradition occidentale de lecture avec la monotonie d'un va-et-vient linéaire. Il veut y substituer le spectacle de plusieurs énonciations simultanées où tout serait dit à la fois. La « figure de la pensée » dans *Un coup de dés*, « la tempête spirituelle menée de page en page jusqu'à l'extrême de la pensée[27] », selon les belles formules de Valéry, engendrent l'échantillon du livre, en élevant « enfin une page à la puissance du ciel étoilé[28] ». Produit du « théâtre de l'esprit », cette « dispersion volatile » — le texte mallarméen — « s'espace et se dissémine ». Les relations internes, les rapports nouveaux qui surgissent lors de l'interaction des séries de sens, le « suspens vibratoire » des significations multipliées, la mobilité et les influences réciproques des textes interchangeables engendrent l'espace d'un texte toujours en mouvement, toujours à la limite de l'épars. Le devenir de cet espace textuel est « toujours rassemblé dans toutes les directions, de par la dispersion même, et selon la division qui lui est essentielle, qu'il ne fait pas disparaître, mais apparaître en la maintenant pour s'accomplir[29]. » Pour Mallarmé, l'expérience littéraire tend à « réveiller la présence, au-dedans, des accords et significations[30] », à mettre en relation des phénomènes hétérogènes, à faire vibrer des réseaux superposés de relations pour créer l'Œuvre,

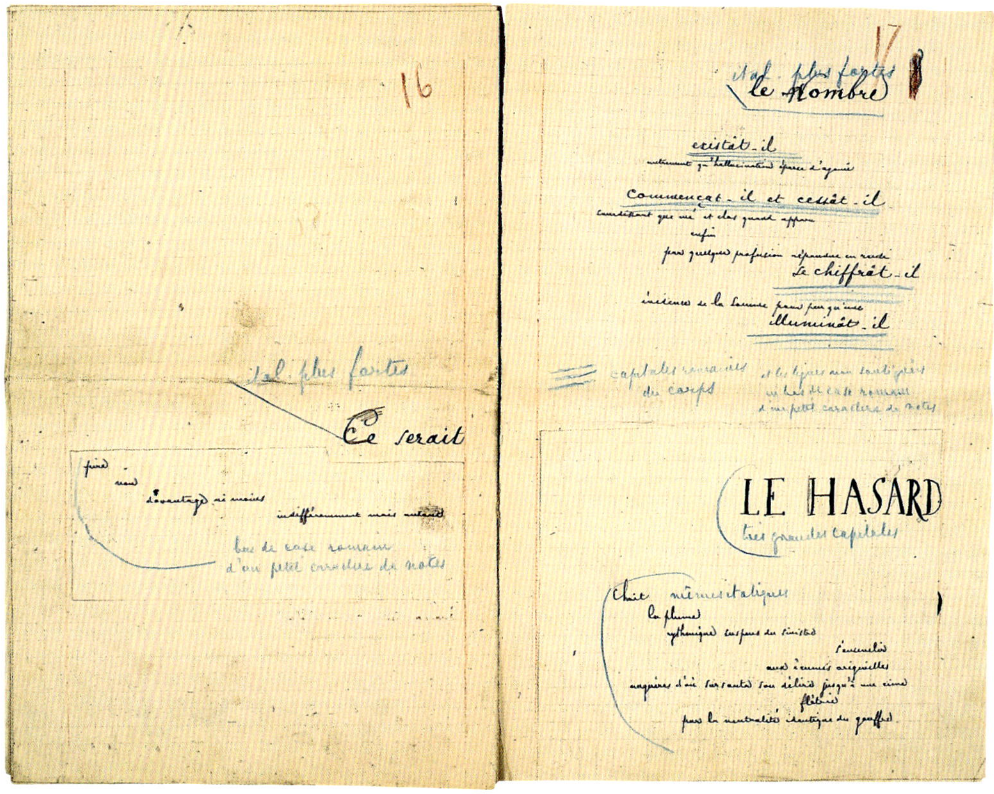

85. Stéphane Mallarmé, *Un Coup de Dés jamais n'abolira le Hasard,* coll. part., **cat. 338.**

« explication orphique de la Terre[31] ». Mallarmé nomme ces rapports abstraits « liens secrets », « aspects », « motifs », « figures » : figures qui habitent le langage poétique, figures qui régissent l'espace textuel et qui doivent être vues-entendues. Avec la recherche de « la figure de la pensée », selon la formule de Valéry, Mallarmé tend à reproduire visuellement les gestes multiples du mouvement de la pensée. En un instant, les « liens secrets » des événements multiples éclairés par la présence d'un « lustre », les sens fulgurants d'un texte pluriel doivent se présenter au lecteur comme une vision architecturale, comme des « architectures mobiles musicales » qui contiennent « une riche substance de rêve tour à tour s'érigeant, illuminant et souriant[32] ». « … Quelques jets de l'intime orgueil véridiquement trompetés éveillent l'architecture du palais, le seul habitable ; hors de toute pierre, sur quoi les pages se refermeraient mal[33]. » Et *Un coup de dés* soutire intentionnellement au langage sa fonction prosaïque de communication. Le poète révèle en ce langage des pouvoirs qui l'excèdent : le pouvoir d'être volumineux, spatial et mobile, explorable dans plusieurs directions ; le pouvoir d'être vu-entendu et non seulement lu-compris. Un pouvoir de figurer et non seulement de signifier.

L'expérience de la musique récente multipliant les modalités de notation toujours en relation avec l'inscription du hasard et la modification du statut même de l'œuvre ne peut pas, bien sûr, être considérée comme directement issue des orientations de l'Œuvre dans la conception de Mallarmé. Mais elles participent, l'une et l'autre, à une même tendance des pratiques signifiantes depuis la fin du XIXe siècle. Rappelons que le « poème visuel », « théâtre de l'esprit » *Un coup des dés* était déjà l'œuvre littéraire « en suspens entre sa présence visible et sa présence lisible : partition ou tableau qu'il faut lire et poème qu'il faut voir et, grâce à cette alternance oscillante, cherchant à enrichir la lecture analytique par la vision globale et simultanée[34]… ». Rappelons la constellation (métaphore très mallarméenne de la poésie) de dix-neuf groupes permutables sur le blanc de la feuille dans *Klavierstücke XI* (1956) de K. Stockhausen ou l'explosion des caractéristiques « Blocs » et « Points » notées en rouge et vert dans la partition de *Constellation-Miroir* de la *Troisième Sonate* (1957-1958) de P. Boulez. La notion d'Œuvre pour Mallarmé, l'œuvre ouverte en musique au cours des années 1850-1860 et les pratiques artistiques multiples intégrant le hasard, puis la Textkomposition comportant un texte littéraire (impulsion, point de départ pour des réalisations sonores multiples et la graphie musicale comprise comme notation polyvalente — rappelons *December 52* dans *Folio* de Earle Brown[35] ou *Labyrinthos* et *Cycloïde* de Anestis Logothetis[36] — ou la *Musik zum Lesen* / musique à lire de Dieter Schnebel[37] proche des *Notations* et *M* de J. Cage[38], mais aussi dans la lignée de H. Heissenbüttel et F. Mon) affirment, toujours différemment, le statut de l'œuvre « en suspens » entre ses présences visuelle et audible, figurale et compréhensible.

Les Lettres, conçues par Mallarmé comme « la totale arabesque[39] » qui dessine les « sinueuses et mobiles variations de l'Idée », rejoignent la Musique figurant « l'ensemble des rapports existant dans tout[40] » et la Danse : « Immédiatement le ballet résulte allégorique : il enlacera autant qu'animera, pour en marquer chaque rythme, toutes corrélations ou Musique, d'abord latentes, entre ses attitudes et maint caractère, tellement que la représentation figurative des accessoires terrestres par la Danse contient une expérience relative à leur degré esthétique, un sacre s'y effectue en tant que la preuve de nos trésors[41]. » Homme du « théâtre de l'esprit », Mallarmé « pré-programme » la représentation musico-théâtrale de l'avenir dans « la réciprocité de preuves[42] ». Ainsi, les œuvres de l'artiste multiple Sylvano Bussotti (compositeur, dessinateur, peintre, écrivain, metteur en scène, créateur de décors et costumes, etc.) intitulées globalement depuis 1965 B.O.B., Bussottioperaballet, effectuent la synthèse des arts sonore, visuel, gestuel, etc., en ouvrant à une multitude de possibilités de sens. La partition esthétisée de Bussotti (rappelons « la collection occulte » *Sette fogli* (1959), *Pièces de chair II* (1958-1960), *The Rara Requiem* (1969-1970), puis toutes les œuvres B.O.B.), libérée de l'univocité de la notation conventionnelle, tout en étant une réalité esthétique visuelle en soi, n'est pas une réalité signalétique à lire pour mettre en évidence sonore, mais un ensemble de *renvois* instaurant une relation de dialogue toujours renouvelable et, par conséquent, des versions différentes « toutes vraies[43] ».

La recherche de « la Musique dans le sens grec, au fond signifiant Idée ou rythme entre les rapports ; là plus divine que dans l'expression publique ou symphonique[44] », mène nécessairement Mallarmé vers la musique « tue » car la musique intellectuelle « égale des silences[45] ». La poésie sera plus musicale que la musique elle-même, justement parce que, tacite, elle s'adressera seulement à l'esprit : « L'esprit, envol tacite de l'abstraction, reprend ses droits en face de la chute des sons nus[46]. » Conscient de la nature temporelle de la musique, Mallarmé valorise le silence — dans « la communion » lors de l'écoute — et cela longuement avant l'avènement de l'esthétique du silence affirmée au cours des années 50 par Pierre Boulez parlant, directement dans la lignée de Mallarmé, de verbe et de son (« centre et absence[47] ») ou, avec une conception esthétique tout à fait différente, par John Cage et ses successeurs. Rappelons la très célèbre pièce pour piano de Cage *4'33"* (1952), réduisant la performance sonore au temps des bruits-sons au hasard lors d'une exécution silencieuse par l'(es) interprète(s) pendant quatre minutes et trente-trois secondes, ainsi que son ouvrage non moins célèbre *Silence*[48]. Mais l'orientation mallarméenne rejoint aussi à distance

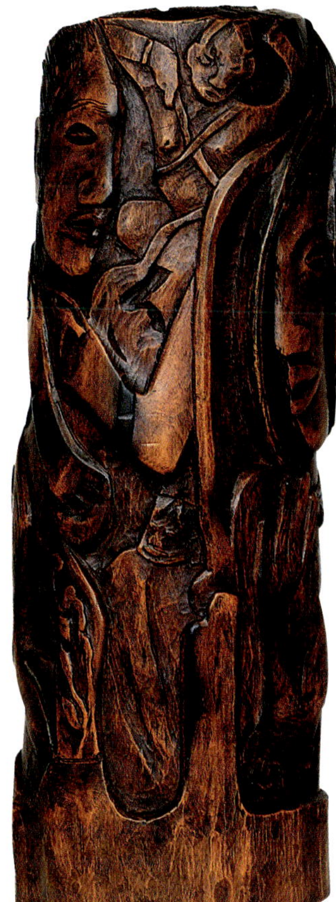

86. Paul Gauguin, *L'Après-midi d'un faune*, vers 1892, Vulaines-sur-Seine, musée Mallarmé, **cat. 48.**

dans le temps, beaucoup plus près de nous, « l'exercice du silence » dans l'optique des philosophes de « la pensée faible[49] » et la pratique musicale de Luigi Nono. Rappelons son très célèbre quatuor à cordes *Fragmente - Stille, an Diotima*[50] utilisant plusieurs fragments de poèmes de Hölderlin sans qu'ils soient mis en musique ni lus à haute voix par les musiciens, et proposant à l'interprète, mais aussi à l'auditeur, l'expérience du silence en tant que possibilité d'ouverture à l'autre. Les citations « tues » de Hölderlin, mais aussi le souvenir de L. Brik et V. Maïakovski, les références à Beethoven, Verdi et Ockeghem sont inscrits dans l'espace de l'écoute ou la scène par les sons : ce « théâtre de l'esprit » qui cristallise en énoncé musical cohérent « tous les germes, toutes les entrées[51] ».

Attiré par les représentants de la pensée formelle « forte » en musique et à la recherche de « la preuve de nos trésors », Mallarmé rejoint — des décennies après sa mort — des orientations très différentes dans la musique au XXe siècle : les versions différentes de l'œuvre ouverte, l'interaction des arts sonore, visuel, gestuel, etc. dans une œuvre multiple, les graphismes symboliques et la musique à lire, le changement du statut de l'œuvre et la multitude des réseaux ouverts de relations la constituant, l'exercice du silence[52] et l'ouverture à l'autre préconisés par les défenseurs de « la pensée faible ». L'explosion du génie mallarméen en « constellation » ou « lustre » éclairant les recherches artistiques à venir, fait la démonstration éclatante du fait que, en avance par rapport à son temps, le poète avait réussi de façon exemplaire « les fragments d'exécuté », « en indiquant le reste tout entier auquel ne suffit pas une vie[53] ».

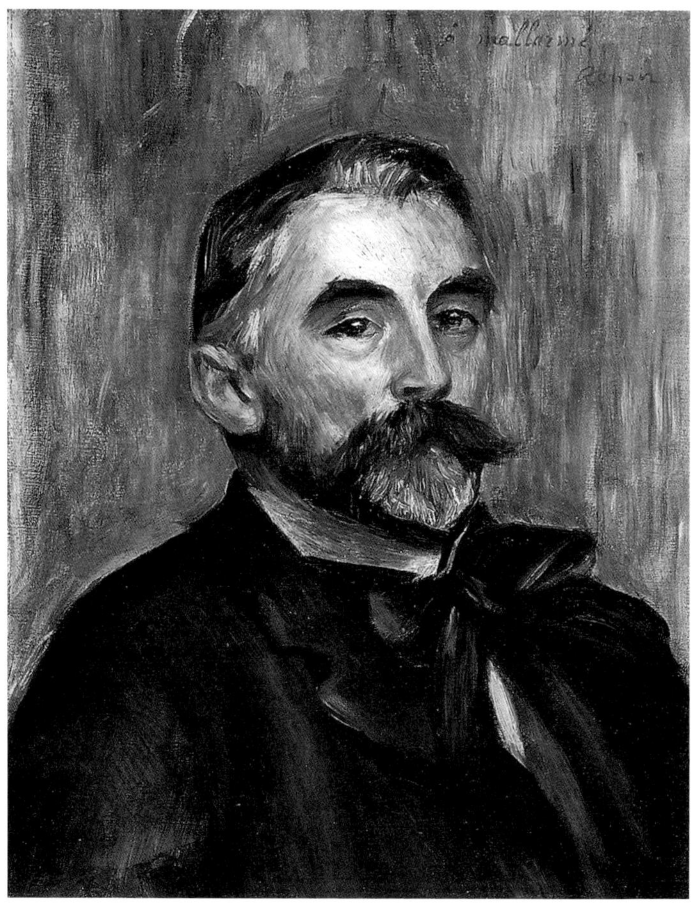

87. Auguste Renoir,
Portrait de Stéphane Mallarmé, 1892,
Versailles, musée national du château de Versailles, **cat. 234.**

NOTES

1. Cf. S. Bernard, *Mallarmé et la musique*, Paris, Nizet, 1959, p. 61.

2. « C'est vers 1885, écrit Geneviève Mallarmé, que la magie de la musique s'ouvrit pour mon père. Jeune, il la dédaignait. On disait alors : la musique est dans le vers. » (Cf. *Nouvelle Revue française*, novembre 1926, p. 521.)

3. S. Mallarmé, « Hérésies artistiques », « L'art pour tous », *Œuvres complètes*, Paris, Gallimard, 1945, « Bibliothèque de la Pléiade », p. 257.

4. *Ibid.*

5. S. Mallarmé, *Le Mystère dans les Lettres*, O.C., p. 384-385.

6. *Id.*, *Le Livre, instrument spirituel*, O.C., p. 380.

7. S. Mallarmé, *Solennité*, O.C., p. 335.

8. *Id.*, Préface à *Un coup de dés*, O.C., p. 455-456.

9. *Ibid.*, p. 456.

10. Cf. S. Bernard, *Mallarmé et la musique*, *op. cit.*, p. 12.

11. S. Mallarmé à propos du *Livre*. Cf. *Quant au Livre*, O.C., p. 369-387.

12. *Id.*, *Le Livre, instrument spirituel*, O.C., p. 378-382.

13. « [...] un art d'achever la transposition, au Livre, de la symphonie ou uniment de reprendre notre bien [...] », S. Mallarmé, *Crise de vers*, O.C., p. 36.

14. Cité par Ch. Goubault, in *Claude Debussy*, Paris, Champion, 1986, p. 136. Rappelons que Mallarmé remercia Debussy pour son œuvre en lui adressant un exemplaire du *Faune* préfacé par ces vers : « Sylvain d'haleine première / Si ta flûte a réussi / Ouïs toute la lumière / Qu'y soufflera Debussy. » *Ibid.*, p. 137.

15. S. Mallarmé, *Autobiographie*, O.C., p. 664.

16. P. Boulez, *Zu meiner III Sonate*, in *Darmstädter Beiträge zur Neuen Musik*, Mayence, 1960, S. 27-28.

17. Cf. U. Eco, *Opera aperta*, Milan, Bompiani, 1962.

18. On peut citer aussi *Serenata per un satellite* (1969) de Bruno Maderna, les *Archipels I à V* (1967-1970) d'André Boucourechliev, les *Cahiers d'Épigrammes* (1965) de Gilbert Amy et tant d'autres.

19. Cf. J. Scherer, *Le Livre de Mallarmé*, Paris, Gallimard, 1957.

20. S. Mallarmé, *La Musique et les Lettres*, O.C., p. 649.

21. *Id.*, Lettre à Cazalis, in *Propos sur la poésie*, Monaco, 1946, p. 84.

22. *Id.*, Lettre à Kahn, in *Propos sur la poésie*, *op. cit.*, p. 216.

23. *Id.*, *Propos sur la poésie*, *op. cit.*, p. 74.

24. *Antiphonie*, *Trope*, *Constellation*, *Strophe* et *Séquence*. Seules les composantes *Trope* et *Constellation-Miroir* ont été publiées et sont très souvent jouées.

25. P. Boulez, « Zu meiner III Sonate », in *Darmstädter Beiträge zur Neuen Musik*, n° 3, 1960, S. 34.

26. Sur Le Livre de Mallarmé et la *Troisième Sonate* de Boulez, ainsi que sur *« Pli selon pli » / Portrait de Mallarmé*, cf. I. Stoianova : Boulez et Mallarmé, in *Geste-texte-musique*, Paris, U.G.E., 10/18, 1978, p. 95-156.

27. P. Valéry, « Écrits divers sur Mallarmé », *Nouvelle Revue française*, Paris, Gallimard, 1950, p. 15.

28. P. Valéry, « Écrits divers sur Mallarmé », *op. cit.*, p. 18.

29. M. Blanchot, *Le Livre à venir*, Paris, Gallimard, 1971, p. 286.

30. S. Mallarmé, *Solitude*, O.C., p. 405.

31. *Id.*, *Autobiographie*, O.C., p. 663.

32. *Id.*, Lettre à Kahn, in *Propos sur la poésie*, *op. cit.*, p. 216.

33. *Id.*, *Crise de vers*, O.C., p. 366.

34. M. Blanchot, *Le Livre à venir*, *op. cit.*, p. 293.

35. E. Brown, *Folio*, New York, Associated Music Publishers Inc.

36. A. Logothetis, *Labyrinthos*, Vienne, Universal Edition Wien, 1957, n° 14319 ; *Cycloïde I, II, III*, Munich, Ed. Modern, Musikverlag H. Wewerka.

37. Cf. D. Schnebel, *MO-NO*, Studio Du Mont, Cologne, 1968 ; *Denkbare Musik*, Cologne, Du Mont Schauberg, 1972.

38. J. Cage, *Notations*, New York, 1969 ; *M*, Middletown, Connecticut, Wesleyan University Press, 1973.

39. S. Mallarmé, *La Musique et les Lettres*, O.C., p. 648.

40. *Id.*, *Crise de vers*, O.C., p. 368.

41. *Id.*, *Crayonné au théâtre*, O.C., p. 296.

42. *Id.*, *Richard Wagner, rêverie d'un poëte français*, O.C., p. 545.

43. Cf. J. Scherer, *Le Livre de Mallarmé*, *op. cit.*, p. 110.

44. Deux lettres de Mallarmé à E. Gosse, reproduites par R.-A. Lhombreaud dans la *Revue de Littérature comparée*, juillet-septembre, 1951, p. 358.

45. S. Mallarmé, *Parenthèse*, O.C., p. 322.

46. *Id.*, *Le Mystère dans les lettres*, O.C., p. 385.

47. « Progressivement, les rapports de la voix et de l'instrument sont inversés par la disparition du verbe. Idée à laquelle j'attache un certain prix et que je décrirai ainsi : le poème est le centre de la musique, mais il est devenu absent de la musique... » Cf. P. Boulez, « Son et verbe », in *Relevés d'apprenti*, Paris, Seuil, 1966, p. 57-62. Cela décrit en fait la démarche de Boulez dans *Don* et *Tombeau* de *Pli selon pli*. Mais aussi celle de Debussy dans son *Prélude à l'après-midi d'un faune*.

48. J. Cage, *4'33" (tacet, any instrument or combination of instruments)*, Ed. Peters, 1952 ; *Silence*, Middletown, Connecticut, Wesleyan University Press, 1961.

49. Cf. G. Vattimo, P.-A. Rovatti, *Il pensiero debole*, Milan, Feltrinelli, 1983 ; G. Vattimo, *Al di là del soggetto*, Milan, Feltrinelli, 1981 ; P.-A. Rovatti, *L'esercizio del silenzio*, Milan, R. Cortina, 1992.

50. L. Nono, *Fragmente - Stille, an Diotima*, Milan, Ricordi, 1981.

51. *Id.*, *ibid.*, préface du compositeur.

52. « Le silence que je cherche aux après-midi de la musique », écrivait Mallarmé. Cf. *Crayonné au théâtre*, O.C., p. 340.

53. S. Mallarmé, Autobiographie, O.C., p. 663.

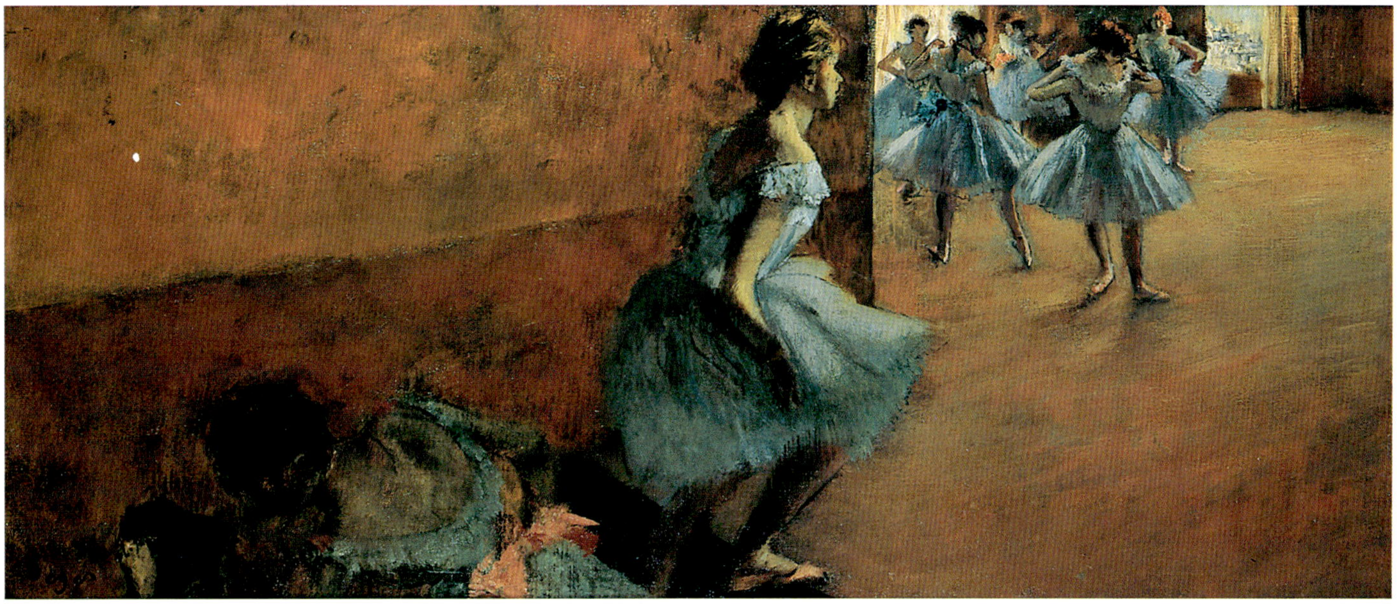

88. Edgar Degas, *Danseuses montant un escalier,* vers 1886-1888,
Paris, musée d'Orsay, **cat. 237.**

SYLVIA MASSIAS

Mallarmé et la danse

À Sophie Guermès

Parmi les textes que Mallarmé crayonna dans un recul qui maintenait sa vision pure face à l'aveuglement produit par la scène contemporaine, « laissant entrevoir [sa] visée sans la mêler à rien du jour avec quoi elle n'a que faire [1] », la danseuse semble surgir comme la nécessaire figure annonciatrice ou porteuse de cette vision encore réservée, essentiellement réservée, dont le poète à son tour cherche à saisir les fragments fugitivement révélés comme ceux du seul poème à faire ou qui soit. Mallarmé n'a pas à proprement parler écrit *sur* la danse, pas plus, à partir de 1885 où Wagner offre avant tout un point de départ aux écarts d'une « rêverie », que sur aucun « sujet » : tout est prétexte à un travail de la pensée sur elle-même, instrument permettant de moduler le rapport à « autre chose ». S'il fallait reconnaître une spécificité à la danse, ce serait paradoxalement ce qui fait d'elle un « sujet vierge » (IV, 1)[2], provoquant, autant ou mieux que d'autres formes d'art, la mise en relation directe du regard ou de l'esprit avec le voile constitutif d'un « principe » scruté en toutes choses, ou de la poésie en elles toujours réservée. C'est le rapport contradictoire à cette réserve que l'écriture module seul, à travers le support mobile liant le spectateur et la danseuse comme les variables d'une équation jamais résolue. « Saisir, obstinément, autre chose [3] » — non pas quelque chose en particulier, mais essentiellement « autre chose » — commande, comme celle de tous « sujets », la lecture mallarméenne de la danse, qui ne s'abstrait pas des conditions d'une perception toujours différée, mais en signifie l'acte qu'à son tour le lecteur doit accepter de rejouer s'il veut saisir « autre chose » que ce qu'un sens immédiat refuse de lui livrer.

De même que l'écriture ne se limite pas à étaler une « vaine couche suffisante d'intelligibilité » en « exhib[ant] les choses à un imperturbable premier plan [4] », la « mobilité chorégraphique » (III, 9) dissout l'écran du visible, ce « voile conventionnel [5] » ou cette « banalité [qui] flotte entre le spectacle dansé et vous » (III, 7), et avec eux, « l'erreur ordinaire à la mise en scène » (III, 8), qui consiste à croire que le spectacle réside dans ce qui est simplement visible, à mettre en avant la rigidité d'un « cadre » inhérent à toute perception close sur soi, c'est-à-dire sur rien :

> [...] le premier sujet, hors cadre, de la danse [est] une synthèse mobile, en son incessante ubiquité, des attitudes de chaque groupe : comme elles ne la font que détailler, en tant que fractions, à l'infini. Telle, une réciprocité [...](I, 2).

Ce « sujet » est un anti-sujet dans la mesure où la danse n'a pas à représenter quelque chose, mais à établir les conditions d'une perception telle, dans le suspens corrélatif de la double opération de synthèse et d'analyse, qu'il devienne impossible de saisir, d'isoler quoi que ce soit indépendamment de son rapport à une totalité instable. L'acte de perception, indéfiniment différé ou « suspendu », suppose une forme de passivité, nécessaire pour qu'un « arrière-exercice du regard » (I, 5), une « arrière-attention [6] », saisissent toujours « autre chose », adhèrent au mouvement d'une distraction depuis la manifestation fragmentaire ou restreinte de l'idée en direction du point de fuite de sa réserve. « À coup sûr on opérera en pleine rêverie, mais adéquate » (I, 9) : l'adéquation se tient dans l'interstice du suspens mutuel de la « rêverie » et de l'idée réservée, dans la césure qui emprunte à la forme du corps épousée par le regard la notion récurrente d'un voile irréductible, lequel serait pour ainsi dire la surface de contact de leur tacite corps à corps. « [L]e costume simplifié, à jamais, pour une spirituelle acrobatie ordonnant de suivre la moindre intention scripturale, existe, mais invisible, dans le mouvement pur et le silence déplacé par la voltige » (IV, 4) : ce « costume » confond « le voile dernier qui toujours reste » (I, 9), constitutif de la nudité, avec celui, inhérent au regard, que déplacent les gestes de la danseuse, dans un silence qui permet de « suivre l'intention scripturale » depuis le refus de la réaliser. « La presque nudité, à part un rayonnement bref de jupe, soit pour amortir la chute ou, à l'inverse, hausser l'enlèvement des pointes » (IV, 4), est indéfectiblement « presque », la restriction visant implicitement le regard, qui enveloppe le corps comme les tissus, aide la danseuse comme pourrait le faire un invisible partenaire, le « rayonnement bref » évoquant la saisie fulgurante ou intuitive de « l'intention », l'anticipation des mouvements par l'exercice d'une mobilité identique ou « adéquate » qui restreint le voile à la seule ligne de soustraction mutuelle du corps et du regard. Le désir de fusion se nourrit de la palpitation de l'étreinte, du contact avec un point d'intensité ou d'émotion pure qui se déprend à mesure qu'il prend.

La restriction de la perception au voile qui la suspend provoque l'alternance rythmique de sa transgression fictive et d'un retrait en deçà, le jeu d'une double aimantation du regard à la fois attiré et repoussé : « le suspens de la Danse, crainte contradictoire ou souhait de voir trop et pas assez » (IV, 3), anime l'ambivalence constitutive du désir, la modulation d'un écart entre proximité et distance, entre le souhait et la crainte à la fois d'être attiré, fasciné jusqu'« à l'éblouissement » (IV, 2), et de prendre du recul, de se retirer pour mieux contrôler la perception. Le jeu avec la double disposition contradictoire de l'esprit à maîtriser et à s'abandonner règle les conditions d'une perception intermédiaire ou restreinte qui ne doit jamais se résoudre en l'une de ces deux positions extrêmes, au niveau desquelles la perception se dissout identiquement. Ce jeu alterné crée peu à peu un « milieu » d'émotion pure, visualisé dans les vêtements de la danseuse en lesquels l'état psychique du spectateur se trouve comme infusé, milieu tour à tour amplifié ou restreint comme les tissus, selon le rythme d'une prise et d'une déprise qui associe le spectateur et la danseuse dans un échange continuel de rôles complémentaires.

Toutefois, si la définition du « suspens de la Danse » dans ce texte tardif montre que l'ambivalence du désir est devenue référentielle, ouvrant l'écart à moduler aussi bien de la perception que de l'action restreintes, les textes antérieurs tendent parfois vers la quasi-résolution de la pensée en l'un des aspects à l'exclusion de l'autre, ce qui signifie probablement qu'à cette époque l'ambivalence du désir n'était pas tout à fait intégrée. Certaines contradictions se comprennent dès lors qu'on les rapporte à cette ambivalence référentielle ultérieurement définie. Ainsi, le passage relatif au ballet dans les *Notes sur le théâtre* de juillet 1887 (II) suit le fil exclusivement négatif de la restriction et reste en deçà du désir déçu, impuissant à résoudre une négation en l'affirmation correspondante, laquelle demeure retenue dans la césure de la restriction, comme le désir de fusion ne peut que s'arrêter au « suspens d'un acte inachevé[7] ». La conclusion, « tout est fictif ou momentané », est posée au terme d'un mouvement implicite de retrait progressif du regard qui visualise l'irréductibilité de son rapport à un

« signe » de « l'éparse beauté générale », dont il ne peut que « juxtaposer l'aspect » à sa « nudité spirituelle » sans pouvoir transgresser le voile qui les retient de se confondre. Ce rapport est tout d'abord perçu au niveau de la danseuse, dans la fraction qui la dissocie d'elle-même, selon la ligne de « suspens » qui l'empêche de tout à fait se confondre avec ce vers quoi elle tend (« est-ce que ne paraît pas la danseuse à demi l'élément en cause, à demi humanité apte à s'y confondre [...] ? ») — puis au niveau du ballet, entité résultant d'un retrait du regard qui projette en elle le suspens de son acte double impuissant à se confondre avec soi. Il « enlacera autant qu'animera [...] toutes corrélations [...] entre ses attitudes et maint caractère » : le ballet enlace et anime l'irréductibilité d'un rapport que le regard du spectateur enlaçait avec la danseuse et que son intériorité animait à travers sa relation à un « signe de l'éparse beauté générale ». Le ballet représente une sorte de sujet impersonnel, dont l'intériorité et l'extériorité sont spéculairement renvoyées l'une à l'autre, associant un regard et un esprit dont l'acte double se réfléchit sans pouvoir annuler un miroir qui tient lieu de voile ou de ligne irréductibles. C'est cette ligne seule que la fin du paragraphe retient, pour la « dérouler » jusqu'à la dissoudre. « L'hymen » ou l'union, comme résultat, se soustrait et ne peut être posé que comme un « point philosophique », « à déduire » parce qu'il ne peut être saisi et ne représente que l'achèvement virtuel d'une action restreinte à ses recommencements, d'un acte dont n'est jamais donné d'accomplir que les prémisses ou dont ne peut qu'être renouvelée l'initiative. La danseuse ne joue finalement plus avec l'objet, mais avec sa seule virtualité, désormais complice du spectateur qui trouve peut-être ainsi la voie d'une union effective, fondée cependant sur un retrait mutuel et sur le savoir commun à ces deux partenaires d'un échange pour le moins ambigu que tout n'est que « fictif ou momentané ».

On trouve également dans *Ballets* (I, 6) la trace discrète de ce retrait en deçà de l'acte, de ce désengagement qui menace de le dissoudre en « abstention, ne rien faire[8] ». La condamnation de la résolution du ballet *Les Deux Pigeons*, qui triche en ce qu'il montre, à travers l'union finale des amants, la résorption de l'irréductible écart maintenant l'insatisfaction essentielle du désir, est relayée et confirmée par les seuls gestes de la danseuse, qui suffisent à « désign[er] les allusions non mises au point » et à « résum[er] le sujet », en signifiant que si « demeure quelque histoire d'amour », ce n'est jamais que celle de la relation à l'idée : « avant un pas elle invite, avec deux doigts, un pli frémissant de sa jupe et simule une impatience de plumes vers l'idée ». La danseuse joue avec le savoir que son désir ne lui livrera pas l'idée, avec l'écart qui lui permet de simuler l'adhésion à l'élan qui la porterait vers elle. Avec le rétablissement de l'écart point un risque inverse, puisque le retrait qui projette la feinte « avant un pas » livre le sens, ou plutôt le retire, avant même que la danse ait lieu et condamne probablement le pas à n'être jamais fait.

Corrélativement à la crainte de ne rien atteindre, neutralisée par l'annulation anticipée de l'acte, le même texte laisse transparaître le désir d'effacer l'instrument qui ne permet qu'un accès indirect à l'idée, au « poème dégagé de tout appareil du scribe » (I, 4) ou souhaité tel, dont la danseuse offre déjà la vision au tout début du texte :

> La Cornalba me ravit, qui danse comme dévêtue : c'est-à-dire que sans le semblant d'aide offert à un enlèvement ou à la chute par une présence volante et assoupie de gazes, elle paraît, appelée dans l'air, s'y soutenir [...](I,1).

La nudité du corps est, tout comme le poème, « dégagée de tout appareil », du voile du regard, lequel, en tant que partenaire désormais inutile, participe sans restriction à l'extase de sa vision enfin libérée. C'est la transgression du voile irréductible, inhérent au regard et constitutif de la nudité, de cette « omniprésente Ligne espacée de tout point à tout autre pour instituer l'Idée », que précisément « nulle torsion vaincue ne fausse ni ne transgresse[9] », qui est ici en cause, avec le désir de dégager le poème de la main qui l'occulte en cherchant à le traduire, de cette périphérie instrumentale qui condamne l'écriture à n'être, relativement à ce poème, que prose, succession de fragments ou de « paragraphes en prose », au mieux l'écriture d'une faille où viendraient se confronter le suspens de la main et la soustraction du poème à sa propre écriture.

Les Fonds dans le ballet, texte postérieur de quelques années aux *Notes sur le théâtre*, montre que l'angoisse liée à l'acte créateur, la crainte d'une perte que représenterait l'extériorisation de quelque chose qui ne proviendrait pas directement de la vision réservée et n'en signifierait rien, sont assumées et qu'est accepté le risque de leur éventuelle dissociation. La danseuse apparaît comme l'être qui tire de soi la force de consentir à distendre le rapport à soi, condition nécessaire pour que quelque chose soit dit ou produit. Dans la première version du texte[10], cette distension s'accomplit progressivement, à travers trois figures principales dont l'enchaînement peut s'interpréter comme l'approfondissement de l'opposition avec une figure initiale à la fonction de repoussoir : « Relativement à la Loïe Fuller en tant qu'elle se propage, alentour, de tissus ramenés à sa personne, par l'action d'une danse, tout a été dit [...] » (III, 1) — ou il n'y a rien à dire de ce geste d'annulation simple, de ce mouvement d'aller-retour sans surcroît, qui revient au même ou n'a pas de sens, et n'est que la simulation d'un rapport à soi. Les « tissus » représentent une éventuelle émanation mentale ou un certain type de parole, qui a lui aussi une fonction de repoussoir dans la tentative mallarméenne de signifier ce que sont les Lettres — autre chose en effet que « tout ce qui émane de l'esprit, [et qui] se réintègre[11] », sans ce surcroît d'un sens ou d'un mystère qui ne s'intègre pas simplement dans l'écriture, mais la distrait sans cesse d'elle-même vers « autre chose » : « ce semble que l'épars frémissement d'une page ne veuille sinon surseoir ou palpite d'impatience, à la possibilité d'autre chose[12] ».

La distension de la relation à soi est minimale dans la première figure (III, 9), de sorte qu'il n'y a ni création ni appropriation. La danseuse est l'agent d'une dissolution simultanée de ce qu'elle extériorise, réalisant ainsi l'épuration du rapport à soi jusqu'à retrouver le voile tendu de la « nudité spirituelle » (II) ou du désir de rien, l'essentielle virginité du désir qui est fondamentalement sans objet et ne s'accroît de rien sinon de sa propre transparence. C'est une « centrale pureté[13] », agent véritable de toute création, qui est ainsi exhumée, la césure du rapport à soi qui, dans l'écriture, permet d'« à son gré étendre, simplifier le monde[14] », d'en moduler l'écart ou d'identiquement multiplier et réduire les relations analogiques qui existent « entre tout[15] ».

La deuxième figure montre la danseuse réalisant l'intégration à soi simultanée de ce qu'elle extériorise, « fontaine intarissable d'elle-même » (IV, 4) qui semble s'accroître de la distension du rapport à soi, évoquant une forme qui grandit démesurément sous l'effet de la mobilisation d'une énergie spirituelle dont elle conserve encore la maîtrise : « Qu'une femme associe l'envolée de vêtements à la danse puissante ou vaste au point de les soutenir, à l'infini, comme son expansion — » (III, 4).

Si les deux premières figures peuvent s'interpréter comme les phases préparatoires selon lesquelles l'esprit se dispose à créer, la troisième correspond à l'accomplissement

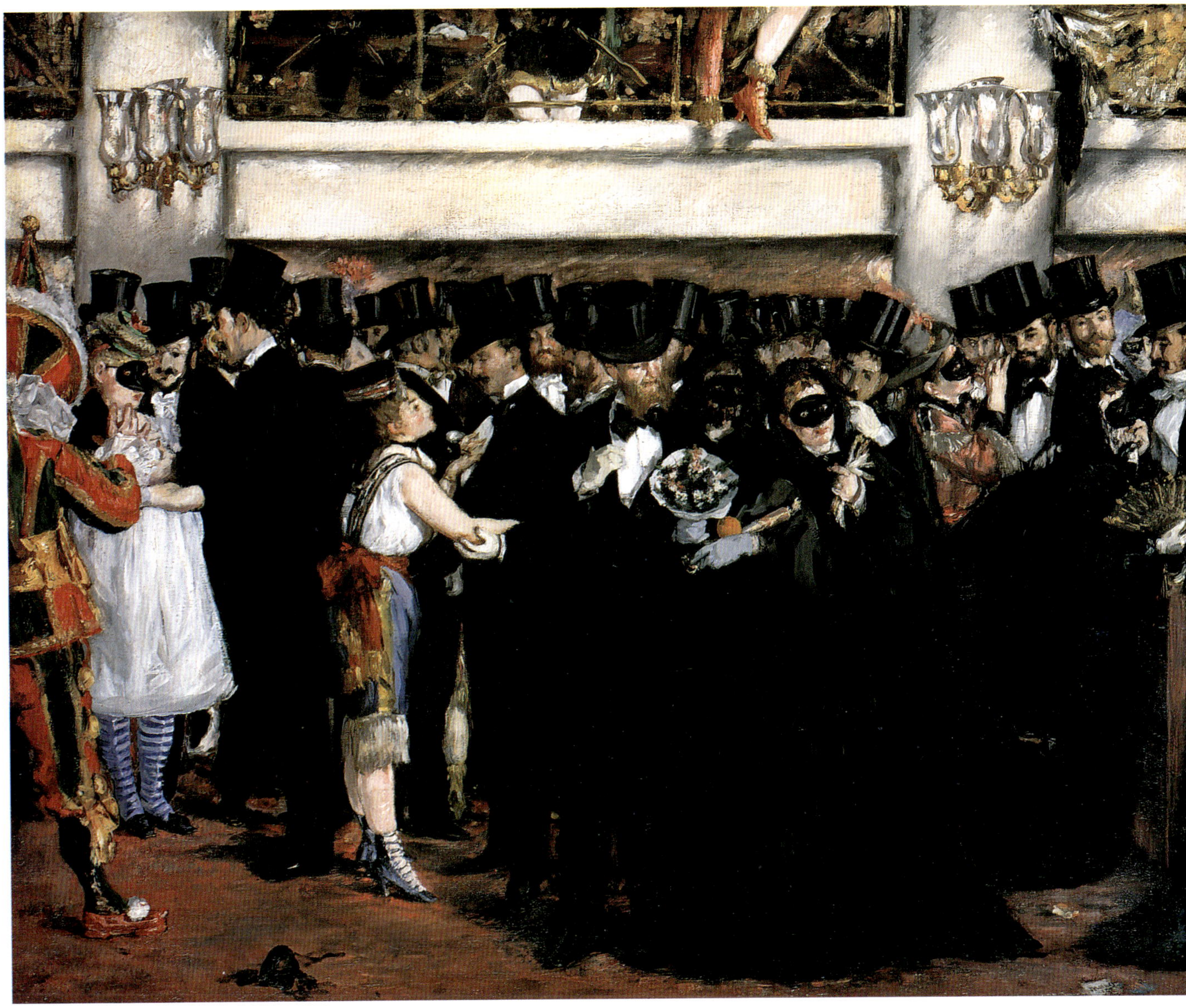

89. Édouard Manet, *Bal masqué à l'Opéra,* 1873-1874,
Washington, National Gallery of Art.

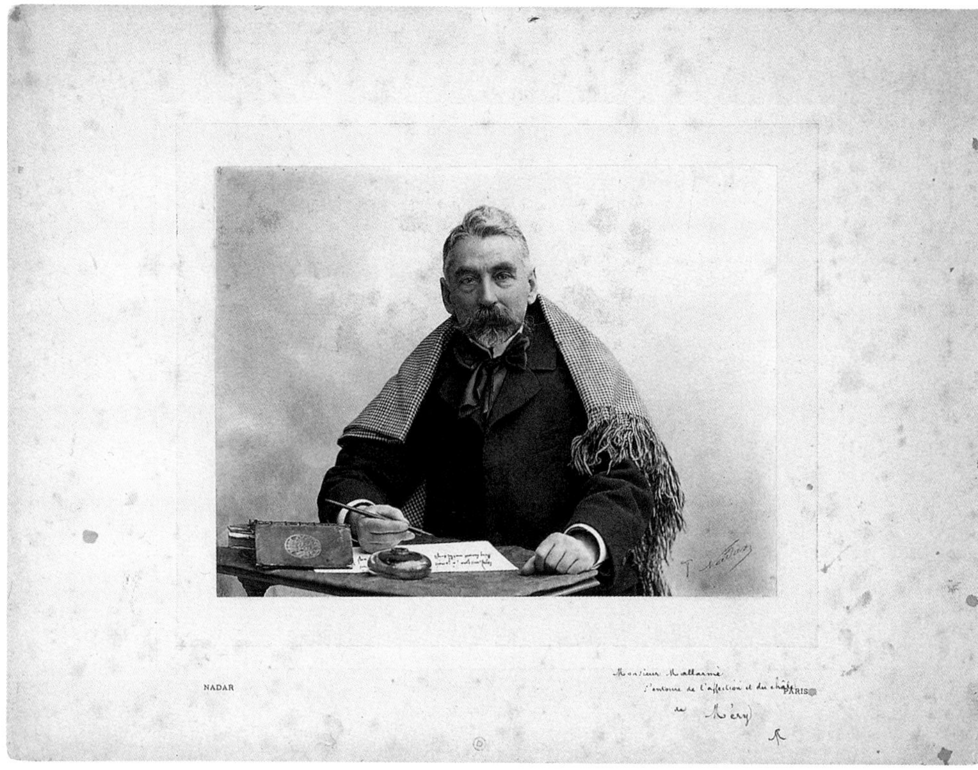

90. Paul Nadar,
Stéphane Mallarmé au châle,
Paris, Doucet, **cat. 290.**

de l'acte. La danseuse, désormais dissociée d'elle-même, s'épuise à rassembler ou à condenser ce qu'elle a extériorisé, à ramener vers soi un soi presque sorti de lui-même :

> Ainsi ce dégagement multiple autour d'une nudité, grand des contradictoires vols où celle-ci l'ordonne, orageux, planant l'y magnifie jusqu'à la dissoudre : centrale, car tout obéit à une impulsion fugace en tourbillons, elle résume, par le vouloir aux extrémités éperdu de chaque aile et darde sa statuette, stricte, debout — morte de l'effort à condenser hors d'une libération presque d'elle des sursautements attardés décoratifs de cieux, de mer, de soirs, de parfum et d'écume (III, 12).

La condensation de ce qui tente encore, par des « sursautements », d'échapper à la mort, à la métamorphose en « statuette », correspond au geste de cristallisation d'un sens, lequel néanmoins excède sa prise. La statuette est une œuvre qui vit de la mort fictive de la danseuse et de la tension entre deux mouvements opposés : « la nudité résume et darde sa statuette » comme si n'était retenu ou maîtrisé que ce qui est susceptible d'être dépassé dans le rayonnement d'un inépuisable surcroît de sens. La statuette n'est pas la nudité, laquelle, en tant que principe des mouvements contradictoires, est ce Soi qui seul justifie la scène tout en demeurant invisible ou réservé, mais son irréductibilité, la pureté du voile de sa soustraction au regard qui « rêve de [la] scruter » (III, 10), au geste créateur qui ne peut accomplir que les préliminaires d'un acte en épousant, comme la « caresse », la résistance statuaire de l'idée à se laisser dénuder : « Aucun sens [...] de tricher et introduire le coup de pouce qui, plutôt, reste la caresse statuaire créatrice à l'idée[16]. »

La distension de la relation à soi, le consentement à perdre sont la condition nécessaire pour que quelque chose soit retrouvé, pour que ce que l'on cherche à dire

« repar[aisse], peut-être, sous le voile[17] ». La toute fin de *Ballets* annonçait déjà ce consentement, l'abandon à l'acte d'un Autre qui ne révèle qu'indirectement son existence[18]. La réduction du langage à un dynamisme pur, de tout objet en particulier qui n'est souvent que prétexte à ne rien dire, est probablement ce qui a le plus attaché Mallarmé à la danse, parce qu'elle permet de directement déchiffrer les « purs motifs rythmiques de l'être[19] », dont la danseuse représente non seulement le jaillissement visible, mais aussi la source réservée, au point de parfois se confondre avec la mystérieuse origine de la vie mentale. Le désir de capter quelque chose de ces « rythmes immédiats de pensée[20] », par quoi Mallarmé définit sa prose comme « poésie critique », avant qu'ils ne se figent, s'occultent dans une parole transitive qui « s'applique à un sujet[21] » et « l'exhibe au premier plan[22] », se ressource indéfiniment à l'imprévisibilité des gestes de « l'être dansant » (I, 2), à cet art du « caprice », de la « fantaisie » (I, 8), qui éveille la disposition d'enfance à suivre l'inépuisable fil de la distraction et à retrouver l'écoute tacite de « l'air ou chant sous le texte[23] ». « Inspiratrice » (III, 8), muse contradictoire puisque si elle « s'exprime par des pas [et] ne comprend d'éloquence autre, même le geste » (I, 7), son « ingénuité » (III, 6) et son « inconscience » (cf. I, 9) demeurent, comme son sourire, toujours ambiguës, au point d'en faire une figure annonciatrice de « l'énigme[24] » du *Mystère dans les Lettres*, qui refuse de comprendre et « tranche par un coup d'éventail de ses jupes » toute parole par un « Comprends pas ! », la danseuse de Mallarmé incarne le refus d'un usage dérivé de la parole ayant rompu avec sa fonction originelle, retrouvée dans la réduction des manières humaines à la nudité palpitante du geste d'être.

NOTES

1. Lettre à Édouard Dujardin, 30 août 1886. *Correspondance III, 1886-1889*, recueillie, classée et annotée par Henri Mondor et Lloyd James Austin, Gallimard, 1969, p. 53-54.

2. Les citations suivies d'un chiffre romain et d'une indication de paragraphe sont extraites des textes consacrés à la danse. Ils sont cités dans leur version définitive, celle des *Divagations*, et numérotés de la façon suivante :

I « Notes sur le théâtre », La Revue indépendante, décembre 1886, p. 246-253. Repris sous le titre Ballets, in Igitur, Divagations, Un coup de dés, Paris, Gallimard, 1976, coll. « Poésie / Gallimard », p. 191-197.

II « Notes sur le théâtre », § 6, *La Revue indépendante*, juillet 1887, p. 56-57. Repris dans *Crayonné au théâtre*, § 14, *op. cit.*, p. 181.

III « Considérations sur l'art du ballet et la Loïe Fuller », in The National Observer, 13 mars 1893, p. 651-652 (cité dans : Norman Paxton, The Development of Mallarmé's Prose Style, Genève, Droz, 1968, p. 126-128). Repris sous le titre Les Fonds dans le ballet, op. cit., p. 198-201.

IV « Le seul, il le fallait... », *op. cit.*, p. 201-203.

3. « Solitude », in *Igitur, Divagations, Un coup de dés, op. cit.*, p. 316.

4. « Le Mystère dans les Lettres », *ibid.*, p. 275 ; et p. 274 pour la citation précédente.

5. « Notes sur le théâtre », *La Revue indépendante*, mai 1887, p. 246. Repris dans *Le Genre ou Des modernes*, p. 217.

6. « Considérations sur l'art du ballet et la Loïe Fuller », *op. cit.*, *loc. cit.*, § 1.

7. « Notes sur le théâtre », *La Revue indépendante*, novembre 1886, p. 39. Repris dans *Hamlet*, p. 187.

8. « L'Action restreinte », in *Igitur, Divagations, Un coup de dés, op. cit.*, p. 257.

9. « La Musique et les Lettres », *ibid.*, p. 357.

10. La version définitive change l'ordre des paragraphes, de sorte que le mouvement primitif du texte n'est plus perceptible.

11. « La Musique et les Lettres », in *Igitur, Divagations, Un coup de dés, op. cit.*, p. 354.

12. *Ibid.*, p. 355-356.

13. Lettre à Francis Vielé-Griffin, 7 août 1891. *Correspondance IV, 1890-1891*, recueillie, classée et annotée par Henri Mondor et Lloyd James Austin, Paris, Gallimard, 1973, p. 293.

14. « La Musique et les Lettres », in *Igitur, Divagations, Un coup de dés, op. cit.*, p. 357.

15. « Le Livre, instrument spirituel », *ibid.*, p. 267.

16. « Confrontation », *ibid.*, p. 321.

17. « Solitude », *ibid.*, p. 314.

18. Voir « L'Action restreinte », *ibid.*, p. 253.

19. « Notes sur le théâtre », *La Revue indépendante*, mars 1887, p. 391 (non repris dans *Divagations*).

20. « Bibliographie » des *Divagations*, *op. cit.*, p. 340.

21. Voir « Solitude », in *Igitur, Divagations, Un coup de dés, op. cit.*, p. 313 (texte modifié).

22. « Le Mystère dans les Lettres », voir la note 4 (texte modifié).

23. *Ibid.*, p. 280.

24. *Ibid.*, p. 274.

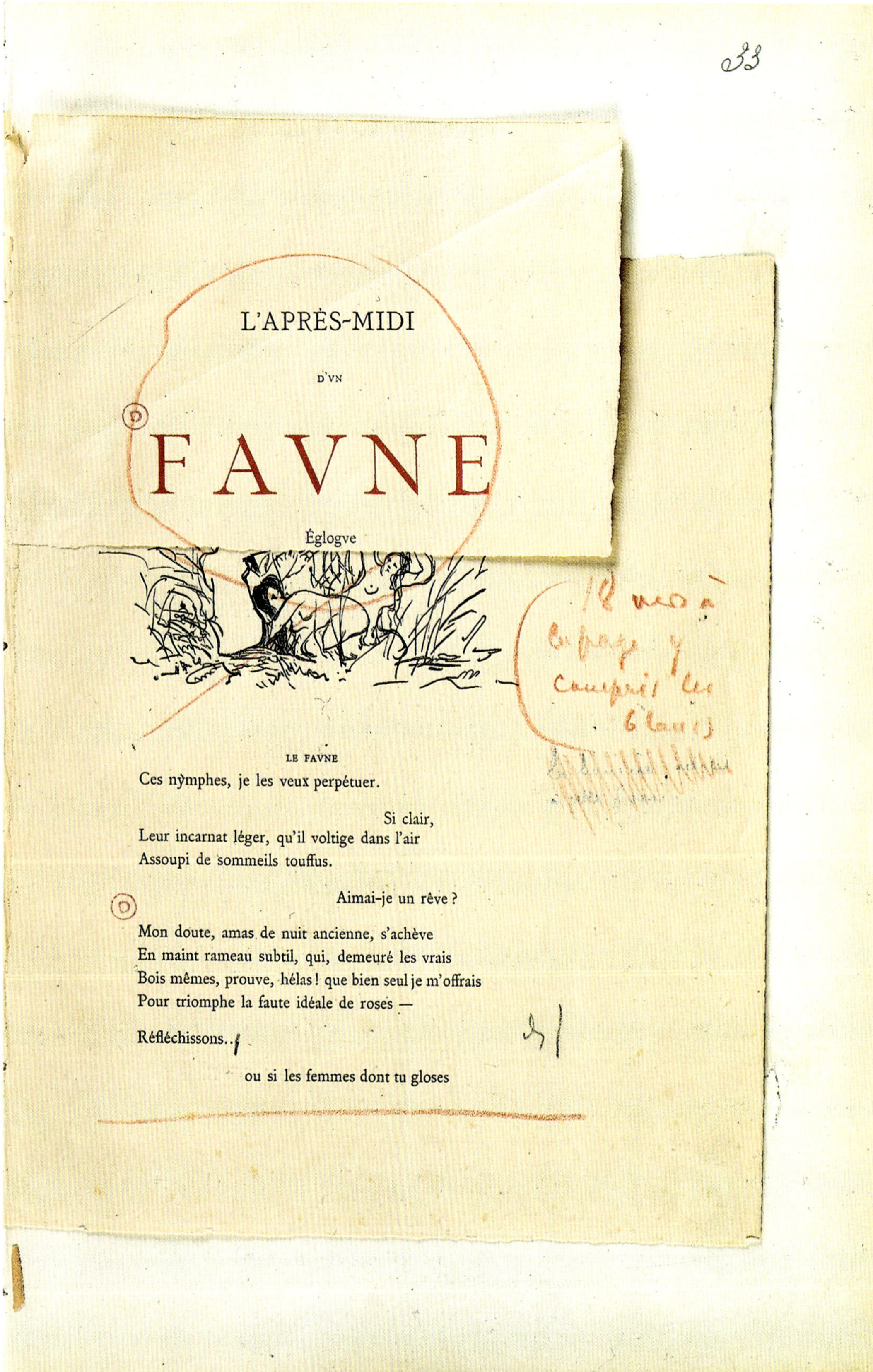

L'APRÈS-MIDI

D'VN

FAVNE

Églogve

LE FAVNE

Ces nymphes, je les veux perpétuer.

Si clair,

Leur incarnat léger, qu'il voltige dans l'air

Assoupi de sommeils touffus.

Aimai-je un rêve ?

Mon doute, amas de nuit ancienne, s'achève

En maint rameau subtil, qui, demeuré les vrais

Bois mêmes, prouve, hélas ! que bien seul je m'offrais

Pour triomphe la faute idéale de roses —

Réfléchissons...

ou si les femmes dont tu gloses

91. Stéphane Mallarmé, *Poésie,* maquette, 1894,
Paris, Doucet, **cat. 317.**

JAMES R. LAWLER

« *Une parenté de songe* » : *Mallarmé aux antipodes*

Si l'on peut à l'envi multiplier les études d'influence, il n'en est guère de plus curieuse que celle de Mallarmé en Australie. Dès les années 1890 l'œuvre est discutée, traduite en vers anglais, utilisée comme référence du discours critique. Grâce à un poète devenu par la suite professeur d'université, elle joue aussi un rôle dans la jeune création littéraire. Mais ce n'est pas tout car il y aura une deuxième, puis une troisième génération de lecteurs qui se consacreront à Mallarmé avec une ardeur toute spéciale, l'un poursuivant une carrière d'enseignant et critique, un autre devenant éditeur de la correspondance du poète, un autre encore publiant pas moins de six ouvrages sur Mallarmé et développant une méthode d'explication personnelle. On comprend que Bertrand Marchal ait observé que l'Australie « peut revendiquer le titre de deuxième patrie de Mallarmé ».

Nous souhaiterions tenter une modeste vue d'ensemble de cette lignée. On consulte volontiers en France les travaux de Lloyd James Austin[1] (1915-1995) et de Gardner Davies[2] (1921-1991), le plus souvent sans savoir qu'ils relèvent d'une tradition. Bien que rédigeant la quasi-totalité de leurs écrits en français, ils furent tous deux formés à l'Université de Melbourne par Alan Rowland Chisholm[3] (1888-1980) qui s'adonna toute sa vie aux études symbolistes et dont le maître, Christopher James Brennan[4] (1869-1932), avait dès la première heure correspondu avec le poète, traduit des textes clefs, et fait des commentaires d'une lumineuse précocité. Il s'agit donc d'une généalogie rare, d'autant plus surprenante en ce qu'elle eut ses origines à vingt mille kilomètres de Paris dans une petite population fort peu francophone, et autour d'une œuvre dont la valeur fut longtemps contestée en France. Nous aurons à nous demander les raisons d'un tel engouement.

« Tout ce qui est beau dans la vie est difficile et austère : la leçon de la Grèce, la leçon de la France. » Brennan associa Eschyle et Mallarmé, qui exercèrent à titre égal à ses yeux de hautes exigences. Il en déduisit que l'œuvre littéraire ne ressortit pas au vague à l'âme; qu'il existe une poésie de la rigueur intellectuelle; avant tout, que le poète est « un homme enivré de perfection ». Ce fut pour lui une découverte capitale.

Rien ne semblait pourtant annoncer une rencontre avec Mallarmé. Né à Sydney dans une famille irlandaise, il eut une enfance pauvre. L'Église et les écoles catholiques nourrirent ses études : il serait prêtre, professeur de théologie, ou homme de loi. Mais dès le collège il dévorait Milton, Byron et les autres poètes anglais; par ailleurs, il pratiquait sans se lasser, avec le goût du hasard vaincu, les vers grecs et latins. « Je suis même allé jusqu'à composer une petite pseudo-tragédie grecque, avec des notes en latin. » À l'Université de Sydney il se spécialisa en philosophie et langues classiques, consacrant sa thèse de maîtrise à la « nescience », reflet de sa perte de la foi. Quoi-

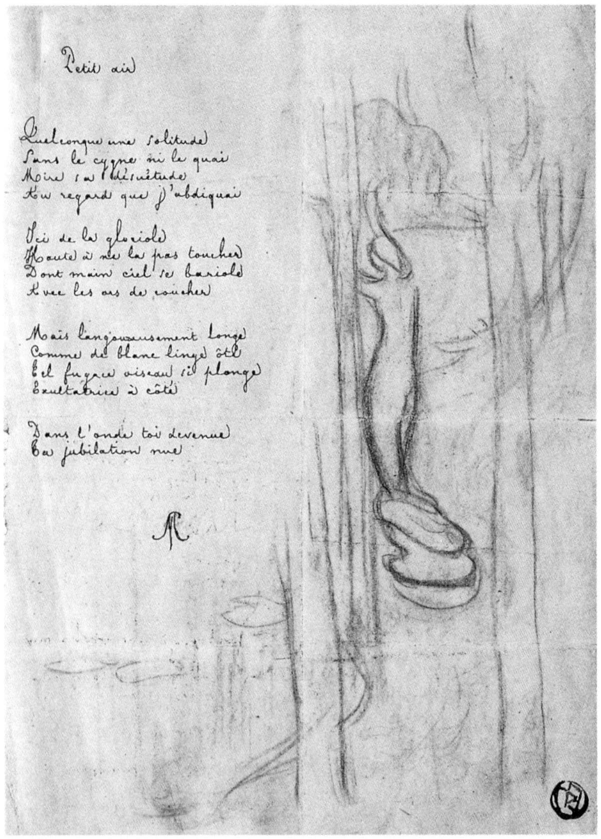

92. Stéphane Mallarmé, *Petit air*, 1893, coll. Josefowitz, **cat. 323.**

qu'il n'eût pas jusque-là remporté les succès scolaires escomptés, sa thèse lui valut une bourse de voyage. Il choisit de partir pour l'Allemagne.

Pendant son séjour berlinois de deux ans, il rédigea un article sur Eschyle qui parut dans l'important *Journal of Philology* en 1894 ; mais au lieu de poursuivre ses recherches en vue du doctorat, il subit l'influence de Mallarmé dont il se procura en 1893 un exemplaire de *Vers et Prose.* Brennan connaissait depuis peu les morceaux publiés en 1889 sous le titre d'*Album de vers et de prose* et n'eut de cesse de réunir tout ce qu'il put trouver à Berlin des œuvres de Mallarmé, à qui il écrivit pour des précisions bibliographiques. Il ne mit jamais les pieds en France, n'étudia pas le français à l'université, mais mania la langue sa vie durant avec une aisance déliée. Cette affinité pour ainsi dire native, Brennan la ressentit comme un atavisme, ainsi qu'il le dit plus tard à Mallarmé : « De même que maint Irlandais, en d'autres temps, trouva un nouveau domicile en France, de même ai-je trouvé dans sa littérature un esprit, chez ses écrivains un style, auxquels je me sens instinctivement attiré comme d'autres à une vraie demeure. »

Âgé alors d'une vingtaine d'années, Brennan éprouva une transformation décisive. Il écrivit des vers qui se veulent dignes de Mallarmé ; fit des annotations minutieuses en marge de chacune des pièces de *Vers et Prose*; s'essaya à des traductions. À Noël 1894, de retour à Sydney, il souligna l'événement qui l'avait changé en lui-même : dans son exemplaire des poèmes de Mallarmé, on trouve une inscription en français : « Ici commence l'hiver étrange des ans 1893-1894. » Dans l'été australien, il hiverne avec le poète lointain et prépare une première plaquette de vers, *Towards the Source,* vingt et un poèmes datés « MDCCCXCIII-MDCCCXCVII ». Point n'est besoin d'invoquer à première vue une influence venue directement de Paris, mais Brennan écrit à Mallarmé le 9 août 1897 : « Je sens que ce petit livre a son origine en vous, et par votre intermédiaire, en la littérature de votre race. » Si Brennan évite les dangers du pastiche mallarméen, il rapproche sa poésie, de même que celle du maître, d'une vocation religieuse à laquelle chaque pièce doit participer dans un livre composé. D'ailleurs, après que Mallarmé eut pris connaissance de *Towards the Source,* il écrivit au jeune auteur en relevant ce qu'il nomma « de vous à moi certainement une parenté de songe ». « Vous remontez, observa-t-il encore, vous remontez éperdument, puissamment, limpidement le courant de la poésie vers sa source la plus rare. Les mots d'élection, vous les employez juste parce qu'il en faut, et trempés, purifiés à quel ruissellement de vie et parmi un souffle essentiel. Certes, quoique de langue absolue anglaise, je sens bien que votre chant a traversé le nôtre ; mais il donne l'impression aussi que tel il eût été par lui-même et à lui seul. »

Le jeune poète ne pouvait espérer éloge plus proche de son cœur. Il s'en souvint toujours, moins comme la marque d'un fait accompli que d'une promesse à remplir. Ainsi, après la mort de Mallarmé : « Je fus un jour royalement loué par un monsieur du nom de Mallarmé… Je sais que cette louange me fut faite à l'avance, que je ne l'avais pas encore méritée, qu'il me la fit pour m'encourager. » Entre-temps, Mallarmé avait évoqué *Towards the Source* à l'un des mardis en réprimandant

Henry Davray, chroniqueur au *Mercure de France*, qui se moquait de l'absence presque totale de ponctuation chez Brennan, trait que celui-ci devait à son maître français.

Vint cependant le 9 septembre 1898 et la mort du poète. Brennan rédigea une notice nécrologique d'une rare ampleur qui parut deux mois plus tard dans le *Bulletin* de Sydney en réponse à la question : « Mallarmé fut-il un grand poète ? » Il résuma la noblesse d'une vie faite de sacrifices : « L'idée qui élut Mallarmé était simplement celle de la poésie ; en lui cet art semblait devenir conscient de lui-même, développer une conscience vivante » ; encore : « Dans sa prose il dit des choses éternelles avec l'air de laisser tomber une remarque en passant, rien qu'une divagation. Le monde ne vit que l'air » ; encore : « Stéphane Mallarmé était magnifique et bénin. » Un an plus tard, dans le numéro du 9 septembre — date anniversaire — du *Bulletin* paraissait un hommage plus long et d'une gravité soutenue. Ainsi lisons-nous : « L'œuvre de sa vie, inachevé, et pourtant à coup sûr plus précieux pour l'humanité que n'importe quelle Énéide, fut brûlé, comme il eut le courage de l'ordonner ; et il ne nous a laissé que quelques fragments en vers, quelques écrits en prose, — tout au moins les frontières conquises d'un domaine nouveau. » Quant à la prétendue obscurité du poète : « Ce mot n'a rien à voir avec Mallarmé, esprit d'une lucidité exceptionnelle, artiste héroïquement résolu à atteindre l'unité absolue entre sa pensée et sa forme poétiques. » Brennan inclut dans cet article une traduction en vers — n'est-elle pas encore aujourd'hui la seule qui vaille ? — de *Toast funèbre* (avec le commentaire : « Le poète a percé le secret de la destinée de l'esprit : donner un sens à la terre, en faire un Éden ; puis disparaître dans l'universelle Idée dont il est une fiction ») ; et il publiera plus tard des versions en anglais de *Bucolique* et de la « Scène » d'*Hérodiade*, cette dernière de nouveau en distiques qui captent parfois remarquablement l'élévation mallarméenne (« Sad flower whose drooping life is but to trace Listlessly in the wave its imaged face... », « Yes, for myself, I blossom in the waste... »).

Cependant Brennan subit encore plus profondément l'ascendant de Mallarmé lorsqu'il se remet à faire des poèmes d'une encre désormais toute différente de *Towards the Source.* Voilà qu'en 1899, vision, rythme, langage s'élargissent pour traiter de la beauté, unique sujet, ainsi que Mallarmé l'avait voulu.

> The window is wide and lo! beyond its bars
> dim fields of fading stars...

The Forest of Night, qui ouvre sur un poème tributaire à Mallarmé (« Red autumn in Valvins round thy bed / Was watchful flame... ») et l'ensemble de poèmes central de Brennan, *The Wanderer*, sont d'une hauteur splendide qui s'inspire de Milton, Tennyson et Swinburne quant au langage, et de Mallarmé quant au thème de la maîtresse édénique qu'il faut aimer mortellement, et au livre architectural. Quoique sa poésie comporte beaucoup d'inégalités (« Un feu qui couve et ne brûle pas », disait l'un de ses critiques), il mena la littérature australienne hors des chemins battus des récits et ballades d'une société de pionniers. Son art vise une fin essentielle : « Je ne puis concevoir la poésie qu'à la manière d'une expression de l'instinct religieux » ; et dans la préface d'une anthologie de vers anglais destinée aux élèves du secondaire, il propose de son art une définition que l'on pourrait croire prise dans les *Divagations* : « La poésie est l'évidence de l'adéquation de l'âme humaine à tout ce qui est beau : en elle se fait un échange, l'âme recevant un corps de beauté et douant en retour le monde matériel d'un vrai sens. »

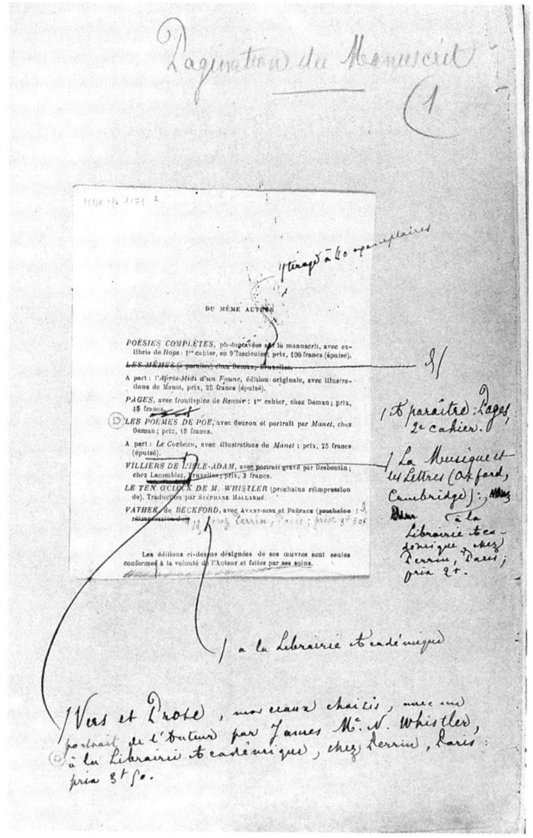

DU MÊME AUTEUR

POÉSIES COMPLÈTES, photogravées sur le manuscrit, avec ex-libris de Rops : 1er cahier, en 9 fascicules ; prix, 100 francs (épuisé).

~~LES MÊMES (à paraître) chez Deman, Bruxelles.~~

A part : l'*Après-Midi d'un Faune*, édition originale, avec illustrations de Manet, prix, 25 francs (épuisé).

PAGES, avec frontispice de *Renoir* : 1er cahier, chez Deman ; prix, 15 francs.

LES POÈMES DE POE, avec fleuron et portrait par *Manet*, chez Deman ; prix, 15 francs.

A part : *Le Corbeau*, avec illustrations de *Manet* ; prix, 25 francs (épuisé).

VILLIERS DE L'ISLE-ADAM, avec portrait gravé par Desboutin ; chez Lacomblez, Bruxelles ; prix, 3 francs.

LE TEN O'CLOCK DE M. WHISTLER (prochaine réimpression de). Traduction par Stéphane Mallarmé.

VATHEK, de BECKFORD, avec Avant-dire et Préface (prochaine réimpression de).

Les éditions ci-dessus désignées de ses œuvres sont seules conformes à la volonté de l'Auteur et faites par ses soins.

93. Stéphane Mallarmé, *Poésie,* maquette, 1894, Paris, Doucet, **cat. 317.**

La veine créatrice de Brennan tarit vers sa trentième année bien qu'il continuât à écrire des vers. Fut-ce le résultat d'un mariage malheureux ; de l'insuccès critique ; de l'échec professionnel (il n'accéda au grade de professeur associé d'allemand et de littérature comparée à l'Université de Sydney qu'en 1920, poste dont il fut renvoyé cinq ans plus tard) ; de la forte mélancolie irlandaise (il s'en alimenta envers et contre l'atmosphère optimiste de ses contemporains) ; ou de la philosophie schopenhauérienne de *The Wanderer* (« Ceci est le dur destin qui vous régit tous d'être ce dont vous rêvez, rêvant malgré vous… »). Sans doute faut-il faire la part de chacun de ces facteurs. Ce qui est certain, c'est qu'il n'y a pas eu chez lui d'*Igitur* grâce auquel il pût remporter une victoire poétique volontaire sur le Néant.

Nous ne devons pourtant conclure sur un constat d'échec. Brennan se signale à notre reconnaissance par deux acquis notables. Je veux parler d'abord des commentaires qu'il consacra à Mallarmé. Là où les critiques français, jusqu'à Thibaudet et au-delà, employèrent le plus souvent des approches subjectives, il porta son attention sur le texte comme il l'avait fait pour Eschyle. En l'absence d'une édition critique, il chercha à établir en premier lieu les nombreuses variantes ainsi que ses notes marginales à partir des années 1890 en font foi. Il est l'éditeur scrupuleux, mais aussi le philologue en mal d'explication, convaincu que les zones d'ombre ne sont pas gratuites : Mallarmé, disait-il, est « intelligible par lui-même » (« intelligible out of himself »), si bien qu'il faut entreprendre une analyse lexicale, étymologique, mythique, aussi bien qu'une étude parallèle des différents emplois d'un même mot dans les poèmes et proses mallarméens. Toutefois c'est la théorie esthétique telle que la formulent les *Divagations* qui fonde le sens et la pratique des vers. Brennan ne manquera donc pas de rapporter tout à l'idée de la beauté. Il tirera profit également des rapprochements

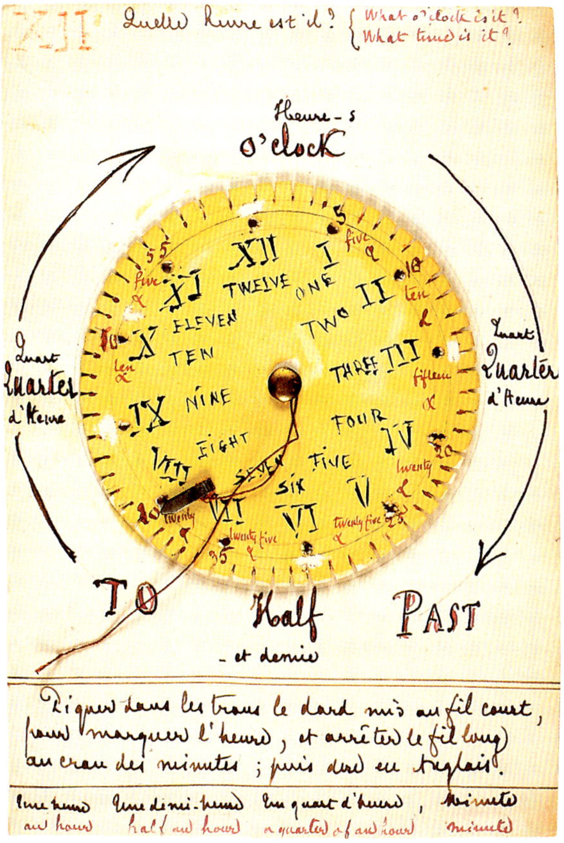

94. Stéphane Mallarmé, *L'Anglais Récréatif*, Paris, Doucet, **cat. 156**.

avec d'autres disciplines (par exemple, en étudiant « *Surgi de la croupe et du bond…* » : « Comparer l'abolition du sujet et de la description avec le traitement chez Boscovitch du vieil atome rigide ou avec les théories ontologiques de l'idée qui se matérialise »). Savant et métaphysicien, Mallarmé éveille chez lui de vastes échos. Ces gloses, inédites du vivant de Brennan, témoignent d'une minutie admirable, à la fois érudite et imaginative ; et elles préludent à la richesse des conférences publiques de 1904 (sur « *L'Après-midi d'un faune* », par exemple : « Le rythme du sens, ici ramassé, dense, là échappant dans une large fulguration, est le rythme du soleil et de l'ombre dans la forêt qui, par chaque brindille et chaque feuille, chante avec le faune. Mallarmé fait penser à ces occasions à un autre grand artiste à qui il ressemble aussi par le secret sourire qui se cache et se joue dans ses vers, de même que par la quête inlassable de la perfection qui rend son œuvre si fragmentaire, Léonard : car le Vinci conseillait à ses disciples de chercher les formes de leurs tableaux dans les curieux enchevêtrements des plantes, les nœuds du bois, les rythmes et les remous de l'eau qui coule » ; ailleurs : « L'extrême lucidité de l'intellect [de Mallarmé] vous laisse l'impression presque physique qu'elle dissout les choses en pure lumière ») ; et beaucoup plus tard, aux études de 1921 portant sur « *Victorieusement fui le suicide beau…* » et « *Ses purs ongles très haut dédiant leur onyx…* », parues dans un périodique au tirage fort restreint destiné au professeur de langues du secondaire, la *Modern Language Review* de Sydney. Inconnues à l'étranger, ignorées même du public lettré en Australie, ces pages sont d'une belle tenue (par exemple, concernant le dernier vers de « *Ses purs ongles…* » : « Les symboles ont perdu leur sens : ces sept étoiles au ciel du Nord ne sont ni Callisto, ni la Grande Ourse, ni le Chariot, ni les *septem triones* — c'est "le septuor de scintillations" qui attend d'être lu à nouveau »).

Je soulignerai pour finir ce que je tiens pour l'autre grand apport de Brennan : par la force de ses écrits et de son enseignement, il inspira quelques élèves de grande valeur. Je me réfère à Margaret Clarke, auteur d'un *Rimbaud and Quinet*, à Randolph Hughes (*The Real Baudelaire*), et surtout à Alan Rowland Chisholm, professeur à l'Université de Melbourne pendant trente-cinq ans et maître à son tour de deux des plus grands spécialistes des études mallarméennes, Lloyd Austin et Gardner Davies. Mallarmé *genuit* Brennan, *qui genuit* Chisholm, *qui genuit* Austin et Davies... Certes ; mais il faut ajouter que Chisholm occupe une place à part. Il est peu de professeurs de littérature française qui aient été autant aimés ; aucun que je sache qui ait créé une véritable « école ». Sa vie, plus longue que celle de Brennan et de ses deux disciples les plus distingués, fut fertile en publications et lui permit d'approfondir, ou de nuancer, ou de changer d'anciennes positions. Là où Brennan fraya un chemin somme toute intellectuellement solitaire, Chisholm eut le bonheur, de par son tempérament chaleureux, de cueillir la reconnaissance de ceux qui l'avaient suivi, même quelquefois de se référer à leurs travaux et d'en tirer profit. Plus encore qu'un érudit, il fut un sage.

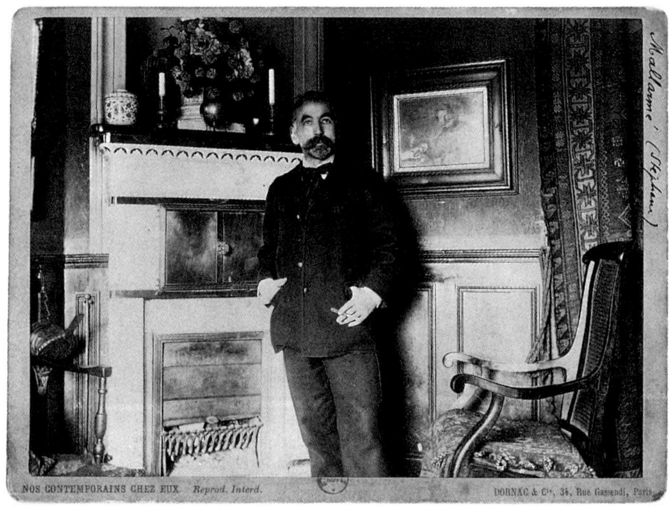

95. Dornac, *Stéphane Mallarmé,* Paris, BnF, Estampes.

Il naquit dans une petite ville de la campagne néo-galloise et n'eut pas de scolarité formelle avant l'âge de dix ans. Le latin et le français l'attirèrent cependant : en 1911, à l'Université de Sydney, il glana de multiples honneurs en fin d'études. Comme Brennan, il choisit d'aller à Berlin pour approfondir ses connaissances d'allemand ; puis, l'année suivante, il se rendit à Paris. De retour à Sydney en 1914, il n'eut guère le temps de s'installer avant la déclaration des hostilités. L'année suivante, il était de nouveau en France comme soldat, où il servit jusqu'en 1919. Deux ans plus tard, il fut nommé directeur de la section d'études françaises à l'Université de Melbourne, poste qu'il garda jusqu'à sa retraite en 1956.

Son premier livre, *The Art of Arthur Rimbaud*, date de 1930. C'est un travail original qui prend Rimbaud au sérieux en tant qu'artiste. (Combien peu sont les études antérieures en France qui en font de même.) Quatre ans plus tard, Mallarmé devient le point axial de *Towards Hérodiade*, qui propose une interprétation diamétralement opposée à celle de Brennan. Publié deux ans après la mort de ce dernier, il est de modestes dimensions — à l'instar de son auteur, pourrions-nous dire, de très petite taille mais de fière prestance. Le sous-titre, « une généalogie littéraire », indique l'enchaînement qui sera tracé à travers la littérature française du XIXe siècle dont Mal-

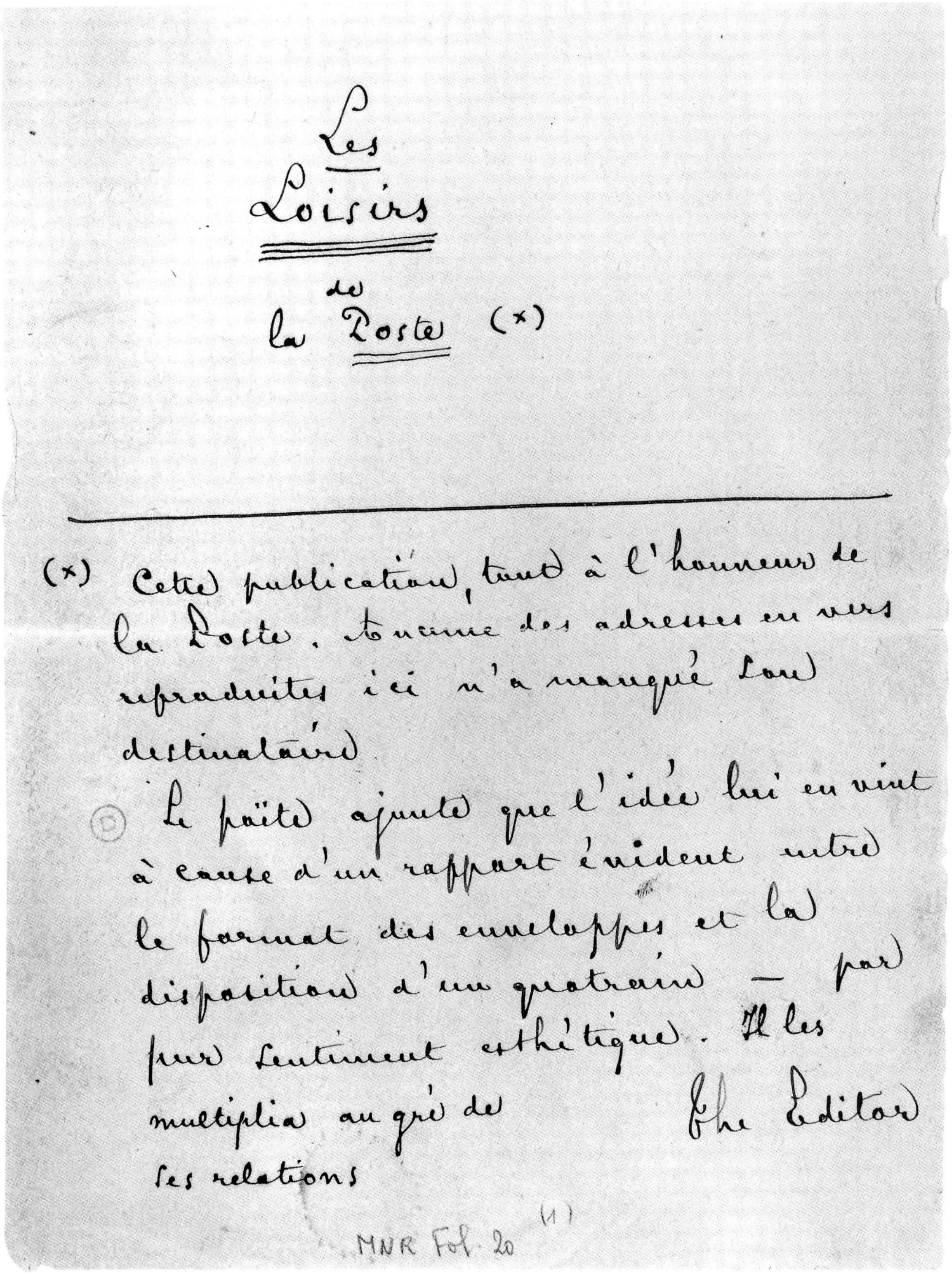

Les
Loisirs
de
la Poste (x)

(x) Cette publication, tout à l'honneur de la Poste. Aucune des adresses en vers reproduites ici n'a manqué son destinataire.

Le poète ajoute que l'idée lui en vint à cause d'un rapport évident entre le format des enveloppes et la disposition d'un quatrain — par pur sentiment esthétique. Il les multiplia au gré de ses relations

The Editor

MNR Fol. 20 (1)

96. Stéphane Mallarmé, *Les Loisirs de la Poste,* 1894,
Paris, Doucet, **cat. 163.**

larmé représente l'expression culminante. Chisholm désigne un sujet moins de critique littéraire que d'histoire des idées car la poésie de 1850 à 1900 se signale selon lui par un nihilisme dionysiaque d'origine en partie germanique et hindoue, qui « trouva derrière les phénomènes d'abord un immense et incertain flux, puis un vide pur et simple ». Sont convoqués Fichte, Schlegel et, surtout, Schopenhauer pour marquer les étapes d'un assaut toujours croissant contre la raison au nom du sentiment et du désir. Cette analyse s'appuie sur Fritz Strich et, en particulier, Spengler (« Il semblerait qu'Hérodiade soit le dernier mot de la poésie française, le périlleux tournant où la littérature passe dans l'inexprimé et où l'intellect européen confronte le suicide... Déclin de l'Ouest, en effet ! »). Nous nous voyons proches du jugement de Claudel relatif à la *catastrophe* d'Igitur, comprise comme une accoutumance au désespoir.

Tout se passe donc comme si Chisholm rejetait la poésie symboliste — « futile » « occulte », « narcissique », « décadente ». Et pourtant, à la différence d'autres prédicateurs de désastre culturel de l'entre-deux-guerres, il montre une fine sensibilité d'artiste devant les poèmes. Si Baudelaire lui est fermé (« pris au piège de Satan et de la laideur, et du matérialisme que son Satan représente »), Mallarmé inspire des pages remarquables. Il faut retenir le commentaire d'*Hérodiade* qui suit avec perspicacité l'« Ouverture ancienne » et la « Scène » dans un langage attentif, discrètement sensuel, pour tout dire admirablement « bénin » au sens de Brennan.

Vingt-huit ans après, en 1962, paraissait *Mallarmé's « Grand Œuvre »* dont il importe de signaler l'écart considérable par rapport à *Towards Hérodiade*. Aucune mention n'est faite ici des penseurs allemands ni de la prétendue décadence française. Chisholm avait dans l'intervalle écrit une « lecture » de *La Jeune Parque* qui donna magistralement la note de la sensibilité valéryenne ; il avait de même, comme il le souligne au début de son livre, profité des nouveaux éclairages offerts par la *Vie de Mallarmé* d'Henri Mondor qui révéla un poète triomphant du nihilisme. Mallarmé devient ainsi chez Chisholm celui qui dément le désespoir en se faisant « le chercheur dévoué des quintessences ». Il s'agit d'aborder Mallarmé selon la notion de transmutation en faisant valoir « la cohérence », « la superbe consistance », « l'usage talismanique » des mots, « la musicalité » notionnelle, par-dessus tout, la volonté de perfection. Il n'est plus question d'échec car ce que Mallarmé nous laisse doit être considéré comme l'Œuvre, inachevé et pourtant cohérent et entier, « ajoutant une étoile majeure à la constellation du génie humain ». La beauté règne : le second Mallarmé de Chisholm rejoint celui de Brennan comme chantre suprême de la poésie.

Dans ses écrits, Chisholm trouve un style qui marie la raison avec l'imagination au fur et à mesure qu'il poursuit, comme il le disait, « la frange cachée du visible ». Il communique avec une élégance poétique le sens élusif de Mallarmé. N'était-ce pas là son vrai secret d'éveilleur de vocations ? Austin et Davies furent touchés par cette subtilité qui leur resta en mémoire, chacun poussant toutefois le goût de la recherche dans des zones différentes et utilisant au mieux l'occasion qui leur était donnée de consulter en France les manuscrits et les sources originales du poète.

Austin vint à Paris pour la première fois en 1937. Il avait fait ses études dans l'une des meilleures écoles de l'Australie (Melbourne Grammar School) qui lui donna une bonne formation classique, puis à l'Université de Melbourne sous Chisholm. À son arrivée en France, il plongea dans la prose de Bourget dont il éplucha les années d'apprentissage. La guerre éclata, lui laissant à peine le temps de soutenir sa thèse de doctorat, de se marier avec une jeune Française, et de rentrer en Australie. En 1942, il rejoignit la marine australienne en Nouvelle-Guinée et, par la suite, aux Philippines :

sa carrière universitaire ne commença donc réellement qu'en 1947 lorsqu'il fut nommé à l'Université de St Andrews en Écosse. Ce fut le premier pas qui le mena en 1961 finalement à la chaire de français à Cambridge.

Son travail administratif fut lourd (il alla jusqu'à assumer la direction de la revue *French Studies* pendant treize ans) ; mais avec une constance et un zèle sans faille il consacra ses recherches à Baudelaire (en particulier, *L'Univers poétique de Baudelaire*, 1956), à Valéry (on lui doit une étude de la composition du *Cimetière marin*), et surtout à Mallarmé. Il conçut ainsi dans les années 1950 un triptyque qui aurait compris, après *L'Univers poétique de Baudelaire*, *Le Mystère poétique de Mallarmé* et *La Composition poétique de Valéry.* Mais, en 1962, Henri Mondor lui demanda de collaborer à l'édition de la correspondance de Mallarmé, tâche gigantesque qui fut sienne pendant vingt-trois ans et qu'il accomplit seul après la mort de Mondor depuis le deuxième jusqu'au onzième et dernier volume. Quiconque a utilisé cet ouvrage ne peut que s'émouvoir de l'extraordinaire scrupule de l'éditeur qui a déniché des lettres dans les coins les plus insolites et présenté chacune avec une abondance de notes marginales. Mallarmé est royalement servi : c'est un monument érigé à la pensée et à la sensibilité de Mallarmé et, en même temps, sur le plan de l'érudition, à celui qui nous en procura la lecture.

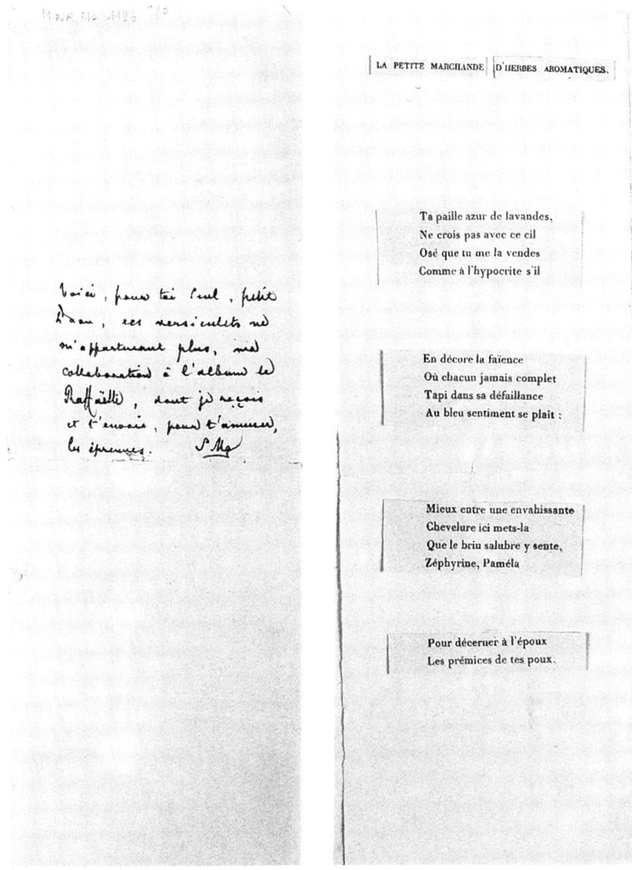
Voici, pour toi seul, petit Dan, ces versiculets ne m'appartenant plus, ma collaboration à l'album de Raffaëlli, dont je reçois et t'envoie, pour t'amuser, les épreuves. SM

LA PETITE MARCHANDE D'HERBES AROMATIQUES.

Ta paille azur de lavandes,
Ne crois pas avec ce cil
Osé que tu me la vendes
Comme à l'hypocrite s'il

En décore la faïence
Où chacun jamais complet
Tapi dans sa défaillance
Au bleu sentiment se plaît :

Mieux entre une envahissante
Chevelure ici mets-la
Que le brin salubre y sente,
Zéphyrine, Paméla

Pour décerner à l'époux
Les prémices de tes poux.

97. Stéphane Mallarmé, *Types de la rue,* mars 1889, Paris, Doucet, cat. 173.

Il n'est pas étonnant qu'un tel labeur ne permît pas à Austin de finir les deux autres livres de critique qu'il avait voulu écrire. On ne peut cependant passer sous silence les très nombreux articles en français et en anglais qui traitent pour la plupart de l'œuvre de Mallarmé. Tout récemment, *Poetic Principles and Practice* (1987) et *Écrits sur Mallarmé* (1995) révélèrent la diversité des contributions en marge de la correspondance. À la différence de Brennan, de Chisholm et de Davies, Austin prend régulièrement en considération les diverses interprétations proposées par ses prédécesseurs, s'en servant parfois à des fins polémiques où il excelle. Mais ce qu'il convient de rappeler, c'est le respect extrême de l'œuvre mallarméenne ; et si Chisholm répugne à épuiser le texte, Austin n'hésite pas à donner tous ses droits à l'explication, exigeant la précision la plus grande. À la manière de ses compatriotes, il est d'abord philologue, car il maintient, de même que Brennan et Chisholm, que le symbolisme est avant tout un langage : « Le niveau exceptionnel de l'expression poétique atteint par ces poètes (Baudelaire, Mallarmé et Valéry) peut s'expliquer en grande partie par leur pénétrante compréhension de la nature du langage et de son potentiel. » Personne ne scrute mieux que lui le côté solaire du texte. Il n'est guère d'exemple d'un dévouement aussi complet à un poète français.

Quoique de six ans plus jeune qu'Austin, Gardner Davies devança son aîné comme lecteur de Mallarmé. Son premier livre de 1950, *Les « Tombeaux » de Mallarmé*, fut suivi de cinq autres volumes, chacun à divers degrés faisant date dans les études mallarméennes : *Vers une explication rationnelle du « Coup de dés »* (1953), *Mallarmé et le drame solaire* (1959), *Mallarmé et le rêve d'« Hérodiade »* (1978), *Mallarmé et la « couche suffisante d'intelligibilité »* (1988), aussi bien qu'une édition des *Noces d'Hérodiade*

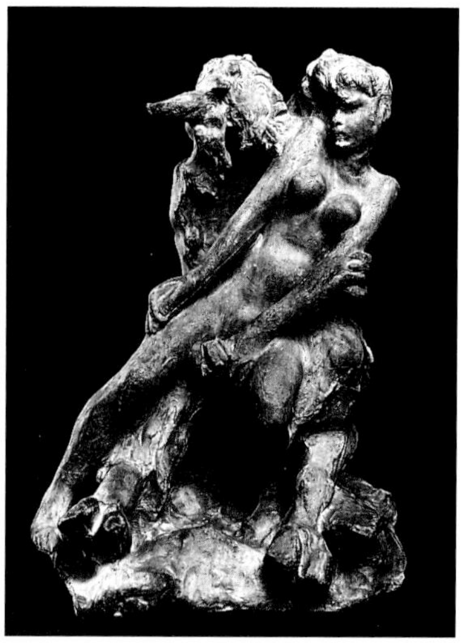

98. Auguste Rodin, *Faune et nymphe* ou *Le Minotaure,* vers 1886, Paris, musée Rodin, **cat. 47.**

(1957). Comme Chisholm et Austin, Davies suit l'approche de Brennan dans ses explications publiées ; développe une acuité rhétorique qui lui fut déjà reconnue pendant la brève période qu'il passa dans le cabinet d'avocat de son père ; est redevable surtout à Émilie Noulet (*L'Œuvre de Stéphane Mallarmé*, 1940). Il fait le meilleur usage des documents disponibles — versions antérieures de chaque poème, textes en prose parallèles, lettres — afin de réduire, comme il le disait, « la contribution personnelle du critique au minimum ». Chaque page de Mallarmé est à creuser comme une pièce à conviction, de la manière la plus scientifique possible et, à cette fin, Davies va plus loin que ses compatriotes en traitant tous les mots de Mallarmé comme formant un langage autonome que nous devons étudier par rapport aux autres emplois chez le poète, pour en conclure au sens particulier que leur prête Mallarmé. Il établit une concordance (on se rappelle l'expression de Brennan : « intelligible out of himself »). Ce système, comme tous les systèmes appliqués à la poésie, court des dangers certains, d'abord celui de la lourdeur d'une démonstration exigeant que tous les mots soient commentés avec textes à l'appui ; ensuite, celui du réductionnisme, car les textes tendent à s'uniformiser « sans nuit », ainsi que le dirait Mallarmé. Mais ceux qui lisent Davies savent qu'il nous apporte le bien critique indéniable de nous plonger dans l'imaginaire mallarméen grâce à la minutie, l'ordre, l'économie et l'austérité de cette approche. Devant les accusations de non-sens lancées contre Mallarmé, Davies cherche « une base solide », « une base valable » ou, plus modestement, adoptant une expression du poète, « une vaine couche suffisante d'intelligibilité ». « Je demeure convaincu, affirme-t-il, du caractère rationnel de toute l'œuvre de Mallarmé en prose et en vers. » Voilà son premier et dernier mot : *Hérodiade*, le *Faune*, et *Igitur* ressortissent à la raison.

Néanmoins, tout en disant son refus d'intervenir dans l'argument et de troubler l'explication de Mallarmé par lui-même, Davies nous offre plus qu'il ne promet. Ce lecteur d'un seul livre durant cinquante ans avait une connaissance inégalée des détails de l'œuvre. C'est ainsi que dans *Mallarmé et le drame solaire* il analyse un groupe de poèmes qu'il pense avoir été inspirés par le livre du mythologue anglais George Cox, *Les Dieux antiques*, ouvrage que Mallarmé adapta et traduisit en français. Cox envisage les mythes selon le schème de la double révolution solaire annuelle et quotidienne, c'est-à-dire la naissance, vie et mort de la nature saisie dans le cadre du jour et de l'année. L'hypothèse de Davies est audacieuse sans doute, contestable aussi dans l'usage poussé qu'il en fait, mais suggestive. Une autre hypothèse tout aussi hardie sous-tend certains de ses livres qui postulent l'importance de Hegel pour la dialectique de Mallarmé, art qui va du « fait de nature » à la « notion pure ». Il n'est pas douteux que Mallarmé connaissait certaines pages de Hegel, mais peut-être vaut-il mieux parler de référence que d'influence déterminante, la structure poétique mallarméenne n'étant sans doute pas identique au dispositif ternaire hégélien. Ici encore, cependant, Davies nous touche par le courage de son parti pris critique et son désir de tout faire entrer dans le domaine de la clarté. Il importe d'observer qu'il n'écrivit aucun de ses livres dans le cadre de l'université mais aux moments qui lui restaient de son travail de délégué permanent de l'Australie auprès de l'Unesco et membre du Conseil exécutif de cette même organisation. Il voulut raison garder, et le fit avec brio par son dévouement à un poète qu'il interrogea comme le gardien d'un secret précieux.

Les noms d'Austin et de Davies sont aujourd'hui bien connus des spécialistes du XIXe siècle français ; ceux de Brennan et de Chisholm, peu ou point. Mais il y a bien une lignée remarquable qui s'étend sur un siècle entier et qu'il incombe de célébrer :

Mallarmé devint un sujet d'étude qui occupa en chacun de ces cas toute une vie. Sans doute s'agit-il là d'un phénomène unique ? Si Edgar Poe jouit d'une superbe destinée française, il n'éveilla aucun écho sérieux en Australie ; Hugo, Baudelaire et Claudel non plus. Mallarmé pourtant ne cessa de fasciner ces « happy few » de l'autre bout du monde qui prirent le goût de son exigence extrême.

Un seul lecteur, nous l'avons vu, en fut l'origine. Brennan découvrit le mystère à percer, la lointaine contrée à investir. Il ne fonda pas de culte : lui et les trois chercheurs qui lui succédèrent se caractérisent par une approche « laïque » qui refuse de se payer de mots. Comment expliquer un horizon d'attente d'une telle qualité ? Il est loisible de mettre en avant le « milieu » (ne doit-on pas souligner une action *a contrario* dont le sens était de conquérir ce qui semblait le plus éloigné de la culture ambiante ?) ; la « race » (l'ascendance celtique — irlandaise, écossaise, galloise — fut atténuée par les générations, sauf chez Brennan aux nostalgies durablement irlandaises, mais subsistait certainement en tous quatre une volonté de « découvreurs » typique d'un pays nouveau) ; le « moment » (il faut noter les attitudes ambiguës vis-à-vis de l'Angleterre et de la culture anglaise, et le désir de se tourner ailleurs — notamment, dans l'exemple qui nous requiert, vers une poésie de l'intellect). Toujours est-il que la majeure partie du public australien vit ce détour du côté de la France comme une aberration élitiste de moins en moins comprise. N'hésitons donc pas à dire que les quatre personnalités dont il a été question font figure de solitaires captés par un songe, séduits malgré les difficultés linguistiques et littéraires par celui qui leur entrouvrait ligne par ligne une vision hautaine. Nous nous rappelons les mots de Valéry prononcés au nom du petit nombre d'adeptes de Mallarmé de sa génération : « Comment ne pas croire que l'on admire — quand l'on admire — et qu'est-ce qui peut ruiner le sentiment immédiat que nous impose ce que nous trouvons *beau*[5] ? »

NOTES

1. L. J. Austin : *L'Univers poétique de Baudelaire : Symbolisme et symbolique*, Paris, Mercure de France, 1956. *Stéphane Mallarmé : Correspondance (1871-1898)*, éd. avec Henri Mondor et Jean-Pierre Richard, 11 vol., Paris, Gallimard, 1959-1985. *Poetic Principles and Practice*, Cambridge University Press, 1987. *Essais sur Mallarmé*, Manchester University Press, 1995.

2. G. Davies : *Les « Tombeaux » de Mallarmé* (1950), *Vers une explication rationnelle du « Coup de dés »* (1953), *Mallarmé et le drame solaire* (1959), *Mallarmé et le rêve d'« Hérodiade »* (1978), et *Mallarmé et la « couche suffisante d'intelligibilité »* (1988) ont paru chez Corti ; *Stéphane Mallarmé : Les Noces d'« Hérodiade », Mystère* (1959), chez Gallimard.

3. A. R. Chisholm, *The Art of Arthur Rimbaud* (1930), *Towards Hérodiade* (1934) et *An Approach to M. Valéry's « La Jeune Parque »* (1938) ont été publiés par Melbourne University Press ; *Mallarmé's « Grand Œuvre »* (1962), par Manchester University Press.

4. C. J. Brennan. Les écrits principaux sont recueillis dans deux volumes, *The Verse of Christopher Brennan* et *The Prose of Christopher Brennan*, Sydney, ed. A. R. Chisholm et J. J. Quinn, Angus and Robertson, 1960-1962. Voir aussi A. Clark, *Christopher Brennan : A Critical Biography*, Melbourne University Press, 1980.

5. P. Valéry, « Stéphane Mallarmé », *Œuvres*, Paris, Gallimard, 1957-1961, « Bibliothèque de la Pléiade », t. I, p. 674.

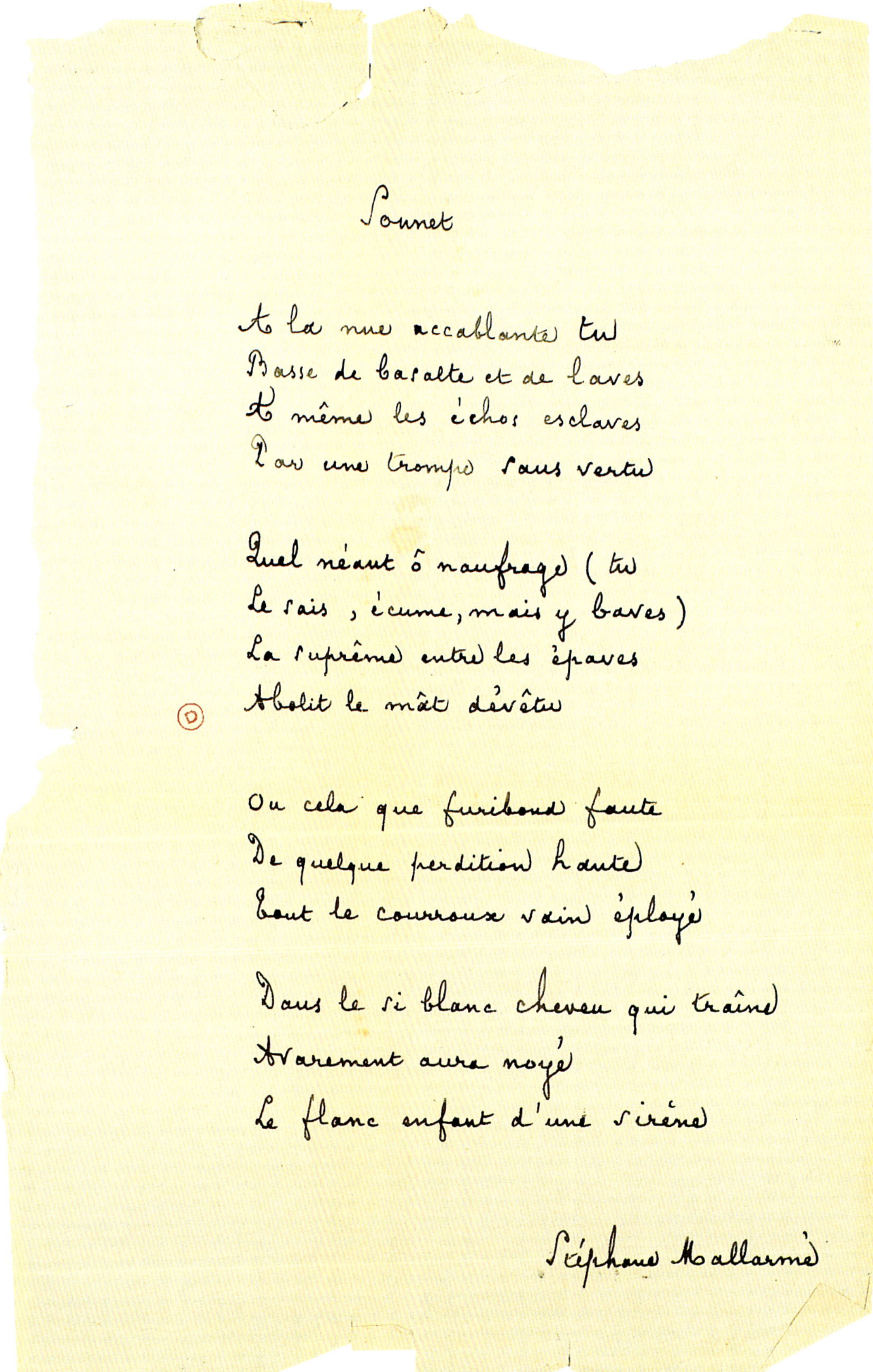

Sonnet

A la nue accablante tu
Basse de basalte et de laves
A même les échos esclaves
Par une trompe sans vertu

Quel néant ô naufrage (tu
Le sais, écume, mais y baves)
La suprême entre les épaves
Abolit le mât dévêtu

Ou cela que furibond faute
De quelque perdition haute
Tout le courroux vain éployé

Dans le si blanc cheveu qui traîne
Avarement aura noyé
Le flanc enfant d'une sirène

Stéphane Mallarmé

99. Stéphane Mallarmé, *Sonnet, « À la nue accablante tu... »,* 1894, Paris, Doucet, **cat. 325.**

MICHÈLE FINCK

Mallarmé et l'Allemagne

La question des rapports de Mallarmé et de l'Allemagne peut être appréhendée à partir de quatre angles d'approche : l'Allemagne dans la vie et l'œuvre de Mallarmé ; la traduction de Mallarmé en langue allemande ; la réception par la critique allemande ; l'héritage (ou le refus de l'héritage) de Mallarmé dans la poésie allemande. Seront posés ici quelques points de repère.

La vie de Mallarmé a été peu tournée vers l'Allemagne, malgré la présence de sa femme, Marie Gerhard, allemande, que le poète a connue alors qu'elle était gouvernante à Sens : Mallarmé a plus cherché en Marie les signes de l'exil [1] que les traces de l'Allemagne. S'il existe un dialogue entre l'œuvre de Mallarmé et l'Allemagne, c'est par la médiation de deux figures majeures de la pensée et de l'art allemands : Hegel, que Mallarmé a découvert en 1866 ; et surtout Wagner auquel le poète a consacré un poème (*Hommage*) et un texte en prose (*Richard Wagner, rêverie d'un poëte français*), à propos desquels la critique [2] s'est souvent posée la question de savoir s'il s'agissait d'un « hommage » ou d'un « contre-hommage » (encore davantage perceptible dans la prose). Wagner a été pour Mallarmé à la fois un modèle et un rival, dont la faiblesse a été de croire encore à la fiction, aux légendes et aux mythes qui, aux yeux du poète, n'étaient que des illusions [3]. Si Mallarmé et Wagner ont rêvé tous deux d'une œuvre totale qui puisse résumer l'histoire de l'humanité, Mallarmé a voulu « reprendre à la musique son bien » et opposer à l'art sonore wagnérien une écriture qui soit capable à la fois d'imposer l'ascendant du silence sur le chant des vers et de faire résonner, dans le creusement de la matière verbale, le vide et le néant.

Pour peu que l'on définisse, avec Georges Steiner, la traduction en termes d'« hospitalité », c'est Stefan George qui s'impose comme le premier et le plus parfait des « hôtes » de Mallarmé, presque inconnu en Allemagne avant les traductions de celui dont l'exigence poétique s'est tout de suite accompagnée d'un investissement dans plusieurs langues étrangères tant il craignait, selon les mots de Curtius, d'« étouffer dans l'Allemagne d'alors [4] » : « Un romantisme tout caricatural et une littérature débile d'Épigones s'agitaient sans aucun rythme autour de notre jeunesse », écrit George, « mais *des poètes chantaient encore en Gaule* [5] ». Le voyage du jeune George à Paris (1889), au cours duquel il a été admis grâce à Albert Saint-Paul aux soirées mallarméennes de la rue de Rome, a marqué la vraie naissance de sa double vocation de traducteur et de poète. Traducteur de *Brise marine*, de *Frisson d'hiver* et surtout d'*Hérodiade*, George a élaboré au contact de Mallarmé une esthétique de la pureté et de la rigueur formelles, indissociable d'un projet de régénération du mot et du monde, et perceptible jusque dans ses choix de traduction des *Fleurs du mal*. Complément important de l'entreprise de traduction, un article de George sur Mallarmé (recueilli dans *Tage und Taten*) insiste à la fois sur l'obscurité incantatoire et fermée « à la foule profane » du poète français, sur la beauté plastique d'Hérodiade et sur les parallèles possibles avec Byzance et l'art égyptien. Quant à Rilke, s'il a pu faire l'éloge du « poète le plus sublime, le plus "dense" de notre temps, Stéphane Mallarmé » (lettre du 23 mars 1922), peut-

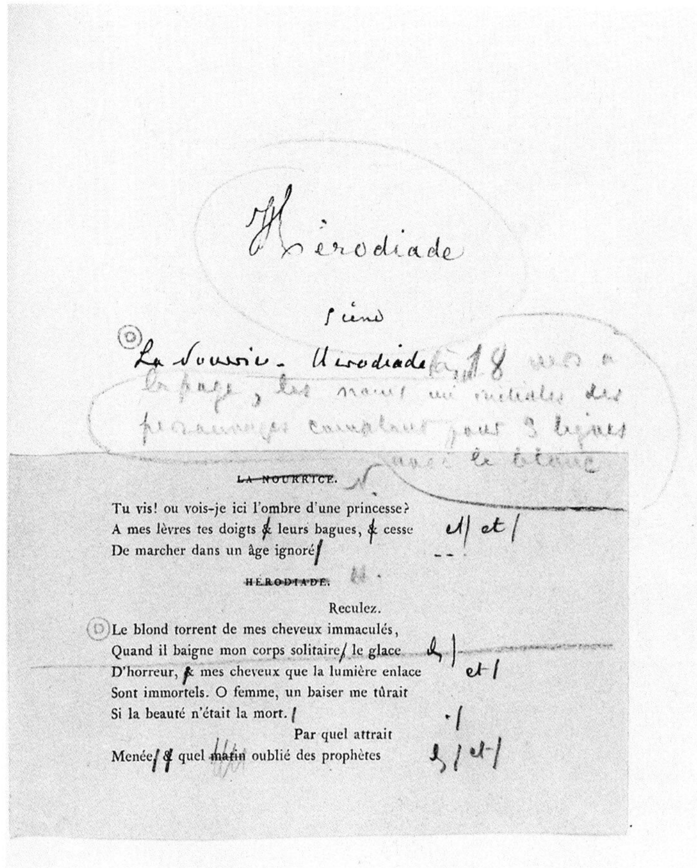
Hérodiade

LA NOURRICE.

Tu vis! ou vois-je ici l'ombre d'une princesse?
A mes lèvres tes doigts & leurs bagues, & cesse
De marcher dans un âge ignoré

HÉRODIADE.

Reculez.
Le blond torrent de mes cheveux immaculés,
Quand il baigne mon corps solitaire le glace
D'horreur, & mes cheveux que la lumière enlace
Sont immortels. O femme, un baiser me tûrait
Si la beauté n'était la mort.
Par quel attrait
Menée & quel matin oublié des prophètes

100. Stéphane Mallarmé, *Poésie,* maquette, 1894, Paris, Doucet, **cat. 317.**

être est-ce pour une part en réaction contre George qu'il n'a traduit que le poème *Mausolée.* Parmi les autres « passeurs » de Mallarmé en langue allemande, retenons surtout l'Autrichien Richard von Schaukal, poète élitiste du haut langage qui, après avoir publié une traduction d'*Hérodiade* en 1903, n'a pas cessé d'élaborer, jusqu'à sa mort en 1942, des traductions du poète français à l'aune desquelles il a mesuré sa propre exigence poétique.

Si dans l'entre-deux-guerres plusieurs romanistes ont cherché à faire connaître Mallarmé[6], la réception critique de l'œuvre a été surtout indissociable, après 1945, de la fortune du livre de Hugo Friedrich, *Die Struktur der modernen Lyrik* (1956)[7], qui a exercé une influence déterminante et persistante. Dans la perspective de Friedrich, Mallarmé incarne la figure extrême de la « modernité » poétique issue de Baudelaire. Friedrich a mis l'accent sur « l'absence d'un lyrisme du sentiment et de l'inspiration », sur « la rupture par rapport à la tradition chrétienne et humaniste ». Mallarmé est célébré comme un « technicien de l'intellectualité et de la magie verbale » : il a su opérer avec les « forces d'impulsion du langage », rechercher « la suggestibilité infinie » (opposée à la « compréhension » / « Verstehbarkeit ») et aboutir à un « lyrisme absolu », un chant d'une « froide maîtrise ». Dans cette intense « approche du silence », dans cette « solitude avec la langue » (« Alleinsein mit der Sprache »), a triomphé, selon Friedrich, « un nihilisme idéaliste », une « transcendance vide », une « dissonance ontologique ». Par-delà les partis pris polémiques (contre une tradition romantique sentimentale en poésie allemande), les rejets contestables (de Rilke, de l'expressionnisme, Benn excepté) et la forte intellectualisation qui le sous-tendent, le livre de Friedrich a contribué de façon décisive, en Allemagne, à la (re)découverte de la

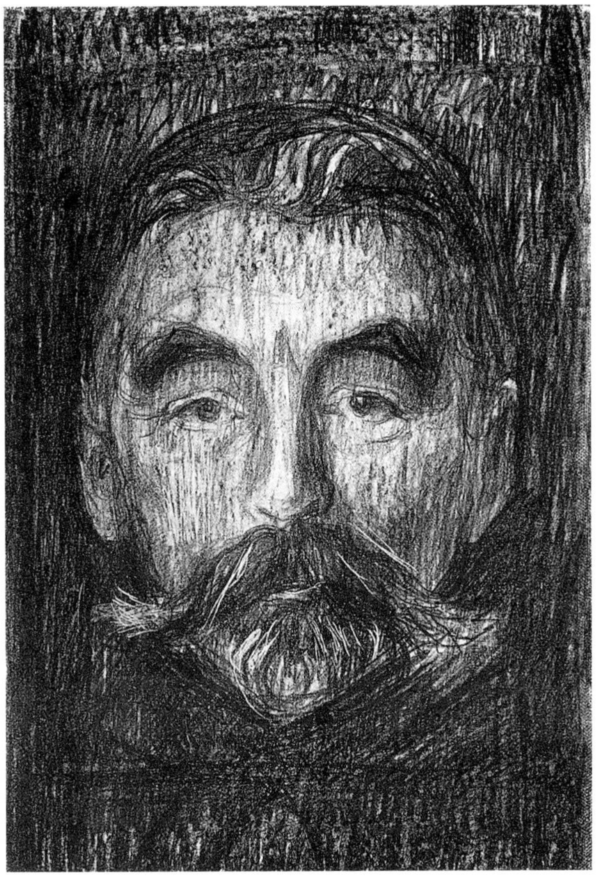

101. Edvard Munch,
Portrait de Stéphane Mallarmé, 1897,
Paris, BnF, Estampes, **cat. 239.**

« modernité » après la condamnation par le national-socialisme. Quoique dans une moindre mesure, la réception critique de Mallarmé en Allemagne a aussi été marquée par les « Sept leçons sur *Hérodiade* » de Peter Szondi (« histoire et historicité du drame poétique », « la métaphore d'une métaphore », « le théâtre imaginaire », « l'action du poème et l'acte poétique », « l'origine du drame lyrique », « une poésie sur la poésie », « les avatars du principe métaphorique[8] »).

Reste l'essentiel, l'héritage de Mallarmé dans la poésie allemande qui, grevé de tensions et de contradictions, a été avant tout assumé par Stefan George[9] : preuve que, pour celui qui a reçu de la poésie française « l'expérience d'un art spiritualisé et sans compromis avec la vie, d'une solennelle et secrète musique de l'âme[10] », la traduction a d'abord eu valeur de confirmation des affinités littéraires. Comme l'a montré Claude David[11], la relation spirituelle Mallarmé-George a beaucoup évolué. Elle a été la plus profonde à l'époque des *Hymnes* (*Hymnen,* 1890), où elle a permis au jeune George de prendre distance par rapport au naturalisme allemand, voire aux épigones, et où elle a pris la forme d'une insistance sur l'ambition du projet poétique, sur l'identification de l'art au seul absolu et du poète au suprême « vates » investi d'une fonction sacrée indissociable d'un mysticisme esthétique exacerbé. Si le George des *Hymnes,* à la langue sacerdotale mais encore parfois maladroite, est demeuré en reste par rapport aux « obscurités sonores » qu'il a admirées chez Mallarmé, le George des *Pèlerinages* (*Pilgerfahrten,* 1891) a fait montre de davantage de maîtrise dans la proximité sans cesse explorée avec Mallarmé, inséparable d'un écart croissant par rapport à Baudelaire. Et c'est encore la correspondance avec le symbolisme français et le nectar poétique du Mallarmé d'*Hérodiade* qui a triomphé dans l'antiquité décadente au centre d'*Algabal* (1892).

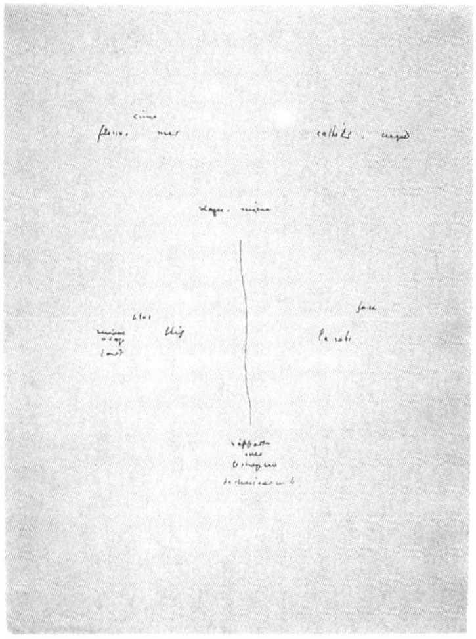

102. Stéphane Mallarmé, « *Cime, fleuve, mer...* », coll. part., **cat. 334.**

Dans les poèmes en prose réunis plus tard dans *Jours et Gestes* (*Tage und Taten*, 1903), l'allégeance au Mallarmé de *Frisson d'hiver* (traduit par George) a été en revanche mal séparable d'une imitation dangereuse et d'une forme d'« anxiété de l'influence » (Harold Bloom). Mais à partir du *Tapis de la vie* (*Der Teppich des Lebens*, 1899) s'est dessinée dans l'œuvre de George une évolution progressive et nette qui est allée de pair avec un choix de la « Germanie » et une mise à distance irrévocable des modèles français et de l'œuvre mallarméenne : George, qui avait jusque-là assumé la fonction essentiellement autoréflexive de la poésie mallarméenne tournée vers l'approfondissement d'elle-même et éloignée de la vie de la cité, a pris le parti de n'être plus le poète de « l'art pour l'art » mais celui d'une parole prophétique capable d'éduquer la nation, d'inventer une théologie et de fonder un « Nouveau Règne ». Aussi Curtius a-t-il pu opposer à Hofmannsthal, plus généreusement ouvert au monde latin, George « invité » par « son démon intime » à « la séparation » et « rompant », à la fin de sa vie, « tous ses liens avec le monde latin » (à l'exception de Dante, à l'égal duquel il se croyait « élu pour juger et châtier son temps[12] »).

Sans doute l'ombre portée de Stefan George sur la poésie mallarméenne a-t-elle été responsable d'une certaine distance prise par une part majeure de la poésie allemande du XXe siècle à l'égard de Mallarmé : ni les expressionnistes (Trakl et Heym qui se sont surtout reconnus en Rimbaud, « frère à la plainte violente »), ni même Rilke (qui s'est davantage tourné vers Baudelaire et Valéry) ou Hofmannsthal (dont les fluides et légers poèmes « de jeunesse » sont plus proches de Verlaine et qui a admiré en Hugo l'exemple d'un poète qui a participé à la vie nationale tout en portant la langue française à son maximum d'intensité) n'ont eu le souci d'une référence approfondie et exigeante à Mallarmé dont l'image en Allemagne a été trop marquée par George. L'héritage mallarméen, après George, n'a été pleinement pris en charge que par Gottfried Benn, du moins dans sa deuxième période, postexpressionniste, où il a évolué dans le sens d'une exaltation de la « forme » opposée au « néant » (« *formfordernde Gewalt des Nichts* »). Cette tendance s'est imposée surtout après 1945, en particulier dans ses *Poèmes statiques* (*Statische Gedichte*, 1948) et dans son discours *Problèmes du lyrisme*[13] (1951), dont l'une des clefs de voûte est la référence à Mallarmé : c'est sous le signe de Mallarmé (convoqué quatre fois) et, dans une moindre mesure de George (évoqué lui aussi), que Benn définit le « nouveau lyrisme » en termes de « produit d'art », de « contrôle critique », de « poème absolu », de « loi de la forme », d'« art pur » capable d'« opposer une nouvelle transcendance au nihilisme général des valeurs ». Aujourd'hui, le regain d'intérêt en Allemagne pour l'œuvre mallarméenne, attesté par deux récentes éditions bilingues (*Sämtliche Dichtungen*[14] et *Gedichte*[15]), est peut-être l'indice d'une recrudescence possible dans l'échange entre la poésie de Mallarmé et la poésie allemande.

Aussi Mallarmé qui, lors de sa crise de 1866, a découvert, par un travail de creusement du vers, qu'il n'y a rien au-delà du matériau verbal et que l'homme n'est peut-être lui-même que de la matière consciente d'elle-même, a-t-il désigné à l'avenir de la poésie sa double découverte du « Néant » et du « Beau », dont les poètes de langue allemande ont eu à assumer (ou à refuser) le legs. C'est ainsi que l'étude de la réception de la poésie mallarméenne permet d'esquisser une cartographie de la poésie allemande du tournant du siècle et du XXe siècle et de mettre en relief une double direction de la pensée poétique : la première (qui s'oppose peu ou prou à Mallarmé et qui s'élabore en partie dans le creuset de l'expressionnisme) choisit de contester sans cesse l'abandon au nombre et à la perfection formelle autarcique, au nom d'une prise en charge de la matière, du temps et de la finitude ; la seconde (qui, de George à Benn, reconnaît en Mallarmé une origine) prend le parti d'un abandon au bonheur (parfois maléfique) du nombre et de la dimension formelle. Reste à se demander si cette seconde direction de la poésie allemande a su être fidèle au meilleur de la poésie mallarméenne et s'il est judicieux de parler, à son propos, de filiation mallarméenne : n'y va-t-il pas davantage de fascination que de véritable filiation ? La filiation féconde n'impliquerait-elle pas à la fois une profonde consanguinité d'expérience et une volonté de dépasser Mallarmé (d'être extrêmement averti des possibles pièges de sa poétique, toujours à questionner), attitude que n'attestent peut-être pas assez les œuvres de George et de Benn, parfois plus promptes à se refermer sur un fétichisme de la rigueur et de la beauté formelles qu'à se remettre en cause en portant à un haut degré d'incandescence la conscience de soi de la poésie mallarméenne ?

Ces réserves exprimées, il faut néanmoins insister sur le fait que, comme l'ont montré Pierre Boulez [16] et Yves Bonnefoy [17], l'origine mallarméenne a rassemblé aussi, sous le signe de la notion de « structure », une tendance importante de la musique de la « modernité viennoise » (Schönberg, Webern). Et il est permis d'émettre l'hypothèse selon laquelle c'est pour une part non négligeable par Stefan George interposé (dont se sont inspirés tant Schönberg dans le *Deuxième Quatuor* opus 10, de 1907-1908, et le cycle des *Jardins suspendus* opus 15, de 1909, que Webern dans l'opus 2, 3, 4 datant de la même époque) que l'aura mallarméenne a rayonné, dans une musique en totale métamorphose, d'abord prise entre l'univers tonal et non tonal puis résolument atonale. Aussi les rapports entre Mallarmé et l'Allemagne ont-ils eu des incidences, au-delà de la seule poésie allemande, sur le devenir d'une part importante de la musique, tendue vers la pureté formelle et le silence, dans l'Europe du XXe siècle.

NOTES

1. Sur ce point, voir J.-P. Richard, *L'Univers imaginaire de Mallarmé*, Paris, Seuil, 1961, p. 66.

2. Voir, par exemple, B. Marchal, *Lecture de Mallarmé*, Paris, José Corti, 1985, p. 213-221.

3. Sur ce point, voir aussi Y. Bonnefoy, « Mallarmé et le musicien », in *Yves Bonnefoy, poésie, peinture, musique*, Actes du colloque de Strasbourg réunis par M. Finck, Presses Universitaires de Strasbourg, 1995, p. 19.

4. E.-R. Curtius, « Conversations avec Stefan George », in *Essais sur la littérature européenne*, Paris, Grasset, 1954, p. 129. Voir aussi les propos de George rapportés p. 143.

5. S. George, in *Blätter für die Kunst*, cité par Curtius, « George, Hofmannsthal et Calderon », in *Essais sur la littérature européenne*, *op. cit.*, p. 164.

6. W. Naumann, *Der Sprachgebrauch Mallarmés*, 1936, réédition Darmstadt, Wissenschaftliche Buchgesellschaft, 1970 ; Karl Vossler, *Mallarmé und die Seinen*, Munich, Huber, 1938.

7. H. Friedrich, *Die Struktur der modernen Lyrik*, Hambourg, Rowohlt, 1956.

8. Voir P. Szondi, *Poésies et poétiques de la modernité*, Presses Universitaires de Lille, 1982, p. 73-141. La première version date de 1968 (cours de Szondi à l'Université de Jérusalem).

9. Voir S. George, *Choix de poèmes*, 2 tomes, édition bilingue et traduction de M. Boucher, Paris, Aubier, 1941. Dans le poème *Franken, Terre des Francs*, un vers est consacré à Mallarmé : « Und für sein denkbild blutend : MALLARMÉ » (tome II, p. 62-63).

10. E. R. Curtius, « George, Hofmannsthal et Calderon », *op. cit.*, p. 164.

11. Voir C. David, *Stephan George, son œuvre poétique*, I A C, Bibliothèque de la société des études germaniques, 1952.

12. E.-R. Curtius, « George, Hofmannsthal et Calderon », *op. cit.*, p. 169.

13. Toutes nos citations sont extraites de G. Benn, « Problèmes du lyrisme », in *Un poète et le monde*, traduction de R. Rovini, Paris, Gallimard, 1965, p. 339-370.

14. S. Mallarmé, *Sämtliche Dichtungen*, traduction de C. Fischer, Munich, Vienne, Hanser, 1992.

15. S. Mallarmé, *Gedichte*, traduction et commentaire de G. Goebel, Gerlingen, édition Lambert Schneider, 1993. Ce volume sera complété, en 1998, par la parution d'un deuxième tome consacré aux écrits critiques de Mallarmé (les deux volumes constituent la première édition critique de l'ensemble de l'œuvre mallarméenne en Allemagne).

16. P. Boulez, *Relevés d'apprenti*, Paris, Seuil, 1966.

17. Y. Bonnefoy, « Mallarmé et le musicien », *op. cit.*, p. 20-21.

MALLARMÉ À DOUCET

Les archives Mallarmé conservées à la Bibliothèque littéraire Jacques Doucet constituent un fonds considérable tant en matière de manuscrits et de livres que de documents divers. Cette collection unique au monde s'est composée par couches successives. L'attention de Jacques Doucet lui-même y a d'abord pourvu (on songera à l'ensemble de manuscrits d'une exceptionnelle importance conservés sous la cote alpha 7248). Henri Mondor auquel Mallarmé doit tant (il fut le gardien attentionné et fervent de sa mémoire) a légué à la Bibliothèque sa célèbre et somptueuse collection mallarméenne (elle se lit sous la cote MNR). La venue (par voie d'achat puis de dation) des archives restées à Valvins (cote MVL) a encore complété cet ensemble auquel la générosité de Louis Clayeux a également ajouté (les manuscrits essentiels d'*Igitur* et du *Tombeau d'Anatole*). On ne saurait passer sous silence des dons plus ponctuels (ainsi celui, exemplaire, des enfants de Paul Valéry) ou certains apports par le biais de fonds dans lesquels Mallarmé est présent (ce fut le cas pour André Gide), pas plus qu'une politique d'acquisition résolue à accroître toujours plus un fonds aussi richement doté. Mallarmé (comme Verlaine) a eu la chance que sa mémoire ne soit que très peu dispersée, pour ne pas dire pas du tout, ce qui est miraculeux pour un auteur du XIXe siècle, et de se trouver dans un lieu à sa mesure, la Bibliothèque littéraire Jacques Doucet. Mallarmé en effet a décidé de la modernité et fait de l'extrême exigence sa règle de vie et d'écriture. Ce en quoi par avance il répondait merveilleusement aux vœux de Jacques Doucet soucieux d'accueillir à la fois le nouveau et l'excellence, et exclusivement cela. L'esprit Doucet n'ayant jamais varié, Mallarmé se trouve d'autant plus chez lui dans cette Bibliothèque.

Yves Peyré

L'ÉBRANLEMENT DÉCISIF

Les notices du catalogue ont été rédigées par Luce Abélès à l'exception des notices : 15, 19, 27, 28, 29, 30, 32, 37, 85, 86, 110, 125, 129, 183, 184, 256, 257, 258, 260, 333, 340, 341 et 342, établies par Yves Peyré.

Avertissement concernant les notices du catalogue

Les notices que l'on trouvera ci-après se limitent à une description technique des œuvres présentées dans l'exposition, que l'on a voulue la plus précise possible. Elles sont, chaque fois que cela a semblé nécessaire, complétées par un commentaire, un éclaircissement ou un extrait significatif, portant soit sur le document lui-même, soit sur le contexte qui l'entoure. On trouvera une étude plus poussée de l'œuvre de Mallarmé dans les essais réunis dans ce volume. On se reportera aussi à la bibliographie figurant à la fin du catalogue, qui donne un choix des principales études consacrées à l'œuvre de Mallarmé, ainsi que la liste des œuvres du poète disponibles en librairie. La nouvelle édition des *Œuvres complètes* de Stéphane Mallarmé, établie par Bertrand Marchal (Paris, Gallimard, 1998, « Bibliothèque de la Pléiade »), apporte de nombreux éléments nouveaux, jusqu'ici inédits.

Liste des abréviations

- autogr.	: autographe
- b.	: bas
- BnF, Estampes	: Bibliothèque nationale de France, département des Estampes et de la Photographie
- BnF, Réserve	: Bibliothèque nationale de France, Réserve des livres rares et précieux
- C.P.	: cachet de la poste
- d.	: droit
- D.	: daté
- Doucet	: Bibliothèque littéraire Jacques Doucet
- f.	: feuillet
- ff.	: feuillets
- g.	: gauche
- h.	: haut
- inscr.	: inscription
- ms	: manuscrit
- prov.	: provenance
- r°/v°	: recto/verso
- S.	: signé

Les dimensions des œuvres sont données hauteur par largeur.

Vers l'œuvre, 1854-1862

1. ANNE-MATHIEU MALLARMÉ (1829-1905)
Stéphane Mallarmé enfant, **ill. 103.**
Huile sur toile, 40,5 × 32,5 cm.
Paris, Doucet,
legs Henri Mondor.

2. ANNE-MATHIEU MALLARMÉ
Maria Mallarmé enfant
Huile sur toile, 40,5 × 32 cm.
Paris, Doucet,
legs Henri Mondor.

Ces portraits de Stéphane Mallarmé et de sa sœur Maria (1844-1857), qui forment pendant, ont été exécutés par leur belle-mère, Anne Mallarmé, d'après deux pastels signés Lagrange, aujourd'hui conservés à Vulaines, au musée Stéphane Mallarmé.

3. STÉPHANE MALLARMÉ
La Coupe d'or
S. D. 3 août 1854, ms autogr., 1 f. double, 26,7 × 21 cm.
Collection particulière.

Premier poème de Mallarmé qui nous soit parvenu.

4. STÉPHANE MALLARMÉ
L'Ange gardien
S. D. 20 septembre 1854, ms autogr., 18,8 × 14,5 cm.
Collection particulière.

5. STÉPHANE MALLARMÉ
Cantate pour la première communion
S. D. juillet 1858, ms autogr. à l'encre bleue, 3 ff., 19,8 × 13,5 cm.
Collection particulière.

En haut et à gauche, d'une écriture tardive, Mallarmé a noté : « Vers pour la / Première Communion / du lycée de Sens. »

6. STÉPHANE MALLARMÉ
La Prière d'une mère, **ill. 13.**
S. D. 7 juillet 1859, ms autogr. à l'encre bleue avec des variantes au-dessous de la signature, 1 f. double 21 × 13,2 cm.
Collection particulière.

7. STÉPHANE MALLARMÉ
Entre quatre murs, **ill. 76.**
1859-1860, ms autogr., 65 ff. dans un cahier cartonné, 19,5 × 15,5 cm.

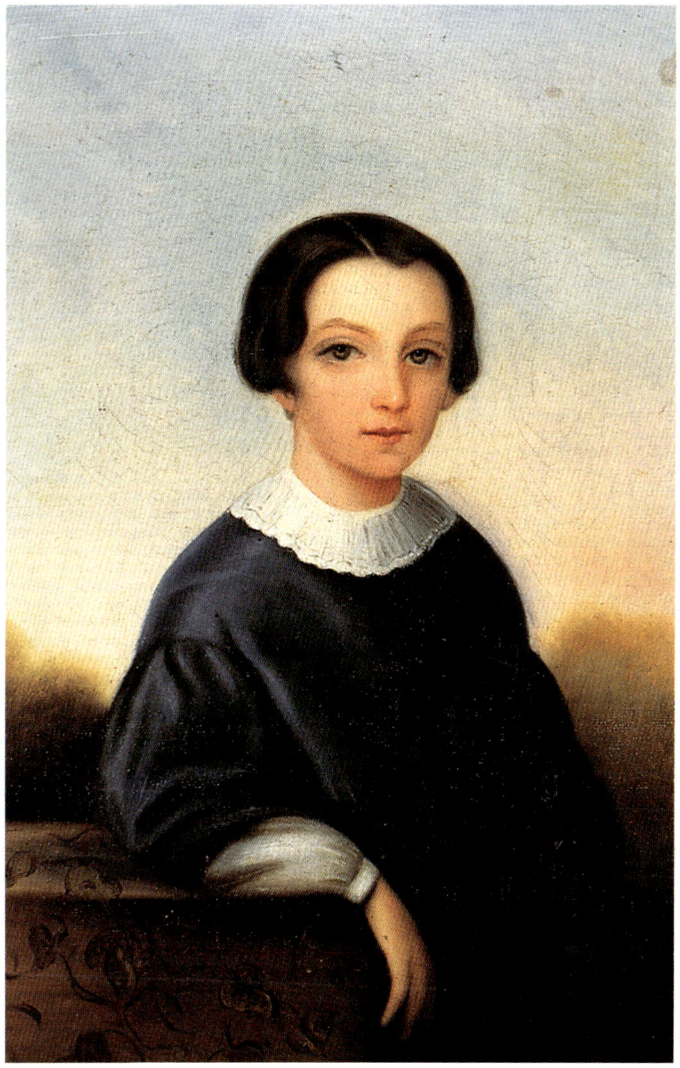

103. Anne-Mathieu Mallarmé, *Stéphane Mallarmé enfant,* Paris, Doucet, **cat. 1.**

Paris, Doucet, MNR Ms 1167,
legs Henri Mondor.

Cahier de poèmes composés par Mallarmé au lycée de Sens entre 1859 et 1860, non publiés du vivant du poète.

8. STÉPHANE MALLARMÉ
Sa fosse est creusée
Vers 1860, ms autogr., 1 f. double r°/v°, 23 × 17,5 cm.
Paris, Doucet, alpha 7248-1 (1/4).

STÉPHANE MALLARMÉ
Glanes III
1860, ms autogr. dans un cahier cartonné, 78 ff., 19,5 × 15,5 cm.
Paris, Doucet, MNR Ms 1170,
legs Henri Mondor.
Ouvert folio 47 : « Choix de Théophile de Viau. / Quelques-uns des plus jolis vers / de Théophile de Viau / qui / ne se trouvent pas dans les "Grotesques" de Th. Gautier. »

Ce cahier de jeunesse, daté de 1860

fait partie d'un ensemble de trois cahiers dans lesquels Mallarmé a recopié les œuvres des poètes qu'il admirait. *Glanes III* est composé ainsi : « XVIe siècle (suite), Autres extraits des mêmes poètes, Poésies diverses, Choix de Théophile de Viau, Poésies amoureuses modernes, Curiosités littéraires. »

10. Stéphane Mallarmé et Emmanuel des Essarts
Scies – I. Le Carrefour des Demoiselles ou L'Absence du lancier ou Le Triomphe de la Prévoyance
Sens, 1862, plaquette in-8°.
Paris, BnF, Réserve, Res. p Ye 2885 (exemplaire de Henri Cazalis).

Dans cette « scie » versifiée, qui relate une partie de campagne à Fontainebleau, le 11 mai 1862, Mallarmé et des Essarts consacrent un distique humoristique à chacun des participants de cette journée. Par ordre d'entrée en scène, sont cités : Stéphane Mallarmé, Ettie (Yapp), Henri Cazalis, une Anglaise, Henri Regnault (« Piccolino le coloriste »), Nina (Anne, dite Nina Gaillard, future Nina de Villard), Emmanuel des Essarts. C'est lors de cette journée que Mallarmé fit connaissance avec Nina Gaillard, Henri Cazalis, Ettie Yapp et Henri Regnault.

11. Stéphane Mallarmé
La Prière du gueux
Vers 1864, ms autogr. très raturé, 1 f., 27,5 × 16,5 cm.
Collection particulière.

Version remaniée du poème *Placet*, « sonnet Louis XV » adressé par Mallarmé à Nina Gaillard peu après leur rencontre lors de la partie de campagne à Fontainebleau, en mai 1862. Ce sonnet avait paru auparavant dans la revue *Le Papillon*, le 25 février 1862 : c'était la première fois que Mallarmé publiait des vers.

12. Henri Regnault (1843-1871)
Autoportrait
1862-1863, mine de plomb, 20 × 24 cm.
Dédicace autogr. à Mallarmé : « Puisque je ne peux te suivre / Je veux qu'au moins l'ombre / que j'aurai projetée sur cette / feuille ne te quitte jamais / ton ami / Henri Regnault. »
Collection particulière, ancienne collection Mallarmé.

Après leur rencontre à Fontainebleau en mai 1862, Mallarmé et le jeune peintre Henri Regnault restèrent très liés, bien que ne se voyant que de loin en loin — Mallarmé vivant en province, Regnault habitant Paris, avant de gagner Rome, puis de voyager en Espagne et au Maroc. Les lettres de Mallarmé à Regnault ont disparu, mais celles que le peintre adresse au poète témoignent d'une entente profonde (lettres publiées dans *Documents Stéphane Mallarmé*, VII, p. 403-448). Regnault est le premier artiste dont Mallarmé ait été l'ami et, à ce titre, il mérite une attention particulière. En 1870, il expose au Salon une *Salomé* d'une veine orientaliste, très éloignée du poème de Mallarmé *Hérodiade*, dont la couleur rutilante doit beaucoup à son passage en Espagne et au Maroc. Sa mort au combat de Buzenval, le 19 janvier 1871, quelques jours avant l'armistice, fit de lui un héros national.

13. Album amicorum de Stéphane Mallarmé, 1862-1868, **ill. 52.**
Ms autogr., album oblong relié, 22 × 32 cm.
Paris, Doucet, MNR Fol 57, legs Henri Mondor.
Ouvert folio 5 : Henri Regnault, *Paysage*, fusain et mine de plomb, avec envoi autogr. à Mallarmé : « à son ami Stéphane / Henri Regnault ».

Cet album, constitué par Mallarmé en 1862, renferme des poèmes et des textes autographes composés par ses amis, datés septembre 1862 (Versailles), août-septembre 1864 (Avignon), novembre 1867-mars 1868 (Avignon) : Émile Deschamps, Albert Glatigny, Emmanuel des Essarts, Armand Renaud, Henri Regnault, Catulle Mendès, Auguste Villiers de l'Isle-Adam, Théodore Aubanel, Joseph Roumanille, Eugène Lefébure, Henri Cazalis, William Bonaparte-Wyse ont contribué à cet album.

L'*Azur* et autres poèmes, 1862-1866 : Poèmes publiés dans *Le Parnasse contemporain*, 1866

14. Stéphane Mallarmé
Vere novo
1862, ms 5, ms autogr., 1 f. double, 23,5 × 17,5 cm.
Paris, Doucet, alpha 7248-17.

Envoi de 1866 au *Parnasse contemporain*.

15. Stéphane Mallarmé
Lettre à Henri Cazalis
S. D. Sens, 4 juin 1862, ms autogr., 2 ff. doubles r°/v°, 17 × 13,2 cm.
Paris, Doucet, MNR Ms 80, legs Henri Mondor.

À son habituel confident, Cazalis, Mallarmé dit son souvenir de Fontainebleau et sa vie démunie à Sens. Il lui envoie le premier état de son poème *Vere novo* intitulé ultérieurement *Renouveau*. « Après trois mois d'impuissance, j'en suis enfin débarrassé, et mon premier sonnet est consacré à la décrire, c'est-à-dire à la maudire. C'est un genre assez nouveau que cette poésie, où les effets matériels, du sang, des nerfs sont analysés et mêlés aux effets moraux, de l'esprit, de l'âme. Cela pourrait s'appeler *Spleen printanier*. Quand la combinaison est bien harmonisée et que l'œuvre n'est ni trop physique ni trop spirituelle, elle peut représenter quelque chose. » Il ajoute en post-scriptum : « Tu riras peut-être de ma manie de sonnets... mais pour moi c'est un grand poème en petit : les quatrains et les tercets me semblent des chants entiers, et je passe parfois trois jours à équilibrer d'avance les parties, pour que le tout soit harmonieux et s'approche du Beau. »

16. Stéphane Mallarmé
Les Fenêtres, **ill. 29.**
1863, ms 7, ms autogr., 1 f. double r° et 1 f. simple r°/v°, 23,5 × 18 cm.
Paris, Doucet, alpha 7248-18.

Envoi de 1866 au *Parnasse contemporain*.

17. Stéphane Mallarmé
« Las de l'amer repos... »
1864, ms 3, ms autogr. avec annotations au crayon rouge dans les marges, 2 ff. doubles r°/v°, 23 × 18 cm.
Paris, Doucet, alpha 7248-2.

Envoi de 1866 au *Parnasse contemporain*.

18. Stéphane Mallarmé
L'Azur, **ill. 17.**
1864, ms 3, ms autogr., 1 f. double r°/v°, 23 × 18 cm.
Paris, Doucet, alpha 7248-4 (3/5).

Ensemble de 1865.

19. Stéphane Mallarmé
Lettre à Henri Cazalis
7 (?) janvier 1864, ms autogr., 2 ff. doubles r°/v°, 21,4 × 13,3 cm.
Paris, Doucet, MNR Ms 90, legs Henri Mondor.

C'est à Cazalis encore que Mallarmé écrit : « Je t'envoie enfin ce poème de l'*Azur* que tu semblais si désireux de posséder. » À propos de ce poème il ajoute : « Je te jure qu'il n'y a pas un mot qui ne m'ait coûté plusieurs heures de recherche, et que le premier mot, qui revêt la première idée, outre qu'il tend par lui-même à l'*effet* général du poème, sert encore à préparer le dernier. L'*effet produit*, sans une dissonance, sans une fioriture, même adorable, qui distraie, — voilà ce que je cherche. » Mallarmé déclare aussi ce qu'il doit, en matière de composition à son « grand maître » Poe (*Genèse d'un poème*), et il analyse, strophe à strophe, son poème, concluant : « [...] pour ceux qui [...] cherchent dans un poème autre chose que la musique du vers, il y a là un vrai drame. »

20. Stéphane Mallarmé
Brise marine
1865, 1er état, ms autogr., 1 f., 26,7 × 21,4 cm.
Paris, Doucet, Ms 1188, legs Henri Mondor.

21. Stéphane Mallarmé
Le Jour
1865, 1er état, ms autogr., 1 f., 26,7 × 21,4 cm.
Paris, Doucet, MNR Ms 1189, legs Henri Mondor.

Première version de *Don du poème*.

22. Stéphane Mallarmé
Carnet des vers du Parnasse, **ill. 11 et 15.**
1864, ms autogr. dans un carnet relié, 17,6 × 11 cm.
Paris, Doucet, MNR Ms 38, legs Henri Mondor.

Carnet de treize poèmes autographes, dont dix furent publiés dans *Le Parnasse contemporain*, livraison du 12 mai 1866.

23. *Le Parnasse contemporain, recueil de vers nouveaux*
Paris, Alphonse Lemerre, 1866, onzième livraison du 12 mai 1866.
Paris, Doucet MNR Ms 1166, legs Henri Mondor
Exemplaire truffé d'une lettre autogr. de Mallarmé à Catulle Mendès [20 mars 1866] sur sa contribution au *Parnasse contemporain*.

Cette livraison comporte dix poèmes de Stéphane Mallarmé, qui voisinent avec la contribution d'Henri Cazalis.

Hérodiade, 1864-1898

24. Stéphane Mallarmé
Toilette d'Hérodiade
1868, ms autogr. dans un album relié in-4° à l'italienne.
Avignon, palais du Roure, Inv. D 531, fonds Bonaparte-Wyse.

Fragment de *Hérodiade* (vers 29 à 52), comportant quelques variantes par rapport à l'état publié dans *Le Parnasse contemporain*, recopié par Mallarmé dans l'album amicorum d'Ellen Linzee Prout, femme de William Bonaparte-Wyse, félibre irlandais ami du poète. Dans ce même album, qui comporte 38 textes autographes d'auteurs divers, principalement des félibres,

Mallarmé a composé un sonnet pour Ellen, *Dans le jardin*.

25. STÉPHANE MALLARMÉ
Fragment d'une étude scénique ancienne d'un poème de Hérodiade
Le Parnasse contemporain
Deuxième série, 1871 [1869].
Paris, Doucet, MNR 827,
legs Henri Mondor.

26. ODILON REDON (1840-1916)
Tête de martyr
1877, S.b.g., fusain sur papier chamois,
37 × 36 cm.
Prov. : Acquis de l'artiste par Jan Toorop, 1893 ; acquis à la vente Toorop, 1916.
Otterlo, Kröller-Müller Museum, Inv. 626-16.

On sait les liens de profonde amitié, fondée sur une estime réciproque, qui unirent, à partir de 1885, Stéphane Mallarmé et Odilon Redon. Avant même de se connaître, l'artiste et le poète étaient fascinés par les mêmes thèmes, comme en témoigne le dessin d'Odilon Redon, *Tête de Martyr*, où la référence à saint Jean-Baptiste est évidente. Hanté par le mythe d'Hérodiade, Mallarmé écrira à la fin de sa vie un *Cantique de saint Jean*, qui devait prendre place dans son poème *Hérodiade* resté inachevé. Dans leur traitement, les deux œuvres, *Tête de martyr* de Redon et *Cantique de saint Jean* de Mallarmé, partagent un semblable dépouillement, qui les situent à l'écart de l'anecdote et du pittoresque de la tête coupée, exploités par nombre d'artistes et de poètes à l'époque, de Gustave Moreau à Henry Lévy.

La crise, le sonnet en *-yx* et *Igitur*, 1866-1869

27. STÉPHANE MALLARMÉ
Lettre à Henri Cazalis
Tournon, samedi matin [28 avril 1866],
ms autogr., 3 ff. r°/v°, 21,4 × 13,6 cm.
Paris, Doucet, MNR Ms 111,
legs Henri Mondor.

Mallarmé revient sur trois mois de silence : « Je les ai passés, acharné sur Hérodiade, ma lampe le sait ! J'ai écrit l'ouverture musicale, presqu'encore à l'état d'ébauche, mais je puis dire sans présomption qu'elle sera d'un effet inouï, et que la scène dramatique que tu connais n'est auprès de ces vers que ce qu'est une vulgaire image d'Épinal comparée à une toile de Léonard de Vinci. Il me faudra trois ou quatre hivers encore, pour achever cette œuvre, mais j'aurai enfin fait ce que je rêve être un Poëme… » Il précise l'essentiel, la montée du drame, de la crise : « Malheureusement, en creusant le vers à ce point, j'ai rencontré deux abîmes, qui me désespèrent. L'un est le Néant, auquel je suis arrivé sans connaître le Bouddhisme, et je suis encore trop désolé pour pouvoir croire même à ma poésie et me remettre au travail, que cette pensée écrasante m'a fait abandonner. Oui, *je le sais*, nous ne sommes que de vaines formes de la matière, — mais bien sublimes pour avoir inventé Dieu et notre âme. » « … l'autre vide que j'ai trouvé, ajoute-t-il, est celui de ma poitrine. Je ne vais vraiment pas bien, et ne puis respirer longuement ni avec la volupté du bien-être. » Dans une transition superbe, il ramasse : « Quant à maintenant, je me repose (bien que je ne participe pas au printemps, qui me semble à des millions de lieues derrière mes carreaux) et, fuyant le cher supplice d'Hérodiade, je me remets le premier Mai à mon Faune, tel que je l'ai conçu, vrai travail aestival ». En post-scriptum, Mallarmé dit encore l'un des versants de sa découverte : « Lefébure m'a levé le rideau qui me voilait à jamais le décor de Nice, et je me suis follement enivré de la Méditerranée. Ah ! mon ami, que ce ciel terrestre est divin. »

28. STÉPHANE MALLARMÉ
Lettre à Henri Cazalis
S. D., Besançon, vendredi [17 ou mardi] 14 mai 1867, ms autogr., 4 ff. r°/v°,
21,2 × 13,4 cm.
Paris, Doucet, MNR Ms 118,
legs Henri Mondor.

Nouvelles précisions de Mallarmé à Cazalis sur son état : « Je viens de passer une année effrayante : ma Pensée s'est pensée, et est arrivée à une Conception Pure. Tout ce que, par contrecoup, mon être a souffert, pendant cette longue agonie, est inénarrable, mais, heureusement, je suis parfaitement mort, et la région la plus impure où mon Esprit puisse s'aventurer est l'Éternité, mon Esprit, ce solitaire habituel de sa propre Pureté, que n'obscurcit plus même le reflet du Temps.
Malheureusement, j'en suis arrivé là par une horrible sensibilité, et il est temps que je l'enveloppe d'une indifférence extérieure, qui remplacera pour moi la force perdue. J'en suis, après une synthèse suprême, à cette lente acquisition de la force — incapable tu le vois de me distraire. Mais combien plus je l'étais, il y a plusieurs mois, d'abord dans ma lutte terrible avec ce vieux et méchant plumage, terrassé, heureusement, Dieu. Mais comme cette lutte s'était passée sur son aile osseuse, qui, par une agonie plus vigoureuse que je ne l'eusse soupçonné chez lui, m'avait emporté dans des Ténèbres, je tombai, victorieux, éperdument et infiniment — jusqu'à ce qu'enfin je me sois revu un jour devant ma glace de Venise, tel que je m'étais oublié plusieurs mois auparavant. »

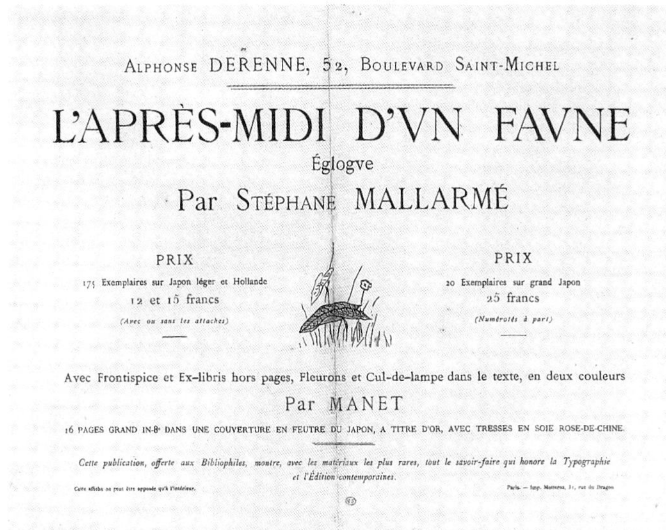

104. Stéphane Mallarmé, *L'Après-midi d'un faune,* affichette de librairie, Paris, BnF, **cat. 40.**

29. STÉPHANE MALLARMÉ
Lettre à Eugène Lefébure, **ill. 2.**
S. D., Besançon, 27 mai 1867, ms autogr., 1 f. r°/v°, 26,8 × 21,7 cm, 1 f. r°/v°, 21,6 × 13,3 cm et 1 f. double r°/v°, 26,8 × 21,7 cm.
Paris, Doucet, MNR Ms 558 et 558 *bis*,
legs Henri Mondor.

C'est cette fois à Eugène Lefébure, l'autre ami (mais vouvoyé et non appelé par le simple prénom comme Cazalis), que Mallarmé se confie à propos du ressort terrible qui l'a conduit jusqu'à lui-même : « […] je n'ai créé mon Œuvre que par *élimination*, et toute vérité acquise ne naissait que de la perte d'une impression qui, ayant étincelé, s'était consumée et me permettait, grâce à ses ténèbres dégagées, d'avancer plus profondément dans la sensation des Ténèbres Absolues. La Destruction fut ma Béatrice.
Et si je parle ainsi de *moi*, c'est qu'Hier j'ai fini la première ébauche de l'Œuvre, parfaitement délimité, et impérissable si je ne péris pas. Je l'ai contemplé, sans extase comme sans épouvante, et, fermant les yeux, *j'ai trouvé que cela était.* »
Mallarmé aborde aussi une question à propos de laquelle il ne variera pas : « […] tout cela n'a pas été trouvé par le développement normal de mes facultés, mais par la voie pécheresse et hâtive, satanique et *facile* de la Destruction de moi, produisant non la force, mais une sensibilité, qui fatalement, m'a conduit là. Je n'ai, personnellement, aucun mérite ; et c'est même pour éviter ce remords (d'avoir désobéi à la lenteur des lois naturelles) que j'aime à me réfugier dans l'impersonnalité — qui me semble une consécration. »

30. STÉPHANE MALLARMÉ
Lettre à Henri Cazalis
S. D., Avignon, Jeudi [18 ou vendredi] 19 février 1869, copie ms. par Marie Mallarmé, 2 ff. doubles r°/v° et 1 f. r°/v°, 16,6 × 10,8 cm.
Paris, Doucet, MNR Ms 136,
legs Henri Mondor.

Dernière mise au point sur la crise dictée par Mallarmé à sa femme Marie (ce qui explique les nombreuses fautes d'orthographe) à l'intention du grand témoin, Cazalis : « […] j'aime mieux t'initier à mon état intime, duquel je me rends même très bien compte. Il le fallait : mon cerveaux, envahi par le Rêve, se refusant a ses fonctions extérieur qui ne le sollicitaient plus, allait périr dans son insomnie permanente ; j'ai imploré la grand Nuit, qui m'a exaucé et as étendu ses ténèbres. La première phase de ma vie a été finie. La conscience, excédée d'ombres, se réveille, lentement formant un homme nouvceaux, et doit, retrouver mon Rêve après la création de ce dernier. Cela durera quelques années pendant lesquelles j'ai à revivre la vie de l'humanité depuis son enfance et prenant conscience d'elle-même. »

31. STÉPHANE MALLARMÉ
Sonnet allégorique de lui-même
Juillet 1868, ms autogr., 1 f.,
27 × 21,5 cm.
Collection particulière.

Première version, adressée le 18 juillet 1868 à Henri Cazalis, du sonnet en

–yx (« *Ses purs ongles très haut dédiant leur onyx...* ») : ce poème, remanié, sera publié pour la première fois en 1887 seulement, dans le recueil *Poésies*.

32. Stéphane Mallarmé

Lettre à Henri Cazalis

S. D., Avignon, samedi 18 juillet 1868, ms autogr., 2 ff. doubles r°/v°, 16,6 × 10,9 cm.
Paris, Doucet, MNR Ms 126, legs Henri Mondor.

Mallarmé, sollicité, adresse à Cazalis en vue du projet de Lemerre *Sonnets et eaux-fortes*, le *Sonnet allégorique de lui-même*, envoi qui, ainsi que le souligne son auteur lui-même, a quelque chose d'apparemment paradoxal : « J'extrais ce sonnet, auquel j'avais une fois songé cet été, d'une étude projetée sur *la Parole* : il est inverse, je veux dire que le sens, s'il en a un, (mais je me consolerais du contraire grâce à la dose de poésie qu'il renferme, ce me semble) est évoqué par un mirage interne des mots mêmes. En se laissant aller à le murmurer plusieurs fois on éprouve une sensation assez cabalistique.
C'est confesser qu'il est peu "plastique", comme tu me le demandais, mais au moins est-il aussi "blanc et noir" que possible, et il me semble se prêter à une eau-forte pleine de Rêve et de Vide.
— Par exemple, une fenêtre nocturne ouverte, les deux volets attachés ; une chambre avec personne dedans, malgré l'air stable que présentent les volets attachés, et dans une nuit faite d'absence et d'interrogation, sans meubles, sinon l'ébauche plausible de vagues consoles, un cadre, belliqueux et agonisant, de miroir appendu au fond, avec sa réflexion, stellaire et incompréhensible, de la grande Ourse, qui relie au ciel seul ce logis abandonné du monde.
— J'ai pris ce sujet d'un sonnet nul et se réfléchissant de toutes les façons, parce que mon œuvre est si bien préparé et hiérarchisé, représentant comme il le peut l'Univers, que je n'aurais su, sans endommager quelqu'une de mes impressions étagées, rien en enlever, — et aucun sonnet ne s'y rencontre. »
Trop tard reçu, le sonnet en *–yx* ne parut pas dans le recueil collectif prévu, rien ne fut dérangé, mais il est singulier que Vuillard, vingt-cinq plus tard, « illustrera » le même poème, par une huile certes (*Intérieur mystère*) et non une eau-forte, d'une façon si proche du vœu de Mallarmé que la correspondance, déjà quelque peu magique, en devient encore plus troublante.

33. Édouard Vuillard (1868-1940)

Intérieur mystère, **ill. 35.**

Vers 1896-1897, huile sur carton, 35,8 × 38,1 cm.
Collection particulière,
Courtesy Louise Eliasof Fine Art, Inc.

34. Stéphane Mallarmé

Notes sur le langage, **ill. 38.**

Vers 1869, ms autogr., notes au dos d'un brouillon des traductions des *Poèmes d'Edgar Poe* (*À Hélène*), 2 ff., 22 × 16 cm.
Collection particulière.

35. Stéphane Mallarmé

Notes sur le langage, **ill. 5, 24 et 45.**

Vers 1869, ms autogr., notes au dos d'un brouillon des scolies des *Poèmes d'Edgar Poe* (*Ulalume*), 2 ff., 22 × 16 cm.
Collection particulière.

Sur les *Notes sur le langage*, on consultera la nouvelle édition des *Œuvres complètes* de Mallarmé, Paris, Gallimard, 1998 « Bibliothèque de la Pléiade ». Certaines de ces notes ne sont pas sans rappeler *Igitur*, exactement contemporain. Un feuillet porte en outre cette seule mention : « Été de 1866 ».

36. Stéphane Mallarmé

Igitur, **ill. 37.**

1869, notes autogr. à l'encre et au crayon dans un cahier relié, 29 × 19,5 cm.
Paris, Doucet, H'-V-20,
don Louis Clayeux.

L'Après-midi d'un faune, 1865-1876

37. Stéphane Mallarmé

Lettre à Henri Cazalis

Tournon, jeudi matin [15 ou 22 juin 1865], ms autogr., 1 f. double r°/v°, 20,8 × 13,3 cm.
Paris, Doucet, MNR Ms 107,
legs Henri Mondor.

Mallarmé fait à Cazalis un nouveau point sur son travail et il y évoque les rapports d'avers et de revers d'*Hérodiade* et du *Faune* : « J'ai laissé Hérodiade pour les cruels hivers : cette œuvre solitaire m'avait stérilisé, et, dans l'intervalle, je rime un intermède héroïque, dont le héros est un Faune. Ce poème renferme une très haute et très belle idée, mais les vers sont terriblement difficiles à faire, car je le fais absolument scénique, non *possible au théâtre*, mais *exigeant le théâtre*. Et cependant je veux conserver toute la poésie de mes œuvres lyriques, mon vers même, que j'adapte au drame. »

38. Stéphane Mallarmé

Le Faune, intermède héroïque

1865-1866, 1er état, notes autogr. au crayon, ff. de formats divers.
Collection particulière.

39. Stéphane Mallarmé

Monologue d'un faune (copié pour le tyrannique Burty, par) Stéphane Mallarmé, **ill. 83.**

1865-1866 (copie de 1873-1875), 2e état, ms autogr., 7 ff. dans un volume relié, 30,8 × 20 cm.
Paris, Doucet, MNR Ms 1161,
legs Henri Mondor.

Il s'agit sans doute de la version quelque peu remaniée du texte soumis par Mallarmé, en septembre 1865, à Banville et Coquelin, en vue de sa représentation, sous forme de pièce, à la Comédie-Française. Les indications scéniques se détachent au crayon rouge sur le reste du poème, recopié à l'encre noire.

40. *Alphonse Derenne, 52, boulevard Saint-Michel / L'Après-midi d'un faune / Églogue / Par Stéphane Mallarmé,* **ill. 104.**

Affichette de librairie, typographie en rouge et noir, 27,5 × 37 cm.
Paris, BnF, Réserve, Res gZ 345 (11).

41. *Prospectus pour l'édition originale de* L'Après-midi d'un Faune

1876, imprimé, 14 × 22 cm.
Collection particulière.

42. Stéphane Mallarmé

L'Après-midi d'un faune, **ill. 65.**

Églogue par Stéphane Mallarmé, avec frontispice, fleurons & cul-de-lampe, Paris Alphonse Derenne, 1876, in-4°.
Collection particulière.
Exemplaire en feuilles n° 10 sur japon de Geneviève Mallarmé, avec ex-libris au nom de « Geneviève » et cet envoi autogr. : « Tu liras ces choses / à travers tes bésicles, quand tu / seras plus vieille / Stéphane Mallarmé. »
Collection particulière.
Exemplaire en feuilles.

43. Édouard Manet (1832-1883)

Quatre vignettes pour illustrer L'Après-midi d'un faune *de Stéphane Mallarmé*

1876, bois gravés reproduits sur une même feuille de papier japon, 40 × 27,5 cm.
Vulaines-sur Seine, musée départemental Stéphane Mallarmé, Inv. 985-38-1.

44. Stéphane Mallarmé

L'Après-midi d'un faune,

Églogue par Stéphane Mallarmé, Édition définitive, Paris, À la Revue indépendante, 1887, plaquette in-12.
Paris, Doucet, MNR Fol 15,
legs Henri Mondor.

C'est en 1887 que Mallarmé décida de republier, en édition courante, la luxueuse plaquette parue à petit nombre chez Derenne en 1876 et désormais épuisée. Après des négociations houleuses avec l'éditeur Léon Vanier, il confia finalement le soin de cette édition à Édouard Dujardin, directeur de *La Revue indépendante*, revue à laquelle il collaborait à l'époque.

45. Stéphane Mallarmé

L'Après-midi d'un faune

Églogue par Stéphane Mallarmé, nouvelle édition, avec frontispice, ex-libris, fleuron et cul-de-lampe par Manet, Paris, Léon Vanier, libraire-éditeur, 1887, in-18.
Paris, Doucet, MNR 456,
legs Henri Mondor.
Exemplaire sur japon.

Édition réalisée par Léon Vanier contre la volonté de Mallarmé, qui y voyait une contrefaçon de mauvaise qualité de l'édition originale.

46. Stéphane Mallarmé

Dédicace de L'Après-midi d'un faune *à Claude Debussy,* **ill. 84.**

Ms autogr. de premier jet avec nombreuses corrections et ratures, 1 f.
Paris, Doucet, MNR Ms 1214 2/2,
legs Henri Mondor.

47. Auguste Rodin (1840-1917)

Faune et nymphe ou *Le Minotaure,* **ill. 98.**

Vers 1886, plâtre, 33,6 × 25 × 22 cm.
Prov. : Collection Auguste Rodin, donation Auguste Rodin, 1916.
Paris, musée Rodin, Inv. S. 46.

Grand admirateur de l'œuvre de Mallarmé, Rodin avait offert au poète une épreuve en plâtre de ce groupe, aujourd'hui disparue semble-t-il. Ce don avait d'autant plus de signification que *Faune et nymphe* évoque par son sujet le poème de Mallarmé, *L'Après-midi d'un faune*, dont le sculpteur possédait l'un des exemplaires de l'édition originale, don de Mallarmé. Rodin a distribué à plusieurs amis écrivains un exemplaire en plâtre de *Faune et nymphe*.

48. Paul Gauguin (1848-1903)

L'Après-midi d'un faune, **ill. 86.**

Vers 1892, sculpture en bois de tamanu, 35,6 × 14,7 × 12,4 cm.
Vulaines-sur-Seine, musée départemental Stéphane Mallarmé, Inv. 995-5-1, ancienne collection Mallarmé.

Ce bois sculpté, exécuté par Gauguin lors de son premier séjour à Tahiti, d'avril 1891 à septembre 1893, fut offert par l'artiste au poète lors de son retour en France, fin 1893. Cette sculpture d'inspiration indigène, que Mallarmé nommait familièrement « la bûche », comme pour en neutraliser la sauvagerie, était posée sur le buffet de la salle à manger de la rue de Rome, à côté du plâtre de Rodin, *Faune et nymphe*.

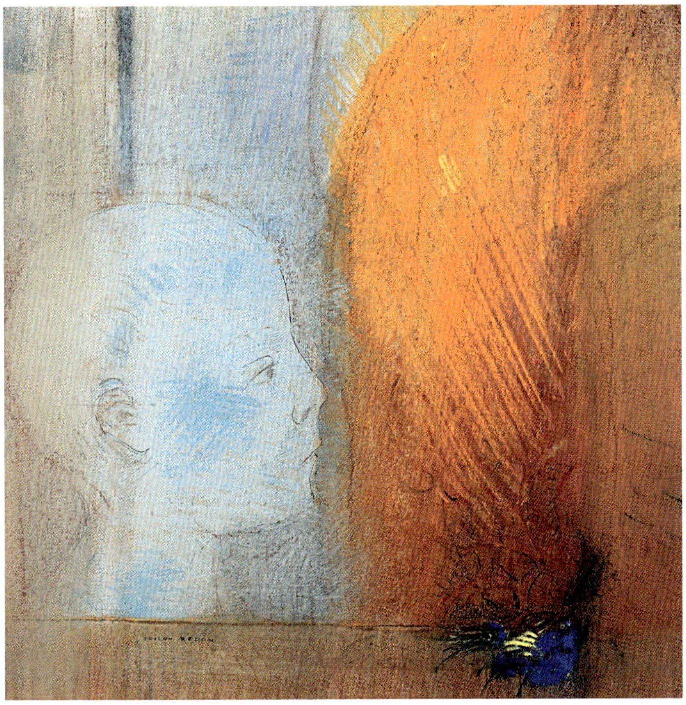

105. Odilon Redon, *L'Enfant devant l'aurore boréale,* 1894, Dijon, musée des Beaux-Arts, **cat. 83.**

Traductions d'Edgar Poe : *Le Corbeau* et autres poèmes, 1860-1889

I. *LE CORBEAU*

49. ÉDOUARD MANET
Tête de corbeau
Premier essai, autographie au pinceau. Épreuve coupée rehaussée au pinceau, 26 × 15,5 cm.
Paris, BnF, Estampes, Dc 300d Res. t. 4.

50. *Le Corbeau / (The Raven) / Poème d'Edgar Poe / Traduit par Stéphane Mallarmé / Illustré de cinq Dessins de Manet / Illustrations sur hollande ou sur chine / Prix : 25 francs,* **ill. 66.**
Affichette de librairie, lithographie avec typographie en noir et rouge, 52 × 36 cm.
Paris, BnF, Estampes, Dc 300d Res. t. 4.

51. EDGAR POE
Le Corbeau. The Raven
Poëme par Edgar Poe, Traduction française de Stéphane Mallarmé
Paris, Richard Lesclide éditeur, 1875, in-fol relié.
Paris, Bibliothèque Louis Clayeux.
Exemplaire n° 147 de l'éditeur Auguste Poulet-Malassis, avec deux ex-libris, dont un dédicacé par Manet à Poulet-Malassis, signé par Manet et Mallarmé, et une épreuve supplémentaire sur papier huilé rehaussée à l'encre de Chine.

52. ÉDOUARD MANET
Six planches pour
Le Corbeau. The Raven
Poëme par Edgar Poe, Traduction française de Stéphane Mallarmé, Paris, Richard Lesclide éditeur, 1875.

• *Tête de corbeau*
Autographie, couverture sur parchemin
Paris, BnF, Estampes, Dc 300 d Res. t. 4.

• *Ex libris*
Autographie, épreuve sur vergé de hollande, 6 × 24 cm.
Exemplaire n° 239 de Camille Pelletan, dédicacé par Mallarmé à « M. Camille Pelletan (*Le Rappel*). Exemplaire offert par MM. S. Mallarmé et E. Manet », signé par Mallarmé et Manet.
Collection Paul Baquiast.

• *Sous la lampe,* **ill. 40.**
Autographie, épreuve sur vergé de hollande, 27,5 × 37 cm.
Exemplaire n° 239 de Camille Pelletan.
Collection Paul Baquiast.

• *À la fenêtre,* **ill. 62.**
Autographie, épreuve sur vergé de hollande, 38,5 × 30 cm.
Exemplaire n° 239 de Camille Pelletan.
Collection Paul Baquiast.

• *Sur le buste*
Autographie, épreuve sur vergé de hollande, 47,5 × 31,6 cm.
Paris, BnF, Estampes, Dc 300 d Res. t. 4.

• *La chaise vide,* **ill. 63.**
Autographie, épreuve sur vergé de hollande, 29 × 27,6 cm.
Paris, BnF, Estampes, Dc 300 d Res. t. 4.

53. SARAH HELEN WHITMAN (1803-1878)
Lettre à Stéphane Mallarmé
6 février 1877, ms autogr., 21 × 13,5 cm (lettre) et 13,6 × 9 cm (enveloppe).
Collection particulière.

Dans cette lettre, Sarah Helen Whitman, poète américaine un moment fiancée à Edgar Poe dont elle défendit la mémoire dans son ouvrage *E.A. Poe and his Critics* (Providence, 1860), remercie Mallarmé de l'envoi de sa traduction du *Corbeau* : « Votre traduction transmet admirablement non seulement l'esprit, mais la lettre de l'original. » Elle fait d'intéressantes remarques sur cette traduction, ainsi que sur les illustrations de Manet. L'enveloppe porte l'adresse suivante : « M. Stéphane Mallarmé / 11 [*sic*] rue de Rome / Paris / France. »

54. ODILON REDON
Le Corbeau
1882, fusain sur papier, 50 × 35,5 cm.
Prov. : Legs Marquet aux musées nationaux, avec usufruit en faveur de Mme Albert Marquet, 1948 ; dépôt au musée des Beaux-Arts de Bordeaux, 1982.
Bordeaux, musée des Beaux-Arts, Inv. Bx D 1962 2 18.

À l'instar de Mallarmé et avant même de le connaître, Odilon Redon s'était intéressé à l'œuvre d'Edgar Poe, illustrant, en 1882, la couverture des *Contes grotesques d'Edgar Poe* traduits par son ami le critique Émile Hennequin, d'un dessin représentant un corbeau dans l'encadrement d'une fenêtre ouverte. La même année, Redon publia un recueil de six planches sous le titre *À Edgar Poe*, en hommage à l'écrivain américain. Le dessin présenté ici, exécuté également en 1882, dans lequel l'ombre de la femme aimée, Lénore, se fond dans la silhouette du corbeau, propose une intéressante évocation du poème *Le Corbeau*, contemporaine des recherches menées par Manet, à la demande de Mallarmé, en vue de l'illustration des *Poèmes d'Edgar Poe*.

55. PAUL GAUGUIN
Stéphane Mallarmé
1891, cuivre gravé, 18,4 × 14,5 cm.
Cuivre original ayant servi pour le tirage des épreuves du *Portrait de Stéphane Mallarmé.*
Paris, BnF, Estampes, non coté.

56. PAUL GAUGUIN
Stéphane Mallarmé
1891, eau-forte sur cuivre et pointe-sèche, sur japon, 1er état, épreuve unique, 18 × 14 cm.
Planche reliée en-tête de l'édition des *Poèmes d'Edgar Poe*, Paris, Vanier, 1889.
Paris, BnF, Estampes, non coté.

À ce portrait du poète dont il venait de faire la connaissance, Paul Gauguin a associé le profil du corbeau qui prend appui sur son épaule, rendant ainsi hommage au traducteur du *Corbeau* et à son illustrateur, Édouard Manet, dont il était occupé à cette époque à copier le tableau *Olympia*, qui venait d'entrer, par souscription, au musée du Luxembourg.

II. LES POÈMES D'EDGAR POE

57. EDGAR POE
Poetical Works of Edgar Allan Poe with Original Memoir, Illustrated
London, Sampson Low, 1858, in-8°.
Vulaines-sur-Seine, musée départemental Stéphane Mallarmé, Inv. BA 2.
Exemplaire de Stéphane Mallarmé avec sa signature autographe.

58. STÉPHANE MALLARMÉ
Glanes II
1860, ms autogr. dans un cahier cartonné, 74 ff., 19,5 × 15,5 cm.
Paris, Doucet, MNR Ms 1169, legs Henri Mondor.

Dans ce cahier de jeunesse, Mallarmé a recopié, en anglais, sous le titre *Edgar Poe / Poésies choisies*, neuf poèmes d'Edgar Poe, ce qui témoigne de son intérêt précoce pour l'écrivain américain. Ce cahier comporte aussi copie des œuvres suivantes : *Poésies diverses, Poésies choisies / de Sainte-Beuve, Fragments / des « Châtiments » par Victor Hugo* (1853), *« Iambes » de Barbier / Fragments.* Ses tentatives contemporaines de traduction des *Poésies choisies d'Edgar Poe* figurent dans *Glanes I.*

59. EDGAR POE
À Hélène
Ms autogr. précédé d'une lettre d'accompagnement à Adrien Remacle, S. D. 26 novembre 1885, 3 pp. et 5 ff. reliés dans un volume in-4°.
Paris, Doucet, Ms Ms 47166.

Traduction de Stéphane Mallarmé adressée, en vue de sa publication dans *La Revue contemporaine*, à Adrien Remacle qui en était le directeur. *À Hélène* parut pour la première fois dans *La Renaissance littéraire et artistique*, 29 juin 1872.

60. ÉDOUARD MANET
Lettre à Stéphane Mallarmé
Versailles, 30 juillet 1881, ms autogr., 1 f. 17,5 × 11,5 cm.
Vulaines-sur-Seine, musée départemental Stéphane Mallarmé, Inv. 989-1-28.

Au sujet du projet d'illustration des *Poèmes d'Edgar Poe* : « Mon cher capitaine, vous savez si j'aime m'embarquer avec vous pour un travail quelconque, mais aujourd'hui c'est au-dessus de mes forces, je ne me sens pas capable de faire proprement ce que vous me demandez ; je n'ai pas de modèles et surtout point d'imagination, je ne ferais rien qui vaille, excusez-moi donc. / Je ne suis pas très content de ma santé depuis que je suis à Versailles – est-ce le changement d'air ou les variations de température, mais il me semble que je vais moins bien qu'à Paris – je prendrai peut-être le dessus […] / Éd. Manet. / Je vous retourne les feuilles que vous m'avez envoyé (*sic*) et qui pourront servir à plus intelligent que moi. »

61. **Édouard Manet**

Lettre à Stéphane Mallarmé

Versailles, (août 1881), ms autogr., 1 f., 18 × 11 cm.
Vulaines-sur-Seine, musée départemental Stéphane Mallarmé, Inv. 989-1-29.

« J'ai des remords et crains que vous ne m'en veuillez un peu — car j'y songe c'est de l'égoïsme de n'avoir pas quand même accepté le travail que vous me proposiez. Mais aussi certaines choses que vous m'indiquiez me semblaient impossible (*sic*) à faire — entre autres la femme qu'on voyait dans son lit par une fenêtre. Vous autres poètes vous êtes terribles et il est souvent impossible de figurer vos fantaisies. Enfin je n'étais pas alors très bien portant et je craignais de ne pas arriver à temps. S'il est possible de renouer l'affaire au retour à Paris je tâcherais d'être à la hauteur du poète et du traducteur et puis je vous aurai là pour me donner de l'élan […]. »

62. **Lochard**

La Dormeuse *d'après Édouard Manet*

Vers 1884, photographie sur papier albuminé collée dans un album relié in-8°.
Annotation ms de Léon Leenhoff : « La dormeuse. Dessin. Illustration pour Poe. 0,34 × 0,40 cm ».
Paris, BnF, Estampes, Dc 300g, tome VII.

Ce dessin aujourd'hui disparu, connu seulement par cette photographie exécutée pour Léon Leenhoff dans l'atelier de Manet, a sans doute été exécuté, comme l'indique l'annotation de Leenhoff, pour illustrer le poème d'Edgar Poe *La Dormeuse*, traduit par Mallarmé.

63. **Édouard Manet**

La Cité en la mer, **ill. 49.**

Vers 1881, pinceau et encre sur graphite, 37,8 × 44,2 cm.
Philadelphie, The Free Library of Philadelphia, Rare Book Department, Inv. M54,
don Richard Gimbel.

Étude préparatoire pour l'illustration du poème d'Edgar Poe *La Cité en la mer*, traduit par Mallarmé. Ce dessin est reproduit en photogravure dans l'édition des *Poèmes d'Edgar Poe*, Paris, Vanier, 1889.

64. **Édouard Manet**

Annabel Lee

1879-1881, mine de plomb et lavis gris sur papier vergé quadrillé à la craie noire, 46,2 × 29 cm.
Inscr. b.d. : « Édouard Manet. Étude pour Jeanne. »
Prov. : Fonds d'atelier Manet ; Paris, A. de Burlet ; Berlin, Paul Cassirer ; Haarlem, F. Koenigs, 1926. Acquis en 1941 par D. G. van Beuningen pour le musée Boijmans.
Rotterdam, Museum Boijmans-van Beuningen, Inv. F II 20.

Étude préparatoire pour l'illustration du poème d'Edgar Poe *Annabel Lee*, traduit par Stéphane Mallarmé. Ce dessin est en fait une étude retravaillée pour un tableau d'après Jeanne Gonzalès, *Jeune femme dans un jardin*.

65. **Édouard Manet**

Annabel Lee, **ill. 39.**

1879-1881, lavis d'encre de Chine, 30,1 × 40,9 cm.
Prov. : vente Manet, 1884 ; coll. Marcel Bernstein ; Fiquet ; Guyot ; acquis par le musée de Copenhague en 1927.
Copenhague, Statens Museum for Kunst, Inv. 10.280.

Autre étude préparatoire pour l'illustration du poème d'Edgar Poe *Annabel Lee*, traduit par Stéphane Mallarmé. Ce dessin est reproduit en photogravure dans l'édition des *Poèmes d'Edgar Poe*, Paris, Vanier, 1889.

66. **Edgar Poe**

Les Poèmes d'Edgar Poe

Traduction en prose de Stéphane Mallarmé, avec Portrait et Illustrations par Édouard Manet, Paris, Léon Vanier, 1889, in-8°.
Paris, Doucet, MNR 501,
legs Henri Mondor.

Cette édition, que Mallarmé ne reconnut jamais pour sienne, reproduit en réduction les illustrations de Manet pour *Le Corbeau*, ainsi que deux dessins réalisés par l'artiste en vue d'une édition illustrée des *Poèmes d'Edgar Poe* : *Annabel Lee* et *La Cité en la mer*.

67. **Édouard Manet (d'après)**

Deux fumés pour les illustrations des Poèmes d'Edgar Poe

Paris, Léon Vanier, 1889.

• *Annabel Lee*
Photogravure, 17,5 × 22,5 cm.
• *La Cité en la mer*
Photogravure, 16,5 × 22,5 cm.
Collection particulière.

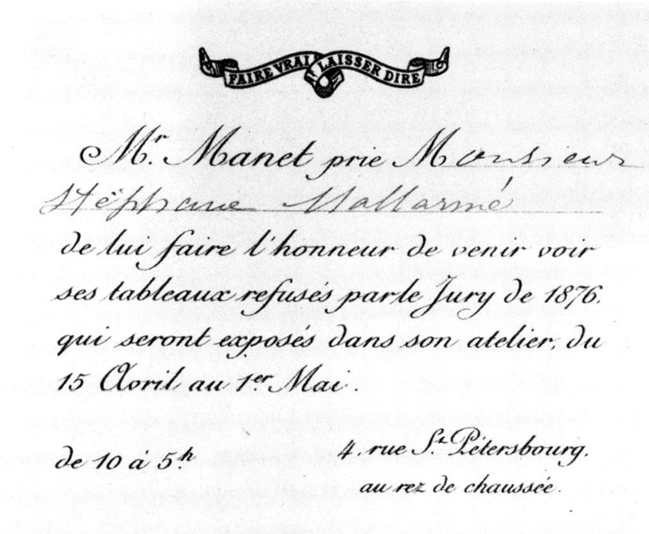
FAIRE VRAI LAISSER DIRE

Mr. Manet prie Monsieur
Stéphane Mallarmé
de lui faire l'honneur de venir voir
ses tableaux refusés par le Jury de 1876,
qui seront exposés dans son atelier, du
15 Avril au 1er Mai.

de 10 à 5h
4, rue St Pétersbourg,
au rez de chaussée.

106. Carton d'invitation adressé à Stéphane Mallarmé par Edgar Manet, 1876,
Vulaines-sur-Seine, musée Mallarmé, **cat. 76.**

68. **Edgar Poe**

Les Poèmes d'Edgar Poe

Traduction de Stéphane Mallarmé avec portrait et fleuron par Edouard Manet, Bruxelles, Edmond Deman, 1888, in-4°.
Paris, Doucet, MNR Ms 1181,
legs Henri Mondor.
Exemplaire n° 39 sur japon du Dr Fournier (ex-libris), truffé de 7 lettres autogr. à Méry Laurent et au Dr Fournier et d'une photographie de Mallarmé devant sa maison de Valvins.

69. **James McNeill Whistler (1834-1903)**

Étude pour Annabel Lee

Vers 1869-1870, huile sur bois, 30,7 × 22,6 cm, cadre original dessiné par Whistler.
Glasgow, University of Glasgow, Hunterian Art Gallery, GLAHA 46378, don de Miss Rosalind Birnie Philip, 1958.

En 1869, le collectionneur M. P. William Graham commanda à Whistler un tableau d'après le poème d'Edgar Poe, *Annabel Lee*. Il s'agit là, de la part de Whistler, d'un des rares exemples d'œuvre à sujet littéraire, genre que le peintre se refusait à traiter. Cette étude peut être mise en relation avec la traduction que Mallarmé fit de ce poème, bien que les deux hommes, qui allaient devenir des amis proches, ne se connussent pas à cette époque.

Manet et Mallarmé, 1873-1883

70. **Édouard Manet**

Portrait de Stéphane Mallarmé, **couverture et ill. 51.**

1876, S.D.b.g., huile sur toile, 27 × 36 cm.
Prov. : donné par Manet à Mallarmé ; famille Mallarmé ; acheté par le Louvre à Edmond Bonniot, gendre de Mallarmé, en 1928.
Paris, musée d'Orsay, RF 2661.

71. **Édouard Manet**

Hamlet et le fantôme de son père (première idée du Portrait du chanteur Faure en Hamlet), **ill. 46.**

Vers 1877, pastel, 46 × 56 cm.
Prov. : vente Manet, 1884, n° 94 ; racheté par Léon Leenhoff ; collection Mallarmé, Geneviève Mallarmé, Bonniot ; acquis par Marcus Wickham Boynton en 1956.
Burton Agnes Hall, East Yorkshire, Marcus Wickham Boynton Collection.

Toute sa vie, Mallarmé fut hanté par le personnage d'Hamlet qu'il désigne, dans sa réponse au questionnaire imprimé de Méry Laurent, comme son « héros favori dans la fable ». La chronique théâtrale qu'il tient pour *La Revue indépendante* en 1886 s'ouvre, et il faut voir là plus qu'une question de circonstance, sur la reprise d'*Hamlet* à la Comédie-Française, en novembre 1886. Le poète reviendra sur ce personnage dans l'un de ses ultimes articles, *Hamlet et Fortinbras* (*La Revue blanche*, 15 juillet 1896). L'acquisition du pastel de Manet — achat de Léon Leenhoff pour Mallarmé ou cadeau, on ne sait — répond donc à une nécessité profonde. Contrairement à la version définitive (Hambourg, Kunsthalle), où le chanteur Faure, commanditaire de l'œuvre, pose en pied dans le rôle-titre de l'opéra d'Ambroise Thomas, cette version montre Hamlet en acte, découvrant avec effroi le fantôme de son père, dans une atmosphère sombre et dramatique, qui n'est pas sans évoquer celle qui règne dans le conte de Mallarmé, *Igitur*.

72. ÉDOUARD MANET
Lettre à Stéphane Mallarmé
12 avril (?) 1874, ms autogr., 1 f., 21 × 13,5 cm.
Vulaines-sur-Seine, musée départemental Stéphane Mallarmé, Inv. 989-1-1 et 1-1 *bis*.

« Mon cher ami, / merci, si j'avais quelques défenseurs comme vous je me f... absolument du jury / tout à vous / Éd. Manet. »
Mot adressé par Manet à Mallarmé pour le remercier de son article, « Le Jury de peinture pour 1874 et M. Manet » (*La Renaissance littéraire et artistique*, 12 avril 1874), dans lequel l'écrivain s'élevait publiquement, dans un commentaire très argumenté, contre la décision du jury de peinture d'écarter du Salon deux des trois tableaux que Manet lui avait soumis cette année-là, *Bal masqué à l'Opéra* et *Les Hirondelles*.

73. STÉPHANE MALLARMÉ
Fine Art Gossip, **ill. 59.**
20 mars 1876, ms autogr., 2 ff., 13,5 × 10 cm.
Paris, Doucet, MNR Ms 1243/32-33, legs Henri Mondor.

Note sur le tableau *Le Linge*, que Manet venait d'envoyer au Salon de 1876 (le jury refusera cette œuvre). L'article parut, traduit en anglais, dans la revue anglaise *L'Athenaeum* (1er avril 1876) à laquelle Mallarmé collaborait régulièrement, en 1875-1876, lui adressant des notes sur la vie culturelle parisienne.

74. JULES-MICHEL GODET
Le Linge *d'après Édouard Manet*
Vers 1875-1876, photographie sur papier albuminé collée dans un album relié, 19,7 × 15,5 cm.
Paris, BnF, Estampes, Dc 300 f t. 4.

75. ANDRÉ GILL (1840-1885)
Les Triomphateurs du Salon : Édouard Manet ou le triomphe de l'absence
L'Éclipse, 14 mai 1876.
Exeter, collection Michael Pakenham.

Sur cette page de couverture du journal satirique *L'Éclipse*, le caricaturiste André Gill rend hommage à Édouard Manet, dont la tête émerge au centre du dessin, en soulignant à dessein l'exclusion dont son œuvre est frappée au Salon.

76. *Carton d'invitation, au nom de Stéphane Mallarmé, pour l'exposition privée organisée dans son atelier par Édouard Manet de ses tableaux refusés par le jury de 1876, du 15 avril au 1er mai 1876*, **ill. 106.**
Carton imprimé, 9,3 × 11,6 cm.
Vulaines-sur-Seine, musée départemental Stéphane Mallarmé, Inv. 989-1-16.

Le jury du Salon de 1876 ayant refusé l'envoi de ses tableaux *Le Linge* et *L'Artiste*, Manet décida de prendre l'opinion à témoin et, pour ce faire, exposa ces deux œuvres, avec d'autres, dans son atelier ouvert au public du 15 avril au 1er mai 1876.

77. STÉPHANE MALLARMÉ
The Impressionists and Édouard Manet, **ill. 55.**
The Art Monthly Review, n° 9, 30 septembre 1876, quelques corrections autogr. de Mallarmé.
Paris, Doucet, MNR Ms 16032, legs Henri Mondor.

Dans cet important article paru en anglais, dont la version française n'a pas été retrouvée, Mallarmé réunit sous la même bannière de « l'école du plein air » les œuvres récentes d'Édouard Manet, en premier lieu *Le Linge*, auquel il consacre un long développement, et les tableaux du groupe impressionniste, qu'il considère comme « le principal et l'authentique mouvement dans la peinture contemporaine ».

78. *Exposition Édouard Manet à l'École nationale des Beaux-Arts*
1884. Carte d'entrée au nom de Stéphane Mallarmé, imprimé, 7,5 × 12 cm.
Paris, Doucet, MVL 1992.

79. *Menu du banquet Manet chez Le Père Lathuile*
5 janvier 1885, menu au nom de Stéphane Mallarmé, imprimé.
Paris, Doucet, MVL 1994.

80. STÉPHANE MALLARMÉ
Édouard Manet
1894, ms autogr., quelques ratures et corrections, 1 f.
Collection Jacques Polge.

Ce portrait littéraire de Manet, le plus émouvant que Mallarmé ait consacré à son ami disparu, fut composé, à la demande de l'éditeur Edmond Girard, pour le deuxième volume des *Portraits du prochain siècle*, qui ne parut jamais. Le poète publia ce texte, avec quelques variantes, dans *Divagations*, « Quelques médaillons et portraits en pied ».

81. CLAUDE MONET (1840-1926)
Reçu de la contribution à la souscription du tableau Olympia
24 février 1890, imprimé et ms autogr., 21 × 13 cm.
Collection particulière.

Par ce reçu imprimé, Monet accuse réception de la contribution de Mallarmé et de son ami Léopold Dauphin (50 francs) à la souscription lancée par lui auprès d'amis artistes, littérateurs et collectionneurs, en vue d'acheter à la veuve d'Édouard Manet le tableau *Olympia* et l'offrir à l'État pour qu'il soit exposé au Louvre (cf. Anne Distel, « Il y a cent ans, ils ont donné l'Olympia », *Quarante-huit / Quatorze*, n° 4, 1992, p. 44-50).

Notes pour un tombeau d'Anatole, 1879-1880

82. LOUIS SAUVAGER
Anatole Mallarmé en costume marin
Vers 1879, deux photographies, épreuve ancienne, format carte de visite, 9,5 × 5 cm.
Collection particulière.

83. ODILON REDON
L'Enfant devant l'aurore boréale, **ill. 105.**
1894, S.b.g., pastel sur papier, 27 × 26,8 cm.
Prov. : donné par Redon à Mallarmé ; Geneviève Mallarmé ; Dr Bonniot ; Mme Louise Bonniot ; Pierre et Kathleen Granville, 1955 ; don Pierre et Kathleen Granville au musée de Dijon, 1969.
Dijon, musée des Beaux-Arts, Inv. DG 160, don Pierre et Kathleen Granville.

Ce pastel fut offert par Odilon Redon à Mallarmé en 1894, pour le remercier de son intervention auprès du marchand Durand-Ruel, qui organisa cette année-là une exposition particulière de ses œuvres, où il figura sous le n° 61. Ce portrait d'enfant, dont le modèle est le fils cadet de Redon, Arï, constitue un témoignage intime d'amitié presque familiale, puisque Geneviève Mallarmé était la marraine de l'enfant. On peut y voir aussi un hommage rendu à la mémoire du fils de Mallarmé, Anatole, mort en 1879, à l'âge de huit ans. Comme Mallarmé, Redon avait perdu un fils, en 1886.

84. STÉPHANE MALLARMÉ
L'Après-midi d'un faune
Églogue par Stéphane Mallarmé, avec frontispice, fleurons & cul-de-lampe, Paris, Alphonse Derenne, 1876, in-4°.
Paris, Bibliothèque Louis Clayeux.
Exemplaire n° 8 d'Anatole Mallarmé, avec l'ex-libris au nom de « Tole » et cette recommandation : « Ne le déchire pas. »

85. ANATOLE MALLARMÉ (1871-1879)
Lettre à Stéphane Mallarmé
S. D., [Paris], 1er juin 1879, ms autogr., 1 f. double r°/v°, 12,9 × 10,6 cm.
Paris, Doucet, MVL 1539.

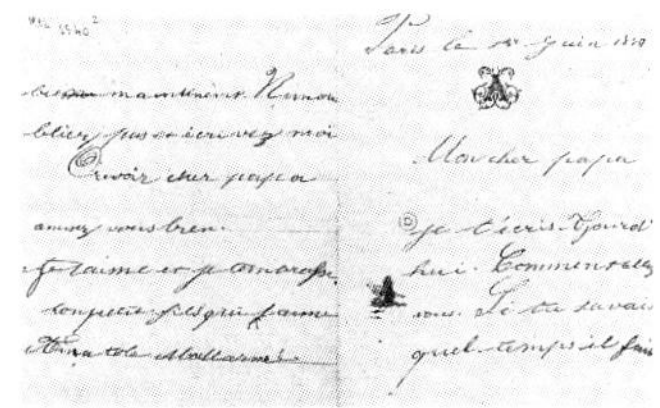

107. Anatole Mallarmé, *Lettre à Stéphane Mallarmé*, 1879, Paris, Doucet, **cat. 86.**

86. ANATOLE MALLARMÉ
Lettre à Stéphane Mallarmé, **ill. 107.**
S. D., Paris, 1er juin 1879, ms autogr., 1 f. double r°/v°, 12,9 × 10,6 cm.
Paris, Doucet, MVL 1540.

« Mon cher petit papa », « Mon cher papa », un enfant confie à son père son affection : « je t'aime et je t'embrasse ton petit fils qui t'aime », ainsi que les minutes de ses jours à Paris, plaisirs (Guignol) et visites. Anatole n'a plus alors que quelques mois à vivre. Il mourra le 8 octobre 1879.

87. STÉPHANE MALLARMÉ (attribué à)
Carnet de dessins pour Anatole, **ill. 108.**
D. 17 août-23 septembre (1879), mine de plomb et crayons de couleurs, feuillets réunis par un ruban bleu, 15 × 17 cm.
Paris, Doucet, MNR Ms 1248, legs Henri Mondor.
Ouvert sur le dessin représentant un oiseau des îles dans une cage, don de Robert de Montesquiou à Anatole pendant sa maladie. D. b.d. « 20 août ».

Ces huit dessins naïfs, réunis dans un carnet par un ruban bleu, ont été exécutés à Valvins pendant la maladie du petit Anatole, pour distraire l'enfant. Ils représentent des objets familiers et des vues de la Seine, sur laquelle donnait la chambre du malade.

88. STÉPHANE MALLARMÉ
Pour un tombeau d'Anatole
1879-1880, notes autogr. au crayon, 210 ff. dans un carnet relié, 13,2 × 9,5 cm.
Paris, Doucet, H' V-19, don Louis Clayeux.

Photographies de Stéphane Mallarmé, ses amis de jeunesse, sa famille, 1862-1880

89. *Album de Geneviève Mallarmé*
Au nom de « Vève », maroquin rouge, 21 × 15 cm.

Collection particulière.

Dans cet album, Geneviève Mallarmé a conservé les photographies de sa famille.

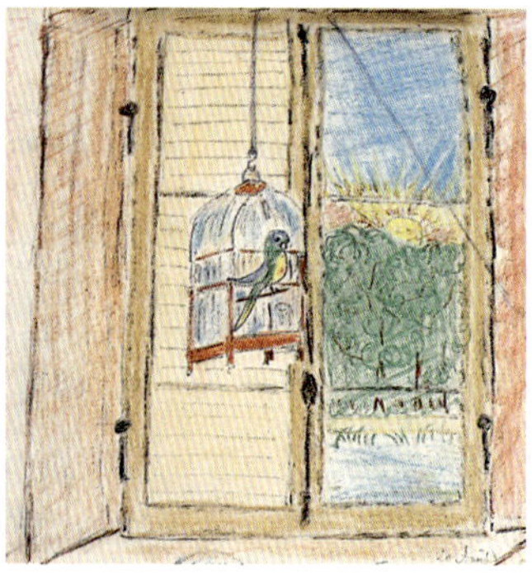

108. Stéphane Mallarmé (attribué à), *Carnet de dessins pour Anatole,* 1879, Paris, Doucet, **cat. 87.**

90. Constantin et Cie
Stéphane Mallarmé à 19 ans
1861, photographie, épreuve ancienne, format carte de visite, 9 × 5,5 cm.
Paris, Doucet, MNR Ms 1845, legs Henri Mondor.

91. Constantin (Paris)
Stéphane Mallarmé assis
Vers 1863, photographie, épreuve ancienne, format carte de visite.
Collection particulière.

92. Constantin (Paris)
Madame Mallarmé accoudée à une chaise
Vers 1863, photographie, épreuve ancienne, format carte de visite.
Collection particulière.

93. Constantin (Paris)
Stéphane Mallarmé dans un médaillon
Vers 1863, photographie, épreuve ancienne, format carte de visite, signature autographe : « Stéphane Mallarmé ».
Collection particulière.

94. Malet (Tournon)
Geneviève Mallarmé au polichinelle
Août 1866, deux photographies, épreuve ancienne, format carte de visite.
Collection particulière.

95. L. Valentin (Avignon)
Madame Mallarmé accoudée à une console
Vers 1869, photographie, épreuve ancienne, format carte de visite.
Collection particulière.

96. L. Valentin (Avignon)
Geneviève Mallarmé enfant
1869, deux photographies, épreuve ancienne, format carte de visite.
Paris, Doucet, MNR Ms 1854 et 1855, legs Henri Mondor.

97. Van Bosch (Paris)
Stéphane Mallarmé
Vers 1870, deux photographies, épreuve ancienne, 18,5 × 13 cm.
Collection particulière.

98. Étienne Carjat et Cie (Paris)
Stéphane Mallarmé, **ill. 12.**
1877, photographie datée et signée de la main de Mallarmé, épreuve ancienne, format carte de visite.
Collection particulière.

99. Paul Nadar
Geneviève Mallarmé adolescente
Après 1878, photographie, épreuve ancienne, format carte de visite.
Paris, Doucet, MNR Ms 1856, legs Henri Mondor.

100. Émile Messy
Eugène Lefébure
1866, photographie, épreuve ancienne, format carte de visite.
Paris, Doucet, MNR Ms 1872, legs Henri Mondor.

101. Pierre Petit (Paris)
Henri Cazalis
1862, photographie, épreuve ancienne, format carte de visite, dédicacée au dos : « À Stéphane / Henri Cazalis / Juin 1862 ».
Collection particulière.

102. Constantin (Paris)
Emmanuel des Essarts assis
Vers 1863, photographie, épreuve ancienne, format carte de visite.
Collection particulière.

HOMMAGES ET TOMBEAUX

Edgar Allan Poe (1809-1849)

103. Édouard Manet
Portrait d'Edgar Poe, **ill. 74.**
Vers 1860-1862, S. 'E.M.', pinceau et encre de Chine, 30,5 × 22,7 (feuille), 11,5 × 10,5 cm (dessin).
Paris, BnF, Estampes, Dc 300d res. boîte 2, legs Moreau-Nélaton, 1927.

Dessin probablement exécuté pour une édition projetée par Baudelaire de ses articles sur Edgar Poe, projet non abouti.

104. *Le Tombeau d'Edgar Poe*
Fumé pour une illustration des *Poèmes d'Egar Poe*, Paris, Léon Vanier, 1889, 23 × 17 cm.
Collection particulière.

Cette gravure reproduit le monument érigé sur la tombe d'Edgar Poe, à Baltimore, en 1875.

105. Stéphane Mallarmé
Au Tombeau d'Edgar Poe
1876, 1er état, ms autogr., 1 f., 26 × 20 cm.
Charlottesville, University of Virginia Library, Special Collections Department, Inv. 277.

Il s'agit de la première version du sonnet *Le Tombeau d'Edgar Poe*, composé pour le volume américain d'hommage à Poe, *Edgar Allan Poe. A Memorial Volume* (Baltimore, Turnbull Brothers, 1877), publié après l'érection d'un monument sur la tombe de l'écrivain, en 1875. Le poème paraîtra pour la première fois en France, sous sa forme quasi définitive, dans l'essai que Verlaine consacre à Mallarmé dans son recueil *Les Poètes maudits* (1884).

106. Stéphane Mallarmé
Le Tombeau d'Edgar Poe
Sara Sigourney Rice (ed.), *Edgar Allan Poe. A Memorial Volume*, Baltimore, Turnbull Brothers, 1877, in-8o.
Charlottesville, University of Virginia Library, Special Collections Department.
Exemplaire de John H. Ingram, éditeur et biographe d'Edgar Poe, avec sa signature autographe sur la page de garde.

107. Stéphane Mallarmé
Edgar Poe
Portraits du prochain siècle, tome premier, Poètes et Prosateurs, Paris, Edmond Girard, 1894, in-12.
Paris, BnF, Réserve, Res. p Y2 2821.
Exemplaire no 12 sur vélin van Gelder.

À la suite de l'exposition intitulée « Portraits du prochain siècle » organisée, à l'initiative de la revue *Les Essais d'art libre*, à la galerie Le Barc de Boutteville en septembre 1893, qui présentait « les effigies d'un certain nombre de personnalités artistiques actuelles et surtout futures », Edmond Girard, le directeur de cette revue, eut l'idée de publier une série de portraits littéraires, en trois volumes : littérateurs, artistes, philosophes et savants. Seul le premier volume, auquel Mallarmé, lui-même portraituré par Charles Morice, donna ce médaillon d'Edgar Poe, vit le jour. En vue du volume consacré aux artistes, Mallarmé avait composé deux autres médaillons, « Manet » et « Whistler », qu'il publia dans son recueil *Divagations.*

Théophile Gautier (1811-1872)

108. Félix Tournachon, dit Nadar, 1820-1910
Théophile Gautier à la calotte damassée
Vers 1857, photographie, épreuve sur papier albuminé, 28 × 21,2 cm.
Paris, musée d'Orsay, Inv. Pho 1991 2 66.

C'est ce portrait, gravé par Félix Bracquemond, qui sert de frontispice au recueil *Le Tombeau de Théophile Gautier.*

109. *Poésies complètes de Théophile Gautier*
Paris, Charpentier, 1860, in-18.
Paris, Doucet, MNR Ms 1256, legs Henri Mondor.
Exemplaire de Mallarmé avec, sur le faux-titre, sa signature autogr. et la date : « décembre 1859 ».

110. Stéphane Mallarmé
Lettre à [Catulle Mendès]
1er novembre 1872, ms autogr., 1 f. double ro/vo, 20,5 × 13,2 cm.
Paris, Doucet, Ms Ms 47.163.

Mallarmé commente dans cette lettre la genèse de son célèbre poème *Toast funèbre*, il y écrit notamment : « Commençant par : Ô toi qui [...] et finissant par un vers masculin, je veux chanter, en rimes plates probablement, une des qualités glorieuses de Gautier : le don mystérieux de voir avec les yeux. (Ôtez : mystérieux.) Je chanterai le *voyant* qui, placé dans ce monde, l'a regardé, ce que l'on ne fait pas. »

111. Stéphane Mallarmé
Toast funèbre
1873, ms autogr., 3 ff. doubles 26 × 19 cm.
Paris, Bibliothèque Louis Clayeux.

112. *Le Tombeau de Théophile Gautier*
Paris, Lemerre, 1873, in-8o, frontispice par Félix Bracquemond.
Collection particulière.
Exemplaire broché de Mallarmé avec son

nom, d'une main inconnue — sans doute d'un employé de chez Lemerre — sur la couverture : « Monsieur Mallarmé ».
Collection particulière.
Exemplaire n° 4 sur Whatman.

Première publication du poème *Toast funèbre*, dans ce recueil collectif d'hommage à Théophile Gautier, disparu l'année précédente.

Théodore de Banville (1823-1891)

113. ÉDOUARD MANET
Théodore de Banville, **ill. 109.**
1874, pinceau et lavis d'encre de Chine sur traits à la mine de plomb, sur papier quadrillé, 18,4 × 11,9 cm.
Paris, musée du Louvre, département des Arts graphiques, Fonds du musée d'Orsay, RF 30378.

Étude pour la gravure à l'eau-forte intitulée *Le Rêve du marin* (1874).

114. THÉODORE DE BANVILLE
Théophile Gautier, Ode
Paris, Alphonse Lemerre, 1872, in-12.
Collection particulière.
Envoi autogr. sur le faux-titre : « À mon ami Stéphane Mallarmé / Théodore de Banville ».

115. STÉPHANE MALLARMÉ
Trois Poëmes en prose, **ill. 77.**
1864, ms autogr., 1 f. double r°/v°, 23,5 × 18,5 cm.
Paris, Doucet, alpha 7248-5 (5/5).

Première version de « Symphonie littéraire » (*L'Artiste*, 1er février 1865), évocation poétique des trois maîtres de Mallarmé : Gautier, Baudelaire, Banville.

Charles Baudelaire (1821-1867)

116. ÉDOUARD MANET
Charles Baudelaire tête nue de face, **ill. 73.**
1867-1868, eau-forte et aquatinte, épreuve unique sur chine.
Paris, BnF, Estampes, Réserve Dc 300 d, t. 2.

117. ÉDOUARD MANET
Charles Baudelaire de profil au chapeau
1869, eau-forte, 2e planche, 1er état sur papier vergé.
Paris, BnF, Estampes, Rés. Dc 300 d, t. 2.

118. CHARLES BAUDELAIRE
Les Fleurs du mal, **ill. 7.**
Par Charles Baudelaire, seconde édition augmentée de trente-cinq poèmes

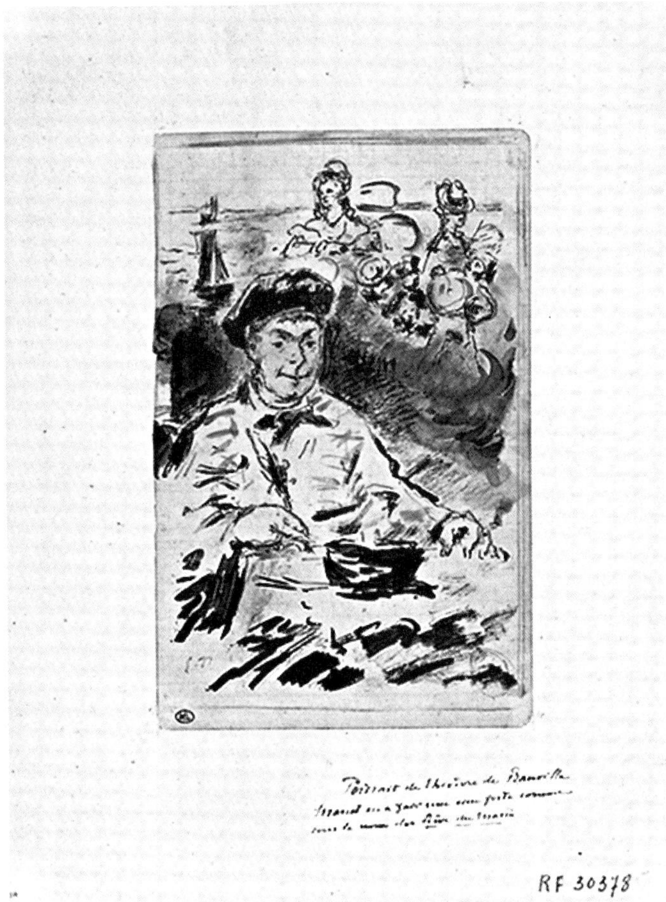

109. Édouard Manet, *Théodore de Banville*, 1874, Paris, musée du Louvre, **cat. 113.**

nouveaux et ornée d'un portrait de l'auteur dessiné et gravé par Félix Bracquemond, Paris, Poulet-Malassis et de Broise, 1861, in-12.
Collection particulière.

Exemplaire de Mallarmé portant sa signature sur la page de faux-titre. À la fin de l'exemplaire, Mallarmé a fait relier les pièces condamnées de l'édition de 1857, recopiées de sa main, absentes de cette seconde édition.

119. STÉPHANE MALLARMÉ
Glanes I, **ill. 71.**
1860, ms autogr. dans un cahier cartonné, 81 ff., 19,5 × 15,5 cm.
Paris, Doucet, MNR Ms 1168, legs Henri Mondor.

Dans ce cahier de jeunesse, Mallarmé a recopié un choix de trente poèmes de Charles Baudelaire, sous le titre : « *Spleen et Idéal / Révolte / Les Fleurs du Mal / Le Vin / par Charles Beaudelaire* (*sic*) */ Choix / Paris / 1857.* » Mallarmé a aussi recopié d'autres poèmes dans ce cahier : « *Poésies choisies d'E. Poe* / (*traduction littérale*) », « *Poésies diverses* », « *XVIe siècle* ».

120. STÉPHANE MALLARMÉ
Trois Poëmes en prose
1864, ms autogr., 1 f. double r°/v°, 23,5 × 18,5 cm.
Paris, Doucet, alpha 7248-5 (4/5).

121. STÉPHANE MALLARMÉ
Hommage, **ill. 78.**
1894, ms autogr., 1 f., 27,5 × 21,5 cm.
Paris, Doucet, MNR Ms 1200, legs Henri Mondor.

122. *Le Tombeau de Charles Baudelaire*
Frontispice de F. Rops, Paris, Bibliothèque artistique et littéraire (Éditions de la Société anonyme « La Plume »), 1896.
Paris, Doucet, MNR Fol 31, legs Henri Mondor.
Exemplaire n° 38 sur chine.

Première publication du sonnet de Mallarmé, « Hommage », en tête de ce recueil collectif d'hommage à Charles Baudelaire ; ce volume, initié par le directeur de la revue *La Plume*, Léon Deschamps, était destiné à aider au financement d'un monument à la mémoire de Baudelaire, qui ne fut pas réalisé.

Auguste Villiers de l'Isle-Adam (1838-1889)

123. MARCELLIN DESBOUTIN (1823-1903)
Portrait de Villiers de l'Isle-Adam
1892, S.b.g., mine de plomb et rehauts de pastel blanc, 42 × 30 cm.
Saint-Brieuc, musée d'Art et d'Histoire.

Dessin préparatoire au frontispice du volume *Les Miens. I. Villiers de l'Isle-Adam*, Bruxelles, Lacomblez, 1892.

124. CARJAT ET CIE
Portrait de Villiers de l'Isle-Adam, **ill. 75.**
1865, photographie, épreuve ancienne, format carte de visite, 9 × 5,5 cm.
Paris, Doucet, MNR Ms 1875, legs Henri Mondor.
Photographie dédicacée au dos : « À Stéphane Mallarmé / Auguste Villiers de l'Isle-Adam ».

125. AUGUSTE VILLIERS DE L'ISLE-ADAM (1838-1889)
Lettre à Stéphane Mallarmé
S. D., Londres, 5 janvier 1874, ms autogr., 1 f. double r°/v°, 17,9 × 11,3 cm.
Paris, Doucet, MVL 3171.

Cette lettre restitue tous les tons de l'intimité. Villiers s'y adresse à « Dearling Stéphane » : « je viens t'embrasser et te souhaiter la bonne année ainsi qu'à ma bien excellente amie Madame Mallarmé, puis à Miss Geneviève et à little boy Anatole ». À la fois drôle par le recours fréquent à l'anglais, ironique quand Villiers évoque sa situation en Angleterre (« Et il fallait que moi, le Rêve, j'y devinsse l'Action même ») et grave (« J'aime bien tard, et c'est la première fois de ma vie que j'aime... J'aime un Ange... »), de telles « effusions passionnées » sont destinées au meilleur ami pour le faire rire et partager le sens de la vie avec lui.

126. AUGUSTE VILLIERS DE L'ISLE-ADAM
Contes cruels
Paris, Calmann-Lévy, 1883.
Paris, Doucet, MNR 815, legs Henri Mondor.
Exemplaire avec envoi autogr. : « À Stéphane Mallarmé / mon meilleur / mon seul ami / Son Villiers ».

127. AUGUSTE VILLIERS DE L'ISLE-ADAM
L'Amour suprême
Paris, M. de Brunhoff, 1886, in-12.
Collection particulière.
Exemplaire avec envoi autogr. : « À mon

cher Stéphane Mallarmé / son ami / Villiers de l'Isle-Adam ».

128. *Les Poèmes d'Edgar Poe*

Traduction de Stéphane Mallarmé, avec portrait et fleuron par Édouard Manet, Bruxelles, Edmond Deman, 1888, in-4°.
Collection particulière.
Exemplaire n° 833 sur hollande avec envoi autogr. : « À Villiers de L'Isle-Adam / très vieillement / Stéphane Mallarmé ».

129. Stéphane Mallarmé

Carte-lettre à Joris-Karl Huysmans

S. D., [Valvins] 5 août 1889, ms autogr., 1 f., 14 × 11,1 cm.
Paris, Doucet, Ms Ms. 47.052.

Par cette carte-lettre Mallarmé rappelle à Huysmans en des termes confiants et empreints d'émotion la promesse que celui-ci lui a faite de le prévenir en cas de décès subit (« l'instant terrible là ») de leur ami commun Villiers.

130. Stéphane Mallarmé

Villiers de l'Isle-Adam / Conférence

1889-1890, ms autogr., 185 ff., 20 × 15,6 cm.
Paris, Doucet, MNR Ms 1245, legs Henri Mondor.

« Conférence, même oraison funèbre, lue, à Bruxelles, peu de mois après la disparition du grand homme » (Mallarmé, *Divagations*, « Bibliographie »).

131. Stéphane Mallarmé

Villiers de l'Isle-Adam

Conférence par Stéphane Mallarmé, Paris, Librairie de L'Art Indépendant, 1890, plaquette in-8°.
Paris, Doucet, MNR Ms 1179, legs Henri Mondor.
Exemplaire n° 7 sur hollande, truffé de 6 lettres autogr. de Mallarmé à Méry Laurent sur la maladie, le mariage, la mort et l'enterrement de Villiers, mai-août 1889, et de 3 lettres autogr. de Joris-Karl Huysmans à la même, 1889.
Paris, Doucet, E IV 13.
Exemplaire n° 47 sur Hollande.

Tirage à part du texte de la conférence sur Villiers, publié d'abord dans *La Revue d'aujourd'hui*, le 15 mai 1890. Cette revue était dirigée par Rodolphe Darzens, qui prit en charge la succession littéraire de Villiers, avec l'accord de Mallarmé et de Huysmans.

132. Stéphane Mallarmé

Les Miens. I. Villiers de l'Isle-Adam

Avec portrait gravé par Marcellin Desboutin, Bruxelles, Lacomblez, 1892, in-8°.
Paris, Doucet, Y VI 43.
Exemplaire sur japon n° 3/10, portrait de Villiers en double état.

Paul Verlaine (1844-1896)

133. Auguste de Niederhaüsern-Rodo, dit Rodo (1863-1913)

Paul Verlaine

Vers 1894, médaillon bronze, diam. 21 cm.
Paris, musée d'Orsay, Inv. Medor 1966.

Un an après la mort de Verlaine, un comité se forma pour élever un monument à sa mémoire, en lançant une souscription publique. Mallarmé présidait le comité d'action, composé de proches de Verlaine. L'artiste suisse Auguste de Niederhaüsern, dit Rodo, fut choisi pour réaliser ce monument, compte tenu de ce qu'il avait déjà exécuté, du vivant de Verlaine et à son entière satisfaction, un buste de l'écrivain dont il était l'ami. À une date proche de ce buste, il réalisa le médaillon ici exposé. Le monument à Verlaine par Rodo ne fut finalement érigé, au jardin du Luxembourg où il se trouve encore aujourd'hui, qu'en 1911 (cf. Claude Lapaire, « Auguste de Niederhaüsern-Rodo, sculpteur de Verlaine », *Dédicaces à Paul Verlaine*, Metz, Bibliothèque de Metz, 1996, p. 137-158).

134. Paul Verlaine

Poèmes saturniens

Paris, Alphonse Lemerre, 1866, in-12.
Collection particulière.
Envoi autogr. sur la page de garde : « À Monsieur Stéphane Mallarmé / Hommage de sympathique confraternité / P. Verlaine ».

L'envoi de ce volume à Mallarmé le 22 novembre 1866, accompagné d'une lettre, constitue le premier témoignage des relations entre Verlaine et Mallarmé.

135. Paul Verlaine

Dédicaces

Frontispice par A.-F. Cazals, Paris, Bibliothèque artistique et littéraire, 1890, in-16 carré.
Collection particulière.
Exemplaire nominatif n° 17 avec cet envoi autogr. : « à Stéphane Mallarmé / fraternellement / P. Verlaine ».

136. Paul Verlaine

Stéphane Mallarmé au cours de l'un de ses mardis, **ill. 72.**

Croquis à la plume et à l'encre sur papier, 20,5 × 13,5 cm.
Vulaines-sur-Seine, musée départemental Stéphane Mallarmé, Inv. 993-3-1.

137. Stéphane Mallarmé

Lettre à Paul Verlaine

Mardi 8 octobre 1883, ms autogr., 1 f. double r°/v°, 15,5 × 10 cm.
Collection particulière.

Cette lettre a trait à la photographie que fait exécuter Mallarmé de son portrait par Manet, afin qu'il soit reproduit dans le volume *Les Poètes maudits* de Verlaine.

138. Paul Verlaine

Les Poètes maudits. Tristan Corbière. Arthur Rimbaud. Stéphane Mallarmé

Trois portraits sur chine, Paris, Léon Vanier, 1884, in-12.
Paris, Doucet, H-VII-8.

139. Paul Verlaine

Les Poètes maudits

Nouvelle édition ornée de six portraits par Luque, Paris, Léon Vanier, 1888, in-12.
Paris, Doucet, H-VII-9.
Exemplaire avec envoi autogr. à Edmond Lepelletier.

140. Paul Verlaine

Stéphane Mallarmé, **ill. 79.**

1887, ms autogr. avec nombreuses corrections et ratures, 8 ff., 20 × 15,2 cm.
Paris, Doucet, MNR alpha 1225, legs Henri Mondor.

Manuscrit autographe destiné à l'imprimeur, qui y a ajouté quelques indications, de la notice parue dans *Les Hommes d'aujourd'hui*. Le texte de cette notice reprend en grande partie les informations biographiques contenues dans la lettre de Mallarmé du 16 novembre 1885, dite « Autobiographie ». Paul Verlaine a recopié de sa main deux poèmes de Mallarmé, inédits jusque-là : ff. 3-4 : « *Note de mon carnet : La Gloire* », ff. 7-8 : *Sonnet* (« *Toujours plus souriant au désastre plus beau…* »).

141. Paul Verlaine

Stéphane Mallarmé

Les Hommes d'aujourd'hui n° 296, février 1887, portrait par Luque.
Paris, Doucet, MNR Br 122, legs Henri Mondor.

142. Stéphane Mallarmé

« La tombe aime tout de suite le silence… », **ill. 8.**

1896, ms autogr, 11 ff., 18 × 11,5 cm.
Paris, Doucet, MNR Ms 1230, legs Henri Mondor.

Discours prononcé par Mallarmé aux obsèques de Paul Verlaine, le 10 janvier 1896, au cimetière des Batignolles. Publié dans *La Plume*, 1er février 1896 ; repris dans *Divagations*, « Quelques médaillons et portraits en pied. »

143. Stéphane Mallarmé

Tombeau, **ill. 80.**

1896, ms 2, ms autogr., 1 f., 31 × 20 cm.
Paris, Doucet, MNR Ms 1202, legs Henri Mondor.

Sonnet composé en hommage à Verlaine, publié dans *La Revue blanche*, 1er janvier 1897.

Arthur Rimbaud (1854-1891)

144. Stéphane Mallarmé

Arthur Rimbaud, lettre à M. Harrison Rhodes, **ill. 4.**

Chicago, *The Chap Book*, vol V, n° 1, 15 mai 1896, in-12, portrait d'Arthur Rimbaud d'après Félix Vallotton.
Collection particulière.
Exemplaire avec nombreuses corrections autographes en vue de la reprise de ce texte dans *Divagations*.

LA CIRCONSTANCE ACCEPTÉE

La Dernière Mode, 1874

« J'ai dû faire, dans des moments de gêne ou pour acheter de ruineux canots, des besognes propres, et voilà tout (Dieux antiques, Mots Anglais) dont il sied de ne pas parler ; mais à part cela les concessions aux nécessités comme aux plaisirs n'ont pas été fréquentes. Si à un moment, pourtant, désespérant du despotique bouquin lâché de moi-même, j'ai après quelques articles colportés d'ici et de là, tenté de rédiger tout seul, toilettes, bijou, mobilier, et jusqu'aux théâtres et aux menus de dîner, un journal La Dernière Mode, dont les huit ou dix numéros parus servent encore quand je les dévêts de leur poussière à me faire longtemps rêver. » (Stéphane Mallarmé, *Lettre à Paul Verlaine,* 16 novembre 1885, dite « Autobiographie ».)

145. *La Dernière Mode, Gazette du Monde et de la Famille*
Huit livraisons, 6 septembre-20 décembre 1874, collection complète reliée en un volume.
Collection particulière.

Revue illustrée bimensuelle, 8 livraisons, 6 septembre - 20 décembre 1874, dirigée par Mallarmé, qui a écrit la plupart des textes signés de divers pseudonymes. Directeur : Marasquin (pseudonyme de Charles Wendelen, éditeur de la revue). Couverture bleu pâle ornée de cinq vignettes et d'un titre dessinés par Edmond Morin. Bandeau de titre par Morin. Chaque numéro comprend : la reproduction d'une robe (dessin de Pecqueur), un article sur « La Mode » (Marguerite de Ponty), une « Chronique de Paris » (Ix), « Le Carnet d'or », « Nouvelles et Vers » (contribution de poètes amis de Mallarmé : Banville, Coppée, Valade, d'Hervilly, Daudet, des Essarts, Mendès, Cladel), « Gazette et Programme de la quinzaine », « Correspondance avec les abonnées », « Les maisons de confiance ». Les exemplaires de luxe comportent en outre une lithographie à l'aquarelle.

146. *La Dernière Mode, Gazette du Monde et de la Famille,* **ill. 110.**
6 septembre et 20 décembre 1874, 2 livraisons brochées.
Paris, Doucet, MNR Fol 59, legs Henri Mondor.
Exemplaires avec quelques corrections autogr. de Mallarmé.

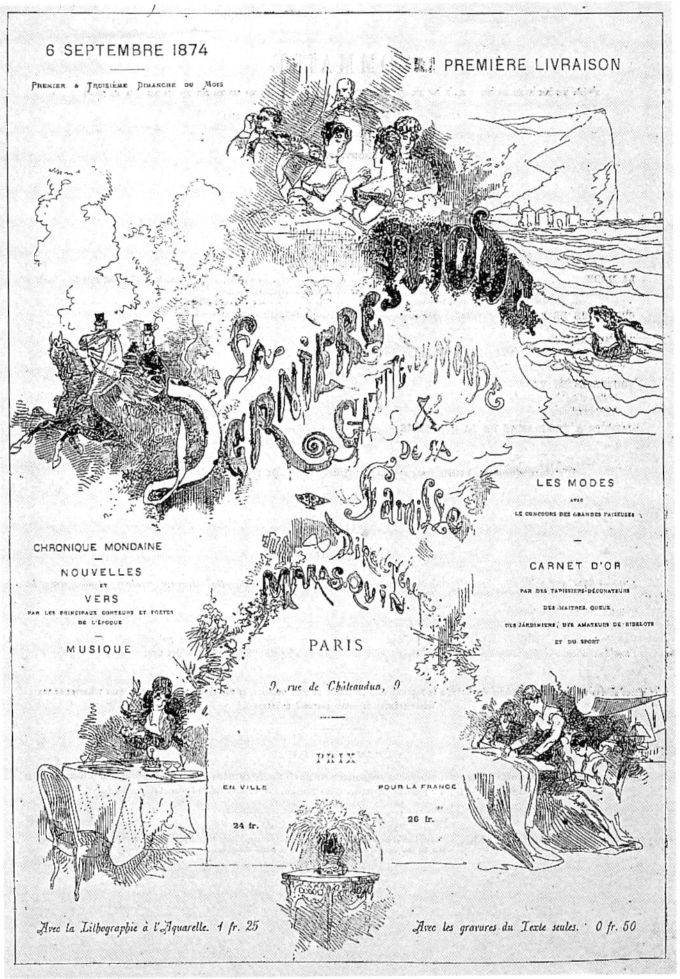

110. *La Dernière Mode,* 1874,
Paris, Doucet, **cat. 146.**

147. L. René
Trois toilettes pour La Dernière Mode
1874, trois lithographies coloriées à l'aquarelle par M. Huguet, Paris, Imprimerie Frick et fils, 24,5 × 20 cm (planche), 35,5 × 26 cm (feuille).
Collection particulière.

Ces lithographies en couleurs étaient jointes aux exemplaires de luxe de *La Dernière Mode.*

148. *Éventail dit « Jeune fille dans un jardin »*
Vers 1875, feuille en ottoman noir peinte à la gouache, S.b.g. « Jolivet », monture en bois noir gravé et repercé, bélière en métal doré.
Paris, musée Galliera, Inv. 1971-18-3, don Mme Bonnet-Verazzi.

149. *Éventail*
1876, feuille en soie crème, peinte à la gouache d'un jeté de roses et de jasmin, S.D.b.g. « B. Reynoir, Janv. 1876 », monture nacre, bélière en métal doré.
Paris, musée Galliera, Inv. 1985-67-38, don Mme Doublet-Vaudoyer.

« Un petit flacon [...] étant un objet indispensable à côté du mouchoir de dentelles, nous n'aurions garde de l'oublier ; non plus qu'un éventail : en soie noire avec gouache rose, bleue ou grise pour Toilette du matin, en soie blanche avec tableau pour les Cérémonies. Le sujet se place de côté et non plus au milieu. Toutefois, rien ne vaudra jamais un éventail, riche tant qu'on voudra par sa monture, ou même très simple, mais présentant, avant tout, une valeur idéale. Laquelle ? celle d'une peinture. » (Marguerite de Ponty, « La Mode », *La Dernière Mode,* première livraison, 6 septembre 1874.)

150. *Paire de bottines*
Vers 1875, en chevreau et soie noirs, à tige haute, garnie d'un nœud de chevreau noir, doublée toile et cuir blancs, étiquette « Jouvenot, rue Saint-Honoré 165, Paris ».
Paris, musée Galliera, Inv. 17544 D 47, don Mme Gagneux.

151. *Paire de bottines*
Vers 1875, en satin de soie gris-bleu, marque « Chapelle ».
Paris, musée Galliera, Inv. 1962-108-200, don M. Christian de Galéa.

« Ce qui doit être le plus soigné, certes, dans une toilette de femme, c'est la Bottine et c'est les Gants : puis vient le Chapeau, dont le seul devoir est toujours d'être charmant. Vérités que je n'ai plus à prouver : petit pied et main fine, la main eût-elle, autrefois, cueilli des raisins, le pied les eût-il foulés à l'heure maintenant revenue de la vendange, sont les indices certains de race. [...] La bottine est, de toutes les chaussures, celle qui fait davantage le pied ; et voici que l'étoffe, variée à l'infini par les Toilettes de la Plage, va le céder au cuir. Pas de souliers que ceux des bals futurs : on marche en bottines, on danse en souliers. » (Marguerite de Ponty, « La Mode », *La Dernière Mode,* deuxième livraison, 20 septembre 1874.)

152. *Mouchoir*
Vers 1875, carré de fin linon blanc incrusté d'une large bordure en pointe à l'aiguille.
Paris, musée Galliera, Inv. E 15362 D 35, don Mme Roussel.

153. *Boucle de tour de cou*
Fin XIXe siècle, carrée, garnie de strass
Paris, musée Galliera, Inv. 1965-58-13, Don Mme Charles-Claude Duval.

154. *Tour de cou*
Fin XIXe siècle, en soie bleu-vert, orné d'un nœud et d'une boucle carrée en métal et strass.
Paris, musée Galliera, Inv. 1998-81-X, fonds ancien.

« Toutes les Fantaisies de bientôt familières à plusieurs d'entre nous s'effacent devant une restée la parure indiscutable de l'heure, après l'avoir été de la saison. [...] Qu'est-ce ? Je le dis simplement pour le dire : un petit ruban en velours noir, qui, derrière le cou dont il fait le tour, s'attache par une boucle carrée, dans laquelle il passe et tombe. » (Marguerite de Ponty, « La Mode », *La Dernière Mode,* troisième livraison, 4 octobre 1874.)

Traductions et œuvres pédagogiques, 1876-1881

I. ŒUVRES PÉDAGOGIQUES

155. STÉPHANE MALLARMÉ

Anthologie à l'usage de la Jeunesse. Beautés de l'Anglais, Prose et Vers / par M. Mallarmé Professeur au lycée Fontanes

Vers 1877-1879, maquette pour l'édition, en partie manuscrite, 6 volumes non reliés sous emboîtage, 11 ff., 20 × 16 cm.
Paris, Doucet, MNR Ms 37,
legs Henri Mondor.

Cette maquette se compose de feuillets manuscrits sur papier jauni et de poèmes imprimés, découpés et collés sur des feuillets. Il s'agit d'une anthologie en anglais, sans traduction, des poètes et prosateurs anglais, qui suit un ordre chronologique. Les notices introductives sont de Mallarmé. Les notices les plus importantes de ce manuscrit, demeuré en majeure partie inédit, ont été publiées par Henri Mondor dans *Autres précisions sur Mallarmé*.

156. STÉPHANE MALLARMÉ

L'Anglais Récréatif ou Boîte pour apprendre l'Anglais en jouant et seul par un Professeur de l'Université, Paris... éditeur, **ill. 94.**

Ms autogr., 16 ff., 19,8 × 13,5 cm.
Paris, Doucet, MNR Ms 1251,
legs Henri Mondor.

Cahier à couverture cartonnée, que Mallarmé destinait à la publication, renfermant seize feuilles de carton fort, dans lequel le poète a expérimenté une méthode d'« Anglais récréatif » pour les enfants, en dessinant divers sujets (horloge, personnage, fleur et papillon, etc.) mus par un jeu de languettes, entourés de mots anglais simples.

157. STÉPHANE MALLARMÉ

Petite philologie à l'usage des Classes et du Monde. Les Mots anglais

Par Mr Mallarmé professeur au Lycée Fontanes, Paris, chez Truchy, Leroy frères, successeurs, 1877, in-12.
Paris, Doucet, MNR 477,
legs Henri Mondor.
Exemplaire avec indications typographiques au crayon.

II. TRADUCTIONS

158. STÉPHANE MALLARMÉ

Les Dieux antiques

Nouvelle mythologie illustrée, d'après George W. Cox, ouvrage orné de 260 vignettes, Paris, J. Rothschild éditeur, 1880, gr. in-8°.
Paris, Doucet, MNR 466,
legs Henri Mondor.

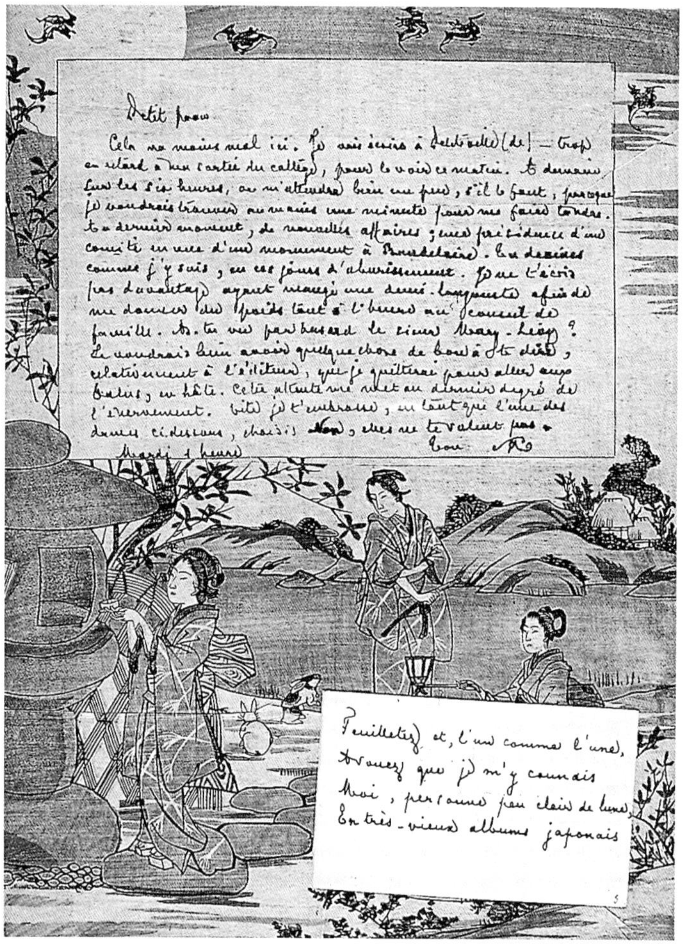
Feuilletez, et, l'un comme l'une,
Avouez que je n'y connais
Moi, personne plus clair de lune
En très-vieux albums japonais

111. Stéphane Mallarmé, *Lettre à Méry Laurent et quatrain,* 1892, Paris, Doucet, **cat. 227.**

159. MRS W.-C. ELPHINSTONE HOPE

L'Étoile des fées

Traduction de l'anglais par M. Stéphane Mallarmé, Illustrations de M. John Laurent, Paris, G. Charpentier éditeur, 1881, in-4°.
Paris, Doucet, MNR Fol. 19,
legs Henri Mondor.

Vers de circonstance

I. *LES LOISIRS DE LA POSTE*

« Cette publication, tout à l'honneur de la Poste. Aucune des adresses en vers reproduites ici n'a manqué son destinataire. / Le poète ajoute que l'idée lui en vint à cause d'un rapport évident entre le format des enveloppes et la disposition d'un quatrain — par pur sentiment esthétique. Il les multiplia au gré de ses relations / The Editor » (Mallarmé, *Les Loisirs de la Poste*, 1894).

160. STÉPHANE MALLARMÉ

Carnet de 68 quatrains-adresses

1892, ms autogr., 68 ff. dans un carnet relié, 17,6 × 11,5 cm.
Paris, Bibliothèque Louis Clayeux.

Premier recueil de 68 quatrains-adresses recopiés par Mallarmé, adressés à 53 destinataires. C'est ce carnet que Mallarmé prêta, sur sa demande, à Whistler pour qu'il le montrât à l'éditeur Heinemann, qui en envisageait la publication. Celui-ci se désista bientôt (cf. *Correspondance Mallarmé-Whistler*, p. 166-168).

161. STÉPHANE MALLARMÉ

Récréations Postales de Stéphane Mallarmé, Londres James R. Osgood McIlvaine & C° Éditeurs, **ill. 64.**

1893, ms autogr., 17,5 × 21,4 cm.
Glasgow University Library, Special Collections, Whistler M 203,
don de Miss Rosalind Birnie Philip, 1958.

Couverture, en forme d'enveloppe, dessinée par Mallarmé en vue de la publication de son recueil *Récréations postales* que l'éditeur McIlvaine & C°, à Londres, avait accepté d'éditer, sous la forme d'une plaquette de luxe, à la demande de Whistler. En vue de cette publication, Mallarmé avait aussi recopié, sur des feuilles volantes, 89 quatrains-adresses aujourd'hui conservés dans le fonds Whistler de l'Université de Glasgow. Le projet n'eut pas de suite.

162. JAMES MCNEILL WHISTLER

Cupid Letting a Bird out a Cage

1893, crayon sur papier beige pâle, 18 × 14,4 cm.
Au crayon, inscription autogr. de Mallarmé : « Récréations postales ».
Glasgow, University of Glasgow, Hunterian Art Gallery, GLAHA 46170,
don de Miss Rosalind Birnie Philip, 1958.

Projet de timbre destiné à la couverture en forme d'enveloppe réalisée par Mallarmé en vue de l'édition de ses *Récréations postales.*

163. STÉPHANE MALLARMÉ

Les Loisirs de la Poste, **ill. 96.**

1894, ms autogr. dans un carnet relié, 20 × 15,5 cm.
Paris, Doucet, MNR Fol. 20,
legs Henri Mondor.

Manuscrit comportant 27 quatrains-adresses, préparés par Mallarmé en vue de leur publication dans la revue américaine *The Chap Book.*

164. STÉPHANE MALLARMÉ

Les Loisirs de la poste

Chicago, *The Chap Book*, 15 décembre 1894.
Collection particulière.
Exemplaire avec quelques corrections autogr. de Mallarmé.

Première et seule publication réalisée du vivant de Mallarmé, d'un choix de 27 de ses quatrains-adresses.

165. STÉPHANE MALLARMÉ

Quatrain-adresse à Alfred Fournier

C. P. 11 nov. 1887, ms autogr. sur enveloppe timbrée.
Paris, Doucet, MNR Ms 25,
legs Henri Mondor.

166. STÉPHANE MALLARMÉ

Quatrain-adresse à Octave Mirbeau

D. 29-5-88, ms autogr. sur papier à en-tête de *La Revue indépendante*, 19 × 11,5 cm.
Paris, Doucet, MNR Ms 1209,
legs Henri Mondor.

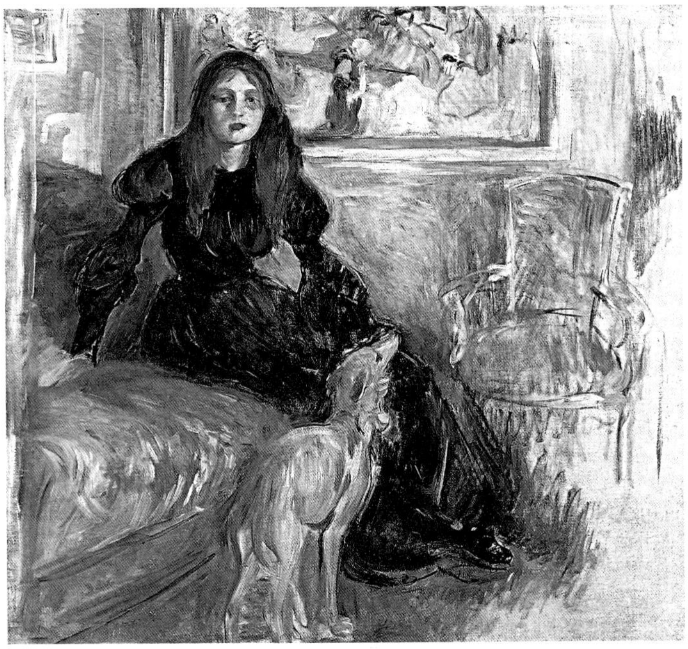

112. Berthe Morisot, *Julie Manet et son lévrier Laërtes,* 1893, Paris, musée Marmottan, **cat. 188.**

167. STÉPHANE MALLARMÉ
Quatrain-adresse à André Desboutin
C. P. 2 janv. 92, ms autogr. sur enveloppe timbrée.
Paris, Doucet, MNR Ms 1211, legs Henri Mondor.

168. STÉPHANE MALLARMÉ
Quatrain-adresse à Georges Rodenbach
C. P. 2 janv. 93, ms autogr. sur enveloppe timbrée.
Paris, Doucet, MNR Ms 1210, legs Henri Mondor.

169. STÉPHANE MALLARMÉ
Quatrain-adresse à l'éditeur Paul Perrin
C. P. 5 fevr. 93, ms autogr. sur enveloppe timbrée.
Paris, Doucet, MNR Ms 711, legs Henri Mondor.

II. AUTRES VERS DE CIRCONSTANCE

Polichinelle, 1874

170. STÉPHANE MALLARMÉ
Quatrain / (écrit pour un ami qui voulait mettre deux ou quatre vers au-dessous d'un Polichinelle peint par lui)
1874, ms autogr., 1 f., 20 × 15,4 cm.
Paris, Doucet MNR Ms 1223, legs Henri Mondor.

Ce quatrain est le résultat de la commande que Manet passa à quelques amis poètes (Banville et Charles Cros notamment), de quelques vers à inscrire sous sa lithographie en couleurs, *Polichinelle.* Finalement, l'artiste retint le distique composé par Théodore de Banville.

171. ÉDOUARD MANET
Polichinelle
1874, chromolithographie, 4e état avec la lettre, 46,5 × 33,6 cm (planche), 60 × 40 cm (feuille).
Dédicace autogr. de Manet : « À mon ami Stéphane Mallarmé / Manet ».
Collection particulière, ancienne collection Mallarmé.

Types de la rue, 1889

172. STÉPHANE MALLARMÉ
Types de la rue
Les Types de Paris, dessins de Jean-François Raffaëlli, Édition du Figaro, E. Plon, Nourrit et Cie, imprimeurs-éditeurs, 1889, 7e livraison.
Paris, Doucet, MNR Fol. 32, legs Henri Mondor.

En 1888, le journal *Le Figaro* demanda au peintre Jean-François Raffaëlli, spécialisé dans la représentation des paysages suburbains et des petites gens, de diriger une publication illustrée par lui, qui devait paraître sous forme de dix livraisons réunies ensuite en un album, *Les Types de Paris.* L'artiste choisit lui-même les auteurs des textes qui devaient accompagner ses dessins et fit appel à des écrivains de la mouvance naturaliste. Avec Jean Richepin, Mallarmé est le seul poète à figurer dans ce volume. À la demande de Raffaëlli, et pour « encadrer les dessins » que celui-ci lui avait adressés, il composa sept petits poèmes, dont cinq sous forme de quatrains, sur le thème des *Types de la rue.*

173. STÉPHANE MALLARMÉ
Lettre à Méry Laurent, **ill. 97.**
Mars 1889, ms autogr. avec les épreuves mises en pages des *Types de la rue* sur deux bandes de papier, 31 × 10 cm.
Paris, Doucet, MNR Ms 1196, legs Henri Mondor.

174. STÉPHANE MALLARMÉ
Vendeur de Journaux
1889, ms autogr., 1 f., 13,5 × 11 cm.
Collection particulière.

Première version du quatrain paru sous le titre *Le crieur d'imprimés.*

Dons de fruits glacés au Nouvel an

175. STÉPHANE MALLARMÉ
Nouvel an 1896, **ill. 16.**
Quatrain autogr., 9,5 × 14 cm.
Paris, Doucet, MNR Ms 1216, legs Henri Mondor.

176. STÉPHANE MALLARMÉ
Nouvel an 1896 à Madame Rodenbach, **ill. 28.**
Quatrain autogr. sur carte de visite, 6 × 10 cm.
Paris, Doucet, MNR Ms 1218, legs Henri Mondor.

177. STÉPHANE MALLARMÉ
Nouvel an 1898 à Constantin Rodenbach, dit « Tintin »
Quatrain autogr. sur carte de visite, 6 × 10 cm.
Paris, Doucet, MNR Ms 1217, legs Henri Mondor.

III. ÉVENTAILS ET AUTRES

178. *Éventail de Madame Mallarmé,* **ill. 10.**
Avec poème autogr. de Mallarmé à l'encre rouge au dos, S. D. 1er janvier 1891.
Feuille en papier argenté orné de pâquerettes blanches, 33 × 52 cm.
Paris, Doucet, Inv. no 104, legs Henri Mondor.

Publié dans *La Conque* (1er juin 1891), le sonnet inscrit sur cet éventail fut retenu par Mallarmé pour figurer dans son recueil *Poésies* (Bruxelles, Deman, 1899).

179. *Éventail de Madeleine Roujon*
Avec quatrain autogr. de Mallarmé à l'encre, S. D. 1895.
Feuille en papier nacré, peint, monture en bambou, 33,5 × 62 cm.
Paris, Doucet, Inv. no 105, don de la famille Roujon.

180. *Éventail d'Augusta Holmes*
Avec quatrain autogr. de Mallarmé inscrit au verso, à l'encre blanche, sur les branches, S.D. 12 juin 1887, dédicacé : « À Augusta Holmes ».
Tulle noir et paillettes, monture imitation ébène, 20 × 35 cm.
Paris, Doucet, Inv. no 106, legs Henri Mondor.

La Bibliothèque littéraire Jacques Doucet conserve un second éventail de tulle noir, dédicacé à Augusta Holmes et comportant le même quatrain, S.D. août 1886 (Inv. no 107).

181. *Éventail de Nelly Marras*
Avec quatrain autogr. de Mallarmé à l'encre rouge.
Feuille en papier et décor japonais à fleurs, monture en bois de jonchet, 33 × 62,5 cm.
Paris, Doucet, Inv. no 109, legs Henri Mondor.

182. *Éventail de Madame Léopold Dauphin*
1890, avec quatrain autogr. de Stéphane Mallarmé.
Papier japonais noir et blanc orné d'un motif d'oiseaux.
Paris, Doucet, Inv. no 108, legs Henri Mondor.

183. PAUL VERLAINE
Lettre à Stéphane Mallarmé
S. D. [Paris] 30 novembre 1891, ms autogr., 1 page sur 1 f. double, 17,6 × 11 cm.
Paris, Doucet, MNR Ms 1154, legs Henri Mondor.

184. STÉPHANE MALLARMÉ
Lettre à Paul Verlaine
Paris, [4-5 décembre 1891], ms autogr., 1 f. ro/vo, 11,4 × 8,9 cm.
Paris, Doucet, MNR Ms 834, legs Henri Mondor.

Verlaine, sollicité d'écrire des vers pour un éventail et s'estimant « fort peu clerc en ces matières et élégance », demande quelques conseils pratiques à son ami Mallarmé. Celui-ci l'assure de la facilité de l'exécution : « vous n'aurez qu'à inscrire les vers jolis aux feuillets par vous-même si compétemment désignés ». L'éventail sera porté à Verlaine et « la dame, ajoute Mallarmé, est enchantée ».

185. *Galet d'Honfleur*
Avec distique autogr. de Mallarmé, 6 × 9 cm.
Collection particulière.

Distique composé par Mallarmé pour sa femme Marie : « *Tant mieux si la mer affame / La parfaite bonne femme.* »

186. *Sous-main de Geneviève Mallarmé*
Avec distique autogr. de Mallarmé, 23,5 × 16 cm.
Collection particulière.

Ce sous-main de carton, recouvert d'un papier fantaisie et formant chemise, porte, sur un carton blanc (format carte de visite), collé, le distique suivant, signé du monogramme du poète : « *Avant l'aube si tu m'en / Crois, écris à ta maman.* »

Deux dames amies : Berthe Morisot et Méry Laurent

I. BERTHE MORISOT ET SA FILLE JULIE MANET

C'est dans l'atelier d'Édouard Manet que Mallarmé rencontra Berthe Morisot (1841-1895), modèle d'élection du peintre entre 1868 et 1872, qui devint la belle-sœur de celui-ci en épousant Eugène Manet. Le poète compta bientôt parmi les proches de la jeune femme, peintre de talent qui participa régulièrement aux expositions impressionnistes, y présentant des œuvres inspirées par sa famille et son environnement quotidien. Aux soirées que Berthe Morisot organisait chez elle le jeudi, Mallarmé retrouvait des peintres amis, — Monet, Degas, Renoir notamment. Durant les vacances, ils échangeaient une correspondance fournie, où perce chez Berthe Morisot une mélancolie diffuse liée au sentiment du vieillissement. Lorsque l'artiste mourut en 1895, trois ans après son mari, Mallarmé assuma le tutorat de sa fille Julie, encore adolescente. C'est lui qui préfaça le catalogue de l'exposition posthume consacrée à l'œuvre de Berthe Morisot, chez Durand-Ruel, en 1896.

187. ÉDOUARD MANET
Berthe Morisot à l'éventail, **ill. 33.**
1872, S.b.g., huile sur toile, 60 × 45 cm.
Prov. : Georges de Bellio ; Donop de Monchy (1894) ; Étienne Moreau-Nélaton (1897).
Paris, musée d'Orsay, RF 1671, donation Étienne Moreau-Nélaton, 1906.

Ce portrait hispanisant de Berthe Morisot, le dernier que Manet fit d'elle, exprime bien la réserve hautaine du modèle, dont le visage disparaît presque derrière un éventail. L'austérité liée aux teintes sombres de cette œuvre contraste avec la luxuriance du portrait que Manet fera de Méry Laurent dix ans plus tard (*L'Automne. Portrait de Méry Laurent*).

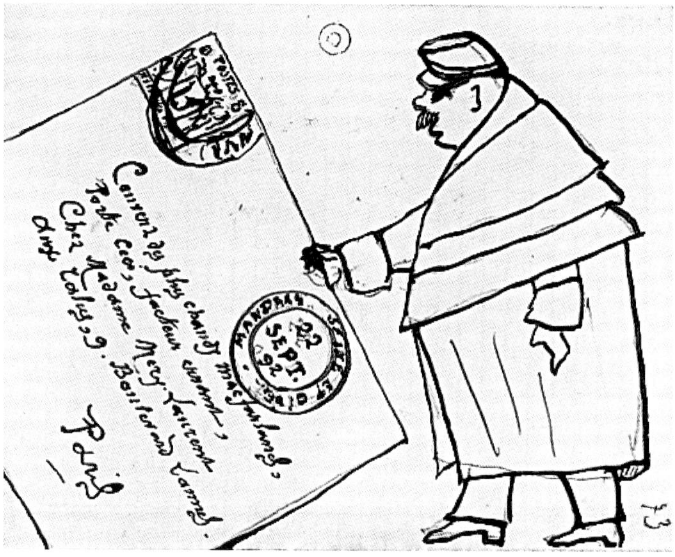

113. François Coppée, Quatrain-adresse imité de Stéphane Mallarmé, Paris, Doucet, **cat. 233.**

188. BERTHE MORISOT
Julie Manet et son lévrier Laërtes, **ill. 112.**
1893, huile sur toile, 73 × 80 cm.
Prov. : collection Claude Monet (choisi par lui à l'exposition Berthe Morisot de 1896, en souvenir de celle-ci) ; Michel Monet ; legs Michel Monet à l'Académie des beaux-arts, 1966.
Paris, musée Marmottan, Inv. 5027, legs Michel Monet.

Julie Manet fut le modèle privilégié de sa mère Berthe Morisot, qui l'a portraiturée dans toutes les étapes de sa vie. Elle pose ici avec son lévrier Laërtes, qui lui avait été offert par Mallarmé. L'inachèvement apparent de l'œuvre est caractéristique du style de Berthe Morisot.

189. *Berthe Morisot (Madame Eugène Manet)*
Avec portrait photogravé d'après Édouard Manet. Préface par Stéphane Mallarmé. Exposition de son œuvre du 5 au 21 mars 1896 chez Durand-Ruel, rue Laffitte et rue Le Peletier. Paris, imprimerie de l'Art, E. Moreau et Cie, 1896.
Paris, Doucet, MNR 497, legs Henri Mondor.

À la demande de Julie Manet, Mallarmé préfaça le catalogue de l'exposition Berthe Morisot, qui se tint chez Durand-Ruel un an après la mort de l'artiste. Cette préface témoigne de l'admiration et du respect que l'écrivain portait tant à la femme (« Tant de clairs tableaux irisés, ici, eux peuvent attendre avec le sourire futur, consentiront que comme titre au livret qui les classe, un Nom, avant de se résoudre en leur qualité, pour lui-même prononcé ou le charme extraordinaire avec lequel fut porté, évoque une figure de race, dans la vie et de personnelle élégance extrêmes ») — qu'à l'artiste (« Son œuvre, achevé, selon l'estimation des quelques grands originaux qui la comptèrent comme camarade dans la lutte, vaut, à côté d'aucun, produit par un d'eux et se lie, exquisement, à l'histoire de la peinture, pendant une époque du siècle »). C'est Mallarmé qui choisit de faire reproduire, en frontispice du catalogue de l'exposition, le portrait de Manet, *Berthe Morisot étendue* (aujourd'hui conservé au musée Marmottan), comme l'attestent les lettres qu'il adressa à ce sujet à Julie Manet (lettres du 28 et 29 février 1896).

190. *Carton d'invitation à l'exposition Berthe Morisot chez Durand-Ruel*
1896, imprimé.
Paris, Doucet, MVL 2579.

191. STÉPHANE MALLARMÉ
Quatrain à Berthe Morisot et Eugène Manet
1888, ms autogr. sur carton, 9,2 × 11,3 cm.
Collection particulière.

192. STÉPHANE MALLARMÉ
Quatrain-adresse à Berthe Morisot
C.P. 8 juil 90, ms autogr. sur enveloppe timbrée, 9,5 × 12 cm.
Collection particulière.

193. STÉPHANE MALLARMÉ
Quatrain-adresse à Mesdames Manet
Septembre 1894, ms autogr. sur carte de visite, 9 × 11 cm.
Paris, Doucet, MNR Ms 1212, legs Henri Mondor.

194. STÉPHANE MALLARMÉ
Quatrain à Julie Manet
Nouvel an 1893, ms autogr. sur carte de visite, 6,5 × 10,5 cm, avec enveloppe au nom de « Julie ».
Collection particulière.

195. STÉPHANE MALLARMÉ
Quatrain à Julie Manet
Nouvel an 1894, ms autogr. sur carte de visite, 6,5 × 10,5 cm.
Collection particulière.

196. STÉPHANE MALLARMÉ
Quatrain à Julie Manet
Nouvel an 1897, ms autogr. sur carte de visite, 6,5 × 10,5 cm.
Collection particulière.

197. STÉPHANE MALLARMÉ
Quatrain à Julie Manet
Nouvel an 1898, ms autogr. sur carte de visite, 6,5 × 10,5 cm, avec enveloppe au nom de « Mademoiselle Julie ».
Collection particulière.

II. MÉRY LAURENT LE « PETIT PAON »

Née en 1849 à Nancy de père inconnu, mariée à quinze ans et séparée de corps à seize, Méry Laurent, née Anne Rose Suzanne Louviot (1849-1900), commença une carrière de courtisane à Paris sous le second Empire, jouant les utilités dans de petits théâtres et posant pour des photographies déshabillées, avant de rencontrer, au début de la IIIe République, le docteur Evans, dentiste américain couru du Tout-Paris, qui allait devenir son protecteur et lui offrir un train de vie luxueux. Attirée par les artistes et les poètes, elle compta parmi ses admirateurs Édouard Manet, qui appréciait sa carnation de blonde plantureuse et la prit souvent pour modèle, Henri Gervex, qui fit d'elle plusieurs portraits, François Coppée, « la vieille chatte », qui échangea avec elle, « le gros oiseau », une correspondance amoureuse, Villiers de l'Isle-Adam, qu'elle secourut, Joris-Karl Huysmans, et, à la fin de sa vie, le compositeur Reynaldo Hahn, qu'elle institua son exécuteur testamentaire et le légataire de sa villa des Talus. Il semble que Mallarmé, bien qu'habitant le même immeuble que Méry au 29, rue de Moscou, en 1873, ne fit vraiment sa connaissance que dans l'atelier d'Édouard Manet, vers

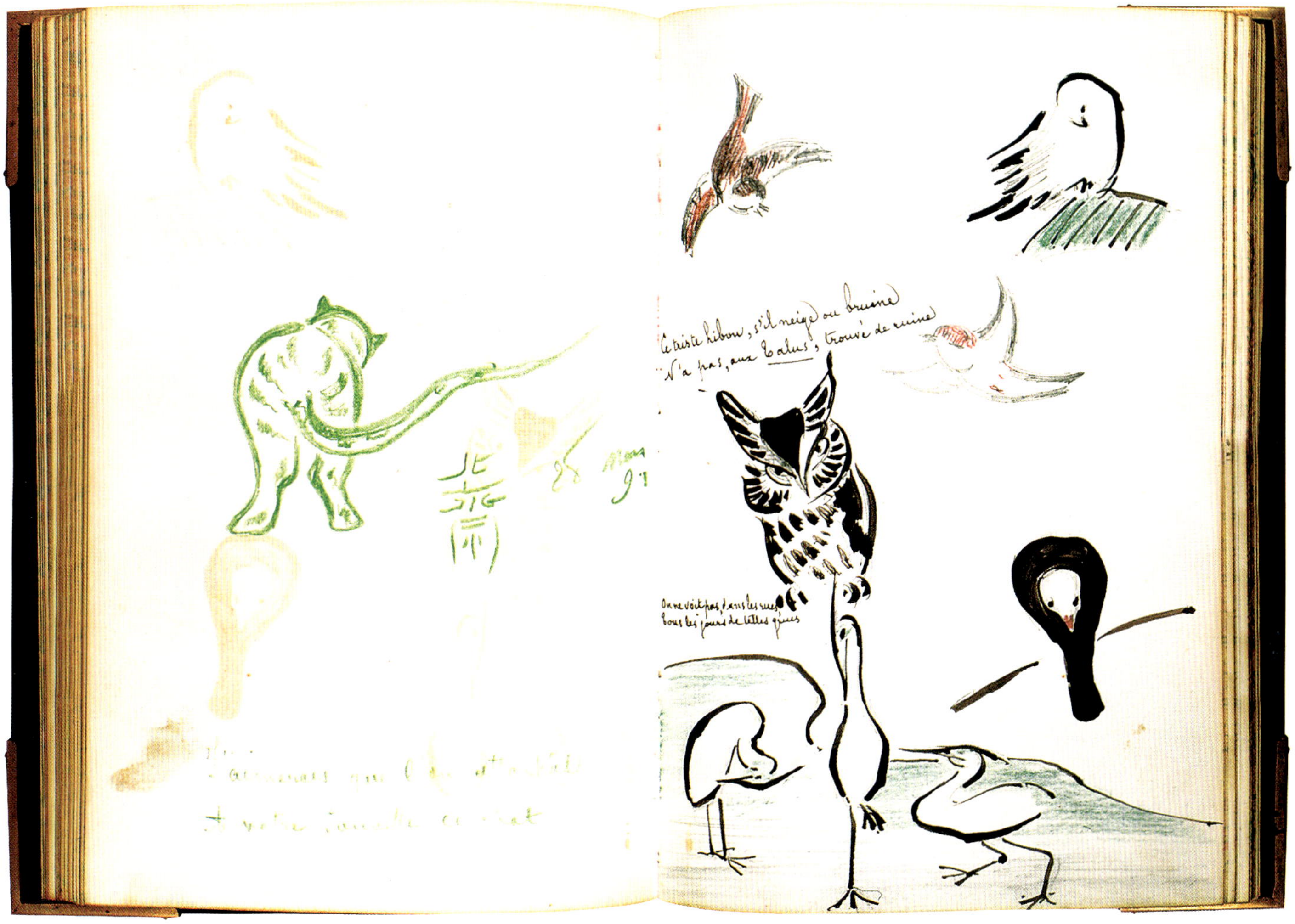

114. *Album de Méry Laurent,*
coll. part., **cat. 212.**

1876. Après la mort du peintre, Méry deviendra la confidente et l'amie intime du poète, représentante d'un monde futile et heureux qui charme l'écrivain, comme en témoignent les nombreuses lettres qu'il lui adresse, consacrées à dépeindre les choses de la vie — fleurs, plats, bibelots, colifichets. Pour elle, son « petit Paon », qu'il voit presque quotidiennement au 52, rue de Rome, puis, au printemps, dans sa villa des Talus, boulevard Lannes, dont il s'improvise le décorateur, Mallarmé compose des poèmes et des quatrains, sur des enveloppes ou des cartes de visite, dont le format dicte la forme.

Manet / Méry Laurent

198. ÉDOUARD MANET
L'Automne :
Portrait de Méry Laurent, **ill. 26.**
1882, huile sur toile, 73 × 51 cm.
Prov. : vente Manet, Paris, 1884, n° 21 ; acheté par Jacob pour le compte de Méry Laurent ; legs Méry Laurent au musée des Beaux-Arts de Nancy, 1905.
Nancy, musée des Beaux-Arts, Inv. 1071, legs Méry Laurent, 1905.

L'Automne, incarné par Méry Laurent alors trentenaire, fait partie d'un ensemble de quatre panneaux sur le thème des quatre saisons, commandés par Antonin Proust à son ami Manet, qui n'en réalisa que deux. L'opulente beauté et la toilette raffinée du modèle ont inspiré au peintre ce splendide portrait où Méry pose de profil, dans une pelisse sombre créée par le couturier Worth, formant contraste avec un fond éclatant de fleurs japonaises.

199. ÉDOUARD MANET
Liseron, **ill. 14.**
Lettre aquarellée adressée à Méry Laurent, Bellevue, 28 septembre 1880, 19 × 12,2 cm.
Paris, Doucet, Inv. 132, ancienne collection Méry Laurent, legs Henri Mondor.

Portraits de Méry Laurent

200. HENRI GERVEX (1852-1929)
Rosette
1892, S.b.g. et inscr. : « Rosette », aquarelle sur papier gris, 28,5 × 22 cm.
Paris, Doucet, Inv. n° 91, ancienne collection Méry Laurent, legs Henri Mondor.

En 1892, le peintre Henri Gervex, l'un des familiers de Méry, exposa au Salon de la Société nationale des Beaux-Arts les portraits de Méry Laurent et de son protecteur le Dr Evans. *Rosette* (l'un des noms de baptême de Méry était Rose) est une esquisse pour le portrait de Méry présenté à ce Salon, aujourd'hui conservé à la Bibliothèque littéraire Jacques Doucet.

201. VAN BOSCH
Méry Laurent
en toilette printanière
Photographie, épreuve ancienne, 10 × 5 × 6,3 cm.
Dédicace autogr. : « À mon ami / S. Mallarmé / souvenir / d'amitié / Méry ».
Collection particulière.

202. H. MAIRET
Stéphane Mallarmé
et Méry Laurent déjeunant,
servis par Elisa
Photographie, épreuve ancienne.
Collection particulière.

203. DISDÉRI
Méry Laurent en fourrure
Photographie, épreuve ancienne, 16,3 × 10,7 cm.
Au dos, dédicace autogr. à Mallarmé (?) : « en souvenir / d'une très bonne amitié / Méry ».
Collection particulière.

204. PAUL NADAR
Méry Laurent debout en fourrure
Photographie, épreuve ancienne, avec quatrain autogr. de Mallarmé, S. D. 1er janvier 1896 : *Tu changes d'an comme de robe / À ta toilette met la main / Ce*

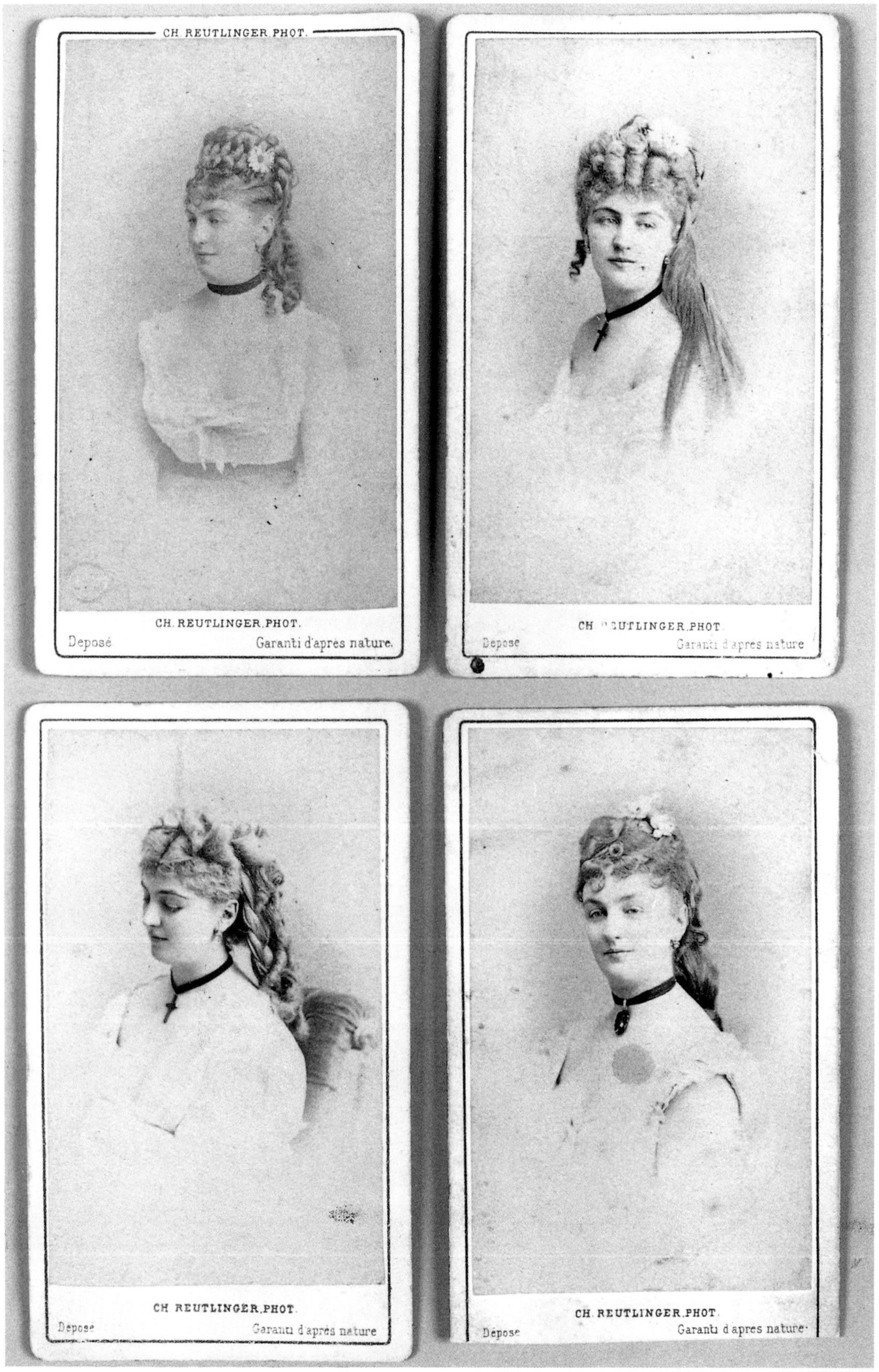

115. Charles Reutlinger, *Méry Laurent*,
Paris, Doucet, **cat. 207.**

quatre-vingt-seize dont l'aube / N'est pas celle d'un lendemain.
Collection particulière.

205. FÉLIX TOURNACHON DIT NADAR
Méry Laurent assise en fourrure, serrant contre elle son petit chien
Photographie, épreuve ancienne, 14 × 10 cm.
Collection particulière.

206. CHARLES REUTLINGER
Méry Laurent jeune, en pied
Photographie, portrait album, 13,5 × 10 cm.
Paris, Doucet, MNR Ms 1815, legs Henri Mondor.

207. CHARLES REUTLINGER
Méry Laurent en buste et dans diverses poses, **ill. 115.**
Neuf photographies, épreuve ancienne, format carte de visite, 9 × 5,5 cm.
Paris, Doucet, MNR Ms 1817 à 1825, legs Henri Mondor.

208. LÉOPOLD (Clermont-Ferrand)
Méry Laurent déguisée en fermière auvergnate
Vers 1888, photographie, épreuve ancienne, 16 × 8 cm.
Paris, Doucet, MNR Ms 1833, legs Henri Mondor.

209. BENQUE ET CIE (Paris)
Méry Laurent à l'éventail, en kimono japonais
Photographie, épreuve ancienne, 14,5 × 10 cm.
Collection particulière.

Lettres, quatrains, envois à Méry Laurent

210. *Mirliton de Méry Laurent*
Entouré d'une bande de papier portant, imprimés, des distiques de Mallarmé.
Papier mâché, h : 157 cm.
Paris, Doucet, Inv. n° 102, legs Henri Mondor.

211. *Éventail de Méry Laurent,* **ill. 18.**
1889, avec maximes autogr. d'Abraham Dreyfus, Félicien Champsaur, Stéphane Mallarmé, Méry Laurent.
Papier et décor japonais, sans monture.
Paris, Doucet, Inv. n° 96, legs Henri Mondor.

212. *Album de Méry Laurent,* **ill. 19 et 114.**
Album à fermoir métallique et au chiffre de Méry Laurent, 23 × 16,5 cm.
Collection particulière.

Album utilisé par Méry, à partir de 1875 et jusqu'à la fin des années 1890, contenant vers, dessins et autographes divers de ses familiers. On y trouve plusieurs poèmes autographes et de nombreux quatrains ou distiques de Mallarmé, sous le titre : *La Guirlande de Méry.*

213. *Confessions, 15 août 1888,* **ill. 23.**
Album relié dans un cartonnage d'éditeur, 27 × 20,5 cm.
Paris, Doucet, MNR Ms 1249, legs Henri Mondor.

Chaque page de ce questionnaire imprimé, qui appartenait à Méry Laurent, comporte une liste de questions types sur les goûts de la personne interrogée. Des amis de Méry ont répondu à ce questionnaire, commencé à Royat en août 1888, parmi lesquels Emmanuel des Essarts, Léontine Didier, Élisa, Félicien Champsaur, Albert Robin, Jules Adrien Marx et Stéphane Mallarmé.

214. STÉPHANE MALLARMÉ
« Méry / sans trop d'aurore... »
S. D. 1er janvier 1888, ms autogr., 1 f., 27,8 × 19,5 cm.
Paris, Doucet, MNR Ms 1192, legs Henri Mondor.

Au dos de ce sonnet, Mallarmé a noté : « Samedi matin 31 décembre 1887 / Je laisse ces vers en partant, pour qu'ils arrivent demain, à l'heure où je vous aurais embrassée, mon amie, si j'avais été parisien : c'est être un peu près de vous. »

215. STÉPHANE MALLARMÉ
« Dame / sans trop d'ardeur... »
Ms autogr, 1 f.
Paris, Doucet, MNR Ms 1191, legs Henri Mondor.

Version remaniée du poème précédent (l'allusion à Méry, notamment, a disparu), publiée dans *Le Figaro,* 10 février 1896.

216. STÉPHANE MALLARMÉ
« Rien au réveil que vous n'ayez... »
Ms autogr. avec corrections, 1 f., 22 × 13 cm.
Paris, Doucet, MNR Ms 1193, legs Henri Mondor.

217. STÉPHANE MALLARMÉ
Quatrain-adresse à Méry Laurent
C. P. 24 mai 84, ms autogr. sur enveloppe timbrée, 9,5 × 12 cm.
Paris, Doucet, MNR Ms 25, legs Henri Mondor.

218. MÉRY LAURENT
Quatrain-adresse à Stéphane Mallarmé
C. P. 3 juin 84, ms autogr. sur enveloppe timbrée, 9,5 × 12 cm.
Paris, Doucet, MNR Ms 1892/2, legs Henri Mondor.

219. STÉPHANE MALLARMÉ
Quatrain-adresse à Méry Laurent
C. P. 28 juin 86, ms autogr. sur enveloppe timbrée, 9,5 × 12 cm.
Collection particulière.

220. STÉPHANE MALLARMÉ
Lettre à Méry Laurent
24 février 1890, 1 f. sur papier de Chine à décor japonais, 32 × 24 cm.
Collection particulière.

221. STÉPHANE MALLARMÉ
Quatrain à Méry Laurent
S. D., 9 mars 1890, ms autogr., 16,4 × 11,5 cm.
Collection particulière.

222. STÉPHANE MALLARMÉ
Envois, Dédicaces, Traits d'esprit / du Paon / destinés à accompagner ses étrennes / de 1890 / (humblement recueillis et mis en ordre / par Mr Mallarmé)
Ms autogr., 3 ff. doubles r°/v°, 19,5 × 14,6 cm.
Paris, Doucet, MNR Ms 1228, legs Henri Mondor.

223. STÉPHANE MALLARMÉ
Quatrain à Méry Laurent
Février 1890, ms autogr., 24 × 15 cm.
Paris, Doucet, Inv. 135, legs Henri Mondor.

224. STÉPHANE MALLARMÉ
Ses litanies
Ms autogr., 24,5 x 15,5 cm.
Paris, Doucet, Inv. 134, legs Henri Mondor.

225. STÉPHANE MALLARMÉ
Quatrain à Méry Laurent
D. Minuit / 1er janvier 1892, ms autogr. sur carton, 9 × 11,5 cm.
Collection particulière.

226. STÉPHANE MALLARMÉ
Carte-lettre à Méry
C. P. 13 avril 1892, ms autogr. avec dessin représentant des angelots, 16 × 13 cm.
Collection particulière.

227. STÉPHANE MALLARMÉ
Lettre à Méry Laurent et quatrain, **ill. 111.**
26 juillet 1892, ms autogr. sur papier Japon illustré, 31,5 × 22,5 cm.
Paris, Doucet, Inv. n° 136/1, legs Henri Mondor.

228. STÉPHANE MALLARMÉ
Quatrain à Méry Laurent
Nouvel an 1893, ms autogr. sur carton, 9 × 11,5 cm.
Collection particulière.

229. STÉPHANE MALLARMÉ
Quatrain-adresse à Méry Laurent
C. P. 14 août 1894, ms autogr. sur enveloppe timbrée, 9,6 × 12 cm.
Collection particulière.

230. STÉPHANE MALLARMÉ
Quatrain à Méry Laurent
Nouvel an 1895, ms autogr. relié dans un exemplaire de *Pages,* 22,3 × 17,7 cm.
Collection particulière.

231. STÉPHANE MALLARMÉ
« Paon, du souci qui m'éloignait... »
Quatrain, ms. autogr. surmonté d'un dessin à la plume représentant un paon, 18,2 × 11,5 cm.
Paris, Doucet, MNR Ms 1222, legs Henri Mondor.

232. STÉPHANE MALLARMÉ
La journée du 12
Ms autogr. et dessin à la plume et lavis d'encre noire sur bristol beige, 9,1 × 11,3 cm.
Paris, Doucet, MNR Ms 1848/12, legs Henri Mondor.

Sorte de bande dessinée humoristique qui relate « la journée du 12 » (été 1888 ?) : Méry, sous la forme d'un paon, prend le train à Paris et fait escale à Melun.

233. FRANÇOIS COPPÉE (1842-1908)
Lettres, cartes de visite, quatrains-adresses... à Méry Laurent, **ill. 113.**
Ms autogr. avec dessins dans cinq cahiers reliés, 19 × 13,5 cm.
Paris, Doucet, MNR Ms 21, 22, 23, 24, 25, legs Henri Mondor.

Contemporain et ami de Mallarmé, ayant fait ses débuts poétiques, comme lui, au *Parnasse contemporain* en 1866, l'écrivain François Coppée entretint avec Méry Laurent, dans les années 1880, une liaison amoureuse. Les lettres qu'il adresse à son « gros oiseau », surnom donné à Méry, lui-même s'intitulant « la vieille chatte », sont souvent humoristiques. Elles comportent de nombreux croquis où Méry apparaît sous la forme d'un perroquet, Coppée adoptant pour signature une tête de chat. Plusieurs de ces missives consistent en quatrains-adresses, « imités de S. M. », comme Coppée lui-même se plaît à le noter.

LE RAYONNEMENT

Artistes amis

234. AUGUSTE RENOIR (1841-1919)
Portrait de Stéphane Mallarmé, **ill. 87.**
1892, huile sur toile, 50 × 40 cm, inscr. h.d. : « à Mallarmé ».
Prov. : offert par Renoir à Mallarmé ; familles Mallarmé et Bonniot ; Azéma, 1945 ; achat des musées nationaux, 1950.
Versailles, musée national du château de Versailles, dépôt de l'État, MV 7940.

Ce portrait fut exécuté par Renoir à l'époque où Mallarmé entreprenait des démarches auprès de son ami Henry Roujon, directeur des Beaux-Arts, en vue de l'achat d'une œuvre du peintre par l'État (*Jeunes filles au piano*, 1892, tableau acquis par l'État par arrêté du 12 mai 1892, aujourd'hui au musée d'Orsay). Une lettre de Mallarmé, du 5 avril 1892, informe en effet Octave Mirbeau : « Renoir va faire mon portrait. » Dans une lettre à Mallarmé, Renoir évoque l'état d'avancement du tableau : « Cher Poëte. Je voulais vous parler de votre portrait, vous dire que je ne vous oubliais pas mais j'ai mal aux dents. Voilà deux jours que j'ai la fièvre, des frissons. Aussitôt cette idiote exposition [exposition rétrospective chez Durand-Ruel, 7-21 mai 1892] nous serons plus tranquilles. » Il semble que Mallarmé n'aimât guère ce tableau si l'on en croit ces propos rapportés par Edmond Bonniot : « il m'a donné l'air d'un financier cossu ».
Renoir et Mallarmé s'étaient rencontrés par l'intermédiaire de Manet. Dans son article de 1876, *The Impressionists and Édouard Manet*, Mallarmé commente ainsi la manière de Renoir : « Le chatoiement changeant des lueurs et des ombres que la réflexion mouvante de lumières, elles-mêmes influencées par tous les objets environnants, jette sur toute figure qui s'approche ou s'éloigne, les combinaisons passagères selon lesquelles ces reflets divers forment une harmonie simple ou multiple, sont les effets favoris de Renoir. » Dans les années 1880, les deux hommes se retrouvent régulièrement aux soirées qu'organise Berthe Morisot. Après la mort de l'artiste, ils continueront à se voir, notamment chez Julie Manet et ses cousines Gobillard. Parmi les amis auxquels Mallarmé fait appel en 1888 pour illustrer son recueil de prose, *Pages*, Renoir est le seul à s'exécuter et le volume paraîtra en 1891 avec un frontispice à la pointe sèche dû au peintre.

235. PAUL GAUGUIN
Portrait de Stéphane Mallarmé, **ill. 60.**
1891 (janvier), eau-forte et pointe-sèche, 2e état, 18,3 × 14,3 cm.
Envoi autogr. à Daniel de Monfreid en bas, dans la marge : « au peintre synthétiste à l'ami Daniel / Paul Gauguin ».
Paris, Doucet, legs Henri Mondor.

À la fin de l'année 1890, Gauguin, par l'intermédiaire du poète Charles Morice, fit la connaissance de Mallarmé. Celui-ci, sur sa requête, demanda à l'écrivain Octave Mirbeau, critique au *Figaro*, d'écrire un article annonçant la vente que le peintre projetait de faire à l'hôtel Drouot pour réunir des fonds et partir aux îles Marquises. En remerciement sans doute, Gauguin exécuta ce portrait du poète, seule eau-forte qu'il ait jamais réalisée, tirée à un très petit nombre d'exemplaires (une dizaine environ).

236. CLAUDE MONET
Les Meules, fin de l'été, **ill. 56.**
1891, S.D.b.g., huile sur toile, 60,5 × 100,5 cm.
Prov. : acheté à Monet par Durand-Ruel, 1891 ; Paris, coll. de la comtesse de Brecey, 1952 ; acquis par le musée du Louvre, 1975.
Paris, musée d'Orsay, RF 1975-3.

Ce tableau fait partie d'une série réalisée par Monet sur le thème des *Meules* en 1890-1891, et exposée chez le marchand Durand-Ruel en mai 1891. Mallarmé, enthousiaste, écrit au peintre : « Vous m'avez ébloui récemment avec ces Meules, Monet, tant ! que je me surprends à regarder les champs à travers le souvenir de votre peinture ; ou plutôt ils s'imposent à moi tels. » En juillet 1890, Mallarmé se rend à Giverny chez Monet, qui lui offre un paysage (*Le Train à Jeufosse*) que le poète conservera toute sa vie, au mur de sa salle à manger, rue de Rome. Il écrira à ce propos à Octave Mirbeau : « Moi, en fait d'expositions, je finis par ne plus regarder que le Monet situé là sur mon mur, il me réjouit, suffit » (lettre du 5 avril 1892).

237. EDGAR DEGAS (1834-1917)
Danseuses montant un escalier, **ill. 88.**
Vers 1886-1888, S.b.g., huile sur toile, 39 × 89,5 cm.
Prov. : acquis de l'artiste par Durand-Ruel, 1888 ; Paris, coll. Henri Vever, 1890 ; legs du comte Isaac de Camondo au musée du Louvre, 1911.
Paris, musée d'Orsay, RF 1979, legs Isaac de Camondo.

« La mousseline qui forme une lumineuse et toujours changeante atmosphère autour de la semi-nudité des jeunes ballerines, les attitudes, hardies dans leur complication profonde, de ces personnes qui accomplissent une des fonctions ataviques et à la fois moderne de la femme, ont enchanté M. Degas », note Mallarmé dans son article de 1876, *The Impressionists and Édouard Manet*, précisant : « En son intuitive sagesse l'artiste se garde d'exploiter le côté déjà redit et rabâché du sujet. Dessinateur magistral, il a recherché les lignes subtiles, les mouvements exquis ou grotesques et à l'étrange beauté neuve [...]. »

238. EDGAR DEGAS
Mallarmé et Renoir, **ill. 48.**
1895, photographie, épreuve argentique à la gélatine, agrandissement par Tasset, 38 × 29 cm.
Paris, Doucet, épreuve offerte par Degas à Paul Valéry, don des enfants de Paul Valéry.

Dans la marge, inscription autogr. de Paul Valéry : « Cette photographie m'a été donnée par Degas, dont on voit l'appareil et le fantôme dans le miroir. Mallarmé est debout auprès de Renoir assis sur le divan. Degas leur a infligé une pose de 15 min. à la lumière de neuf lampes à pétrole. La scène se passe au 4e étage rue de Villejust, n° 40. Dans le miroir on voit ici les ombres de Madame Mallarmé et de sa fille. L'agrandissement est dû à Tasset. »
Cette photographie a été prise par Degas à l'époque où le peintre se passionnait pour ce procédé. C'était aussi le temps où il s'essayait à des sonnets, se plaignant auprès de Mallarmé de la difficulté qu'il y trouvait.

239. EDVARD MUNCH (1863-1944)
Portrait de Stéphane Mallarmé, **ill. 101.**
1897, lithographie en couleurs, 40,5 × 28,9 cm.
Paris, BnF, Estampes, non coté.

Edvard Munch a exécuté ce portrait lors de son second séjour à Paris, en 1896-1897, d'après une photographie que lui avait prêtée Mallarmé. Celui-ci accuse réception, le 15 juin 1897, du « saisissant portrait ; dans lequel je me sens intimement ».

240. PAUL VALÉRY (1871-1945)
Tête de Stéphane Mallarmé
1910, cire, 10,2 × 6,5 × 9,1 cm.
Paris, musée d'Orsay, RF 4462, don des enfants de Paul Valéry.

Cette tête de Mallarmé a été réalisée de mémoire par Paul Valéry, qui a aussi exécuté celle de Degas à la même époque, lors d'une convalescence au Mesnil, chez Julie Manet et son époux Ernest Rouart, en 1910. Il est révélateur que l'écrivain ait choisi de modeler dans la cire les visages des deux personnalités qui avaient exercé une profonde influence sur ses années de jeunesse.

Whistler et Mallarmé 1888-1898

« Un Monsieur rare, prince en quelque chose, artiste décidément, désigne que c'est lui, Whistler, d'ensemble comme il peint toute la personne — stature, petite à qui la veut voir ainsi, hautaine, égalant la tête tourmentée, savante, jolie ; et rentre dans l'obsession de ses toiles » (Stéphane Mallarmé, « Whistler », in *Divagations*).
Dès leur première rencontre au début de l'année 1888, Mallarmé et Whistler ont sympathisé d'emblée. Leur amitié ne se démentira pas : lorsque Whistler séjourne à Paris, les deux hommes se voient régulièrement ; quand le peintre réside à Londres, ils échangent une correspondance fournie. Whistler semble avoir occupé auprès du poète la place laissée vacante par la mort de Manet. On notera d'ailleurs que les deux seuls médaillons que Mallarmé ait composés pour le volume *Portraits du prochain siècle*, dédiés aux peintres et sculpteurs (publication qui ne vit pas le jour), sont consacrés à Manet et à Whistler. Mallarmé fera se côtoyer ces deux médaillons dans son recueil *Divagations*.
En traduisant sa conférence *Ten O'Clock* et en contribuant, par ses démarches, à faire acquérir par l'État, en 1891, le *Portrait de ma mère*, Mallarmé compte, aux côtés du critique Théodore Duret, parmi les introducteurs de Whistler en France. Celui-ci, pour sa part, tenta, en 1892-1893, de faire éditer les quatrains-adresses de Mallarmé, entreprise qui n'aboutit pas malgré ses efforts. Il projetait aussi, en 1898, d'exécuter un portrait de Mallarmé, après avoir peint celui de sa fille Geneviève, mais la mort brutale du poète l'en empêcha.

241. *M. Whistler's Ten O'Clock*
Londres, Chatto and Windus, 1888, in-12.
Collection particulière.

Cette conférence fut donnée par Whistler à Londres, le 20 février 1885, à dix heures (d'où son titre, *Ten O'Clock*). Très polémique, elle portait notamment sur la place de l'artiste dans la société et sur l'évolution de l'art contemporain.

242. *James M. N. Whistler, Le « Ten o'clock », conférence, traduite par Stéphane Mallarmé*
La Revue indépendante, mai 1888, exemplaire de luxe.
Glasgow University Library, Special Collections, Whistler 261, don de Miss Rosalind Birnie Philip.

Publication en pré-original de la traduction du *Ten O'Clock* de Whistler par Mallarmé.

243. *Le « Ten O'Clock » de M. Whistler, traduction française de M. Stéphane Mallarmé*
Londres/Paris, 1888, plaquette in-4°.
Envoi à Berthe Morisot : « À Madame Berthe Morisot / l'hommage de Whistler / et / Stéphane Mallarmé ».
Collection particulière.

L'élégante couverture de cette plaquette, qui s'orne du papillon que Whistler utilisait en guise de signature, reprend la présentation du volume anglais, que Whistler avait édité à compte d'auteur, en 1885.

244. **Stéphane Mallarmé**
L'Après-midi d'un faune
Églogue par Stéphane Mallarmé, avec frontispice, fleurons & cul-de-lampe, Paris, Alphonse Derenne, 1876, in-4°.
Glasgow University Library, Special Collections, Whistler 81, don de Miss Rosalind Birnie Philip.

Exemplaire n° 91 offert par Mallarmé à Whistler, avec cet envoi autographe : *Tu peux, Faune, oui c'est l'air / Le jouer à Whistler.*

245. **Stéphane Mallarmé**
Quatrain à Whistler
1er mai 1889, ms autogr. sur carton, 8,5 × 13,5 cm.
Glasgow University Library, Special Collections, Whistler M 119, don de Miss Rosalind Birnie Philip.

246. **Stéphane Mallarmé**
Billet à Whistler
Sonnet, *The Whirlwind*, 15 novembre 1890.
Glasgow University Library, Special Collections, Whistler e 27.40, don de Miss Rosalind Birnie Philip.

247. **James McNeill Whistler (1834-1903)**
Télégramme à Stéphane Mallarmé
C.P. 27 janv. 1893, ms autogr., 13,2 × 11 cm.

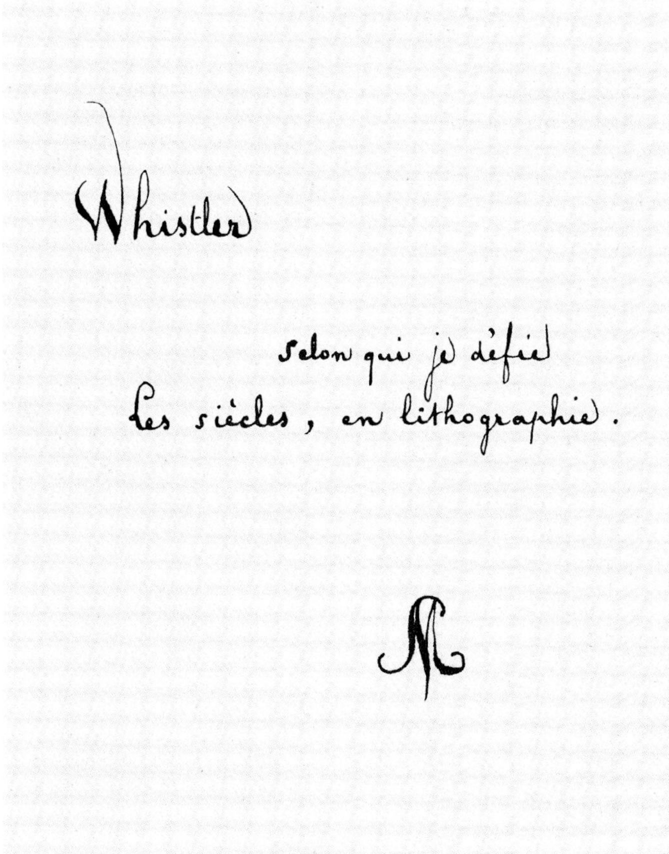
Whistler
selon qui je défie
Les siècles, en lithographie.

116. Stéphane Mallarmé, *Vers et prose,* 1893, Glasgow, University Library, **cat. 251.**

Glasgow University Library, Special Collections, Whistler M 199, don de Miss Rosalind Birnie Philip, 1958.

Dessin en forme de point d'interrogation, avec ce commentaire : « 110, rue du Bac », annonçant l'installation de Whistler à Paris.

248. **Stéphane Mallarmé**
Quatrain à Madame Whistler
C.P. 31 déc. 1894, ms autogr. sur carte de visite, 6 × 10,5 cm.
Glasgow University Library, Special Collections, Whistler M 222, don de Miss Rosalind Birnie Philip.

249. **James McNeill Whistler**
Portrait de Stéphane Mallarmé
Vers 1891, eau-forte, 22,7 × 17 cm.
Glasgow, University of Glasgow, Hunterian Art Gallery, GLAHA 49927, don de Miss Rosalind Birnie Philip, 1958.

Ce portrait resté inachevé fut sans doute entrepris par Whistler en vue de figurer en frontispice des exemplaires de luxe du recueil *Poésies*, projet envisagé un moment par Mallarmé et son éditeur Edmond Deman en 1891 et rapidement abandonné.

250. **James McNeill Whistler**
Portrait de Stéphane Mallarmé, **ill. 27.**
1892, lithographie sur hollande, envoi et monogramme autogr. au crayon « à mon Mallarmé ! », 19,8 × 15,5 cm.
Vulaines-sur-Seine, musée départemental Stéphane Mallarmé, Inv. 985-45-1, ancienne collection Mallarmé.

À propos de ce portrait, exécuté par Whistler pour servir de frontispice à son recueil *Vers et Prose*, Mallarmé écrit : « Ce portrait est une merveille, la seule chose qui ait jamais été faite d'après moi, et je m'y souris. » De Georges Rodenbach (« Stéphane Mallarmé », *Revue franco-américaine*, juillet 1895) à Théodore Duret (*Histoire de J. McN. Whistler et de son œuvre*, Paris, 1904), les contemporains s'accordèrent à trouver que le *Portrait de Mallarmé* par Whistler était, entre tous, celui qui rendait au plus près la personnalité du poète.

251. **Stéphane Mallarmé**
Vers et Prose, **ill. 116.**
Morceaux choisis avec un portrait par James McN Whistler, Paris, Librairie Académique Didier Perrin et Cie, 1893.
Glasgow University Library, Special Collections, Whistler 86-1, don de Miss Rosalind Birnie Philip.

Exemplaire de Whistler sur japon, lithographie en double état, sur chine collé et sur japon. Envoi autogr. de Mallarmé sur la page de garde : *Whistler / selon qui je défie / Les siècles, en lithographie.*

252. **James McNeill Whistler**
Rose et gris
Portrait de Geneviève Mallarmé
1897, huile sur bois, 20,6 × 12,2 cm, cadre original dessiné par Whistler.
Collection particulière, ancienne collection Mallarmé.

Whistler exécuta ce petit portrait lors de son passage à Valvins, le 20 octobre 1897. Mallarmé l'en remercie ainsi : « Geneviève a hâte de revoler du côté de son image ; elle se sent très belle, et captive, autre part. Quelle munificence, Whistler, et aussi la bonne affection, d'avoir pris les devants, avec cette merveille, sur un souhait secret ! » (lettre du 25 octobre 1897.)

Les habitués des mardis

253. **Jules Laforgue (1860-1887)**
Les Complaintes
Paris, Léon Vanier, Éditeur des Modernes, 1885, in-18.
Collection particulière.
Exemplaire de Mallarmé avec cet envoi autogr. : « À M. Stéphane Mallarmé / très respectueusement / Jules Laforgue ».

254. **Étienne Carjat**
Germain Nouveau
Photographie, épreuve ancienne, 16,4 × 10,8 cm.
Collection particulière.
Photographie dédicacée « à Stéphane Malarmé (*sic*) », avec ce quatrain autogr. : « Sans verte étoile au ciel ni nébuleuse blanche, / Sur je ne sais quel Styx morne, au centre de l'O / Magnifique, qui vibre autour de lui sur l'eau, / Mélancoliquement, mon esprit fait la planche. / Germain Nouveau. »

255. **Alfred Jarry (1873-1907)**
Les Jours et les nuits
Paris, Société du Mercure de France, 1897, in-18.
Collection particulière.
Exemplaire de Mallarmé avec cet envoi autogr. : « En dévotion ancienne / et récente à / Stéphane Mallarmé / Alfred Jarry ».

256. **Alfred Jarry**
Gestes et opinions du Docteur Faustroll
Ms. autogr. et fragments impr., s. l.,

1898, 83 ff. ms. et 22 p. impr.,
20 × 15,5 cm environ, reliure parchemin orné 1er plat d'un portrait de Jarry pyrogravé par Picasso signé et daté 1958.
Paris, Doucet, TZR SUP 5.

L'une des étapes sur l'itinéraire de Faustroll, la dix-neuvième précisément, dédiée à Stéphane Mallarmé, s'intitule *De l'île de Ptyx*; celle-ci y apparaît et, au-delà de cette rêverie d'insularité pour un mot à propos duquel Mallarmé s'était soucié qu'il n'existât pas, le maître des lieux se présente au souvenir de Jarry : « Le seigneur de l'île vint vers nous dans un vaisseau : la cheminée arrondissait des auréoles bleues derrière sa tête, amplifiant la fumée de sa pipe et l'imprimant au ciel. Et au tangage alternatif, sa chaise à bascule hochait ses gestes de bienvenue. Il tira de dessous son plaid quatre œufs, à la coque peinte, qu'il remit au Docteur Faustroll, après boire. À la flamme de notre punch l'éclosion des germes ovales fleurit sur le bord de l'île : des colonnes distantes, isolement de deux prismatiques trinités de tuyaux de Pan, épanouirent au jaillissement de leurs corniches la poignée de main-quadridigitale des quatrains du sonnet; et notre as berça son hamac dans le reflet nouveau-né de l'arc de triomphe. Dispersant la curiosité velue des faunes et l'incarnat des nymphes désassoupies par la mélodieuse création, le vaisseau clair et mécanique recula vers l'horizon de l'île son haleine bleutée, et la chaise hochante qui saluait adieu. » Jarry aimait Mallarmé qui distingua en lui ce qu'il y avait de décisif. Compréhension plénière et échange que restitue ce morceau que Jarry compléta ultérieurement d'une note où s'inscrit dans un tremblement d'émotion le manque essentiel : « Le fleuve autour de l'île s'est fait, depuis ce livre, couronne mortuaire. »

257. Paul Valéry

« Samedi X octobre 91. Chez Mallarmé... », **ill. 117.**

1891, ms autogr., 1 f. r°/v°
avec 2 dessins à la plume,
19,8 × 14,6 cm.
Paris, Doucet, VRY Ms 1818.

Valéry esquisse par les mots et le trait un double portrait physique et intellectuel de Mallarmé ainsi que de l'atmosphère des mardis. « C'est d'abord calme... puis la mise en train se perçoit. D'abord... yeux mi-clos, parole morte, très basse puis soudain grands yeux — et haute phrase... avec des aspirations. Cet homme devient savant sans une hésitation... puis épique — puis tragique. » Admirable témoignage croqué presque sur le vif. Ce mystère Mallarmé de l'homme et de l'œuvre devait hanter Valéry sa vie entière et orienter à plusieurs reprises sa recherche, il n'eut de cesse d'être fidèle et de pouvoir disposer de la logique inhérente à ce mystère. Ce qui se refusait bien évidemment à lui, lui causant une grande douleur spirituelle.

258. André Gide (1869-1951)

Lettre à Stéphane Mallarmé, **ill. 121.**

Paris, 5 février 1891, ms autogr., 3 pages sur 1 f. double, 19,9 × 13,2 cm.
Paris, Doucet, MNR Ms 1129,
legs Henri Mondor.

C'est là l'une des premières lettres de Gide à Mallarmé dans laquelle il lui confie : « ... vous m'avez appris la honte de mon livre [*Les Cahiers d'André Walter*] — et l'ennui de la Poésie, car vous avez chanté tous les vers que j'aurais rêvé d'écrire. » Gide comprit immédiatement les ressorts de l'élan mallarméen, il admira et aima l'homme dont il devait longtemps se souvenir, il en a laissé, bien après, dans *Si le grain ne meurt*, un portrait lié aux mardis tout à fait magnifique : « Certainement Mallarmé préparait ses conversations, qui ne différaient souvent pas beaucoup de ses *divagations* les plus écrites ; mais il parlait avec tant d'art et d'un ton si peu doctrinal qu'il semblait qu'il vînt d'inventer à l'instant chaque proposition nouvelle, laquelle il n'affirmait point tant qu'il ne semblait vous la soumettre, interrogativement presque, l'index levé, l'air de dire : *Ne pourrait-on pas dire aussi?... peut-être...* et faisant presque toujours suivre sa phrase d'un : *N'est-ce pas?* par quoi sur certains esprits, dont le mien, il eut sans doute le plus de prise. Souvent quelque anecdote coupait la *divagation*, quelque bon mot qu'il rapportait avec préciosité, tourmenté par ce souci d'élégance et de perfection qui fit son art s'écarter si délibérément de la vie. »

259. André Gide

Le Voyage d'Urien

Paris, Librairie de l'Art Indépendant, 1893, illustrations en couleurs de Maurice Denis, petit in-4°.
Collection particulière.
Exemplaire n° 1 avec envoi autogr., de la main de Gide, et la signature de l'auteur et de l'illustrateur : « à Monsieur Stéphane Mallarmé / en hommage / André Gide / Maurice Denis ».

260. Paul Claudel (1868-1955)

Lettre à Stéphane Mallarmé, **ill. 118.**

S. D., Fontcheou, 23 novembre 1896, ms autogr., 1 f. double r°/v°,
17,9 × 11,3 cm.
Paris, Doucet, MNR Ms 1124,
legs Henri Mondor.

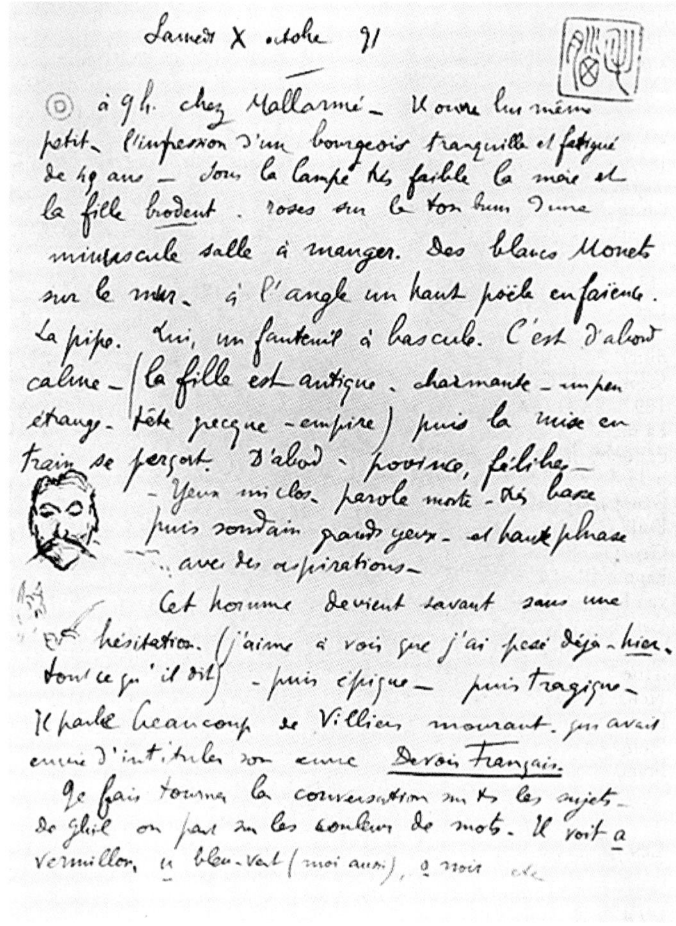
Samedi X octobre 91

à 9h. chez Mallarmé – il ouvre lui même
petit. l'impression d'un bourgeois tranquille et fatigué
de 49 ans – sous la lampe très faible la mère et
la fille brodent. roses sur le ton brun d'une
minuscule salle à manger. Des blancs Monet
sur le mur. à l'angle un haut poêle en faïence.
La pipe. Lui, un fauteuil à bascule. C'est d'abord
calme – (la fille est antique. charmante – un peu
étrange. tête presque – empire) puis la mise en
train se perçoit. d'abord – provinc, faible –
– Yeux mi clos. parole morte – très basse
puis soudain grands yeux – et haute phrase
... avec des aspirations –
Cet homme devient savant sans une
hésitation. (j'aime à voir que j'ai pensé déjà hier
tout ce qu'il dit) – puis épique – puis tragique –
Il parle beaucoup de Villiers mourant. qui avait
envie d'intituler son œuvre Devoir Français.
Je fais tourner la conversation sur les sujets
de Ghil on pas sur les couleurs des mots. Il voit a
vermillon, u bleu-vert (moi aussi), o noir etc

117. Paul Valéry, *« Samedi X octobre 91. Chez Mallarmé... »*, 1891,
Paris, Doucet, **cat. 257.**

C'est dans cette lettre que Claudel livre à Mallarmé, entre guillemets, un fragment d'une lettre restée malencontreusement dans son tiroir et qui lui semble être en parfait accord, dans un futur antérieur de l'esprit, avec *Le Mystère dans les Lettres* qu'il vient de lire. « Votre phrase, écrit Claudel, où dans l'aérien contrepoids des ablatifs absolus et des incidentes, la proposition principale n'existe plus que du fait de son absence, se maintient dans une sorte d'équilibrisme instable et me rappelle ces dessins japonais où la figure n'est dessinée que par son blanc, et n'est que le geste résumé qu'elle trace. Étant donné un grand écrivain, il fallait qu'il fût Parisien pour inventer un pareil style et s'en servir. » On ne pouvait mieux dire. On se souvient de la perspicacité en sympathie de Claudel telle qu'elle se manifeste dans *La Catastrophe d'Igitur* et dans maintes pages. Claudel, c'est une constante de sa vie, fut fasciné par Mallarmé. Le 8 mars 1952, il note encore : « Mallarmé n'était pas chrétien. Il avait devant les yeux un monde qui ne se justifiait pas *en droit*, privé de sa raison d'être, incapable de répondre à la question pourquoi. Mais le langage à qui la poésie prosodique confère un pouvoir indestructible en même temps, l'élève à une valeur générale absolue. La rose du Jardin s'ouvre et se fane, mais la fleur est, elle n'a ni commencement ni fin. On peut donc dire que la parole authentifie la nature, qu'elle lui confère existence, qu'elle la soustrait à son néant radical. » C'est là, mis en perspective, tout l'enjeu de l'héroïsme de Mallarmé.

261. Stéphane Mallarmé

« Messieurs, aux chers visages... », **ill. 81.**

1897, ms autogr. avec de nombreuses corrections, 2 ff., 17,8 × 14,2 cm et 22,2 × 14 cm.
Paris, Doucet, MNR Ms 1237,
legs Henri Mondor.

Toast de remerciement de Mallarmé à ses jeunes disciples, pour leur invitation au banquet organisé en son honneur, le 2 février 1897, au restaurant *Au Père Lathuile*. La préparation de ce banquet provoqua désaccords et amertume parmi les amis du poète (cf. *Correspondance*, IX, p. 55-60).

262. *« À Stéphane Mallarmé »*
1897, ms autogr, 23 ff. d'Arches filigranés d'une branche de laurier et de l'inscription « À Stéphane Mallarmé » rassemblés dans un étui, 34 × 28 cm.
Paris, Doucet, MNR Fol 58,
legs Henri Mondor.

Ces vingt-trois poèmes autographes furent offerts par un groupe de mardistes, en témoignage d'admiration, à Stéphane Mallarmé, le mardi 23 mars 1897, à l'initiative d'Albert Mockel. La majeure partie des écrivains de la génération symboliste, français et belges, se trouve réunie ici : Paul Claudel, Achille Delaroche, Édouard Dujardin, André Fontainas, Stefan George, André Gide, André-Ferdinand Hérold, Gustave Kahn, Charles van Lerberghe, Maurice Maeterlinck, Camille Mauclair, Paul Margueritte, Victor Margueritte, Stuart Merrill, Albert Mockel, Charles Morice, Henri de Régnier, Georges Rodenbach, Albert Saint-Paul, Robert de Souza, Paul Valéry, Émile Verhaeren, Francis Vielé-Griffin.

Les jeunes revues

I. *LA REVUE INDÉPENDANTE*, 1887-1888

263. Jacques-Émile Blanche (1861-1942)
Étude pour le portrait de Stéphane Mallarmé et de ses amis de La Revue indépendante, **ill. 119.**
1889, S. D. b.d. « J. E. Blanche, S. Mallarmé, 1889 », huile sur toile, 61 × 73 cm.
Rouen, musée des Beaux-Arts, Inv. 1923.1.16,
don de Jacques-Émile Blanche.

Ce portrait de groupe des collaborateurs de *La Revue indépendante*, commandé par Édouard Dujardin à Jacques-Émile Blanche, fut entrepris en novembre 1887, comme en témoigne un télégramme adressé par Blanche à Mallarmé, qui évoque la présence d'autres modèles : « Maître, il est décidé que le tableau sera exécuté dans mon atelier, à cause de l'obscurité de l'ancienne revue indépendante, pendant les jours d'hiver [...] Voulez-vous bien me faire l'honneur de venir demain, vers une heure, à Auteuil, avec M. de Villiers ? [...] — Je vais voir M. de Goncourt, j'écris à Bourget et à Hervieu : j'espère donc qu'il y aura déjà un petit groupe demain. »

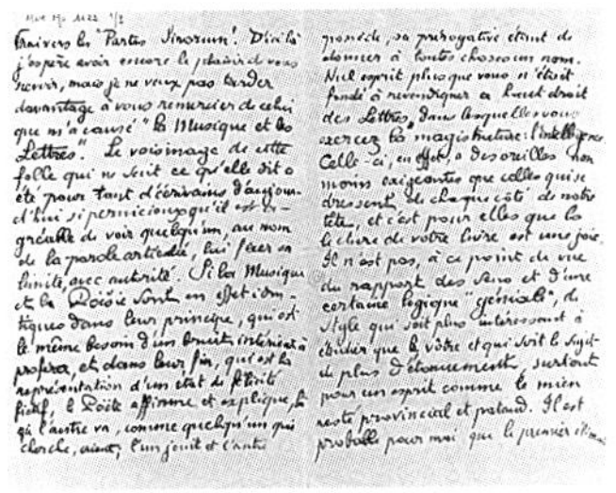

118. Paul Claudel,
Lettre à Stéphane Mallarmé, 1896,
Paris, Doucet, **cat. 260.**

(lettre du 8 novembre 1887). Finalement, le tableau resta à l'état d'ébauche et seuls trois des modèles pressentis y figurent : derrière Mallarmé sont assis Jean Ajalbert et Édouard Dujardin, respectivement secrétaire de rédaction et directeur de *La Revue indépendante* entre 1886 et 1888.
Mallarmé a donné trois poèmes à la première série de *La Revue indépendante* (mai 1884-mai 1885, direction Félix Fénéon et Georges Chevrier). Quand Dujardin prend la direction de la revue, en novembre 1886, Mallarmé y collabore régulièrement par une chronique théâtrale mensuelle, « Notes sur le Théâtre » (1er novembre 1886-1er juillet 1887). Il y publie aussi quatre sonnets (1er janvier 1887) et la traduction du *Ten O'Clock* de Whistler (mai 1888). En tant qu'éditeur, la revue a publié plusieurs volumes de Mallarmé : *L'Après-midi d'un faune*, édition définitive (1887), *Poésies*, édition photolithographiée (1887), *Le « Ten O'Clock » de M. Whistler* (1888). Le poète cessa de participer à la revue quand la direction changea de main, fin 1888.

264. Stéphane Mallarmé
Les Poésies de Stéphane Mallarmé
La Revue indépendante, 1887. Ex-libris gravé par Félicien Rops, 9 cahiers reliés, in-4°.
Paris, BnF, Réserve, Res g Ye 32.

Exemplaire fautif de cette première édition, publiée à petit nombre par Édouard Dujardin aux éditions de La Revue indépendante, d'un choix de poèmes de Mallarmé : les poèmes apparaissent dans un ordre différent de celui de la version définitive. En tête, reliée, une lettre d'Édouard Dujardin à en-tête de *La Revue indépendante*, informant son destinataire non identifié, sans doute un libraire, du remplacement de « deux exemplaires d'épreuves fautifs » par « deux exemplaires authentiques ».

265. Stéphane Mallarmé
Notes sur le théâtre
La Revue indépendante, 1er novembre 1886.
Glasgow University Library, Special Collections, Whistler 268, don de Miss Rosalind Birnie Philip.

Premier article de Mallarmé consacré à la saison théâtrale de 1886-1887. Mallarmé y rend compte de la reprise d'*Hamlet* à la Comédie-Française, avec, dans le rôle-titre, Mounet-Sully.

266. Stéphane Mallarmé
L'Après-midi d'un faune
Églogue par Stéphane Mallarmé, édition définitive, Paris, À la Revue Indépendante, 1887, plaquette in-12.
Paris, Doucet, MNR Ms 33,
legs Henri Mondor.
Exemplaire d'Édouard Dujardin sur japon impérial, avec quatrain autogr. de Mallarmé.

267. Stéphane Mallarmé
Invitation à la soirée d'inauguration de La Revue indépendante
1887, ms autogr. des deux premiers quatrains, 1 f., 15 × 11,5 cm.
Paris, Doucet MNR Ms 1226,
legs Henri Mondor.

Vers de circonstance demandés par Édouard Dujardin à Mallarmé pour annoncer l'installation de la revue dans ses nouveaux locaux, 11, rue de la Chaussée d'Antin, le 26 novembre 1887 : « [...] Quatre ou six vers (davantage serait ininsérable aux quotidiens), très simples (cela est d'ailleurs indispensable à l'intelligence des invités ; et puis, faut pas que les journaux nous redisent à ce propos décadents), des choses comme ceci : venir sans cérémonie (sans habit) — dans le texte ou dans un *post-scriptum* en prose. [...]. »

268. Stéphane Mallarmé
Crémaillère
La Revue indépendante, avril 1888, Pointe-sèche de Louis Anquetin.
Paris, Bibliothèque du musée d'Orsay.

Ce poème est précédé de l'avis suivant, émanant de la rédaction de la revue : « Le trois mars, *La Revue indépendante* réunissait en une fête d'inauguration ses rédacteurs. La pointe-sèche qui se marie aux vers sur le japon de l'appel et que nous reproduisons ici en regrettant qu'elle ait été alourdie par le clichage et rapetissée pour entrer dans le texte, est de M. Louis Anquetin ; le texte est de M. Mallarmé. »

II. *LA PLUME*, 1893-1896

En 1893, Mallarmé commence à collaborer à *La Plume*, revue éclectique fondée en 1889 par Léon Deschamps. Il assiste à plusieurs banquets organisés par la revue et y publie le sonnet *Hommage*, qui prend place en tête du recueil *Le Tombeau de Charles Baudelaire*, dont l'initiative revient à Léon Deschamps, et un autre *Hommage*, sonnet inséré dans le numéro spécial que la revue consacre à Puvis de Chavannes (15 janvier 1895). *La Plume* consacre à Mallarmé une partie de son numéro du 15 mars 1896.

269. Stéphane Mallarmé
Toast
1893, ms autogr., 1 f., 27 × 20,5 cm.
Paris, Doucet MNR Ms 1187,
legs Henri Mondor.

Poème de circonstance prononcé à l'occasion du septième banquet de *La Plume*, présidé par Mallarmé, le 9 février 1893. Placé en exergue du recueil posthume *Poésies* (1899), sous le titre *Salut*.

270. Stéphane Mallarmé
Toast
La Plume, 15 février 1893.
Paris, Doucet MNR Br 23,
legs Henri Mondor.

271. Frédéric-Auguste Cazals **(attribué à), (1868-1941)**
Portrait de Stéphane Mallarmé
1893, mine de plomb et lavis d'encre, 14 × 9 cm.
Inscr. en haut au centre : « Stéphane Mallarmé / 1893 / FC ». En bas, inscr. d'une autre main : « Banquet de la Plume ».
Paris, Doucet,
legs Henri Mondor.

Ce petit profil présente des analogies avec le portrait-charge de Mallarmé en faune par Cazals, qui figure sur l'invitation au huitième banquet de *La Plume* du jeudi 13 avril 1893, que présidait Paul Verlaine et dont Mallarmé était l'un des vice-présidents (invitation reproduite dans *La Plume*, 1er avril 1893, p. 166).

272. Stéphane Mallarmé
Hommage
La Plume, n° 137, 1er janvier 1895.
Paris, Doucet, MNR Br 24,
legs Henri Mondor.

Sonnet pour *Le Tombeau de Charles Baudelaire*.

273. *Stéphane Mallarmé*
La Plume, n° 166, 15 mars 1896.
Paris, Doucet MNR Br 26,
legs Henri Mondor.

Ce numéro de la revue *La Plume*, en partie consacré à Mallarmé, contient un large choix de poèmes déjà publiés, ainsi que le fac-simile d'autographe du rondel *« Si tu veux nous*

nous aimerons… ». Il est précédé d'un article de Charles Morice sur Mallarmé.

III. *LA REVUE BLANCHE*
1895-1896

C'est dans « l'amicale, à tous prête *Revue blanche* » que Mallarmé publie chaque mois, du 1er février au 1er novembre 1895, puis en septembre 1896, ses « Variations sur un sujet », qu'il qualifiera de « poème critique » dans la bibliographie du recueil *Divagations*, où il rassemble ces articles un an plus tard. Fondée par les frères Natanson en 1889 et dirigée par Félix Fénéon à partir de 1894, ouverte sans exclusive à tous les jeunes talents, *La Revue blanche* (1889-1903) apparaît comme la revue la plus novatrice de la fin du siècle. Dans le domaine artistique, elle a soutenu les expériences des nabis, groupe de peintres qui furent, comme Mallarmé, des amis proches de Thadée Natanson et de sa jeune épouse Misia. Durant l'été et l'automne 1896, les Natanson virent souvent le poète à Valvins, où ils possédaient, comme lui, une maison de campagne, La Grangette, qu'ils revendirent l'année suivante.

274. **Félix Vallotton (1865-1925)**

Stéphane Mallarmé
Vignette, *La Revue blanche*, tome XII, 15 janvier 1897.
Paris, Bibliothèque du musée d'Orsay, 8° XL 4.

Vignette reproduite sur la quatrième page de couverture de *La Revue blanche*, où est annoncée la parution de *Divagations* par Mallarmé, chez l'éditeur Eugène Fasquelle. Ce numéro comportait aussi un article de Thadée Natanson sur Mallarmé.

275. **Félix Vallotton**

Stéphane Mallarmé
The Chap Book, 15 août 1895.
Collection particulière.

276. **Stéphane Mallarmé**

Variations sur un sujet, **ill. 21.**
1895, épreuves corrigées, 38 ff. dans un cahier cartonné, 28 × 22 cm.
Paris, Doucet, MNR Fol. 36, legs Henri Mondor.

Épreuves d'imprimerie avec corrections autographes, collées sur support papier, de neuf des dix premières *Variations sur un sujet* (manque *Conflit*), précédées d'un message autographe à Fénéon : « Voici les épreuves, cher Fénéon, que vous apporterez le mois prochain ou un autre, n'est-ce pas, pour que nous les revoyions ensemble, à l'ombre de la voile, sur la rivière. Votre M. »
Corrections du texte à l'encre noire ou rouge. Les blancs à ménager sont indiqués au crayon rouge.
Ouvert sur la *Variation I, L'Action*, primitivement intitulée *À l'éloge du Livre*.

277. **Stéphane Mallarmé**

Variations sur un Sujet / XI – Le Mystère, dans les Lettres
1896, ms autogr., 30 ff., 15,5 × 20 cm.
Paris, Doucet, alpha 7248-3.

Copie autographe préparée pour l'impression. Sous le titre, Mallarmé a noté, au crayon rouge, cette recommandation à l'adresse de l'imprimeur : « Imprimer ce titre et le texte dans le même caractère que par le passé. Tenir compte exact des blancs et ne rien changer, absolument, à la ponctuation. » Chaque feuillet, très aéré, comporte de sept à dix lignes. Les mentions de blanc (« blanc de trois lignes », « blanc d'une ligne », etc.) sont indiquées au crayon rouge.

278. **Stéphane Mallarmé**

Divagations, **ill. 47 et 82.**
Paris, Bibliothèque Charpentier, Eugène Fasquelle éditeur, 1897, in-12.
Paris, Doucet, MNR Ms 1158, legs Henri Mondor.
Exemplaire de Félix Fénéon avec envoi autographe de Mallarmé : « À Félix Fénéon / ce livre qu'il a lu / avec toute l'amitié / de / Stéphane Mallarmé ».
Ouvert sur les épreuves corrigées de l'article « Le Mystère dans les Lettres ».

Exemplaire truffé de : un témoignage manuscrit de Mallarmé sur la personnalité de Félix Fénéon, rédigé en vue de sa défense au procès des Trente ; le ms autogr. de l'article « Hamlet et Fortinbras » paru dans *La Revue blanche*, 15 juillet 1896 ; les épreuves corrigées de trois articles de *Divagations*, « Le Mystère dans les Lettres », « Plaisir sacré », « Catholicisme » (p. 289 à 300).

279. **Stéphane Mallarmé**

Variations sur un sujet : V – Bucolique
La Revue blanche, 1er juin 1895.
Paris, Doucet, MNR Br 31, legs Henri Mondor.

280. **Stéphane Mallarmé**

Variations sur un sujet : X – Particularités
La Revue blanche, 1er novembre 1895, édition de luxe.
Paris, Doucet, MNR Br 32, legs Henri Mondor.

Valvins

281. **Berthe Morisot**

La Barque de Mallarmé, **ill. 44.**
1893, huile sur toile, 28,5 × 35 cm.
Prov. : Stéphane Mallarmé ; famille Mallarmé ; Paris, vente 12 mars 1969, n° 67 ; Paris, vente 9 mai 1979, n° 41.
Collection particulière, ancienne collection Mallarmé.

Fin août 1893, Berthe Morisot et sa fille Julie passèrent quelques jours à Valvins, à l'invitation de Mallarmé. C'est de la chambre de son auberge que l'artiste peignit la barque du poète, aux côtés de sa fille, qui s'y essaya aussi. Elle offrit le tableau à Mallarmé, qui l'évoque en ces termes, dans une lettre qu'il lui adresse juste après son départ : « La petite voile me suffit peinte et je regarde » (6 septembre 1893). Cette œuvre était accrochée dans la chambre de Mallarmé, à Valvins.

282. **Édouard Vuillard (1868-1940)**

La Maison de Mallarmé à Valvins, **ill. 3.**
1896, S.b.d., huile sur carton, 21 × 19 cm.
Paris, musée d'Orsay, RF 1977-394, ancienne collection Thadée Natanson, legs de Mme Reine Natanson, 1953.

283. **Édouard Vuillard**

La Grangette à Valvins (automne)
1896, S.D.b.g., huile sur carton marouflé sur panneau, 19 × 41 cm.
Prov. : acheté à Vuillard par Claude Anet ; collection Jacques Laroche.
Collection particulière.

284. **Édouard Vuillard**

La Maison de Mallarmé à Valvins (hiver), **ill. 120.**
1896, S.b.d. 'E.V.', huile sur panneau, 14 × 40 cm.
Prov. : acheté à Vuillard par Claude Anet ; collection Marcel Guérin.
Collection particulière.

Vuillard a exécuté plusieurs vues de la maison de Mallarmé à Valvins, à différentes saisons et sous différents angles, alors qu'il se trouvait en villégiature chez ses amis Natanson dans leur maison de La Grangette, en 1896. Deux versions différentes de ce motif sont présentées ici, ainsi qu'une vue de La Grangette.

285. **Édouard Vuillard**

Misia Natanson au piano, dans le grenier de Valvins
1896, S.b.g. 'E.V.', huile sur papier marouflé sur panneau, 14,7 × 11 cm.
Collection particulière.

Vuillard a peint à plusieurs reprises en 1896 le grenier de la maison des Natanson, La Grangette, située non loin de la maison de Mallarmé, à Valvins. Pianiste remarquable, Misia Natanson avait fait installer un piano dans ce grenier et elle en jouait pour ses amis, notamment pour Mallarmé qui l'évoque dans un quatrain inscrit sur un éventail.

286. *Éventail de Misia Natanson*, **ill. 32.**
Sur papier japonais décoré, avec quatrain autogr. de Mallarmé, 30 × 56 cm.
Paris, collection Thierry Bodin.

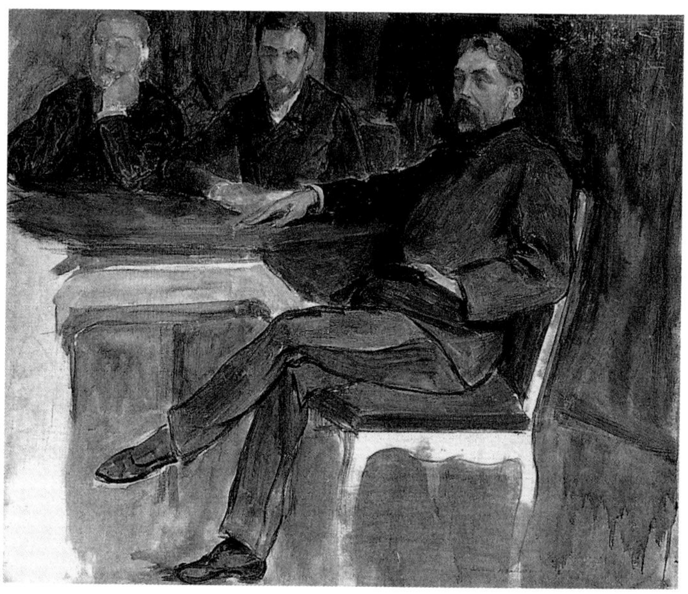

119. Jacques-Émile Blanche, *Étude pour le portrait de Stéphane Mallarmé et de ses amis de* La Revue indépendante, 1889, Rouen, musée des Beaux-Arts, **cat. 263.**

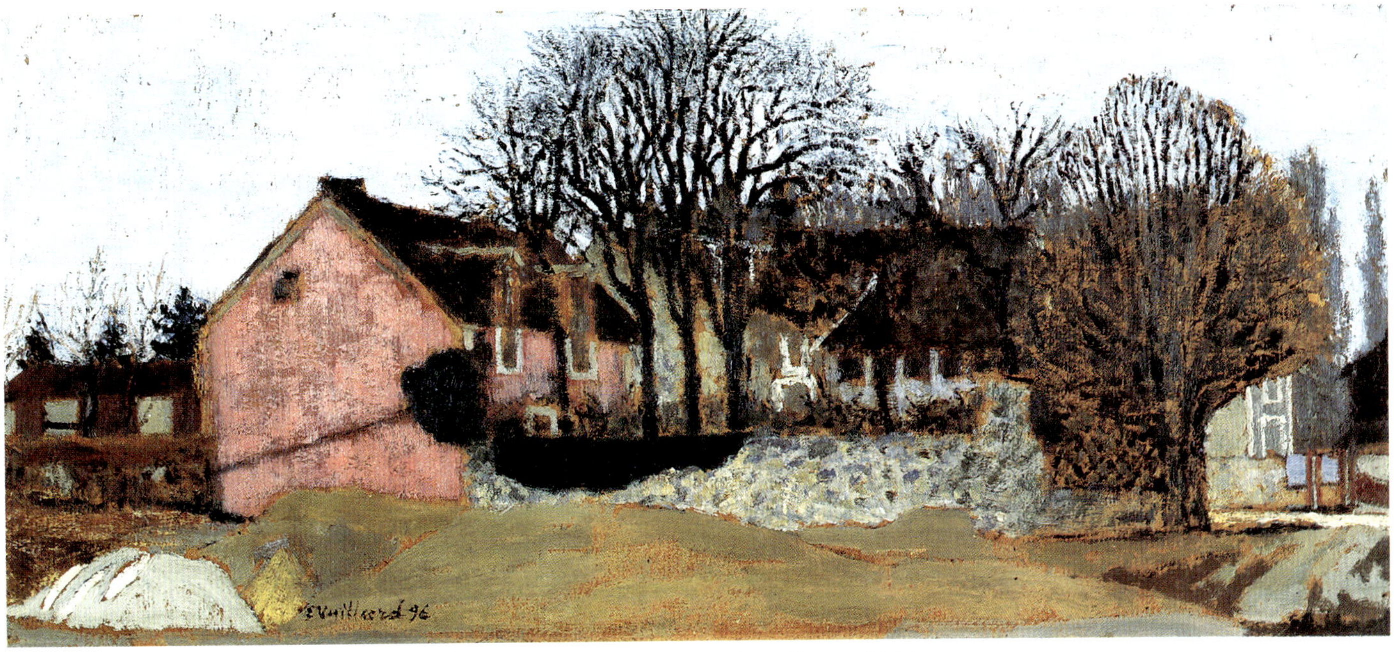

120. Édouard Vuillard, *La Maison de Mallarmé à Valvins,* 1896, coll. part., **cat. 284.**

Photographies de Mallarmé et de sa famille (après 1880)

287. PAUL NADAR
Stéphane Mallarmé
Après 1889, photographie, épreuve ancienne, 30 × 18 cm.
Paris, Doucet, Ing sup 33, legs Henri Mondor.

288. DORNAC
Stéphane Mallarmé assis près du cabinet japonais
Vers 1895, photographie, épreuve ancienne, série « Les Contemporains chez eux », 13 × 18 cm.
Collection particulière.

289. DORNAC
Stéphane Mallarmé assis dans son rocking-chair
Vers 1895, photographie, épreuve ancienne, série « Les Contemporains chez eux », 13 × 18 cm.
Collection particulière.

290. PAUL NADAR
Stéphane Mallarmé au châle, **ill. 90.**
Photographie, épreuve ancienne, 18,5 × 25 cm.
Paris, Doucet, Ing sup 26, legs Henri Mondor.
Inscription autogr. au crayon : « Monsieur Mallarmé / s'entoure de l'affection et du châle / de Méry / SM ».

291. LÉOPOLD (Clermont-Ferrand)
Stéphane Mallarmé déguisé en Auvergnat
1888, deux photographies, épreuve ancienne, format carte de visite.
Collection particulière.

292. *Stéphane Mallarmé en marin*
Trois photographies, épreuve ancienne, format carte de visite.
Collection particulière.

293. PAUL NADAR
Stéphane Mallarmé, **ill. 1.**
Photographie, épreuve ancienne, 26 × 20 cm.
Collection particulière.

294. PAUL NADAR
Stéphane Mallarmé, **ill. 36.**
Après 1889, photographie, épreuve ancienne, 30 × 18 cm.
Collection particulière.

295. OTTO (Paris)
Geneviève Mallarmé en buste, de face
1889, photographie, épreuve ancienne, 14 × 9,5 cm.
Collection particulière.

296. OTTO (Paris)
Geneviève Mallarmé en buste, de dos
1889, photographie, épreuve ancienne, 14 × 9,5 cm.
Collection particulière.

297. OTTO (Paris)
Madame Mallarmé en buste
Vers 1889, photographie, épreuve ancienne, 14 × 9,5 cm.
Collection particulière.

298. *Geneviève et une amie non identifiée en costumes de scène à Valvins*
Vers 1881-1882, deux photographies d'amateur, épreuve ancienne, 11,5 × 7 cm.
Collection particulière.

299. *Stéphane Mallarmé, Geneviève et une dame non identifiée à Valvins*
1896, photographie peut-être due à Julie Manet, épreuve ancienne, 8 × 9 cm.
Collection particulière.

300. PAUL NADAR (Paris)
Geneviève Mallarmé à Valvins, encadrée dans la porte
Photographie, épreuve ancienne, 13 × 10,7 cm.
Collection particulière.

301. *Stéphane Mallarmé près de sa barque à Valvins,* **ill. 34.**
1896, photographie peut-être due à Julie Manet, épreuve ancienne, 8 × 9 cm.
Collection particulière.

302. *Stéphane Mallarmé dans sa barque à Valvins,* **ill. 43.**
1896, photographie peut-être due à Julie Manet, épreuve ancienne, 8 × 10 cm.
Collection particulière.

303. JULIE MANET
Stéphane Mallarmé dans sa barque avec Thadée Natanson, à Valvins
1896 photographie, épreuve ancienne, 11 × 8,5 cm.
Collection particulière.

304. *Madame Mallarmé et Geneviève rue de Villejust*
Après 1898, photographie d'amateur, épreuve ancienne, 16,5 × 12,3 cm.
Collection particulière.

MAQUETTES ET RECUEILS

C'est à partir de 1887 que Mallarmé commence à regrouper en volumes ses textes, parus jusque-là dans diverses revues. Auparavant, il n'avait publié en volumes que des œuvres de commande (traductions et manuels pédagogiques) et deux poèmes illustrés par Manet, *Le Corbeau* (1875), traduit d'Edgar Poe, et *L'Après-midi d'un faune* (1876). C'est à la demande des éditeurs Édouard Dujardin à Paris et Albert de Nocée à Bruxelles qu'il prend le parti, en 1887, de rassembler ses textes, en deux publications parfaitement opposées : d'une part une édition de luxe de ses poésies, sous forme de neuf livraisons, que son prix élevé et son tirage très limité réservent à un petit nombre d'amateurs fortunés. D'autre part et dans le même temps, une brochure populaire à bon marché d'un choix restreint de vers et de prose. Ces deux recueils marquent le début de ses publications en volumes, qui vont désormais se succéder régulièrement et dans lesquelles les mêmes textes réapparaissent souvent d'un livre à l'autre. Le Belge Edmond Deman, que lui a recommandé Émile Verhaeren, devient son éditeur privilégié et publie avec élégance ses livres les plus importants, *Les Poèmes d'Edgar Poe*, *Pages*, *Poésies*. Cependant Mallarmé n'hésite pas à faire appel, quand il en est besoin, à d'autres maisons : Perrin se verra ainsi confier la publication de *Vers et Prose*, Charpentier, éditeur attitré des romanciers naturalistes, se chargera de *Divagations*. Mallarmé apporte la plus grande vigilance à l'établissement de ses éditions, fournissant des maquettes soigneusement préparées, suivant un procédé constant : il colle sur des feuilles de papier ses textes préalablement découpés dans les revues où ils ont paru, y ajoutant, quand il convient, des corrections manuscrites dans les marges, et il indique, au crayon rouge, les lignes de blanc qu'il veut voir ménager. En outre, il échange avec ses éditeurs une correspondance fournie, contrôlant tous les aspects de la fabrication du livre : mise en page, format, choix des caractères typographiques, papier, blancs, etc. Un tel soin attentif, rare chez un écrivain, témoigne de l'importance que Mallarmé attache à la présentation matérielle du livre, considéré en tant qu'œuvre à part entière. Les maquettes de Mallarmé, soigneusement mises en page, apparaissent alors comme les prémices de l'œuvre ultime, *Un coup de dés*.

1887

305. *Les Poésies de Stéphane Mallarmé* / 1er... 9e cahier / La Revue / Indépendante / E.D.

Ex-libris gravé par Félicien Rops. Édition en partie originale photolithographiée du manuscrit définitif à quarante exemplaires, plus sept exemplaires sur japon (A à G) non mis en vente.
Prix : 100 francs.
Collection particulière.
Exemplaire D sur Japon « de ces Dames » [Marie et Geneviève Mallarmé], dans une chemise brodée par Geneviève.
Vulaines-sur-Seine, musée départemental Stéphane Mallarmé.
Exemplaire B sur japon de Félicien Rops.
9 cahiers, couverture japon bis, in-4°.

Première édition, en neuf livraisons, à l'initiative d'Édouard Dujardin, directeur de *La Revue indépendante*, d'un choix de poésies de Mallarmé, dont les manuscrits autographes recopiés par l'auteur sont reproduits, légèrement réduits, en fac-similé, par procédé photolithographique. Le tirage est extrêmement faible (40 + 7 exemplaires), « le texte joue à la fois le manuscrit et l'imprimé » (lettre de Mallarmé à Dujardin, 24 mai 1887.)

306. Félicien Rops, 1833-1898
La Grande Lyre

1887, S.b.g. mine de plomb, pierre noire et rehauts de blanc, 42 × 18,5 cm.
Paris, musée du Louvre, département des Arts graphiques, Fonds du musée d'Orsay, RF 5266,
don de Mme Demolder Rops.

Dessin pour le frontispice des *Poésies de Stéphane Mallarmé*, où il est reproduit à l'héliogravure reprise au vernis mou par Rops. La planche sera de nouveau utilisée, en réduction, pour le frontispice des *Poésies*, dans l'édition Deman de 1899. « Ce frontispice, une de vos pures œuvres et ma constante admiration, est, selon moi, inséparable de l'humble texte qu'il décore, ou, du moins, lui confère un tel honneur ! » note Mallarmé dans une lettre à Rops lui demandant l'autorisation de réutiliser cette planche pour l'édition de ses *Poésies*, en préparation chez Deman (lettre du 7 septembre 1894). On sait que Rops avait aussi exécuté le frontispice des *Épaves* de Baudelaire (Bruxelles, Poulet-Malassis, 1866), un de ses amis proches.

1887

307. Première série. N° 10 / Poètes & Prosateurs / Anthologie contemporaine des Écrivains Français et Belges / *Stéphane Mallarmé / Album de Vers & de Prose* / Bruxelles, Librairie Nouvelle. Paris, Librairie Universelle, 1887

Plaquette in-18, 16 p.
Prix : 15 centimes. Édition originale pour la partie prose seulement.
Paris, Doucet, MNR 454,
legs Henri Mondor.

Publication à bon marché largement diffusée (14 000 exemplaires vendus en 1892, d'après le témoignage de Mallarmé) et qui a fait l'objet d'une réimpression la même année. Ce volume prend place dans une série regroupant un choix d'œuvres des écrivains suivants : Catulle Mendès, Georges Rodenbach, Léon Hennique, Georges Eekhoud, Léon Cladel, Gustave Guiches, etc.

1888

308. *Les Poèmes / d'Edgar Poe* / Traduction de Stéphane Mallarmé, avec portrait et fleuron / par Édouard Manet / À Bruxelles, chez l'Éditeur Edmond Deman / 1888

In-4°. Édition originale de la traduction tirée à 850 exemplaires : 50 sur japon impérial (n° 1 à 50), 800 sur hollande (n° 51 à 850). Prix : 35 francs et 12 francs.
Paris, Doucet, 615 R IV 19.
Exemplaire n° 803 avec envoi autogr. à Octave Mirbeau.

309. *Les Poèmes d'Edgar Poe, Traduction de Stéphane Mallarmé, avec portrait et fleuron par Edouard Manet, Bruxelles, chez Deman, 1888*

Maquette en partie autogr., 141 ff. reliés en un volume in-8° carré.
Paris, B.n.F., Réserve, Res. p Yk 144.

Cette maquette en partie autographe, réalisée par Mallarmé pour l'édition originale des *Poèmes d'Edgar Poe* (Bruxelles, Deman, 1888), fut adressée à Edmond Deman en février 1888, comme en témoigne cette lettre du 18 février : « Merci, mon cher éditeur ; ci-joint le reçu. Je frémis que vous lisiez mon manuscrit, ou cette copie faite de bribes d'écriture et d'imprimé, autrement que sur épreuves [...] Cependant faites à votre gré et en homme accoutumé à ces cuisines. »
La copie est établie à partir de textes découpés dans les revues et les journaux où ils ont paru, auxquels Mallarmé apporte de nombreuses corrections et modifications autographes. Il rédige les pages liminaires de titre, la liste des œuvres « du même auteur » et la table ; il compose, au crayon rouge, les faux-titres qui séparent chacun des poèmes ; il joint les clichés des dessins de Manet.

1891

310. Stéphane Mallarmé / *Pages* / Avec un frontispice à l'eau-forte par Renoir / À Bruxelles, chez l'éditeur Edmond Deman / 1891, **ill. 67.**

In-8°. Édition en partie originale. Tirage à 325 exemplaires : 50 sur japon (n° 1 à 50), 275 sur hollande van Gelder (n° 51 à 275). Prix : 30 francs et 15 francs.
Paris, Doucet, MNR Ms 1165-1,
legs Henri Mondor.
Exemplaire sur hollande van Gelder n° 153, avec liste autogr. des dédicataires.
Paris, Doucet, D-III-I (6).
Exemplaire n° 16 sur japon.

311. *Le Tiroir de laque (premier cahier) / par Stéphane Mallarmé / avec illustrations, en couleur sur la couverture, de John Lewis Brown ; à l'eau-forte et à la pointe sèche de Madame Berthe Morisot, de Renoir, et Degaz [sic] / 1888*

Maquette préparée pour l'impression, en partie autographe, 137 ff. reliés en un volume in-8°.
Paris, Doucet, MNR Fol. 30,
legs Henri Mondor.

Cette maquette en partie autographe, préparée par Mallarmé pour l'édition originale de *Pages*, qui devait d'abord s'intituler *Le Tiroir de laque*, fut adressée à l'éditeur en février 1888, comme en témoigne cette lettre du 12 février : « Cette lettre est en souffrance depuis mercredi, et elle attend un poème en prose qu'on m'a égaré : "Mome Sagace". Tant pis ! je vous envoie le manuscrit avec ce blanc, que je ferai remplir et vous enverrai à part dans la semaine. »
La copie est établie à partir des textes découpés dans les revues et les journaux où ils ont paru et d'épreuves d'imprimerie, auxquels Mallarmé apporte des corrections et modifications autographes. Il rédige la page liminaire de titre, la liste des œuvres « du même auteur » et la table. Quelques textes sont manuscrits (*Un spectacle interrompu*, en partie manuscrit, *Richard Wagner, rêverie d'un poëte français* copié par Geneviève Mallarmé). *Crayonné au Théâtre* figure sous forme d'épreuves corrigées, avec indications des blancs à ménager.
En tête de la maquette, Mallarmé a noté : « La mise en page est ici à peu

près faite. » Chaque feuillet comporte quelques lignes seulement de texte imprimé, de manière à fournir une présentation très aérée. L'édition imprimée ne tient compte qu'en partie des indications de mise en page fournies par la maquette originale.

312. STÉPHANE MALLARMÉ
Pages
1889, trois jeux d'épreuves avec de nombreuses corrections autographes, montées sur onglets et reliées en 2 volumes petit in-fol.
Collection particulière.

[1er volume] Premières épreuves : maquette des premières pages : justification, faux-titre, titre, liste des textes, table des illustrations (6 ff. autogr.). Épreuves corrigées des textes, nombreuses corrections autogr., et indications typographiques au crayon bleu (notamment pour les blancs).
[2e volume] Secondes épreuves corrigées et partie des troisièmes interfoliées.

1892

313. Stéphane Mallarmé / *Vers et Prose* / Morceaux choisis / Avec un portrait par James M. N. Whistler / Paris / Librairie Académique Didier / Perrin et Cie, libraires-éditeurs / 1893.
In-18. Édition en partie originale.
Prix : 3,50 francs. 35 exemplaires numérotés : 25 sur hollande (8 francs) et 10 sur japon (20 francs).
Paris, Doucet, F VII 27.
Exemplaire sur hollande.
Paris, Doucet, MNR 494, legs Henri Mondor.
Eexemplaire avec envoi autogr. à John Payne : « Toujours / à / John Payne / M ».
Paris, Doucet, MNR Ms 1178, legs Henri Mondor.
Exemplaire incomplet, corrigé et annoté en vue d'une deuxième édition.

« Ce Florilège, ou très modeste anthologie de ses écrits [...] peut suffire au Public, comme inciter chez lui la curiosité d'ouvrages luxueux », est-il indiqué dans « l'Avant-dire » au recueil, rédigé par Mallarmé luimême. Il s'agit donc, avec ce volume, de mettre à la disposition du public intéressé, mais ne disposant pas de moyens conséquents, une anthologie de ses œuvres, que le poète a choisies avec soin. La première édition paraît en novembre 1892, la deuxième en en juillet 1893 : c'est dire l'intérêt que suscita ce recueil.

314. *Stéphane Mallarmé / Vers et Prose / Morceaux choisis / avec un portrait au burin par Marcellin Desboutin / Paris / 1893*
Maquette préparée pour l'impression, en partie autographe, 138 ff. réunis dans un classeur, 27 × 21 cm.
Paris, Doucet, MNR Ms 1244, legs Henri Mondor.

La page de titre, la liste des œuvres « du même Auteur », « l'Avant-dire » sont manuscrits ; la table manuscrite placée à la fin du recueil donne l'indication des caractères à utiliser. Les titres des œuvres sont manuscrits. La copie est établie à partir de textes découpés dans les revues et les journaux où ils ont paru, auxquels Mallarmé apporte des corrections et modifications autographes ; quelques textes sont recopiés de la main de l'auteur (*Hérodiade*, en partie manuscrit, *Ulalume* et *La Dormeuse*, manuscrits, *Frisson d'hiver*, *L'Ecclésiastique*, *Divagation Première*, *Divagation Deuxième*, en partie manuscrits).

1897

315. Stéphane Mallarmé / *Divagations* / Paris / Bibliothèque Charpentier / Eugène Fasquelle, éditeur / 1897
In-12. Édition en partie originale.
Prix : 3,50 francs.
15 exemplaires sur hollande (10 francs) et 5 sur japon.
Paris, Doucet, F. VII. 29.
Exemplaire nº 5 sur hollande.
Paris, Doucet, MVL 1989.
Liste d'errata du volume *Divagations*, notes autogr., 7 ff. formats divers.

« Un livre comme je ne les aime pas, ceux épars et privés d'architecture. Nul n'échappe décidément au journalisme ou voudrait-il, en produit pour soi et tel autre espérons, sans qu'on jette par-dessus les têtes, certaines vérités, vers le jour » (en tête de *Divagations*). On notera la place impartie, à dessein, aux blancs qui séparent les paragraphes.

1899

316. *Les Poésies* / de / S. Mallarmé / Frontispice de F. Rops / À Bruxelles / chez Edmond Deman, libraire / 1899
In-8º. Édition en partie originale.
100 exemplaires sur hollande van Gelder (12 francs), 50 exemplaires sur japon impérial (20 francs). Environ 1 000 exemplaires ordinaires sur vergé teinté (6 francs).
Paris, Doucet, MNR Fol 25, legs Henri Mondor.
Exemplaire sur japon impérial nº 23.
Paris, Doucet, MNR Fol 26, legs Henri Mondor.
Exemplaire sur japon impérial nº 44.
Anvers, collection Fontainas.
Exemplaire nº 117 broché sur hollande.

Édition prévue par Mallarmé dès 1891, comme en témoigne sa correspondance avec l'éditeur Deman : « Ce sera l'édition, par excellence ; dont celle manuscrite aura été le brouillon [...] » Par suite des atermoiements de Mallarmé, le volume ne parut qu'après sa mort.

317. *Poésie / de / Stéphane Mallarmé / 1er cahier / le Frontispice de / Rops / et décoration intérieure par E. Rassenfosse / Bruxelles / chez Deman / 189-*, **ill. 31, 42, 91, 93 et 100.**
S. D. 12 novembre 1894, maquette préparée pour l'impression, en partie autographe, 144 ff. reliés en un volume in-4º.
Paris, Doucet, MNR Ms 1171, legs Henri Mondor.

Cette maquette a été adressée à Edmond Deman le 12 novembre 1894, suivant une lettre de Mallarmé à son éditeur. C'est à partir de cette maquette que celui-ci a établi l'édition posthume des *Poésies* de Mallarmé, se conformant exactement à l'ordre des poèmes voulu par lui. En revanche, il n'a tenu compte qu'en partie des indications de mise en page fournies par la maquette. Trois poèmes, non encore composés à la date de 1894, ont été ajoutés par Geneviève Mallarmé, copiés de sa main : *Tombeau* (Verlaine), *Hommage* (Puvis de Chavannes), « *Au seul souci de voyager...* ».
La page de titre, les indications de mise en page, la liste des œuvres « du même Auteur », la bibliographie, la table sont manuscrits. Les titres des œuvres sont manuscrits. La copie est établie à partir des textes découpés dans les revues et les journaux où ils ont paru, auxquels Mallarmé apporte des corrections et modifications autographes. Plusieurs textes sont recopiés de la main de l'auteur (*Renouveau*, *Tristesse d'Été*, *Aumône*, *Don du Poëme*, *La Chevelure vol d'une flamme*, *Éventail / de Madame Mallarmé*, *Remémoration d'Amis belges*, *Petit air / I*, *Petit air / II*, « *Quelle soie aux baumes de temps...* », « *À la nue accablante tu...* »). Mallarmé indique d'un trait rouge les changements de pages. Lorqu'un poème s'étend sur plus d'une page, il note systématiquement, au crayon rouge : « 18 vers à la page, y compris les blancs. »

ULTIMES TENTATIVES

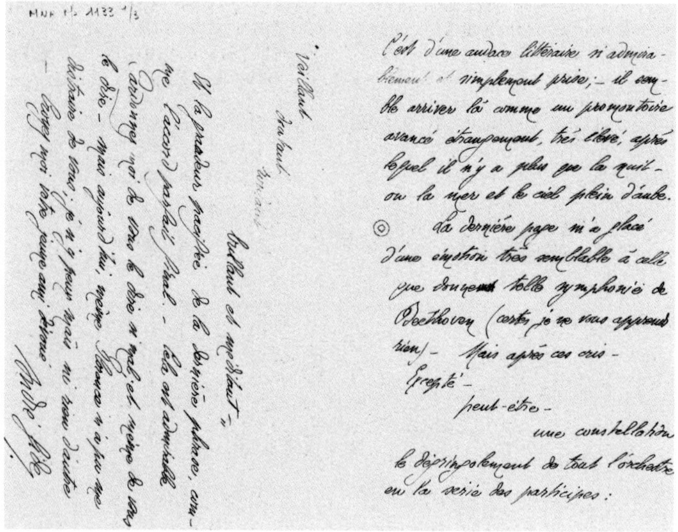
C'est d'une audace littéraire si admirablement et simplement prise; — il semble arriver là comme au promontoire avancé étrangement, très élevé, après lequel il n'y a plus que la nuit — ou la mer et le ciel plein d'aube.
La dernière page m'a placé d'une émotion très semblable à celle que donne telle symphonie de Beethoven (certes je ne vous apprends rien) — Mais après ces cris —
Excepté —
peut-être —
une constellation
le déringolement de tout l'orchestre en la série des participes :

121. André Gide, *Lettre à Stéphane Mallarmé,* 1891,
Paris, Doucet, **cat. 258.**

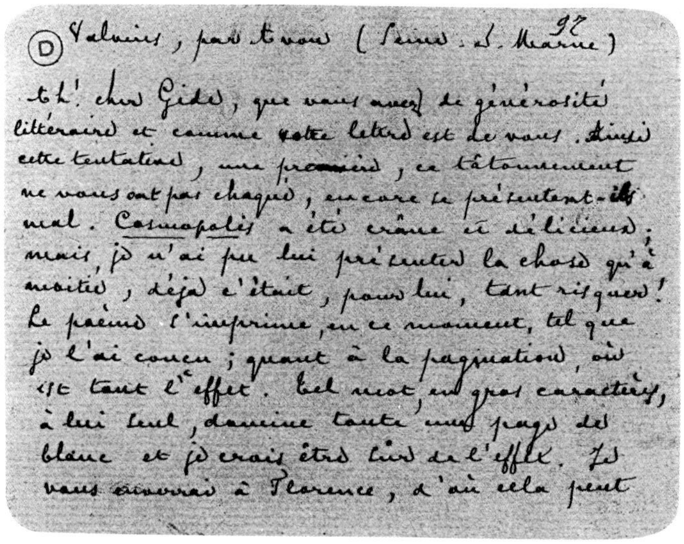
Valvins, par Avon (Seine-&-Marne) 97
Ah! cher Gide, que vous avez de générosité littéraire et comme votre lettre est de vous. Ainsi cette tentative, une première, ce tâtonnement ne vous ont pas choqué, encore se présentent-ils mal. Cosmopolis a été crâne et délicieux; mais je n'ai pu lui présenter la chose qu'à moitié, déjà c'était, pour lui, tant risquer! Le poëme s'imprime, en ce moment, tel que je l'ai conçu; quant à la pagination, où est tout l'effet. Tel mot, en gros caractères, à lui seul, domine toute une page de blanc et je crois être sûr de l'effet. Je vous enverrai à Florence, d'où cela peut

122. Stéphane Mallarmé, *Carte à André Gide,* 1897,
Paris, Doucet, **cat. 341.**

Plusieurs sonnets et autres poèmes, 1885-1898

318. STÉPHANE MALLARMÉ

« Indéfinissable, ô Mémoire, / Par ce midi, ne rêves-tu... », **ill. 41.**

Ms autogr., 4 ff. reliés dans un carnet toilé, 27 × 10,5 cm.
Paris, Doucet, MNR Ms 1175,
legs Henri Mondor.

Première version, incomplète, du poème *Prose pour des Esseintes,* publié dans *La Revue indépendante,* janvier 1885.

319. STÉPHANE MALLARMÉ

« Le vierge, le vivace et le bel aujourd'hui... »

Ms 1, ms autogr., 2 ff., 19,8 × 15,2 cm.
Genève, Cologny, Bibliotheca Bodmeriana.

Poème publié dans *La Revue indépendante,* mars 1885.

320. STÉPHANE MALLARMÉ

« Toujours plus souriant au désastre plus beau... »

1885-1886, ms 3, ms autogr., 1 f., 27,5 × 20 cm.
Collection particulière.

Première version du sonnet « *Victorieusement fui le suicide beau...* » publiée par Paul Verlaine dans la biographie qu'il consacre à Mallarmé dans *Les Hommes d'aujourd'hui,* n° 296 (février 1887).

321. STÉPHANE MALLARMÉ

« Quelle soie aux baumes de temps... »

1885, ms 3, ms autogr., 1 f., 21 × 13,5 cm.
Collection particulière.

Sonnet adressé à Édouard Dujardin dans une enveloppe portant le cachet postal du 20 janvier 1885. Publié dans *La Revue indépendante,* mars 1885.

322. STÉPHANE MALLARMÉ

Alternative, **ill. 54.**

Vers 1869, ms autogr., 1 f., 20,4 × 13,2 cm.
Paris, Doucet, MNR Ms 1206,
legs Henri Mondor.

Première version de « *Quelle soie aux baumes de temps...* », sans doute contemporaine d'*Igitur.*

323. STÉPHANE MALLARMÉ

Petit air, **ill. 92.**

1893, ms 1, ms autogr. avec un dessin de Maurice Denis au fusain, 37,8 × 28 cm.
Collection Josefowitz.

Ms autographe de Mallarmé et étude de Maurice Denis en vue de la lithographie *Baigneuse au bord du lac* parue dans *L'Épreuve,* n° 1, novembre 1894, avec le poème de Mallarmé en fac-similé d'autographe.

324. STÉPHANE MALLARMÉ

Petit air

L'Épreuve, n° 1, novembre 1894, lithographie de Maurice Denis avec le poème en fac-similé d'autographe, 37,3 × 26 cm.
Collection particulière.

325. STÉPHANE MALLARMÉ

Sonnet, **ill. 99.**
« À la nue accablante tu... »

1894, ms 1, ms autogr., 1 f., 30 × 20 cm.
Paris, Doucet, MNR Ms 1207,
legs Henri Mondor.

326. STÉPHANE MALLARMÉ

« À la nue accablante tu... »

Pan, n° 1, avril-mai 1895, illustration de Fernand Khnopff, 38,5 × 28 cm.
Collection particulière.

327. STÉPHANE MALLARMÉ

« Toute l'âme résumée... »

1895, ms autogr., 1 f., 21 × 11,5 cm.
Paris, Doucet, MNR Ms 1205,
legs Henri Mondor.

Poème publié dans *Le Figaro littéraire,* 3 août 1895, à la fin de la réponse de Mallarmé à une enquête sur le vers libre.

328. STÉPHANE MALLARMÉ

« Au seul souci de voyager... »

1898, ms 1, ms autogr., 1 f.
Paris, Doucet, MNR Ms 1204,
legs Henri Mondor.

Ultime poème de Mallarmé, hommage au navigateur Vasco de Gama, publié dans l'*Album commémoratif à Vasco de Gama,* Paris/Lisbonne, 1898.

La Musique et les Lettres, 1895

329. STÉPHANE MALLARMÉ

Déplacement avantageux

1894, ms autogr., 38 ff non reliés, 15,5 × 20 cm.
Paris, Doucet, MNR Ms 1232,
legs Henri Mondor.

Texte d'introduction à la conférence *La Musique et les Lettres,* lecture prononcée à Oxford, puis à Cambridge, le 28 février et le 2 mars 1894.

330. STÉPHANE MALLARMÉ

La Musique et les Lettres, **ill. 25.**

1894, ms autogr., 100 ff. non reliés, 20 × 15,5 cm.
Paris, Doucet, MNR Ms 1233,
legs Henri Mondor.

331. *Annonce de la conférence*
La Musique et les Lettres

Formulaire imprimé, 17 × 11 cm.
Paris, Doucet, MNR Ms 1234,
legs Henri Mondor.

332. STÉPHANE MALLARMÉ

Oxford, Cambridge, La Musique et les Lettres

Par Stéphane Mallarmé, Paris, Librairie académique Didier Perrin et Cie, 1895, in-12.
Paris, Doucet Y VI 44 (exemplaire n° 3 sur hollande).

333. PAUL CLAUDEL

Lettre à Stéphane Mallarmé

S. D., Villeneuve-sur-Fère, 25 mars 1895, ms autogr., 1 f. double r°/v°, 17,7 × 11,1 cm.
Paris, Doucet, MNR Ms 1122,
legs Henri Mondor.

À la veille de son départ pour la Chine d'où il lui adressera des lettres libres et affectueuses (de Shanghai, Fontcheou, « Des nuages » ou de Hank'eou), Claudel accuse réception à Mallarmé de l'envoi de *La Musique et les Lettres.* « Le voisinage de cette folle [la musique] qui ne sait ce qu'elle dit a été pour tant d'écrivains d'aujourd'hui si pernicieux qu'il est agréable de voir quelqu'un, au nom de la parole articulée, lui fixer sa limite, avec autorité. » Et Claudel ajoute : « Nul esprit plus que vous n'était fondé à revendiquer ce haut droit des Lettres dans lesquelles vous exercez la magistrature : l'intelligence. »

Ébauches du *Livre*

334. STÉPHANE MALLARMÉ
« Cime, fleuve, mer... », **ill. 102.**
Notes pour *Le Livre,* ms autogr., 1 f., 20 × 15,5 cm.
Collection particulière.

335. STÉPHANE MALLARMÉ
Épouser la notion
Notes autogr. au crayon, 16 ff., 10 × 5 cm environ.
Collection particulière.

Un coup de dés jamais n'abolira le hasard, 1897-1898

336. STÉPHANE MALLARMÉ
Un Coup de Dés jamais n'abolira le Hasard, **ill. 6.**
Cosmopolis, mai 1897.
Collection particulière.

Exemplaire relié et truffé contenant : 4 feuillets de brouillon du poème ; le texte ms de la « Note de la Rédaction » de la revue *Cosmopolis* ; des épreuves corrigées de la Préface ; les lettres d'André Lichtenberger, secrétaire de la revue, à Mallarmé.

337. STÉPHANE MALLARMÉ
Un Coup de Dés jamais n'abolira le Hasard
Cosmopolis, mai 1897.
Paris, Doucet, MNR 493, legs Henri Mondor.

Seule publication de ce poème parue du vivant de l'auteur. La nouveauté de la mise en page est peu sensible encore, les doubles pages des épreuves d'imprimerie se limitant dans cette version à des pages simples.

338. STÉPHANE MALLARMÉ
Un Coup de Dés jamais n'abolira le Hasard, **ill. 30 et 85.**
Ms autogr. préparé pour l'impression, à l'encre noire sur un grand cahier à pages quadrillées, comportant des indications typographiques au crayon bleu, 35,5 × 24 cm.
Collection particulière.

Pour la description complète de ce manuscrit, on consultera la nouvelle édition des *Œuvres complètes* de Stéphane Mallarmé, Paris, Gallimard, 1998, « Bibliothèque de La Pléiade ».

339. STÉPHANE MALLARMÉ,
Poème. Un Coup de Dés jamais n'abolira le Hasard, **ill. 69.**
Par Stéphane Mallarmé, jeux d'épreuves d'imprimerie pour l'édition Vollard [Paris, Imprimerie Firmin-Didot, 1897-1898], in-f°, 24 pages.
Paris, BnF., Réserve, Res. g Ye 693
Jeu d'épreuves destiné à l'imprimeur : corrections typographiques, recommandations relatives à l'alignement et à la mise en page, de la main de Mallarmé.
Paris, Doucet, G Fol II
Jeu d'épreuves donné par Mallarmé à Paul Valéry, don des enfants de Paul Valéry.

Deux jeux d'épreuves de l'édition projetée par Mallarmé, dans la mise en page conçue par lui et la typographie Didot.

340. ANDRÉ GIDE
Lettre à Stéphane Mallarmé
S. D., Florence 5 mai [1897], ms autogr., 3 pages sur 1 f. double, 20 × 12,8 cm.
Paris, Doucet, MNR Ms 1133, legs Henri Mondor.

Gide vient de découvrir dans la revue *Cosmopolis* la publication du *Coup de dés* dont Mallarmé lui avait parlé. Il a oublié Florence où il réside pour s'absorber dans le texte et il s'excuse d'écrire comme « on applaudit, irrésistiblement ». Il dit de ce morceau : « C'est d'une audace littéraire si admirablement et simplement prise ; — il semble arriver là comme un promontoire avancé étrangement, très élevé, après lequel il n'y a plus que la nuit — ou la mer et le ciel plein d'aube. » L'adhésion immédiate de Gide à une parole qui tranchait à ce point devait toucher Mallarmé.

341. STÉPHANE MALLARMÉ
Carte à André Gide, **ill. 122.**
[Valvins, 14 mai 1897], ms autogr., 1 f. r°/v°, 9 × 11,4 cm.
Paris, Doucet, Gamma 659.4.

Mallarmé remercie chaleureusement Gide de la réception enthousiaste qu'il a faite à *Un coup de dés jamais n'abolira le hasard* paru dans la revue *Cosmopolis.* « Ainsi, dit-il, cette tentative, une première, ce tâtonnement ne vous ont pas choqué, encore se présentent-ils mal. » Il continue : « Le poème s'imprime, en ce moment, tel que je l'ai conçu ; quant à la pagination, où est tout l'effet. Je vous enverrai à Florence, d'où cela peut vous suivre autre part, la première épreuve convenable. » Et il précise encore : « La constellation y affectera, d'après des lois exactes et autant qu'il est permis à un texte imprimé, fatalement, une allure de constellation. Le vaisseau y donne de la bande, du haut d'une page au bas de l'autre, etc. : car c'est là tout le point de vue..., le rythme d'une phrase au sujet d'un acte ou même d'un objet n'a de sens que s'il les imite et, figuré sur le papier, repris par les Lettres à l'estampe originelle, en doit rendre, malgré tout, quelque chose. »

342. PAUL VALÉRY
Lettre à Ambroise Vollard
Ms autogr., 1 f. double r°/v°, 20,7 × 13,4 cm.
Paris, Doucet, Ms 44.541 Alpha.

Cette lettre concerne le jeu d'épreuves de *Un coup de dés jamais n'abolira le hasard* qui appartenait à Valéry. Ce dernier exprime à Vollard, dans l'hypothèse d'une édition, ses scrupules, sa fidélité et le prix qu'il attache à cette trace pour lui quasiment sacrée. Sa pensée se résume ainsi : « L'essentiel dans ce poème est la distribution du texte sur la page. Il consiste surtout dans l'expérience profonde et singulière de rendre inséparables l'écrit et les blancs qui le pénètrent, l'entourent, suivant une proportion ou arrière-pensée disparue. Toute reproduction ou publication qui ne comporterait pas l'aspect physique voulu par l'auteur, serait donc nulle et nuisible. »

343. ODILON REDON
Un Coup de dés
1897-1898, trois planches d'essai en vue de l'édition Vollard, projet non abouti.

- *Femme de profil vers la gauche*
Lithographie, 30 × 19,7 cm.
Bordeaux, musée des Beaux-Arts, Inv. Bx 1977-3-1, donation Jean Viollier, 1977.
- *Tête d'enfant*
Lithographie sur vélin de Rives, 12 × 7 cm.
Vulaines-sur-Seine, musée départemental Stéphane Mallarmé, Inv. 987-1-1.
- *Sirène,* **ill. 68.**
Lithographie sur vélin de Rives, 32,5 × 25,4 cm.
Vulaines-sur-Seine, musée départemental Stéphane Mallarmé, Inv. 987-1-2.

Autoportraits

344. STÉPHANE MALLARMÉ
Lettre à Paul Verlaine, dite Autobiographie
S. D. 16 novembre 1885, ms autogr., 6 ff. r°/v° dans un volume relié avec le fac-similé de cette lettre, 30 × 23 cm.
Paris, Bibliothèque Louis Clayeux.

Lettre adressée à Verlaine, sur sa requête, en vue de son étude sur Mallarmé dans *Les Hommes d'aujourd'hui.* Le poète y livre une analyse détaillée de sa vie et de ses travaux.

345. STÉPHANE MALLARMÉ
Sur l'Idéal à vingt ans, **ill. 9.**
S. D. Valvins près Fontainebleau /17 août 1898 ms autogr., 1 f. double, 22,2 × 14,2 cm.
Collection particulière.

Brouillon très raturé de la réponse à l'enquête du journal *Le Figaro* « Sur L'Idéal à vingt ans ». Ce texte court, dans lequel Mallarmé dresse un bilan de sa vie, parut dans *Le Figaro* le 29 août 1898.

346. STÉPHANE MALLARMÉ,
Sur l'Idéal à vingt ans
S. D. Valvins / 17 août 1898, ms autogr., 1 f. double, 21,5 × 14 cm.
Paris, Doucet, MNR Ms 1241, legs Henri Mondor.
Copie mise au net par Mallarmé de la réponse à l'enquête du *Figaro.*

CHRONOLOGIE

La chronologie a été établie par Bertrand Marchal.

1842

18 mars : naissance à Paris, 12 rue Laferrière, d'Étienne, dit Stéphane, Mallarmé, fils de Numa Florent Joseph Mallarmé (1805-1863), sous-chef à l'administration de l'Enregistrement et des Domaines, et d'Élisabeth Félicie Desmolins (1819-1847).

1847

2 août : mort de Mme Mallarmé au retour d'un voyage en Italie.

1848

27 octobre : remariage de Numa Mallarmé.

1854

Premiers écrits connus (exercices scolaires) : « La Coupe d'or » (3 août) et « L'Ange gardien » (20 septembre).

1856

Pensionnaire au lycée impérial de Sens (où son père est conservateur des hypothèques depuis 1853) après avoir été renvoyé l'année précédente de sa pension de Passy.

1857

31 août : mort de sa sœur Maria (née en 1844).

1858

Juillet : *Cantate pour la première communion* du lycée de Sens.

1859

En classe de rhétorique, puis de logique, rédige les poèmes de son recueil manuscrit *Entre quatre murs.*

7 juillet : *La Prière d'une mère* est lu devant l'archevêque de Sens à l'occasion de la cérémonie de première communion et inscrit sur le cahier d'honneur du lycée.

1860

Se lie avec Émile Deschamps, voisin de ses grands-parents Desmolins à Versailles. Ce survivant de la génération romantique devient sans doute le mentor de l'apprenti-poète qui constitue une anthologie poétique de 8 000 vers (*Glanes*) et s'essaie à traduire des poésies de Poe.

8 novembre : reçu bachelier après un échec en août.

26 décembre : entre comme surnuméraire chez un receveur de l'Enregistrement à Sens (*Premier pas dans l'abrutissement*).

1861

8 octobre : Emmanuel des Essarts est nommé au lycée de Sens.

Octobre : envoie un poème non retrouvé (*Bals masqués*) à *La Revue fantaisiste* de Catulle Mendès qui ne le publie pas.

11 décembre : *À un poète immoral.*

1862

Janvier : premières publications : article sur les *Poésies parisiennes* de des Essarts (le 10), et le poème *Placet* dans *Le Papillon* (le 25).

15 mars : *Le Guignon* (5 premiers tercets) et *Le Sonneur* dans *L'Artiste.*

Avril-mai : premières relations épistolaires avec Eugène Lefébure et Henri Cazalis.

18 mai : publie avec des Essarts *Le Carrefour des Demoiselles*, commémorant une promenade en forêt de Fontainebleau le 11 mai précédent.

Juin : courtise une gouvernante allemande, Christina (Maria) Gerhard (née à Camberg le 19 mars 1835).

Juillet : *Contre un poète parisien* (6 juillet) et *Soleil d'hiver* (13 juillet) dans *Le Journal des Baigneurs* de Dieppe.

15 septembre : *Hérésies artistiques. L'Art pour tous* dans *L'Artiste.*

8 novembre : départ pour Londres où il s'installe avec Maria.

1863

Janvier-février : valse-hésitation des amoureux.

12 avril : mort de Numa Mallarmé.

10 août : mariage à Londres avec Maria Gerhard, de sept ans son aînée.

Septembre : obtient le certificat d'aptitude pour l'enseignement de l'anglais.

3 novembre : est nommé chargé de cours d'anglais au lycée impérial de Tournon (Ardèche) où il emménage en décembre.

1864

Janvier : envoi de *L'Azur* à Cazalis.

2 juillet : publication des premiers poèmes en prose : *La Tête* (*Pauvre Enfant pâle*) et *L'Orgue de Barbarie* (*Plainte d'automne*) dans *La Semaine de Cusset et de Vichy.*

Été : fait à Avignon la connaissance des félibres, Théodore Aubanel, Joseph Roumanille, Frédéric Mistral.

Octobre : commence *Hérodiade.*

19 novembre : naissance de Geneviève

1865

Mars : envoie à Cazalis *Le Jour* (*Don du poème*) et *Le Phénomène futur.*

Juin : délaisse *Hérodiade* pour rimer « un intermède héroïque, dont le héros est un Faune », avec l'espoir de le présenter au Théâtre-Français.

Octobre : après le refus du *Faune*, soumis à Banville et Coquelin, il reprend *Hérodiade*, « non plus tragédie, mais poème ».

1866

Janvier-mars : travaille à l'Ouverture ancienne d'*Hérodiade* et envoie, sur la demande de Mendès, treize poèmes pour le *Parnasse contemporain.*

Avril : se rend à Cannes chez Lefébure (29 mars-6 avril) pour les vacances de Pâques. De ce séjour, au milieu du travail sur *Hérodiade*, date la découverte du néant, et un bouleversement intellectuel profond. Ce séjour cannois inaugure aussi deux années de fréquentation de l'absolu.

12 mai : publication de dix de ses poèmes dans le premier *Parnasse contemporain.* Un onzième paraîtra le 30 juin.

13 juillet, à Cazalis : « après avoir trouvé le Néant, j'ai trouvé le Beau ». L'été est voué aux spéculations sur l'Œuvre désormais entrevu.

26 octobre : renvoyé en juillet du lycée de Tournon après la publication de ses poèmes dans le *Parnasse contemporain*, est nommé au lycée de Besançon.

1867

14 mai, à Cazalis : « Je viens de passer une année effrayante : ma Pensée s'est pensée, et est arrivée à une Conception pure. » **31 août** : mort de Baudelaire.

6 octobre : nommé au lycée d'Avignon.

20 octobre : commence la publication de ses poèmes en prose dans la *Revue des lettres et des arts*.

1868

20 avril, à François Coppée : « Pour moi, voici deux ans que j'ai commis le péché de voir le Rêve dans sa nudité idéale [...]. Et maintenant, arrivé à la vision horrible d'une œuvre pure, j'ai presque perdu la raison... »

3 mai, à Lefébure : « Décidément, je redescends de l'Absolu [...]. »

18 juillet : envoie à Cazalis le « Sonnet allégorique de lui-même » (première version du sonnet en *-yx*) pour un recueil à paraître chez Lemerre. Le recueil paraîtra, sans le sonnet.

1869

Lecture de Descartes qui lui fait entrevoir l'issue d'une crise de quatre ans.

Mars : envoi de la scène d'*Hérodiade* pour le deuxième *Parnasse contemporain* (la publication sera retardée jusqu'en 1871).

14 novembre : première mention d'*Igitur*, destiné à liquider la crise de l'absolu. À la même époque, s'intéresse à la science du langage.

1870

19 janvier : mis en congé sur sa demande jusqu'en septembre 1871, il s'initie à la linguistique et envisage une thèse sur le langage ainsi qu'une thèse latine sur la divinité, comme « le fondement scientifique » de son œuvre.

19 juillet : déclaration de guerre à la Prusse.

Août : lecture d'*Igitur* devant Mendès, Judith Gautier et Villiers, de retour de Lucerne, chez Wagner.

4 septembre : salue la proclamation de la République après le désastre de Sedan.

1871

19 janvier : mort d'Henri Regnault au cours de la bataille de Buzenval.

29 mai : départ d'Avignon pour Sens où Marie, enceinte, s'installe tandis que Mallarmé se rend à Paris où il sera hébergé chez Mendès.

16 juillet : naissance d'Anatole à Sens.

Août : à Londres pour couvrir l'Exposition internationale ; rend visite à William Bonaparte Wyse près de Bath et inscrit sur l'album de sa femme le sonnet « Dans le jardin ». **Octobre** : après diverses tentatives pour quitter l'enseignement, est nommé délégué au lycée Fontanes (Condorcet) et s'installe à Paris, 29, rue de Moscou.

Décembre : brouille avec Lefébure.

1872

Avril : projet d'une revue de luxe, *L'Art décoratif*.

Mai : à Londres pour couvrir l'Exposition.

1er juin : participe au « Dîner des Vilains Bonshommes » où il côtoie Rimbaud.

Juin-octobre : publie les traductions de huit poèmes de Poe dans *La Renaissance littéraire et artistique*.

14-18 juillet : nouveau séjour à Londres pour l'Exposition.

23 octobre : Mort de Théophile Gautier.

1873

Avril : fait la connaissance de Manet.

23 octobre : *Toast funèbre* dans *Le Tombeau de Théophile Gautier*.

Novembre : lance avec Mendès le projet d'une Société internationale des poètes. Cette société aura une existence éphémère.

1874

Le Jury de Peinture pour 1874 dans *La Renaissance artistique et littéraire*. Mallarmé y défend Manet dont deux tableaux ont été refusés pour le Salon de 1874.

Août : premier séjour à Valvins, près de Fontainebleau.

6 septembre : première livraison de *La Dernière Mode*, entièrement rédigée par Mallarmé. Le journal aura huit numéros.

1875

11 mars : Lemerre refuse la traduction du *Corbeau* de Poe, illustrée par Manet.

15 mars : s'installe au 87, rue de Rome (renuméroté 89 en mars 1884).

2 juin : publication du *Corbeau* chez Lesclide.

Juillet : envoi à Lemerre, pour le troisième *Parnasse contemporain*, du *Faune*, qui est refusé par le jury (Coppée, Banville, Anatole France).

Août : séjour à Londres, puis à Équihen, près de Boulogne.

Septembre-octobre : envoi des premiers *Gossips* pour l'*Athenaeum* de Londres.

1876

Janvier : évoque de grands projets pour le théâtre. **Avril** : *L'Après-midi d'un faune*, illustré par Manet, chez Derenne.

Mai : *Vathek* de Beckford, chez Labitte, avec préface de Mallarmé.

30 septembre : *The Impressionnists and Édouard Manet* dans *The Art Monthly Review*.

Octobre : portrait de Mallarmé par Manet.

Décembre : *Le Tombeau d'Edgar Poe* dans le volume commémoratif de Baltimore.

1877

Mars : dernières traductions des poèmes de Poe dans *La République des Lettres*.

Décembre : premières allusions aux Mardis.

1878

Janvier : *Les Mots anglais*, chez Truchy-Leroy frères. Envisage pour le même éditeur divers travaux alimentaires sur la langue anglaise.

23 avril : rend visite à Victor Hugo rue de Clichy.

1879

8 octobre : mort d'Anatole après une maladie de six mois.

Décembre : *Les Dieux antiques* (daté de 1880), chez Rothschild (traduction d'un manuel de G.W. Cox entreprise dès 1871).

1880

Notes pour un Tombeau d'Anatole.

Octobre : sur la suggestion de Banville, l'éditeur Charpentier lui commande la traduction de *L'Étoile des fées* de Mrs C. W. Elphinstone Hope.

1881

13 janvier, à Gustave Kahn : « je vis plus que jamais à l'écart et blotti dans un gros travail de plusieurs années ».

Été : première saison du théâtre de Valvins.

1882

9 octobre, à John Payne : « L'année ne se passera pas sans que je lâche un volume significatif ».

29 octobre : révèle à Huysmans, qui lui fait part du projet d'*À rebours*, la personnalité de Montesquiou.

1883

13 février : mort de Wagner.

30 avril : mort de Manet.

Novembre-décembre : Verlaine publie, dans

Lutèce, le troisième article, consacré à Mallarmé, des « Poètes maudits ».

1884

Janvier : première allusion, dans la *Correspondance*, à Méry Laurent, qu'il a connue naguère par Manet.

Avril : publication des *Poètes maudits* chez Vanier.

Mai : *À rebours* de Huysmans qui, avec *Les Poètes maudits*, assure à Mallarmé une publicité inattendue.

Octobre : nommé professeur au lycée Janson-de-Sailly.

1885

Janvier : *Prose pour des Esseintes* dans *La Revue indépendante*, qui publie en mars « *Le vierge, le vivace...* » et « *Quelle soie...* ».

22 mai : mort de Victor Hugo.

8 août : *Richard Wagner, rêverie d'un poëte français* dans *La Revue wagnérienne*.

22 août : *Le Nénuphar blanc* dans *L'Art et la mode*.

Octobre : nommé au collège Rollin.

16 novembre : lettre autobiographique à Verlaine évoquant le Livre, « l'explication orphique de la Terre, qui est le seul devoir du poète et le jeu littéraire par excellence ».

1886

8 janvier : *Hommage* à Wagner dans *La Revue wagnérienne*.

11 avril : premier numéro de *La Vogue* avec trois poèmes en prose de Mallarmé et le début des *Illuminations* de Rimbaud.

13 juin : « *M'introduire dans ton histoire...* » (premier poème non ponctué) dans la même revue.

18 septembre : manifeste symboliste de Jean Moréas dans *Le Figaro*.

22 septembre : le *Traité du Verbe* de René Ghil, avec l'*Avant-Dire* de Mallarmé.

1er novembre : première chronique théâtrale pour *La Revue indépendante* (neuf articles jusqu'en juillet 1887).

1887

1er janvier : le *Triptyque* dans *La Revue indépendante*.

Février : publication du fascicule des *Hommes d'aujourd'hui* qui lui est consacré par Verlaine.

Mars : édition définitive de *L'Après-midi d'un faune* aux éditions de *La Revue indépendante*.

5 mai : manque la représentation à l'Éden-Théâtre de *Lohengrin* annulée au soir de la première à la suite de l'affaire Schnaebelé. Consacre à ce scandale sa chronique de *La Revue indépendante* de juin.**12 août** : *La Déclaration foraine*, qui contient « *La chevelure...* », dans *L'Art et la mode*.

Octobre : édition photolithographiée des *Poésies*, avec frontispice de Félicien Rops, aux éditions de *La Revue indépendante* (à 47 exemplaires).

Décembre : *Album de vers et de prose*.

31 décembre : envoie à Méry Laurent le sonnet « *Méry sans trop d'aurore...* ».

1888

15 janvier : lettre à Verhaeren évoquant le projet de se « présenter en public [...] et de jongler avec le contenu d'un livre ».

1er mai : publication dans *La Revue indépendante* du *Ten O'Clock* de Whistler traduit par Mallarmé. La traduction sera reprise en plaquette le 1er juin.

Juillet : *Les Poèmes d'Edgar Poe*, chez Deman à Bruxelles, avec portrait et fleuron de Manet.

15-25 août : séjour à Royat à l'invitation du Dr Evans et de Méry Laurent.

23 août : est sollicité par le peintre Jean-François Raffaëlli d'écrire des vers pour *Les Types de la rue*.

1er novembre, à Berthe Morisot : « Je travaille beaucoup aux *Lectures* toujours, dont quatre sont pour l'an prochain. »

1889

17 février : écrit à Berthe Morisot avoir « voté pour le général [Boulanger], obtempérant à [s]a fille », aux élections du 27 janvier précédent.

Mi-mars : publication de la septième livraison des *Types de Paris* comportant sept poèmes de Mallarmé sur les *Types de la rue* illustrés par Raffaëlli.

19 août : mort de Villiers ; les obsèques ont lieu le 21. Mallarmé et Huysmans seront ses exécuteurs testamentaires.

7-10 septembre : second séjour (écourté) à Royat, suivi d'une longue lettre à Méry.

18 octobre : sollicité par Monet — qui renonce à illustrer *Le Tiroir de laque* — de participer à la souscription pour l'achat de l'*Olympia* de Manet, il souscrira pour 25 francs.

1890

10-19 février : tournée de conférences sur Villiers en Belgique (Bruxelles, Anvers, Gand, Liège, Bruxelles, Bruges).

27 février : reprise de la conférence chez Berthe Morisot.

15 mai : *Villiers de l'Isle-Adam*, (*La Revue d'aujourd'hui*).

13 juillet : rend visite (avec les Manet) à Monet à Giverny. Le peintre lui offre un tableau, *Le Train à Jeufosse*.

16 juillet : Térèse Roumanille le remercie de l'envoi du sonnet *Feuillet d'album*.

20 octobre : première lettre de Paul Valéry.

15 novembre : *Billet à Whistler* dans *The Whirlwind*.

1891

Janvier : portrait par Gauguin.

2 février : préside le banquet du *Pèlerin passionné* en l'honneur de Moréas.

23 février : vente Gauguin à l'Hôtel Drouot.

13 mars : mort de Banville.

14 mars : réponse à l'Enquête sur l'évolution littéraire de Jules Huret dans *L'Écho de Paris*.

23 mars : toast au banquet d'adieu de Gauguin.

5 mai : *Pages* (l'ancien *Tiroir de laque*) chez Deman, avec frontispice de Renoir.

20 mai : répétition générale du sixième spectacle du Théâtre d'Art au bénéfice de Verlaine et de Gauguin.

10 octobre : première visite de Valéry, amené par Pierre Louÿs.

26 novembre : avec l'appui d'Henry Roujon, tout nouveau directeur des Beaux-Arts, fait acheter par l'État le *Portrait de ma mère* de Whistler.

1892

Mars : début de la collaboration au *National Observer* (douze chroniques jusqu'en juillet 1893).

13 avril : mort d'Eugène Manet, frère d'Édouard et mari de Berthe Morisot. Est nommé subrogé tuteur de leur fille Julie.

Juillet : est sollicité par Whistler pour la publication des quatrains-adresses en Angleterre, mais le projet échouera.

Mi-octobre : *Villiers de l'Isle-Adam* chez Lacomblez à Bruxelles.

15 novembre : *Vers et prose* (daté de 1893), chez Perrin, avec frontispice de Whistler (portrait réalisé à la fin octobre).

27 novembre : discours au Luxembourg pour l'inauguration du monument en l'honneur de Banville.

6 décembre : préside, à la place de Leconte de Lisle, le sixième banquet de *La Plume*.

1893

Février : préside le septième banquet de *La Plume* où il prononce le Toast qui deviendra *Salut*.

13 avril : assiste au huitième banquet de *La*

Plume, présidé par Verlaine. **17 mai** : assiste à l'unique représentation de *Pelléas et Mélisande*. Assiste, à la même période, à la représentation de *La Walkyrie* (première le 12 mai). Consacre à ces deux représentations sa chronique du *National Observer* du 10 juin.
17 juin : assiste au banquet Victor Hugo pour la publication de la troisième série de *Toute la Lyre*.
6 juillet : mort de Maupassant. Lui consacre sa chronique du *National Observer* (*Deuil*) le 22.
28 juillet : demande à faire valoir ses droits à la retraite.
15 juillet : deuxième édition de *Vers et prose*.
Août-septembre : travaille aux *Contes indiens*, commande du Dr Edmond Fournier.
14 octobre : assiste au dixième banquet de *La Plume* présidé par Heredia.
4 novembre : Mallarmé obtient sa mise à la retraite, ainsi qu'une indemnité littéraire annuelle de 1 200 francs.

1894

1er et 2 mars : conférence sur « La Musique et les Lettres » à Oxford et Cambridge.
Avril : *La Musique et les Lettres* (*La Revue blanche*).
15 mai : « *À la nue...* » (*L'Obole littéraire*).
17 juillet : mort de Leconte de Lisle. Lui succède à la présidence du comité pour le monument Baudelaire.
8 août : cité comme témoin par Félix Fénéon à l'occasion du procès des Trente.
17 août : article sur « Le Fonds littéraire » (*Le Figaro*).
Octobre : *Déplacement avantageux* (*La Revue blanche*). *La Musique et les Lettres* en volume chez Perrin.
12 novembre : envoie à Deman la maquette des *Poésies*.
15 décembre : *Les Loisirs de la poste* dans *The Chap Book* de Chicago.
22 décembre : première audition du *Prélude à l'Après-midi d'un faune* de Debussy.

1895

1er janvier : *Le Tombeau de Charles Baudelaire* (*La Plume*).
15 janvier : *Hommage* à Puvis de Chavannes dans la même revue.
1er février : première des dix *Variations sur un sujet* dans *La Revue blanche*. La dernière paraîtra le 1er novembre.
2 février : banquet de la Saint-Charlemagne au collège Rollin. Porte un toast au directeur (publié dans *La Revue scolaire* du 7 février).
18 février : seconde vente Gauguin.
2 mars : mort de Berthe Morisot.
3 août : « *Toute l'âme résumée...* » (*Le Figaro*, réponse à une enquête sur le vers libre).
Octobre : son indemnité littéraire annuelle est portée de 1 200 à 1 800 francs.

1896

8 janvier : mort de Verlaine. Sur sa tombe, le 10, Mallarmé prononcera son éloge funèbre, repris dans *La Plume* du 1er février.
27 janvier : élu Prince des Poètes.
10 février : publication dans *Le Figaro* du sonnet « *Dame sans trop d'ardeur...* ».
22 février : absent au banquet Verhaeren à Bruxelles, y fait lire un toast.
5 mars : exposition Berthe Morisot chez Durand-Ruel, dont il préface le catalogue.
8 mars : publication de cinq *Éventails* dans *Au Quartier latin*.
15 mars : le numéro de *La Plume* lui est partiellement consacré.
15 mai : *Arthur Rimbaud*, lettre à Harrison Rhodes, *The Chap Book*, Chicago.
22 mai : président du comité pour le monument Verlaine.
1er septembre : *Le Mystère dans les Lettres* dans *La Revue blanche*, en réponse à l'article de Proust, *Contre l'obscurité*, dans la même revue.
14 décembre : Ambroise Vollard lui fait part du projet d'éditer quelque chose de lui avec des illustrations de Redon. Ce sera l'édition, qui ne paraîtra jamais, du *Coup de dés*.

1897

1er janvier : *Tombeau* de Verlaine (*La Revue blanche*).
15 janvier : *Divagations*, chez Charpentier. Prononce au cimetière des Batignolles le *Discours au bout de l'an de Verlaine*.
2 février : dîner des Mardistes en son honneur.
21 avril : concert de Reynaldo Hahn à la Bodinière, avec un *Avant-dire* de Mallarmé lu par Marguerite Moreno.
22 avril : soirée en l'honneur de Catulle Mendès. Mallarmé y prononce un toast.
4 mai : *Un coup de dés*, dans la revue *Cosmopolis*.
15-18 mai : séjour de Méry Laurent à Valvins.
15 juin : remercie avec retard Edvard Munch pour son portrait, arrivé rue de Rome le 23 mai.
2 juillet : premières épreuves du *Coup de dés*.
14 septembre : Ambroise Vollard souhaite réaliser une édition de luxe d'*Hérodiade* illustrée par Vuillard.
20 octobre : en visite à Valvins, Whistler peint le portrait de Geneviève.
15 novembre : mort du Dr Evans.

1898

13 janvier : Zola publie *J'accuse* dans *L'Aurore*.
23 février : lettre de sympathie à Zola après sa condamnation.
16 avril : *Album commémoratif* contenant le sonnet à Vasco (« *Au seul souci...* »).
10 mai : se remet à *Hérodiade* qui l'occupera jusqu'à sa mort.
11 mai : refus par la Société des Gens de Lettres du *Balzac* de Rodin.
14 juillet : visite à Valvins de Paul Valéry.
29 août : réponse à l'enquête du *Figaro* sur l'idéal à vingt ans.
9 septembre : mort de Mallarmé, à Valvins, à la suite d'un étouffement. *Hérodiade* reste inachevée et l'édition des *Poésies* ne paraîtra qu'en 1899, posthume.

BIBLIOGRAPHIE

La bibliographie a été établie par Bertrand Marchal.

Ne sont recensés dans cette bibliographie, à quelques exceptions historiques près, que des ouvrages postérieurs à 1960.

I. ŒUVRES COMPLÈTES

Œuvres complètes, éd. Henri Mondor et G. Jean-Aubry, Gallimard, 1951, « Bibliothèque de la Pléiade ».
Œuvres complètes, I, éd. Bertrand Marchal, Gallimard, 1998 « Bibliothèque de la Pléiade », (tome II en préparation). Ce volume contient : *Poésies, Les Noces d'Hérodiade, Vers de circonstance, Anecdotes ou Poèmes, Un coup de dés jamais..., Igitur, Notes sur le langage, Notes pour un Tombeau d'Anatole, Notes en vue du Livre, Épouser la Notion, Correspondance choisie.*

II. ŒUVRES RASSEMBLÉES

Igitur, Divagations, Un coup de dés, éd. Yves Bonnefoy, Gallimard, 1976, coll. « Poésie ».
Vers et prose, éd. Jacques Robichez, Garnier-Flammarion, 1977.
Poésies. Anecdotes ou poèmes. Pages diverses, éd. Daniel Leuwers, Livre de Poche, 1977 (nouv. éd. revue, 1998).
Œuvres, éd. Yves-Alain Favre, Garnier, 1985. Ce volume contient : *Poésies, Divagations, Igitur, Un coup de dés...*

III. ŒUVRES SÉPARÉES

1. Poésies

Œuvres complètes, tome I, *Poésies*, éd. Carl Paul Barbier et Charles Gordon Millan, Flammarion, 1983.
Poésies, éd. Pierre Citron, Imprimerie nationale, 1987.
Poésies, éd. Lloyd James Austin, GF-Flammarion, 1989.
Poésies, préface d'Yves Bonnefoy, éd. Bertrand Marchal, Gallimard, 1992, coll. « Poésie ».
Poésie, éd. Jean-Pierre Lecercle, EJL, 1996, coll. « Librio ».

2. Un coup de dés...

Un coup de dés jamais n'abolira le hasard, N.R.F., 1914.
Un coup de dés jamais n'abolira le hasard, éd. Mitsou Ronat, Éditions Change errant/d'atelier, 1980.

3. Œuvres diverses

Les Noces d'Hérodiade. Mystère, éd. Gardner Davies, Gallimard, 1959.
Pour un tombeau d'Anatole, éd. Jean-Pierre Richard, Seuil, 1961.
Les Gossips de Mallarmé, éd. Henri Mondor et L. J. Austin, Gallimard, 1962.
Recueil de « Nursery Rhymes », éd. Carl Paul Barbier, Gallimard, 1964.
La Dernière Mode, Ramsay, 1978.
Épouser la Notion, éd. Jean-Pierre Richard, Fontfroide, Bibliothèque artistique et littéraire, 1992.
Vers de circonstance, préface d'Yves Bonnefoy, Gallimard, 1996, éd. Bertrand Marchal, coll. « Poésie ».
Contes indiens, suivis des *Contes indiens* de Mary Summer, préface de Jean-Pierre Dhainault, L'Insulaire, 1998.
Edgar Poe, *Le Corbeau*, trad. de Stéphane Mallarmé, ill. par Édouard Manet, éd. Michaël Pakenham, Séguier, 1994.
Jacques Scherer, *Le « Livre » de Mallarmé*, Gallimard, 1957 (nouvelle éd. 1977).
Vers et prose, postface de Jean-Luc Steinmetz, Le Castor astral, « Les Inattendus », 1998.
Ecrits sur l'art, présentation par Michel Draguet, Garnier-Flammarion, 1998.

IV. CORRESPONDANCE

Correspondance, I, éd. Henri Mondor et Jean-Pierre Richard, Gallimard, 1959.
Correspondance, II-XI, éd. Henri Mondor et Lloyd James Austin, Gallimard, 1965-1985.
Lloyd James Austin, *« La Correspondance de Stéphane Mallarmé, Compléments et suppléments »* I-VI, *French Studies*, I, janvier 1986 ; II, avril 1987 ; III, avril 1990 ; IV, avril 1991 ; V, avril 1993 ; VI, janvier 1994.
Bertrand Marchal, *« La Correspondance de Stéphane Mallarmé, Compléments et suppléments »*, VII, *French Studies*, janvier 1996.
Correspondance complète 1862-1871 suivi de *Lettres sur la poésie 1872-1898*, préface d'Yves Bonnefoy, éd. Bertrand Marchal, Gallimard, 1995, coll. « Folio ».
Lettres à Méry Laurent, éd. Bertrand Marchal, Gallimard, 1996.
Documents Stéphane Mallarmé **I-VII**, éd. Carl Paul Barbier *et al.*, Nizet, 1968-1980.

V. BIOGRAPHIES

Austin Gill, *The Early Mallarmé*, I-II, Oxford, Clarendon Press, 1979-1986.
Lawrence A. Joseph, *Henri Cazalis, sa vie, son œuvre, son amitié avec Mallarmé*, Nizet, 1972.
Charles Gordon Millan, *Mallarmé, A Throw of Dice*, Londres, Secker & Warburg, 1994.
Henri Mondor, *L'Amitié de Verlaine et Mallarmé*, Gallimard, 1940.
– *Vie de Mallarmé*, Gallimard, 1941.
– *Mallarmé plus intime*, Gallimard, 1944.
– *L'Heureuse rencontre de Valéry et Mallarmé*, Lausanne, La Guilde du Livre, 1948.
– *Histoire d'un faune*, Gallimard, 1948.
– *L'Affaire du Parnasse : Mallarmé et Anatole France*, Fragrance, 1950.
– *Eugène Lefébure, sa vie, ses lettres à Mallarmé*, Gallimard, 1951.
– *Mallarmé lycéen*, Gallimard, 1954.
– *Autres précisions sur Mallarmé et inédits*, Gallimard, 1961.
Jean-Luc Steinmetz, *Mallarmé, L'Absolu au jour le jour*, Fayard, 1998

VI. ÉTUDES

Claude Abastado, *Expérience et théorie de la création poétique chez Mallarmé*, Minard, 1970.

Stefano Agosti, *Il Fauno di Mallarmé*, Milan, Feltrinelli, 1991.

– *Il Cigno di Mallarmé*, Parme, Nuova Pratiche Editrice, 1994.

Maria L. Assad, *La Fiction et la mort dans l'œuvre de Stéphane Mallarmé*, New York, Berne, Francfort, Paris, Peter Lang, 1987.

Lloyd James Austin, *Poetic Principles and Practice*, Cambridge Univ. Press, 1987.

– *Essais sur Mallarmé*, Manchester Univ. Press, 1995.

Gaston Bachelard, *Le Droit de rêver*, P.U.F., 1970.

Jean-Louis Backès, *Poésies de Mallarmé*, Hachette, 1973.

Roger Bellet, *Mallarmé, l'encre et le ciel*, Champ Vallon, 1987.

Paul Benichou, *Selon Mallarmé*, Gallimard, 1995.

Éric Benoît, *Mallarmé et le mystère du « Livre »*, Champion, 1998.

Leo Bersani, *The Death of Stéphane Mallarmé*, Cambridge Univ. Press, 1982.

Maurice Blanchot, *Faux pas*, Gallimard, 1943.

– *La Part du feu*, Gallimard, 1949.

– *L'Espace littéraire*, Gallimard, 1955.

– *Le Livre à venir*, Gallimard, 1959.

Daniel Boulay, *L'Obscurité esthétique de Mallarmé et la Prose pour des Esseintes*, Nizet, 1973.

Anne Bourgain-Wattiau, *Mallarmé ou la création au bord du gouffre*, L'Harmattan, 1996.

Malcolm Bowie, *Mallarmé and the Art of Being Difficult*, Cambridge Univ. Press, 1978.

Léon Cellier, *Mallarmé et la morte qui parle*, P.U.F., 1959.

Charles Chadwick, *Mallarmé, sa pensée dans sa poésie*, Corti, 1962.

A. R. Chisholm, *Mallarmé's Grand Œuvre*, Manchester Univ. Press, 1962.

Robert Greer Cohn, *L'Œuvre de Mallarmé : « Un coup de dés »*, Librairie Les Lettres, 1951.

– *Toward the Poems of Mallarmé*, Berkeley, Los Angeles, Univ. of California Press, 1965.

Mallarmé's Masterworks, New Findings, La Haye, Mouton, 1966.

– *Mallarmé: Igitur*, Berkeley, Los Angeles, Univ. of California Press, 1981.

– *Mallarmé's Prose Poems, A Critical Study*, Cambridge Univ. Press, 1987.

– *Mallarmé's Divagations, A Guide and Commentary*, New York, Peter Lang, 1990.

– *Vues sur Mallarmé*, Nizet, 1991.

Gardner Davies, *Les Tombeaux de Mallarmé*, Corti, 1950.

– *Mallarmé et le drame solaire*, Corti, 1959.

– *Mallarmé et le rêve d'Hérodiade*, Corti, 1978.

– *Mallarmé et la « couche suffisante d'intelligibilité »*, Corti, 1988.

– *Vers une explication rationnelle du Coup de dés*, nouv. éd., Corti, 1992.

Peter Dayan, *Mallarmé's « Divine transposition »*, Oxford Clarendon Press, 1986.

Yves Delegue, *Mallarmé, le suspens*, Presses Univ. de Strasbourg, 1997.

Nicola Di Girolamo, *Cultura e coscienza critica nell'Hérodiade di Mallarmé*, Bologne, Pàtron, 1969.

Roger Dragonetti, *Un fantôme dans le kiosque, Mallarmé et l'esthétique du quotidien*, Seuil, 1992.

– *Études sur Mallarmé*, Gand, Romanica Gandensia, 1992.**Pascal Durand**, *Poésies de Mallarmé*, Gallimard, 1998, coll. « Foliothèque ».

Adrienne et Luc Fontainas, *Edmond Deman éditeur*, Bruxelles, éd. Labor, 1997.**Wallace Fowlie**, *Mallarmé*, Univ. of Chicago Press, 1953.

Ursula Franklin, *An Anatomy of Poesis*, Univ. of North Carolina Press, 1976.

Michel Gauthier, *Mallarmé en clair*, Nizet, 1998.

Robert Giroux, *Désir de synthèse chez Mallarmé*, Sherbrooke, Naaman, 1978.

Richard E. Goodkin, *The Symbolist Home and the Tragic Home : Mallarmé and Œdipus*, Amsterdam, Benjamins, 1984.

John Porter Houston, *Patterns of Thought in Rimbaud and Mallarmé*, Lexington (Kentucky), French Forum Publishers, 1986.

Sylviane Huot, *Le « mythe d'Hérodiade » chez Mallarmé*, Nizet, 1977.

Henri Jones, *Mallarmé chez Gabriel Séailles, Vues esthétiques sur la poésie de synthèse*, Publications de Toulouse-Le Mirail, 1975.

Vincent Kaufmann, *Le Livre et ses adresses*, Méridiens Klincksieck, 1986.

Judy Kravis, *The Prose of Mallarmé: the Evolution of a Literary Language*, Cambridge Univ. Press, 1976.

Virginia La Charité, *The Dynamics of Space, Mallarmé's Un coup de dés jamais n'abolira le hasard*, Lexington, French Forum Publishers, 1987.

Guy Laflèche, *Grammaire générative des Contes indiens*, Presses de l'Univ. de Montréal, 1975.

Jean-Pierre Lecercle, *Mallarmé et la mode*, Seguier, 1989.

Paula Gilbert Lewis, *The Aesthetics of Stéphane Mallarmé in Relation to his Public*, Londres, Association Univ. Press, 1976.

Rosemary Lloyd, *Mallarmé, Poésies*, Londres, Grant & Cutler, 1984.

Hans Peter Lund, *L'Itinéraire de Mallarmé, in la Revue romane*, numéro spécial 3, Copenhague, 1969.

Gérard Macé, *Ex libris, Nerval - Corbière - Rimbaud - Mallarmé - Segalen*, Gallimard, 1980.

Bertrand Marchal, *Lecture de Mallarmé*, Corti, 1985.

– *La Religion de Mallarmé*, Corti, 1988.

Louis Wirth Marvick, *Mallarmé and the Sublime*, Albany, State Univ. of New York, 1986.

Charles Mauron, *Mallarmé l'obscur*, Denoël, 1941 (Corti, 1968).

– *Introduction à la psychanalyse de Mallarmé*, Neuchâtel, La Baconnière, 1950.

– *Mallarmé par lui-même*, Seuil, 1964.

Serge Meitinger, *Stéphane Mallarmé*, Hachette, 1995.

Henri Meschonnic, préface aux *Écrits sur le Livre* de Stéphane Mallarmé, Éditions de l'Éclat, 1986.

Guy Michaud, *Mallarmé*, Hatier, 1957 (nouvelle éd., 1971).

Jacques Michon, *Mallarmé et Les Mots anglais*, Presses de l'Univ. de Montréal, 1978.

David Mus, *Le Sonneur de cloches. Villon, Shakespeare, Baudelaire, Mallarmé, Reverdy et nous autres*, Seyssel, Champ Vallon, 1991.

Émilie Noulet, *Vingt poèmes de Stéphane Mallarmé*, Paris, Minard, Genève, Droz, 1972.

Marshall C. Olds, *Desire Seeking Expression, Mallarmé's Prose pour des Esseintes*, Lexington, French Forum Publishers, 1983.

Daniel Oster, *Stéphane*, P.O.L., 1991.

– *La Gloire*, P.O.L., 1997.

Ynhui Park, *L'« Idée » chez Mallarmé*, Centre de documentation universitaire, 1966.

Roger Pearson, *Unfolding Mallarmé, The Development of a Poetic Art*, Oxford Clarendon Press, 1997.

Georges Poulet, *Études sur le temps humain*, II, Plon, 1952.

– *Les Métamorphoses du cercle*, Plon, 1961.– *La Pensée indéterminée*, 2, P.U.F., 1987.

Jacques Rancière, *Mallarmé, La Politique de la sirène*, Hachette, 1996.
Gerhard Regn, *« Konflikt der Interpretation ». Sinnrätsel und Suggestion in der Lyrik Mallarmés*, Munich, Fink, 1976.
Jean-Pierre Richard, *L'Univers imaginaire de Mallarmé*, Seuil, 1961.
Graham Robb, *Unlocking Mallarmé*, New Haven, Londres, Yale Univ. Press, 1996.
Monic Robillard, *Le Désir de la vierge. Hérodiade chez Mallarmé*, Genève, Droz, 1993.
Frederic Chase Saint Aubyn, *Stéphane Mallarmé*, New York, Twayne Publishers, 1969.
Jean-Paul Sartre, *Mallarmé, la lucidité et sa face d'ombre*, Gallimard, 1986.
Mary Lewis Shaw, *Performance in the Texts of Mallarmé, The Passage from Art to Ritual*, The Pennsylvania State Univ. Press, 1993.
Rolf Stabel, *« Igitur ». Mallarmés Erfahrung der Literatur*, Munich, Fink, 1976.
André Stanguennec, *Mallarmé et l'éthique de la poésie*, Vrin, 1992.
Dieter Steland, *Dialektische Gedanken in Stéphane Mallarmés Divagations*, Munich, Fink, 1965.
Marian Zwerling Sugano, *The Poetics of the Occasion, Mallarmé and the Poetry of Circumstance*, Stanford Univ. Press, 1992.
Peter Szondi, *Poésies et poétiques de la modernité*, Presses Univ. de Lille, 1981.
Michael Temple, *The Name of the Poet : Onomastics and Anonimity in the Works of Stéphane Mallarmé*, Univ. of Exeter Press, 1995.
Albert Thibaudet, *La Poésie de Stéphane Mallarmé*, Gallimard, 1912.
Simone Verdin, *Stéphane Mallarmé le presque contradictoire*, Nizet, 1975.
André Vial, *Mallarmé. Tétralogie pour un enfant mort*, Corti, 1976.
Kurt Wais, *Mallarmé : Ein Dichter des Jahrhundert-Endes*, Munich, Beck, 1938.
Pierre-Olivier Walzer, *Mallarmé*, Seghers, 1963.
– *Approches II, Mallarmé -Valéry*, Champion, 1995.
Mary Ellen Wolf, *Eros under Glass, Psychoanalysis and Mallarmé's Hérodiade*, Colombus, Ohio State Univ. Press, 1987.

Colloque

– *Colloque Mallarmé de Glasgow en l'honneur de Austin Gill*, Nizet, 1975.
– *Baudelaire, Mallarmé, Valéry, New Essays in Honour of Lloyd Austin*, Cambridge Univ. Press, 1982.
– *Stéphane Mallarmé*, ed. by Harold Bloom, New York, Chelsea House Publishers, 1987.
– *Mallarmé*, Colloque de Cerisy, Hermann, 1998.

VII. PERSPECTIVES

Suzanne Bernard, *Le Poème en prose de Baudelaire jusqu'à nos jours*, Nizet, 1959.
Anna Balakian, *The Fiction of the Poet. From Mallarmé to the Post-Symbolist Mode*, Princeton Univ. Press, 1992.
Pierre Bourdieu, *Les Règles de l'art*, Seuil, 1992.
Gérard Bucher, *Le Testament poétique*, Belin, 1994.
Peter Bürger, *La Prose de la modernité*, trad. Marc Jimenez, Klincksieck, 1995.
Michel Butor, *Essais sur les modernes*, Gallimard, 1971.
Hugo Friedrich, *Structures de la poésie moderne*, trad. M.-F. Demet, Denoël-Gonthier, 1976.
Michel Collot, *L'Horizon fabuleux, I, XIXᵉ siècle*, Corti, 1988.
Jean-Joseph Goux, *Les Monnayeurs du langage*, Galilée, 1984.
John E. Jackson, *Le Corps amoureux, Essai sur la représentation poétique de l'éros de Chénier à Mallarmé*, Neuchâtel, La Baconnière, 1986.
– *Mémoire et création poétique*, Mercure de France, 1992.
James R. Lawler, *The Language of French Symbolism*, Princeton Univ. Press, 1969.
A. G. Lehmann, *The Symbolist Aesthetic in France, 1885-1895*, 2ᵉ éd., Oxford, Blackwell, 1968.
Michel Lemaire, *Le Dandysme de Baudelaire à Mallarmé*, Presses de l'Univ. de Montréal, 1978.
Bertrand Marchal, *Lire le symbolisme*, Dunod, 1993.
Guy Michaud, *Le Symbolisme tel qu'en lui-même*, Nizet, 1994.
Daniel Moutote, *Maîtres Livres de notre temps, Postérité du « Livre » de Mallarmé*, Corti, 1988.
Henry Peyre, *Qu'est-ce que le symbolisme?*, P.U.F., 1974.
Jean-Michel Rabaté, *La Pénultième est morte, spectrographies de la modernité*, Seyssel, Champ Vallon, 1993.
Marcel Raymond, *De Baudelaire au surréalisme*, Corrêa, 1933 (Corti, 1947).
Guy Sagnes, *L'Ennui dans la littérature française de Flaubert à Laforgue 1848-1884*, Armand Colin, 1969.
Jean-Paul Sartre, *L'Idiot de la famille*, tome III, Gallimard, 1972.
Jean Starobinski, *Portrait de l'artiste en saltimbanque*, Genève, Skira, 1970.

VIII. PEINTURE

Penny Florence, *Mallarmé, Manet and Redon*, Cambridge Univ. Press, 1986.
Gudrun Inboden, *Mallarmé und Gauguin. Absolute Kunst als Utopie*, Stuttgart, Metzler, 1978.
James Kearns, *Symbolist Landscapes : the Place of Painting in the Poetry and Criticism of Mallarmé and his Circle*, Londres, the Modern Humanities Research Association, vol. 27, 1989.
Jean-Michel Nectoux, *Un clair regard dans les ténèbres. Mallarmé, poésie, peinture, musique,* Adam Biro, 1998.
Juliet Wilson-Bareau, Breon Mitchell, « Tales of a Raven. The Origins and Fate of *Le Corbeau* by Mallarmé and Manet », *Print Quaterly*, VI, nº 3, sept. 1989.

IX. MUSIQUE

Suzanne Bernard, *Mallarmé et la musique*, Nizet, 1959.
Léon Guichard, *La Musique et les lettres en France au temps du wagnérisme*, P.U.F., 1963.
D. Hillery, *Music and Poetry in France from Baudelaire to Mallarmé*, Berne, Peter Lang, 1980.
Jean-Michel Nectoux, *Un clair regard dans les ténèbres. Mallarmé, poésie, peinture, musique,* Adam Biro, 1998.
Michael Zimmermann, *« Träumereinen eines französischen Dichters ». Mallarmé und Wagner*, Munich, Salzbourg, Katzbichler, 1981.

X. THÉÂTRE

Thierry Alcoloumbre, *Mallarmé : la poétique du théâtre et de l'écriture*, Minard, 1995.
Haskell M. Block, *Mallarmé and the Symbolist Drama*, Detroit, Wayne State Univ. Press, 1963.

Helga Finter, *Der subjektive Raum*, t. I : *Die Theaterutopien Mallarmés, A. Jarrys und R. Roussels. Sprachräume des Imaginären*, Tübingen, Narr, 1990.
Jacques Robichez, *Le Symbolisme au théâtre*, L'Arche, 1957.

XI. THÉORIE DU VERS

Benoît de Cornulier, *Théorie du vers, Rimbaud, Verlaine, Mallarmé*, Seuil, 1982.
Henri Meschonnic, *Critique du rythme*, Verdier, 1982.
Jacques Roubaud, *La Vieillesse d'Alexandre, Essai sur quelques états récents du vers français*, Maspéro, 1978 (2e édition : Ramsay, 1988).

XII. POÉTIQUE ET SÉMIOTIQUE

Dominique Combe, *Poésie et récit, Une rhétorique des genres*, Corti, 1989.
Gérard Genette, *Mimologiques. Voyage en Cratylie*, Seuil, 1976.
Barbara Johnson, *Défigurations du langage poétique*, Flammarion, 1979.
– *The Critical Difference: Essays in the Contemporary Rhetoric of Reading*, Baltimore, John Hopkins Univ. Press, 1980.
– *A World of Difference*, Baltimore, John Hopkins Univ. Press, 1987.
Julia Kristeva, *Semeiotikè, Recherches pour une sémanalyse*, Seuil, 1969.
– *La Révolution du langage poétique*, Seuil, 1974.
Norman Paxton, *The Development of Mallarmé's Prose Style*, Genève, Droz, 1968.
Anne-Marie Pelletier, *Fonctions poétiques*, Klincksieck, 1977.
Michel Pierssens, *La Tour de Babil, la fiction du signe*, Minuit, 1976.
Michael Riffaterre, *Sémiotique de la poésie*, trad. J.-J. Thomas, Seuil, 1983.
Jacques Scherer, *L'Expression littéraire dans l'œuvre de Mallarmé*, Nizet, 1947.
– *Grammaire de Mallarmé*, Nizet, 1977.
Philippe Sollers, *L'Écriture et l'expérience des limites*, Seuil, 1968.

XIII. POÉSIE ET PHILOSOPHIE

Paul Audi, *La Tentative de Mallarmé*, P.U.F., 1997.
Alain Badiou, *Théorie du sujet*, Seuil, 1982.
– *L'Être et l'Événement*, Seuil, 1988.
– *Conditions*, Seuil, 1993.
Pierre Campion, *Mallarmé, Poésie et philosophie*, P.U.F., 1994.
Gilles Deleuze, *Le Pli, Leibnitz et le paradoxe*, Minuit, 1988.
Jacques Derrida, *La Dissémination*, Seuil, 1972.Jean-François Marquet, *Miroirs de l'identité. La Littérature hantée par la philosophie*, Hermann, 1996.
Jacques Rancière, *Mallarmé, La Politique de la sirène*, Hachette, 1996.
André Stanguennec, *Mallarmé et l'éthique de la poésie*, Vrin, 1992.

XIV. NUMÉROS SPÉCIAUX DE REVUES

L'Esprit créateur, I, 3, 1961.
Synthèses, no 258-259, décembre 1967-janvier 1968.
RHLF, janvier-février 1968.
Europe, avril-mai 1976.
Yale French Studies, no 54, 1977.
Lendemains, no 40, 1985.
Poésie 1992, no 42, avril 1992.
Dalhousie French Studies, 25, Fall-Winter 1993.
Lendemains, no 73, 1994.
Australian Journal of French Studies, no 31, janvier-avril 1994.
Yearbook of Comparative and General Literature, no 42, 1994.
Littérature et Nation, nos 14 et 15, 1995.
Europe, janvier-février 1998.

XV. CATALOGUES D'EXPOSITIONS

Les « mardis » de Stéphane Mallarmé and the Artists of his Circle, Museum of Art, University of Kansas, 1967.
Whistler and Mallarmé, éd. Margaret F. MacDonald, Glasgow, Hunterian Museum, University of Glasgow, 1973.
L'Après-midi d'un faune. Mallarmé, Debussy, Nijinsky, éd. Jean-Michel Nectoux, Paris, musée d'Orsay, 1989, Paris, Réunion des musées nationaux, Les Dossiers du musée d'Orsay, no 29, 1989.
Mallarmé and his Circle. Music and Letters in France and Belgium 1870-1900, éd. Rosemary Lloyd, The Lilly Library, Indiana University Bloomington, Indiana, 1994.
Dédicaces à Paul Verlaine, éd. Philippe Hoch, Bibliothèque de la Ville de Metz, 1996, Metz, Éditions Serpenoise, 1996.
Un après-midi avec Mallarmé et Gauguin, éd. Marie-Anne Sarda, Vulaines-sur-Seine, musée départemental Stéphane Mallarmé, 1997.
*Mane*t, Mo*net, La gare Saint-Lazare*, éd. Juliette Wilson-Bareau, Paris, musée d'Orsay, 1998, Paris, Réunion des musées nationaux/Musée d'Orsay/Yale University Press, 1998.
Les Échos de Mallarmé : du Coup de dés... *à l'informatique*, Sens, musées de Sens, 1998.
Mallarmé et « les siens », Sens, musées de Sens, 1998.

TABLE DES ILLUSTRATIONS

31. Stéphane Mallarmé,
Poésie, maquette, 1894.
Paris, Bibliothèque littéraire Jacques Doucet, photo musée d'Orsay/P. Schmidt, **cat. 317.**

32. *Éventail de Misia Natanson.*
Collection Thierry Bodin, photo D.R., **cat. 286.**

33. Édouard Manet,
Berthe Morisot à l'éventail,
1872, huile sur toile. Paris, musée d'Orsay, photo RMN/H. Lewandowski, **cat. 187.**

34. *Stéphane Mallarmé près de sa barque à Valvins,* 1896,
photographie. Collection particulière, photo musée d'Orsay/P. Schmidt, **cat. 301.**

35. Édouard Vuillard,
Intérieur mystère, vers 1896-1897,
huile sur carton. Collection particulière, photo courtesy galerie Bellier, **cat. 33.**

36. Paul Nadar,
Stéphane Mallarmé, après 1889,
photographie. Collection particulière, photo musée d'Orsay/P. Schmidt, **cat. 294.**

37. Stéphane Mallarmé,
Igitur, 1869,
note autographe. Paris, Bibliothèque littéraire Jacques Doucet, photo Jean-Loup Charmet, **cat. 36.**

38. Stéphane Mallarmé,
Poèmes d'Edgar Poe et *Notes sur le langage,*
dossier manuscrit. Collection particulière, photo musée d'Orsay/P. Schmidt, **cat. 34.**

39. Édouard Manet,
Annabel Lee, 1879-1881,
lavis d'encre de Chine. Copenhague, Statens Museum for Kunst, photo H. Petersen, **cat. 65.**

40. Édouard Manet,
Sous la lampe, illustration pour *Le Corbeau,*
1875. Collection Paul Baquiast, photo D.R., **cat. 52.**

41. Stéphane Mallarmé,
«Indéfinissable, ô Mémoire, / Par ce midi, ne rêves-tu...», 1885,
manuscrit autographe. Paris, Bibliothèque littéraire Jacques Doucet, photo musée d'Orsay/P. Schmidt, **cat. 318.**

42. Stéphane Mallarmé,
Poésie, maquette, 1894.
Paris, Bibliothèque littéraire Jacques Doucet, photo musée d'Orsay/P. Schmidt, **cat. 317.**

43. *Stéphane Mallarmé dans sa barque à Valvins,* 1896,
photographie anonyme. Collection particulière, **cat. 302.**

44. Berthe Morisot,
La Barque de Mallarmé, 1893,
huile sur toile. Collection particulière, photo D.R., **cat. 281.**

45. Stéphane Mallarmé,
Poèmes d'Edgar Poe et *Notes sur le langage,*
dossier manuscrit. Collection particulière, photo musée d'Orsay/P. Schmidt, **cat. 35.**

46. Édouard Manet,
Hamlet et le fantôme de son père, vers 1877,
pastel. East Yorkshire, Marcus Wickham Boynton Collection, photo D.R., **cat. 71.**

47. Stéphane Mallarmé,
Hamlet et Fortinbras.
Paris, Bibliothèque littéraire Jacques Doucet, photo musée d'Orsay/P. Schmidt, **cat. 278.**

48. Edgar Degas,
Mallarmé et Renoir, 1895,
photographie. Paris, Bibliothèque littéraire Jacques Doucet, photo musée d'Orsay/P. Schmidt, **cat. 238.**

49. Édouard Manet,
La Cité en la mer, vers 1881,
pinceau et encre sur graphite. Philadelphie, The Free Library of Philadelphia, photo The Free Library of Philadelphia, **cat. 63.**

50. Édouard Manet,
Le Linge, 1875,
huile sur toile. Merion, The Barnes Foundation, photo © The Barnes Foundation, 1998.

51. Édouard Manet,
Portrait de Stéphane Mallarmé,
1876, huile sur toile. Paris, musée d'Orsay, photo RMN/H. Lewandowski, **cat. 70.**

52. Henri Regnault,
Paysage, album amicorum de Stéphane Mallarmé, 1862-1868,
manuscrit autographe. Paris, Bibliothèque littéraire Jacques Doucet, photo musée d'Orsay/P. Schmidt, **cat. 13.**

53. Édouard Manet,
La Rue Mosnier aux drapeaux, 1878,
huile sur toile. Londres, Christie's, photo © Artothek.

54. Stéphane Mallarmé,
Alternative, vers 1869,
manuscrit autographe. Paris, Bibliothèque littéraire Jacques Doucet, photo musée d'Orsay/P. Schmidt, **cat. 322.**

55. *The Art Monthly Review, n° 9,*
30 septembre 1876. Paris, Bibliothèque littéraire Jacques Doucet, photo musée d'Orsay/P. Schmidt, **cat. 77.**

56. Claude Monet,
Les Meules, fin de l'été, 1891,
huile sur toile. Paris, musée d'Orsay, photo RMN/R.G. Ojeda, **cat. 236.**

57. Dornac,
Stéphane Mallarmé,
photographie. Paris, Bibliothèque nationale de France, département des Estampes, photo BnF.

58. Paul Cézanne,
Trois Baigneuses, 1879-1882,
huile sur toile. Paris, musée du Petit-Palais, photo Photothéque des Musées de la Ville de Paris/ P. Pierrain.

59. Stéphane Mallarmé,
Fine Art Gossip, 1876,
manuscrit autographe. Paris, Bibliothèque littéraire Jacques Doucet, photo musée d'Orsay/P. Schmidt, **cat. 73.**

60. Paul Gauguin,
Portrait de Stéphane Mallarmé, 1891,
eau-forte et pointe sèche. Paris, Bibliothèque littéraire Jacques Doucet, photo Jean-Loup Charmet, **cat. 235.**

61. Édouard Vuillard,
Misia à Villeneuve-sur-Yonne, vers 1897,
huile sur bois. Lyon, musée des Beaux-Arts, photo Studio Basset.

62. Édouard Manet,
À la fenêtre, illustration pour *Le Corbeau,*
1875. Collection Paul Baquiast, photo musée d'Orsay/P. Schmidt, **cat. 52.**

63. Édouard Manet,
La chaise vide, illustration pour *Le Corbeau,* 1875.
Paris, Bibliothèque nationale de France, département des Estampes, photo muséed'Orsay/ P. Schmidt, **cat. 52.**

64. Stéphane Mallarmé,
Récréations Postales, 1893,
manuscrit autographe. Glasgow, University Library, photo © Media Service Photographic, University of Glasgow, **cat. 161.**

65. Stéphane Mallarmé,
L'Après-midi d'un faune,
1876. Paris, Bibliothèque littéraire Jacques Doucet, photo Michel Nguyen, **cat. 42.**

66. Affichette de librairie pour *Le Corbeau.*
Paris, Bibliothèque nationale de France, département des Estampes, photo BnF, **cat. 50.**

67. Auguste Renoir,
frontispice de *Pages,* 1891.
Paris, Bibliothèque littéraire Jacques Doucet, photo Michel Nguyen, **cat. 310.**

68. Odilon Redon,
Sirène, illustration pour *Un Coup de Dés,* 1897-1898, lithographie sur vélin de Rives. Vulaines-sur-Seine, musée départemental Stéphane Mallarmé, photo Magdeleine Bonnamour, **cat. 343.**

69. Stéphane Mallarmé,
Un Coup de Dés jamais n'abolira le Hasard, 1897-1898. Paris, Bibliothèque littéraire Jacques Doucet, photo musée d'Orsay/P. Schmidt, **cat. 339.**

70. Marcel Broodthaers,
Un coup de dés jamais n'abolira le hasard. Image, 1969.
Paris, Centre Georges Pompidou, Centre de documentation du MNAM, photo Centre Georges Pompidou/J. Faujour.

71. Stéphane Mallarmé,
Glanes I, 1860, manuscrit autographe.
Paris, Bibliothèque littéraire Jacques Doucet, photo musée d'Orsay/P. Schmidt, **cat. 119.**

72. Paul Verlaine,
Stéphane Mallarmé au cours de l'un de ses mardis,
encre et plume sur papier. Vulaines-sur-Seine, musée départemental Stéphane Mallarmé, photo du musée, **cat. 136.**

73. Édouard Manet,
Charles Baudelaire tête nue de face,
1867-1868, eau-forte et aquatinte.
Paris, Bibliothèque nationale de France, département des Estampes, photo BnF, **cat. 116.**

74. Édouard Manet,
Portrait d'Edgar Poe, vers 1860-1862, pinceau et encre de Chine. Paris, Bibliothèque nationale de France, département des Estampes, photo BnF, **cat. 103.**

75. Carjat et Cie,
Villiers de l'Isle-Adam, 1865, photographie.
Paris, Bibliothèque littéraire Jacques Doucet, photo musée d'Orsay/P. Schmidt, **cat. 124.**

76. Stéphane Mallarmé,
Entre quatre murs, 1859-1860,
manuscrit autographe. Paris, Bibliothèque littéraire Jacques Doucet, photo Michel Nguyen, **cat. 7.**

77. Stéphane Mallarmé,
Trois Poëmes en prose, 1864,
manuscrit autographe. Paris, Bibliothèque littéraire Jacques Doucet, photo musée d'Orsay/P. Schmidt, **cat. 115.**

78. Stéphane Mallarmé,
Hommage, 1894,
manuscrit autographe. Paris, Bibliothèque littéraire Jacques Doucet, photo musée d'Orsay/ P. Schmidt, **cat. 121.**

79. Paul Verlaine,
Stéphane Mallarmé, 1887,
manuscrit autographe. Paris, Bibliothèque littéraire Jacques Doucet, photo musée d'Orsay/P. Schmidt, **cat. 140.**

80. Stéphane Mallarmé,
Tombeau, 1896,
manuscrit autographe. Paris, Bibliothèque littéraire Jacques Doucet, photo musée d'Orsay/P. Schmidt, **cat. 143.**

81. Stéphane Mallarmé,
«Messieurs, aux chers visages...», 1897,
manuscrit autographe. Paris, Bibliothèque littéraire Jacques Doucet, photo musée d'Orsay/P. Schmidt, **cat. 261.**

82. Stéphane Mallarmé,
Divagations, 1897.
Paris, Bibliothèque littéraire Jacques Doucet, photo musée d'Orsay/P. Schmidt, **cat. 278.**

83. Stéphane Mallarmé,
Monologue d'un faune, 1865-1866,
manuscrit autographe. Paris, Bibliothèque littéraire Jacques Doucet, photo musée d'Orsay/P. Schmidt, **cat. 39.**

84. Stéphane Mallarmé,
Dédicace de *L'Après-midi d'un faune* à Claude Debussy,
manuscrit autographe. Paris, Bibliothèque littéraire Jacques Doucet, photo musée d'Orsay/P. Schmidt, **cat. 46.**

85. Stéphane Mallarmé,
Un Coup de Dés jamais n'abolira le Hasard,
manuscrit autographe. Collection particulière, photo musée d'Orsay/P. Schmidt, **cat. 338.**

86. Paul Gauguin,
L'Après-midi d'un faune, vers 1892,
bois. Vulaines-sur-Seine, musée départemental Stéphane Mallarmé, photo du musée, **cat. 48.**

87. Auguste Renoir,
Portrait de Stéphane Mallarmé, 1892,
huile sur toile. Versailles, musée national du château de Versailles, photo RMN/Ph. Bernard, **cat. 234.**

88. Edgar Degas,
Danseuses montant un escalier,
vers 1886-1888, huile sur toile. Paris, musée d'Orsay, photo RMN/Préveral, **cat. 237.**

89. Édouard Manet,
Bal masqué à l'Opéra, 1873-1874,
huile sur toile. Washington, National Gallery of Art, don de Mme Horace Havemeyer en souvenir de sa belle-mère Louisine W. Havemeyer. Photo Lyle Peterzell.

90. Paul Nadar,
Stéphane Mallarmé au châle,
photographie. Paris, Bibliothèque littéraire Jacques Doucet, photo Michel Nguyen, **cat. 290.**

91. Stéphane Mallarmé,
Poésie, maquette, 1894.
Paris, Bibliothèque littéraire Jacques Doucet, photo Michel Nguyen, **cat. 317.**

92. Stéphane Mallarmé,
Petit air, 1893,
manuscrit autographe. Collection Josefowitz, photo D.R., **cat. 323.**

93. Stéphane Mallarmé,
Poésie, maquette, 1894.
Paris, Bibliothèque littéraire Jacques Doucet, photo musée d'Orsay/P. Schmidt, **cat. 317.**

94. Stéphane Mallarmé,
L'Anglais Récréatif,
manuscrit autographe. Paris, Bibliothèque littéraire Jacques Doucet, photo musée d'Orsay/P. Schmidt, **cat. 156.**

95. Dornac,
Stéphane Mallarmé,
photographie. Paris, Bibliothèque nationale de France, département des Estampes, photo BnF.

96. Stéphane Mallarmé,
Les Loisirs de la Poste, 1894,
manuscrit autographe. Paris, Bibliothèque littéraire Jacques Doucet, photo musée d'Orsay/P. Schmidt, **cat. 163.**

97. Stéphane Mallarmé,
Types de la rue, mars 1889,
manuscrit autographe. Paris, Bibliothèque littéraire Jacques Doucet, photo musée d'Orsay/P. Schmidt, **cat. 173.**

98. Auguste Rodin,
Faune et nymphe ou *Le Minotaure,*
vers 1886, plâtre. Paris, musée Rodin, photo musée Rodin/Adam Rzepka, **cat. 47.**

99. Stéphane Mallarmé,
Sonnet, «À la nue accablante tu...», 1894,
manuscrit autographe. Paris, Bibliothèque littéraire Jacques Doucet, photo musée d'Orsay/P. Schmidt, **cat. 325.**

100. Stéphane Mallarmé,
Poésie, maquette, 1894,
lithographie. Paris, Bibliothèque littéraire Jacques Doucet, photo musée d'Orsay/P. Schmidt, **cat. 317.**

101. Edvard Munch,
Portrait de Stéphane Mallarmé, 1897. Paris, Bibliothèque nationale de France, département des Estampes, photo BnF, **cat. 239.**

© A.D.A.G.P. pour les œuvres de Jacques-Emile Blanche, Marcel Broodthaers, Claude Monet, Edouard Vuillard.

INDEX DES NOMS CITÉS

REMERCIEMENTS

Les organisateurs de l'exposition expriment leur profonde gratitude à toutes les personnalités qui ont permis, par leur généreux concours, sa réalisation :
M. Paul Baquiast
M. Thierry Bodin
M. Louis Clayeux
Mme Adrienne Fontainas
M. Samuel Josefowitz
M. Michael Pakenham
M. Jacques Polge
ainsi qu'à tous ceux qui ont préféré conserver l'anonymat.

Leurs remerciements exprès s'adressent également aux responsables des collections publiques, qui ont consenti les prêts :

FRANCE
Avignon, Fondation Flandreysy-Espérandieu,
Palais du Roure
Bordeaux, musée des Beaux-Arts
Dijon, musée des Beaux-Arts
Nancy, musée des Beaux-Arts
Paris, Bibliothèque littéraire Jacques Doucet
Bibliothèque nationale de France, réserve des livres rares et précieux, département des Estampes et de la Photographie, département de la Musique
musée d'Orsay
musée Galliera,
musée de la Mode de la Ville de Paris
musée du Louvre, département des Arts graphiques
musée Marmottan
musée Rodin
Rouen, musée des Beaux-Arts
Saint-Brieuc, musée d'Art et d'Histoire
Versailles, musée national du château de Versailles
Vulaines-sur-Seine, musée départemental Stéphane Mallarmé

DANEMARK
Copenhague, Statens Museum for Kunst

ÉTATS-UNIS D'AMÉRIQUE
Charlottesville, University of Virginia Library, Special Collections Department
Philadelphie, The Free Library of Philadelphia, Rare Book Department

GRANDE-BRETAGNE
Driffield, Burton Agnes Hall,
Marcus Wickham Boynton Collection
Glasgow, Hunterian Art Gallery,
University of Glasgow
Glasgow, Glasgow University Library, Special Collections

PAYS-BAS
Otterlo, Kröller-Müller Museum
Rotterdam, Museum Boijmans Van Beuningen

SUISSE
Cologny-Genève, Bibliotheca Bodmeriana

Nous entendons témoigner notre vive reconnaissance à Michèle Gendreau-Massaloux, ancien Recteur Chancelier des Universités de Paris, qui a encouragé ce projet, ainsi qu'à René Blanchet, Recteur Chancelier des Universités de Paris, qui en a d'emblée distingué l'importance et l'a grandement facilité.

Nous tenons à remercier tout particulièrement Henri Loyrette, directeur du musée d'Orsay, qui a fédéré deux projets distincts pour une seule exposition d'envergure qu'il a soutenue tout au long de sa mise en œuvre.

Que celles et ceux grâce à qui cette exposition a pu être préparée et mise en œuvre trouvent ici l'expression de notre entière gratitude : Stéphane Bayard, Juliet Bareau, Huguette et Anisabelle Berès, Yann Bellier, Maurice Briand, Myriam Bru, Béatrice Calendrier, Thomas Carino, Paul Cougnard, David Degener, Anne Distel, Fabienne Falluel, Hélène Fauré, Bertrand Gautier, Vincent Giroud, Doris Grunchec, Frédérique Hamadène, Marie Jaccottet, Nadia Leriche et son équipe, Vicente Madrigal, Bernard Malle, Sylvia Massias, Annabelle Mimouni, Paul Morel, Jean-Michel Nectoux, Michael Pakenham, Sylvie Patin, Madame Paysant, Maxime Préaud, Nicole Prévot, André Rodocanachi, Marie-Pierre Salé, Marie-Anne Sarda, Patrice Schmidt, Laurent Stanich, Jean-Luc Steinmetz, Pat et Palmer Stearns, Charles Stuckey, Antoine Tasso et son équipe, Philippe Thiébault, Eric Walbecq, et Daniel Wildenstein.

Nous aurons garde de ne pas omettre dans nos remerciements, au-delà de ceux qui appartiennent au comité scientifique et au commissariat, les auteurs des essais réunis dans ce volume :
Malcom Bowie, Michèle Finck, James R. Lawler, Sylvia Massias, Jean Starobinski et Ivanka Stoïanova.
Ainsi que celles et ceux qui ont pris la charge de réaliser le livre lui-même : aux Éditions Gallimard, Antoine Gallimard ; Jean-Loup Champion, Laurence Peydro, Nathalie Michel au service éditorial ; Anne Lagarrigue et Amandine Bornibus au service artistique ; Christian Delval et Isabelle Loric au service de la fabrication et, à la Réunion des musées nationaux, Anne de Margerie. Leur vigilance et leur engagement ont été un très réel soutien.

Cet ouvrage a été achevé
d'imprimer en août 1998
sur les presses de l'imprimerie Editoriali Musumeci
à Quart (vallée d'Aoste)
Saisie des textes : Interligne, Liège
Photogravure : Graphic Service, Milan
ISBN Gallimard 2-07-011605-0
ISBN RMN 2-7118-3776-9
Dépôt légal : août 1998
Imprimé en Italie

87270
EK 19 3776

Stéphane –